ENCRUCIJADAS GLOBALES

Redefinir España en el siglo XXI

José Colmeiro (ed.)

La Casa de la Riqueza
Estudios de la Cultura de España
31

El historiador y filósofo griego Posidonio (135-51 a.C.) bautizó la Península Ibérica como «La casa de los dioses de la riqueza», intentando expresar plásticamente la diversidad hispánica, su fecunda y matizada geografía, lo amplio de sus productos, las curiosidades de su historia, la variada conducta de sus sociedades, las peculiaridades de su constitución. Sólo desde esta atención al matiz y al rico catálogo de lo español puede, todavía hoy, entenderse una vida cuya creatividad y cuyas prácticas apenas puede abordar la tradicional clasificación de saberes y disciplinas. Si el postestructuralismo y la deconstrucción cuestionaron la parcialidad de sus enfoques, son los estudios culturales los que quisieron subsanarla, generando espacios de mediación y contribuyendo a consolidar un campo interdisciplinario dentro del cual superar las dicotomías clásicas, mientras se difunden discursos críticos con distintas y más oportunas oposiciones: hegemonía frente a subalternidad; lo global frente a lo local; lo autóctono frente a lo migrante. Desde esta perspectiva podrán someterse a mejor análisis los complejos procesos culturales que derivan de los desafíos impuestos por la globalización y los movimientos de migración que se han dado en todos los órdenes a finales del siglo XX y principios del XXI. La colección «La Casa de la Riqueza. Estudios de la Cultura de España» se inscribe en el debate actual en curso para contribuir a la apertura de nuevos espacios críticos en España a través de la publicación de trabajos que den cuenta de los diversos lugares teóricos y geopolíticos desde los cuales se piensa el pasado y el presente español.

ENCRUCIJADAS GLOBALES

Redefinir España en el siglo XXI

José Colmeiro (ed.)

Iberoamericana • Vervuert • 2015

Amor de Dios, 1 — E-28014 Madrid
Tel.: +34 91 429 35 22
Fax: +34 91 429 53 97
info@ibero-americana.net
www.ibero-americana.net

Elisabethenstr. 3-9 – D-60594 Frankfurt am Main
Tel.: +49 69 597 46 17
Fax: +49 69 597 87 43
info@ibero-americana.net
www.ibero-americana.net

ISBN 978-84-8489-879-5 (Iberoamericana)
ISBN 978-3-95487-418-7 (Vervuert)

Depósito legal: M-27719-2015

Diseño de cubierta: Carlos Zamora
Diseño de interiores: Carlos del Castillo
Fotografía de cubierta: José Colmeiro

The paper on which this book is printed meets the requirements of ISO 9706

Este libro está impreso íntegramente en papel ecológico sin cloro

Impreso en España

Índice

INTRODUCCIÓN

Redefinir España: entre lo local y lo global

José Colmeiro

> La identidad es, para millones de personas, una coproducción internacional.
>
> Ernesto García Canclini,
> *La globalización imaginada*

> El problema no es sólo español. La crisis de la identificación del Estado nación con capitalismo nacional, arrollada por la economía multinacional, favorece la deconstrucción del Estado nación convencional y la alternativa de nuevas comunidades articuladas no sólo por intereses materiales compartidos, sino también por hechos de conciencia más o menos justificados por coartadas culturales o morales (...) Si el Estado español tiene un problema de redifinición y reestructuración, los nacionalismos periféricos han de concertarse con la nación real, la formada por la ciudadanía realmente existente y no por un imaginario de ciudadanía a la medida de una nación ideal dictada por la Historia y por una voluntad esencialista.
>
> Manuel Vázquez Montalbán,
> "Hacia el posnacionalismo"

> En el *cabaret* de la globalización, el Estado realiza un *strip-tease* y al final de la función sólo le queda lo mínimo: el poder de la represión. Destruida su base material, anuladas su soberanía e independencia, borrada la clase política, el Estado nacional se convierte en un mero servicio de seguridad de las megaempresas... Los nuevos amos del mundo no necesitan gobernar en forma directa. Los gobiernos nacionales están encargados de administrar los asuntos en su nombre.
>
> Subcomandante Marcos,
> "Siete piezas del puzzle neoliberal"

Este volumen aborda un análisis multidisciplinar, desde la perspectiva de los estudios interculturales, de los variados procesos de redefinición de España acaecidos en el marco de la globalización en los albores del siglo XXI. En estos últimos años España ha venido atravesando un complejo momento de cambio y transformación, que ha abocado en una profunda crisis, que no solo es económica, sino también política e institucional, cultural, educativa e identitaria, y que afecta a la propia idea de España.

Se trata de una nueva época de grandes retos, internos y externos, fuertemente marcada por los efectos de la imparable globalización —económica, política, ideológica, cultural. La creciente porosidad de las fronteras —con enormes flujos de personas, mercancías, capitales e ideas—, las nuevas tecnologías de la información y los medios de comunicación a escala global, y la implantación de nuevas organizaciones supraestatales y subestatales han ido erosionando la propia idea del Estado nación (Castells).

En este complejo contexto, los trabajos de este libro prestan atención a los efectos del nuevo marco político atlántico y europeo, a las tensiones entre el nacionalismo español y los nacionalismos periféricos, y las perspectivas transnacionales que están redefiniendo el concepto de nación. Asimismo, se examinan las grandes olas de emigración y exilio que han generado procesos de negociación y traducción cultural, con el gran reto de la integración de la diferencia étnica, racial, religiosa, lingüística.

La redefinición de la nación se relaciona íntimamente también con los procesos de articulación de la memoria y la historia. Por ello se hace necesario repensar el pasado desde la perspectiva de un presente cambiante, de revisar críticamente ciertos eventos históricos que van más allá de la nación y que han contribuido a su redefinición: las historias de expansiones territoriales, conquistas y colonizaciones, vistas desde la óptica postcolonial del siglo xxi, y el auge del neocolonialismo; los eventos de la Guerra Civil, analizados desde la perspectiva histórica de la postguerra fría, y su legado en el presente; y las experiencias transcontinentales de exilio y dictadura, vistas desde la perspectiva del nuevo orden global neoliberal. Pero también es notable, en estos tiempos del declarado "fin de la historia" (Fukuyama) y de amnesia histórica institucionalizada (Huyssen), la persistente resistencia de las formas de (contra) memoria histórica en sociedades postdictatoriales, compartidas más allá de las fronteras geopolíticas, y la incipiente globalización de la justicia, de la que el caso Garzón no sería más que la punta del iceberg[1].

Igualmente, los procesos identitarios se construyen y reconstruyen a base de ficciones, de mitológicas históricas, de tradiciones inventadas y alegorías de la nación. De ahí la importancia estratégica del patrimonio cultural y la creación de una imagen de marca nación para consumo global, de gran fuerza y espectacularidad. Pero al mismo tiempo, puesto que todo lo que se puede construir culturalmente se puede también deconstruir, la propia desmitificación y desconstrucción de ese imaginario por parte de nuevos creadores, escritores, músicos, y cineastas muestra el otro lado de dicha construcción, a la vez que revela una nueva y compleja híbrida realidad entre lo local y lo local.

En este nuevo contexto histórico se hace evidente que la tradicional distinción entre lo local y lo global tiene cada vez menos sentido, ya que ambos conceptos están mutuamente implicados, y su interacción es bidireccional (lo cual se refleja en el neologismo de lo "glocal" propuesto por García Canclini). Vivimos precisamente en la frontera de lo local y lo global, en constantes procesos de negociación entre centro y periferia. Son por ello necesarios nuevos marcos

1 Sobre los procesos de memorias transnacionales en la era global, véanse los trabajos de Assmann y Conrad. Sobre el caso concreto de España y Latinoamérica, véanse los trabajos de Waisman y Rein, y Colmeiro (2011).

teóricos para hacer frente a estas nuevas realidades[2]. Los ensayos contenidos en este volumen intentan tomar el pulso a estos nuevos contextos sociales, desde diversas perspectivas críticas interdisciplinarias que incluyen las teorías de la globalización, los estudios culturales transatlánticos, la teoría postcolonial y de la transculturación, los estudios de la memoria colectiva, la teoría de la comunicación y el discurso político, y la poética revisionista del nuevo historicismo. Estos estudios abarcan toda una variedad de manifestaciones culturales contemporáneas: el pensamiento, el periodismo, la literatura, el cine, la gastronomía y la música popular. En conjunto, presentan una serie de oportunas reflexiones críticas sobre el crucial papel de los discursos literarios, fílmicos, culturales y de los propios medios de comunicación, en los procesos de reconstrucción y redefinición de España en la era global.

* * *

La primera sección del libro, *Las nuevas coordinadas*, trata de repensar las bases del marco histórico, políticosocial e intelectual de la cultura española en la era global. Se hace necesario plantear una nueva cartografía cultural que refleje mejor los grandes cambios sísmicos que han acaecido en las últimas décadas y que han erosionado conceptos tradicionalmente opuestos como lo local y lo global. La atención crítica debe recaer precisamente en las interacciones entre lo local o nacional y lo global, como movimientos no unidireccionales sino en múltiples sentidos. Es precisamente en esas intersecciones de lo local y lo global donde se producen los procesos de negociación y traducción cultural, las ricas narrativas de mestizaje e hibridación, y los fenómenos de intermediación cultural[3].

Abre esta sección el ensayo de la destacada crítica de estudios culturales británica Jo Labanyi, que reconsidera ciertos aspectos de

2 Véase al respecto mi libro sobre las redefiniciones de la cultura gallega desde la periferia en la era global (2013).

3 Véase mi propuesta de renovación de las cartografías críticas del hispanismo en "Desde las antípodas".

la historia cultural española (especialmente la producción literaria y audiovisual) desde el punto de vista de las teorías contemporáneas sobre la globalización. En su lúcido y comprehensivo estudio, Labanyi argumenta que la tendencia a ver lo "nacional" como lo opuesto a lo "global" ha sido de poca utilidad. En la práctica, como la teoría de la globalización nos hace conscientes, los dos conceptos son interdependientes, y ambos son constitutivos de la modernidad. De hecho la relación nacional/mundial se mueve en dos direcciones: si bien los primeros debates a este respecto destacaban la importación de ideas extranjeras en España, lo cierto es que la globalización también permite la exportación de la cultura española, así como de las subculturas locales, como la gallega, catalana o andaluza. Labanyi cuestiona por qué es necesario condenar la importación de tendencias culturales extranjeras, mientras que la exportación de las tendencias culturales nacionales es aclamada como un signo de "universalidad".

Su ensayo tiene en cuenta, además, la importancia de ir más allá del binarismo nacional/global para pensar en términos de múltiples "localidades": por una parte, diferentes localidades dentro de España, con frecuencia sin pasar por lo nacional; y por otra, múltiples localidades dentro de un contexto planetario, lo que hace obsoletas las reclamaciones de universalidad. Al mismo tiempo, el concepto de lo local produce tensiones con las formas de nacionalismo no estatal que reclaman la soberanía nacional: ¿qué sucede cuando lo nacional se reintroduce de nuevo en la discusión de las culturas locales? ¿Constituye un problema que lo local, como lo global, sean parámetros que evitan las nociones de soberanía? ¿Es la soberanía un concepto útil cuando se piensa en la cultura? El término "cosmopolitismo", definido por Walter Mignolo como "un conjunto de proyectos orientados hacia la convivencia planetaria" (157), ha disfrutado recientemente de un cierto renacimiento dentro del nuevo "giro emocional" en los estudios culturales, como una forma de evitar el término "transnacionalismo", que conserva intacta lo nacional como la unidad básica de producción y recepción. El ensayo cuestiona las ventajas e inconvenientes de pensar el cosmopolitismo en lugar de transnacionalismo en un contexto español. Finalmente, la autora aboga por el concepto de "traducción cultural" propuesto por la teoría postcolonial, como una forma de cosmopolitismo que reconoce la diferencia cultural.

Para el emérito catedrático de la Historia de las ideas y del exilio republicano, José Luis Abellán, se hace necesaria también una nueva cartografía cultural que reconozca la larga historia del mestizaje cultural hispánico, en la península así como el continente americano, para entender el momento presente de la globalización como un nuevo capítulo en una historia de intermediaciones culturales. Abellán propone que un entendimiento de la cultura hispánica en su más amplio sentido exige considerar que lo que hoy llamamos España fue lugar de paso de muy diferentes pueblos: romanos, visigodos, árabes, judíos, cristianos, que a la larga fue constituyendo una amalgama protagonizada por el sincretismo y el mestizaje cultural. Este mestizaje creó productos culturales muy originales, como la literatura aljamiada, el arte mozárabe, la mística sufí o el estilo mudéjar; y presidido por su tendencia a la universalidad, tomó forma en América latina bajo el polémico concepto de "hispanidad". Para Abellán, esos ideales universalistas se vieron afectados por la consolidación del Estado nación como fórmula política de la modernidad y quedaron traicionados en su última aspiración. Al tener que canalizar sus impulsos culturales a través de un arquetipo político extraño, la tendencia a la universalidad se quebró y tomó formas que muchas veces se acercaban a la patología.

El hecho de que en nuestros días el Estado nación haya entrado en un proceso de decadencia, con visitas a su superación, dentro de un impulso que hemos dado en llamar "globalización", vuelve a dar alas a la tendencia universalista que impulsó a la cultura española desde sus orígenes. Recuperando tendencias que ya estaban en el modernismo de principios del siglo xx, la cultura en lengua española puede volver a tomar un protagonismo de primer orden dentro del proceso de globalización que estamos viviendo, convirtiéndose en una cultura de la "intermediación global". Algunos importantes fenómenos recientes así lo acreditan: el que España se haya convertido en las últimas décadas en país de inmigración frente a la emigración tradicional, con todo lo que supone de redefinición de lo nacional, o que en la Puerta del Sol de Madrid haya nacido el movimiento de los "indignados" del 15M, recreado a lo largo del territorio nacional, cuyas repercusiones han llegado hasta Bruselas y Nueva York.

El historiador y politólogo Antonio Elorza ofrece una gran visión panorámica de la relación entre los grandes eventos internacionales de la era global y la realidad política nacional, a través de un pormenorizado rastreo y análisis de su manipulación y uso partidista por parte de los diferentes grupos políticos, instituciones, intelectuales, y medios de comunicación españoles. Desde un enfoque de análisis del discurso político, Elorza examina las estrategias desarrolladas en los medios de comunicación, y singularmente en la prensa, tras el impacto de la revolución comunicativa digital, centrándose en los eventos de la primera década del siglo XXI. Así examina el doble alineamiento del gobierno de Aznar con la política neoliberal exportada desde Estados Unidos, y su política exterior alineada con el imperialismo norteamericano al sumarse a la guerra de Irak, siguiendo el modelo Berlusconi en el control informativo[4]. El análisis de Elorza examina la relación entre los eventos del 11-S de 2001 en Nueva York y el 11-S del 2004 en Atocha, y la ceremonia de confusión informativa a la hora de relacionar al-Qaeda con ETA; la utilización política local del discurso antiterror a escala planetaria, en una nueva imbricación de lo local y lo global; y revela igualmente los entresijos de las negociaciones gubernamentales con ETA, y el abortado proceso del Estatut catalán, que desembocaría en la posterior fiebre soberanista.

A su vez Elorza repasa la preocupación entre los sectores de la izquierda por el auge de la islamófobia y el yihadismo español, así como el intento frustrado de Zapatero de fomentar la fraternidad con los pueblos islámicos y constituir a escala mundial una Alianza de Civilizaciones, con lo cual España se convertiría en el bróker entre Oriente y Occidente. La aparición de las caricaturas danesas,

4 Imposible olvidar la foto de las Azores, que reunía en abrazo fraternal a Bush, Blair y el rancio y castizo Aznar, representante de la "derechona" más intransigente de siempre, pero ahora plenamente en la órbita neoliberal marcada desde Washington, que si lo exige el guion se disfraza de vaquero que chapurrea el inglés con acento tejano, seguramente tan bien como habla catalán en la intimidad.

y la tajante respuesta por parte de las instituciones, acabaría con tal quijotesco propósito.

Elorza analiza así mismo el impacto de la crisis internacional en el discurso político, tras el espectacular espejismo del empuje de la economía española, fomentada por la política neoliberal proveniente de Estados Unidos, al fragor de la cual florecen los beneficios de las empresas multinacionales, así como la burbuja inmobiliaria, la corrupción y la inmigración. El supuesto ingreso de España en el club de las grandes potencias económicas mundiales terminaría con su rápido descenso al escalafón de los PIIGS, ante la crisis de deuda soberana con los inversores de los mercados internacionales. Elorza desenmascara igualmente el embrollo político, legal y mediático del caso Garzón, con la causa de la memoria histórica y la lucha por la jurisdicción universal, otro de los nuevos frentes abiertos por la globalización de la memoria y la justicia en los procesos retributivos a escala internacional (Colmeiro 2011).

La sección *Identidades e inmigración* se enfoca específicamente en la transformación del espacio político y cultural en España como resultado de la inversión de la corriente migratoria, por la que España pasa de ser un país exportador de emigrantes, que ha sido la tendencia tradicional desde los albores de la modernidad, a convertirse en muy poco tiempo en un país eminentemente receptor de inmigrantes, tendencia que la crisis global y de la deuda soberana española no ha conseguido amainar, a pesar del retorno de algunos emigrantes a sus países de origen y la nueva emigración de jóvenes españoles preparados y en paro en busca de empleo más allá de las fronteras nacionales.

A este respecto, es de suma importancia tener en cuenta la gran ola inmigratoria de movimientos globales que ha venido sucediendo en las últimas décadas, especialmente desde la entrada de España en la CEE y el posterior tratado de Maastricht de la Unión Europa, que efectivamente ha redefinido los parámetros de movimientos migratorios y convertido a España en un espacio de frontera, especialmente con África y Latinoamérica. Como Juan Goytisolo ha señalado lúcidamente, el Muro de Berlín fue derribado y vuelto a construir simbólicamente en el Estrecho de Gibraltar, para tomar dos de los lugares fronterizos más icónicos y delimitadores de los movimientos humanos en la historia contemporánea europea: "Kreuzberg y la Puerta de Brandeburgo han sido sustituidos por El Ejido, Tarifa y el Campo de Gibraltar" ("De Berlín al Estrecho").

En esta sección, Silvia Bermúdez examina las encrucijadas globales que enmarcan los procesos de racialización que definen a la nación y los problemas sociales del racismo y la xenofobia. A partir de la concreta materialidad de la cultura —la específica situación histórica que determina su producción, circulación y consumo— Silvia Bermúdez analiza la producción cultural realizada por emigrantes en España para cuestionar tanto el término "hispanismo" como el más reciente de "estudios ibéricos", que no han logrado dar una respuesta satisfactoria a los retos de los cambios históricos y culturales acaecidos en las últimas décadas. La propuesta de reconfigurar ambas conceptualizaciones, insistir en su metamorfosis y maleabilidad, tiene en cuenta tanto las encrucijadas que configuran las perspectivas multidisciplinarias y transnacionales que han de asistir en la empresa como el lugar específico desde donde se enuncia y se mira. Para ello Bermúdez retoma el concepto de "transculturación" del antropólogo cubano Fernando Ortiz, como una noción más abarcadora para entender la experiencia hibrida y fronteriza resultado de la inmigración y acercarse así a la provocadora producción discográfica del joven rapero español de origen guineanoecuatorial Domingo Antonio Edjang Moreno, conocido como El Chojin. Como muestra viva de la nueva cara global de la sociedad española, Bermúdez analiza las encrucijadas en las que se mueve El Chojin, entre los discursos culturales racistas y xenófobos, la defensa de la identidad híbrida y la propuesta de solidaridad y apertura cultural, que reconfiguran la fisonomía de la nación.

De manera paralela, Ana I. Planet Contreras analiza el complejo proceso de redefinición de la España contemporánea desde la perspectiva de la integración de la diferencia étnica y religiosa protagonizada por la inmigración. La transformación de España en un país de inmigración acontecida en las últimas décadas del pasado siglo ha traído consigo una nueva realidad de pluralismo religioso, desconocida durante siglos en el espacio de la nación. Con un nuevo marco legal que reconoce la realidad multicultural del hecho religioso y propone diferentes instrumentos de cooperación, y con una sociedad inmersa en lo que algunos han calificado de "tercera ola de secularización", la gestión y vivencia cotidiana de este pluralismo plantean numerosos claros y oscuros. Revisar los discursos, los datos demoscópicos y encuestas, así como las políticas que afectan a este pluralismo, tiene un gran interés cuando se toma como punto de partida la integración de los inmigrantes procedentes de países de mayoría musulmana, especialmente teniendo en cuenta la larga historia de convivencia y exclusión del musulmán en España, tradicionalmente visto como su otro desde la perspectiva cristiana.

La siguiente sección sobre *Memorias, historias y ficciones* se centra en la revisión de las narrativas identitarias fundacionales, a caballo entre la historia, la memoria y la ficción, en los procesos de redefinición de la identidad cultural al filo del nuevo milenio. Los trabajos aquí contenidos se hacen eco de los fundamentales eventos históricos recientes que han reconfigurado el mapa político y cultural contemporáneo para acercarse a dichas narrativas de memorias colectivas y mitologías fundacionales: por una parte, el final de la postguerra, la transición democrática, y la reconfiguración del Estado autonómico, y por otra, el final de Guerra Fría, la caída del Muro de Berlín y la entrada en la era global, con la erosión del propio concepto del Estado nación. Igualmente, se examinan otros fenómenos característicos de nuestro tiempo, como la disolución de las memorias colectivas tradicionales por nuevas formas de reconstrucción y conmemoración del pasado, mediáticas, literarias, documentalistas, monumentales; o la dificultosa apertura, literal y simbólica, de los archivos históricos y de las fosas comunes, no solo con la intención de iluminar los agujeros negros del pasado y de reverenciar a los perdedores de la historia como forma de justicia histórica, sino también de encararse a los fantasmas del pasado, con sus lagunas y mistificaciones, problematizando las asunciones no cuestionadas del presente y examinando las bases de un posible proyecto compartido de futuro.

Desde un punto de vista teórico, se tienen en cuenta las nuevas conceptualizaciones sobre la memoria cultural desarrolladas en las últimas décadas. La reconstrucción del pasado acorde con las necesidades siempre cambiantes del presente (Halbwachs). La utilización partidista, nacionalista y gremial de las vicisitudes históricas, y el papel de las tradiciones inventadas como una manera de reconstrucción del pasado (Hobsbawn). El resurgir de la memoria histórica como un territorio de lucha, y la constitución de espacios de la memoria (Pierre Nora). Los intentos de enfrentarse al pasado traumático (Arendt) y las nuevas corrientes neohistoricistas (White) que replantean una revisión de los códigos culturales dominantes del pasado, así como la globalización de los discursos de la memoria (Assmann y Conrad).

José María Naharro-Calderón explora los mitos de la memoria en la contradictoria constitución de nuestro presente. Para Naharro-Calderón, en un mundo teóricamente globalizado donde se afirman la desaparición de fronteras, el hibridismo de las culturas, la fusión de razas así como la extensión de vías de comunicación rapidísimas y vertebradoras, destaca en España la resistencia por parte de diversas identidades nacionales, regionales o locales de diverso cuño, en la búsqueda de pertenencia a un territorio de origen que asuma la diferencia y la separación. Su trabajo explora algunas de estas obsesiones memorialísticas, basadas en el mito del regreso, que identifica en primer lugar a los procesos de exilio e inmigración, y que posteriormente se extiende a los cauces de la memoria personal y gremial de la historia de España desde la Guerra Civil hasta las encrucijadas globales del nuevo milenio.

En su comprensivo trabajo, Naharro-Calderón examina algunas de las principales asignaturas pendientes de la Transición, que conforman deficiencias en la memoria del pasado y en la construcción del presente, tales como la economía de las burbujas ilusorias, el casino financiero, la especulación, la corrupción, o el empleo precario, exacerbadas por la crisis global. Para Naharro-Calderón, la destrucción del pasado conlleva también la destrucción del estado de bienestar dentro de la órbita de un "neofeudalismo globalizado", que tiene su respuesta popular con el movimiento de alterglobalización por parte de los indignados y su posterior traducción política en Podemos.

Roberto González-Casanovas analiza la revisión de una de las mitologías fundacionales de la identidad histórica catalana, la historia del expansionismo catalán por el Mediterráneo, y el desarrollo contemporáneo de una nueva conciencia crítica multicultural en torno a las complejidades de la historia europea mediterránea. Basándose en los postulados del Nuevo Historicismo, como un medio de identificar aquellos aspectos de las secuencias históricas que conducen a la ruptura, revisión o debilitamiento de los códigos culturales dominantes, González-Casanovas estudia dos textos catalanes que tratan sobre la expansión de los almogávares desde la perspectiva del nuevo milenio: la novela histórica de Daniel Closa (*El secret de l'almogàver,* 2000) y los ensayos de viaje de Eugeni Casanova (*Almogàvers, monjos i pirates. Viatge a l'Orient català*, 2001).

La reconstrucción cultural de un pasado heroico que caracterizó a la Renaixença catalana del siglo XIX da paso aquí al revisionismo multicultural de la Europa postcolonial y la España posfranquista. En oposición a las mitologías culturales tradicionales de las "edades de oro" y las "leyendas negras" del pasado, que todavía determinan los prejuicios culturales en el presente, estos textos desafían a los lectores catalanes contemporáneos a repensar la contradictoria historia de su híbrido patrimonio cultural como una nación fronteriza en interacción con otros pueblos mediterráneos. Al mismo tiempo, dichos textos apuntan a ciertas problemáticas tipologías culturales que todavía conforman las actitudes modernas sobre la identidad catalana en relación a otros grupos (castellanos, franceses, italianos, griegos), vistos tradicionalmente como rivales por el poder militar, religioso, político o económico. En el siglo XXI estos nuevos tipos de novela histórica y relatos de viajes tratan de restablecer un equilibrio entre la propaganda épica medieval de la conquista y el discurso crítico moderno del multiculturalismo. Como demuestra González-Casanovas, Closa presenta un mensaje desmitificador, pacifista y conciliador, mientras Casanova reflexiona sobre cómo la historia puede ser experimentada e interpretada de diferentes maneras por grupos opuestos en diferentes épocas y en diversos contextos.

En la historia de la Guerra Civil española hay varios episodios controvertidos que no han sido conocidos plenamente hasta el fin del siglo XX, pero que se han convertido en el siglo XXI en tema de numerosas obras y ensayos, al igual que objeto de controversias y debates historiográficos. Ekaterina Volkova revisita una de las historias más confusas del conflicto, que ocasionó múltiples mitos y ficciones por cada una de las partes implicadas, la historia del "oro de Moscú", que se refiere a la operación del traslado de las reservas de oro del Banco de España hacia la Unión Soviética en 1936, así como al destino de este oro. Solo al filo del nuevo milenio, después de la larga dictadura y los años de amnesia histórica colectiva impuesta por el pacto del olvido durante la Transición española, y después de la caída del Imperio soviético y la consiguiente apertura de los archivos rusos, emergió la posibilidad real para el estudio objetivo de ese episodio histórico. La tarea del trabajo es repensar el mito del "oro de Moscú", presentando los resultados de las investigaciones de los últimos años, comparar las diferentes interpretaciones y puntos de vista, tanto de los historiadores rusos como los españoles, e intentar desmitificar una página del pasado reciente de España desde el marco del siglo xxi.

La sección *Cruce de miradas entre España y Latinoamérica*, se centra en los discursos fílmicos transnacionales coproducidos entre la metrópolis y las excolonias, desde la perspectiva de los estudios transatlánticos y las teorías postcoloniales, que aportan nuevos ángulos de visión sobre las complejas y sobrecargadas relaciones entre España y Latinoamérica, atravesadas por estructuras de poder históricamente asimétricas. El auge en las últimas décadas de las coproducciones cinematográficas entre España y Latinoamérica refleja y reproduce precisamente esas relaciones asimétricas, en las que el capital español actúa como indiscutible bróker, que irremediablemente impone sus condiciones y perspectivas[5].

Los trabajos de esta sección analizan los intentos de redefinir no solo las narrativas hegemónicas del pasado colonial, sino las propias relaciones de neocolonialidad que el neoliberalismo globalizado ha mantenido y reforzado. Tal es el caso del proceso de deconstrucción de las narrativas de la conquista y de las estructuras de la colonialidad del poder (Quijano), que todavía en la actualidad mantienen su hegemonía. Se trata de reescribir la historia desde la periferia, una periferia geopolítica y cultural que da protagonismo a las miradas históricamente marginadas, por razones de raza, etnia, género, y clase social. Al mismo tiempo, se trata de establecer un diálogo entre las narrativas históricas del pasado y la realidad de un presente

5 Véase al respecto el trabajo de Libia Villazana sobre el rol hegemónico de Ibermedia en las coproducciones transatlánticas.

globalizado, en que España se ha vuelto en un principal inversor económico y cultural en Latinoamérica.

A la vez que se examinan los efectos surgidos por la implantación del neoliberalismo, se analiza la reescritura de las historias de procesos políticos paralelos y compartidos a ambas orillas del Atlántico, de migraciones y exilios, de dictaduras, refugios y transiciones, reescritos desde la perspectiva de la memoria histórica adquirida por una nueva generación que toma el relevo de sus ancestros. Y se trata también, simbólicamente, de reescribir la mirada del padre, y de la rescritura de la metrópolis desde la periferia. La huella de Luis Buñuel es larga y profunda en el cine latinoamericano, como revolucionario y fundador de una nueva manera de encararse a la realidad, que serviría de aliento al nuevo cine latinoamericano. Una nueva generación de directores jóvenes (Guillermo del Toro, Alejandro González Iñárritu) le devuelve ahora la mirada al padre, en un diálogo transatlántico que redefine la forma de confrontar la realidad histórica y contemporánea, mirando con una lucidez y originalidad que solo puede dar la posición periférica.

Kathryn Lehman ofrece un minucioso análisis de las innovaciones que aporta la película *También la lluvia* (Icíar Bollaín, 2010), desde la teoría postcolonial y el posicionamiento crítico de la subalternidad. De acuerdo a su argumento, el tono empático e íntimo subyacente en la representación socialrealista de la Guerra del agua acaecida en Bolivia en el año 2000 contrasta fuertemente con la obsesiva introspección que caracterizaba las películas de la conquista dirigidas por cineastas anti-imperialistas europeos y norteamericanos en los años 80 (*Aguirre*, *Fitzcarraldo*, *The Mission*). Bollaín evita igualmente la mirada etnográfica característica de otras películas de la conquista de América Latina producidas por directores hispanos alrededor del Quinto Centenario, como *El Dorado* (1989), *Cabeza de Vaca* (1991), *Jericó* (1991) y *La otra conquista* (1998).

Al enmarcar la conquista como una lucha por la representación, así como por los recursos, el revisionismo histórico de Bollaín sitúa al espectador en una posición que le permite relacionar los sucesos históricos reconstruidos con la realidad del neoliberalismo neocolonial. La mirada periférica y metaficcional de *También la lluvia* deconstruye las bases de las mitologías hegemónicas y aporta una perspectiva nueva y original que da protagonismo precisamente a las subjetividades marginadas tradicionalmente en las narrativas históricas de la conquista, la mirada indígena y femenina, y al mismo tiempo revela las complejidades de las negociaciones culturales, económicas y políticas que se desarrollan en la coproducción de ese proyecto cinematográfico.

Por su parte, el ensayo de Carla Grosman explora en profundidad la contribución del director argentino Adolfo Aristarain al proceso de memorialización social de la postdictadura del Cono Sur, destacando en particular su carácter pionero a la hora de introducir un nuevo sujeto del discurso: el hijo de la generación de argentinos exiliados en España. Aristarain recurre al relato de viaje del hijo a la busca del padre como elemento vertebrador de un redescubrimiento identitario individual y colectivo. Por medio de este recurso alegórico, sus películas examinan la dinámica relacional de estos dos personajes, que conlleva un complejo psicosocial por el que España (como "madre patria" y lugar de adopción de los exiliados políticos) y Argentina (como "patria" o país al cual estos exiliados pertenecen) se relacionan como par edípico.

En el cine de Aristarain, la figura del hijo es un crucial agente de la memoria porque lleva el fracaso del proyecto utópico paterno escrito en el cuerpo, mientras es capaz de traducir y resignificar aquel propósito dentro de las coordenadas de la realidad neoliberal impuesta globalmente. Sus películas *Un lugar en el mundo* (1992), *Martín H* (1997), *Lugares comunes* (2002) y *Roma* (2004), coproducciones españolas plenamente inmersas en la propia mecánica del neoliberalismo en la era global, se presentan entonces como ensayos sobre una misma fórmula con los que este director consigue realizar una profunda autocrítica ético-generacional. En un trasvase de ficción y realidad, es notable resaltar que el elenco de actores en estas películas son personas cuya relación con la represión militar en Argentina y la condición exílica en España resulta fundacional para su propia historia personal. La propia trayectoria de Aristarain, marcado por el exilio en España, donde ha realizado la mayor parte de su carrera profesional, y el retorno a Argentina, alimenta los conflictos y contradicciones reflejados en su obra, que intenta negociar un punto de encuentro transgeneracional y transnacional entre memorias de padres e hijos, así como entre España y Argentina.

De manera similar, el sugestivo ensayo de Walescka Pino-Ojeda analiza el transatlántico diálogo de miradas entre Luis Buñuel y Alejandro González Iñárritu en su manera de enfocar la realidad de la gran urbe cosmopolita, en México y España. En su exilio americano, Luis Buñuel se asienta en México donde dirige *Los olvidados* (1950), obra fundacional del nuevo cine mexicano, que aporta una nueva mirada de la realidad y da cuenta de la violencia en que subsisten los empobrecidos habitantes urbanos de la Ciudad de México. Sesenta años después el director mexicano Alejandro González Iñárritu le devuelve la mirada con *Biutiful* (2011), íntegramente rodada en una Barcelona globalizada y neoliberal, una Barcelona simbólicamente moribunda y carente de glamour que sobrevive con el tráfico ilegal de seres y mercancías. Se trata de un gesto atrevido, que no solo exige haber superado el pesado compromiso que el Tercer Cine selló sobre Latinoamérica, sino que supone además liberarse de una cierta condición de subalternidad frente al viejo imperio, la misma que está ausente en Buñuel y que explica su autoridad para retratar a la excolonia. Sin embargo, González Iñárritu ya había ensayado esta no-tercera mirada en *21 Gramos* y *Babel*. El motivo que las vincula es la ley del accidente, estrategia arquetípica surrealista, la cual permite desnudar la interconectividad de los eventos humanos, a pesar de la individualización promovida por el neoliberalismo global. *Biutiful*, no obstante, da un paso más, pues no se trata tan solo del azar que aglutina lo caótico, sino de hacer visible un centro desplazado hacia los márgenes, lo que involucra nada menos que desmantelar la polaridad Primer y Tercer mundo, y es por ese motivo que *Biutiful*, al ofrecer un retrato en que los habitantes de Barcelona parecen haber sido *olvidado*s, transmite también la nostalgia por un padre que sigue siendo un referente ausente.

La última sección del volumen, titulada *Redefinir la imagen de España*, se centra en las representaciones contemporáneas de la españolidad en el cine y la literatura, como laboratorios de redefinición de imágenes y mitologías identitarias. Los ensayos de esta sección analizan la construcción y deconstrucción de la idea de España, como marca, como imagen y como mitología comodificada en el mercado global de valores culturales.

El cuño neoliberal del concepto de marca país encaja plenamente dentro del discurso de la globalización que hace del mundo una marca, ya que mitologiza los elementos constituyentes del nuevo orden global. Alfredo Martínez-Expósito se acerca al tema de la imagen de España en los circuitos internacionales desde la óptica de los nuevos conceptos de marca-país y marca cultural teorizados por Simon Anholt y Douglas Holt. La marca cultural está asociada a mitos identitarios presentados en marcos de ficción que suavizan las tensiones sociales y ayudan a crear un sentido de identidad colectiva. El autor examina con gran perspicacia la reciente construcción del concepto de "Marca España" en los discursos institucionales como tarjeta de visita de uso internacional, y su popularización en los medios de comunicación, que ha llevado a algunos directores de cine a explotar los tópicos de reconocido alcance global que comúnmente se le asocian (deportes, gastronomía, turismo, patrimonio cultural, música), frecuentemente unidos en la misma película.

El tema gastronómico suele presentarse como epifenómeno de la cultura local/nacional, sobre todo en películas de promoción regional y películas que abordan explícitamente el tema de la "españolidad". El autor analiza el creciente protagonismo del chef Ferrán Adrià —revolucionario cerebro culinario detrás de El Bulli, merecedor del galardón al mejor restaurante del mundo durante varios años— dentro de la estrategia de comunicación de la Marca España, que junto con la presencia mediática de otros chefs de reconocido prestigio internacional —como los hermanos Roca, los nuevos acreedores del título de mejor restaurante del mundo—se ha traducido en la aparición de varias películas donde el tema gastronómico se explora en clave de renovación de la imagen de España. Películas como *Tapas* (Corbacho y Cruz, 2005), *Fuera de carta* (Velilla, 2008) o *18 comidas* (Coira, 2010) contrastan con el tratamiento del tema en clásicos como la trilogía ibérica de Bigas Luna (sobre todo *Jamón, jamón*, 1992) y las celebradas escenas culinarias escritas por el guionista Rafael Azcona: *La niña de tus ojos* (Trueba, 1998), *¡Ay, Carmela!* (Saura, 1990), *Suspiros de España (y Portugal)* (García Sánchez, 1995). Martínez-Expósito considera que la representación que se ofrece en estas películas del tema gastronómico construye una nueva imagen revalorizada de España, una renovada imagen mitificada como moderna, eficaz, creativa, lúdica, multicultural y abierta a la diversidad, en la cresta de la ola de innovación, con rasgos de prestigio, calidad y valor comercial.

La creciente erosión de la noción de "cine nacional" es otro resultado de la globalización económica y cultural, manifiesta en el auge de las coproducciones transnacionales, el establecimiento de circuitos de mercadotécnica y distribución a nivel global y la movilidad de artistas, directores, tramas. Ante esta realidad globalizada, hablar de cine español, o gallego o catalán, no deja de ser algo cada vez más inadecuado u obsoleto (Colmeiro 2012). ¿Es *El laberinto del fauno* una película española o mexicana? ¿Y *Biutiful* española, mexicana o catalana? ¿Y qué decir de *Vicky Cristina Barcelona*? De hecho, los productos cinematográficos más notables de los últimos tiempos son los que han conseguido conciliar lo nacional y lo global, tanto los gustos del público español, cada vez más condicionados por los productos de importación, como las pautas internacionales. Tal es el caso de Pedro Almodóvar, Alejandro Amenábar o Carlos Saura, dentro de los circuitos de cine de autor, o el cine de proyección masiva, caso de Juan Antonio Bayona o Jaume Balagueró; o la tercera vía de Álex de la Iglesia, a medio camino entre el cine de autor y el cine de género.

Katarzyna Paszkiewicz se acerca a la obra fílmica de Álex de la Iglesia desde la perspectiva teórica de los géneros cinematográficos con el fin de analizar cómo sus películas entablan un diálogo entre los discursos locales y globales en el panorama del cine español contemporáneo. Así la autora examina de qué manera el director español mezcla —a través del espejo deformante del esperpento y la estética barroca del exceso— los géneros hollywoodenses (ciencia ficción, películas de terror, cine negro, western) sin dejar de lado las referencias a la cultura popular y el pasado español, trascendiendo así la oposición entre lo nacional y lo global. Centradas claramente en la narrativa y en el espectáculo, las películas de Álex de la Iglesia ofrecen una negociación entre la "alta cultura" y la "cultura de masas", y permiten repensar las definiciones tradicionales del cine nacional como un cine opuesto a la producción dominante de Hollywood.

El agudo análisis de Paszkiewicz se centra en una lectura de la película *Balada triste de trompeta* (2010), caracterizada por una estética postmoderna "de corta y pega", y la intersección e hibridación de géneros, de cultura alta y popular, de lo local y lo global. En ellas se canibaliza el cine negro, los *thrillers* de Hitchcock, el cine de terror, las películas bélicas, el cine B de sangre y violencia y las películas de superhéroes, así como los noticiarios del *NO-DO*, los programas televisivos, el cine de autor de Saura o la comedia negra berlanguiana, a través del filtro carnavalesco de lo grotesco y lo esperpéntico. Para la autora, esta irónica y poliédrica orquestación de estilos y géneros por parte del director demuestra, por una parte, un consciente acto de distanciamiento frente a las retóricas nacionalistas tradicionales, y por otra, pone de relieve el carácter fragmentario y heterogéneo de las identidades.

Finalmente, la intersección del discurso audiovisual y literario en el contexto globalizado español es analizada por José Luis Fernández Castillo. Una de las más recientes tendencias de la literatura española contemporánea ha sido la denominada "literatura mutante" (Ferré), caracterizada por la influencia de la imagen audiovisual y los medios de comunicación, la huella de la globalización y la tecnología comunicativa digital, y la contaminación de discursos heterogéneos de la más diversa procedencia, reciclados del hipermercado cultural de la sociedad de consumo globalizada. Esta literatura mutante se reconoce en un discurso novelístico fragmentado, la caótica hibridación de géneros, y una visión irónica y paródica de las mitologías colectivas nacionales, que revela a su vez un debilitamiento del vínculo entre literatura y tradición nacional, ya que como afirma un personaje de *Nocilla Dream* (de Agustín Fernández Mallo), "los internautas no tienen patria" (159).

Fernández Castillo analiza de manera brillante el desmontaje y reciclaje de imágenes que la obra literaria "mutante" de Manuel Vilas realiza a través de una estética de "corta y pega". De entre los jóvenes novelistas españoles de su generación, quizás sea Manuel Vilas el que mejor ha hecho de la despiadada carnavalización de los mitos hispánicos una seña de identidad mayor de su narrativa y de su obra poética. La literatura de Vilas emplea su irreverente humor y su ácida ironía en desvelar la alienación y la mentira que subyacen tras ciertas imágenes de la modernidad española de este principio del siglo xxi. Tal es el caso de su explícita deconstrucción irónica de los discursos de la Marca España, vista como una ficción falsificadora de la realidad, en su carnavalesca "España, S. L." Creador de un mundo que bebe tanto de las fuentes cervantinas como del esperpento valleinclanesco, los libros de Vilas nos obligan a repensar cómo afrontar la identidad hispánica desde el siglo xxi, por medio de la lúcida crítica a los mecanismos de la explotación y del poder que forman parte inevitable de toda constitución social identitaria.

* * *

Finalmente, quisiera dar las gracias a todos aquellos que han colaborado en este proyecto colectivo. Este volumen reúne a un brillante grupo de críticos de diversas nacionalidades y ubicaciones académicas profesionales (España, Reino Unido, Perú, Argentina, Cuba, Estados Unidos, Chile, Polonia, Rusia, Australia y Nueva Zelanda), tanto veteranos de primera fila con una trayectoria reconocida internacionalmente como otros nuevos nombres que se sitúan en la vanguardia de la renovación crítica. Sus variadas trayectorias personales y profesionales enriquecen el volumen con sus lecturas multidisplinarias e interculturales y conforman en si mismas unas auténticas encrucijadas globales en torno a la cultura y sociedad española en el siglo xxi. Como editor del libro y coorganizador del congreso internacional "Encrucijadas Globales: Redefinir España en el siglo xxi" celebrado en la Universidad de Auckland en 2012 con mi colega Wendy-Llyn Zaza, quien me ayudó con las correcciones del manuscrito, agradezco el enorme talento, la dedicación y la paciencia de todos nuestros colaboradores, así como el inestimable apoyo de la Universidad de Auckland, la Fundación Vista Linda y la Embajada de España en Wellington.

Obras citadas

ANHOLT, Simon. *Competitive Identity: The New Brand Management for Nations, Cities and Regions.* New York: Palgrave, 2007.

ASSMANN, Aleida y Sebastian CONRAD (eds.) *Memory in a Global Age. Discourses, Practices and Trajectories.* Basingstoke: Palgrave Macmillan, 2010.

CASTELLS, Manuel. *The Information Age: Economy, Society and Culture.* Vol. 1 *The Rise of the Network Society.* Vol 2. *The Power of Identity.* Vol. 3 *End of Millenium.* Oxford: Blackwell, 1997.

COLMEIRO, José. "Memories without Borders: Spanish Courts and the Case for Universal Jurisdiction". *Journal of New Zealand Studies.* Special Issue "Parallel Past, Converging Futures? Comparing New Zealand, Iberia, Latin America" NS 11 (2011): 109-133.

— "Introduction: Fragmentation, Invisibility and Political Devolution". En Jo LABANYI y Tatjana PAVLOVIĆ (eds), *Companion to Spanish Cinema.* Malde, MA: Blackwell, 2012. 81-85.

— *Galeg@s sen fronteiras: Conversas sobre a cultura galega no século* XXI. Vigo: Edicións Xerais de Galicia, 2013.

— Entrevista de Nuria Godón. "Desde las antípodas. Conversación con José Colmeiro". *Transitions: Journal of Franco-Iberian Studies.* 9 (2013): 9-27.

FERNÁNDEZ MALLO, Agustín. *Nocilla Dream.* Barcelona: Candaya, 2006.

FERRÉ, Juan Francisco. "La literatura del post. Instrucciones para leer literatura española de última generación". En Juan Francisco FERRÉ y Julio ORTEGA (eds.), *Mutantes. Narrativa española de última generación.* Córdoba: Berenice, 2007. 7-21.

FUKUYAMA, Francis. "The End of History?" *National Interest* 16 (1989): 3-18.

GARCÍA CANCLINI, Néstor. *Hybrid Cultures. Strategies for Entering and Leaving Modernity.* Minneapolis: U of Minnesota P, 1995.

— *La globalización imaginada.* México, D. F.: Paidós, 1999.

GOYTISOLO, Juan. "De Berlín al Estrecho". *El País* 28 marzo 1992.

HALBWACHS, Maurice. *The Collective Memory.* New York: Harper, 1980.

— *On Collective Memory*. Chicago: U of Chicago P, 1992.

HOBSBAWN, Eric y Terence RANGER. *The Invention of Tradition*. Cambridge: Cambridge UP, 1983.

HOLT, Douglas. *How Brands Become Icons: The Principles of Cultural Branding*. Boston: Harvard Business School P, 2004.

HUYSSEN, Andreas. "Present Pasts: Media, Politics, Amnesia". *Public Culture* 12.1 (2000): 21-38.

MIGNOLO, Walter D. "The Many Faces of Cosmo-polis: Border Thinking and Critical Cosmopolitanism". En Carlos A. BRECKENRIDGE, Homi K. BHABHA, Sheldon POLLOCK y Dipesh CHAKRABARTY (eds.), *Cosmopolitanism*. Durham, NC: Duke UP, 2002.157-87.

NORA, Pierre. "Between Memory and History: Les Lieux de Mémoire". *Representations* 26 (1989): 7-25.

ORTIZ, Fernando. *Contrapunteo cubano del tabaco y el azúcar*. 1940. Barcelona: Ariel, 1973.

QUIJANO, Aníbal. "Coloniality of Power, Eurocentrism and Latin America". *Nepantla* 1.3 (2000): 553-80.

SUBCOMANDANTE MARCOS. "Siete piezas del puzzle neoliberal". *Le monde diplomatique* (agosto 1997): 1, 4-5.

VÁZQUEZ MONTALBÁN, Manuel. "Hacia el posnacionalismo". *El País* (17 de febrero 2000).

VILLAZANA, Libia. "Hegemony Conditions in the Coproduction Cinema of Latin America: The Role of Spain". *Framework: The Journal of Cinema and Media* 49.2 (2008): 65-85.

WAISMAN, Carlos y Raanan REIN. *Spanish and Latin American Transitions to Democracy*. Brighton: Sussex Academic Press, 2005.

WHITE, Hayden. *The Content of the Form: Narrative Discourse and Historical Representation*. Baltimore: Johns Hopkins UP, 1987.

1
Las nuevas coordenadas

Globalización, cosmopolitismo y traducción cultural

JO LABANYI

En este ensayo intentaré situar a España en relación con diversos aspectos de la globalización. No se tratará de presentar un resumen sistemático —el tema es demasiado amplio—, sino de ofrecer reflexiones particulares sobre el caso español y, a la vez, de pasar revista a las recientes discusiones teóricas sobre la cuestión. Específicamente, trataré de determinar si los términos "cosmopolitismo" y "traducción cultural" pueden ser más útiles que "globalización" a la hora de pensar sobre los procesos globales que conectan a España con el mundo. En este sentido, debemos recordar que algunas cosas están más conectadas que otras, y que las conexiones con ciertas partes del mundo son más fuertes que con otras. No cabe duda de que todos los lugares y cosas siempre han estado conectados con otros lugares y cosas, como señaló el antropólogo James Clifford en su clásica obra *Routes. Travel and Translation in the Late Twentieth Century* (1997), al criticar la tendencia de ciertos antropólogos a tratar las comunidades que estudian como si fueran unidades herméticamente cerradas. Pero no es cierto que todos los lugares y cosas estén conectados con todos los demás lugares y cosas. Gayatri Spivak ha criticado con razón que los teóricos de la globalización suelen tratar los lugares reales como espacios virtuales "en los que de hecho nadie vive" (72). Es por ello que este ensayo hará hincapié en la especificidad de lo local.

También cabe preguntarse si es necesario asumir que España constituye, en cierta manera, un "fracaso" porque sus importaciones culturales superan a sus exportaciones culturales. No quiero caer en el viejo cliché del "atraso" de España con respecto al resto del mundo desarrollado, como si la globalización fuese la culminación de un proceso de desarrollo inevitable, según propugnan los defensores del neoliberalismo. Al fin y al cabo, ¿sería válido argumentar que los Estados Unidos están más "adelantados" que el resto del mundo porque sus exportaciones culturales superan a sus importaciones culturales? Lógicamente, la respuesta depende de cómo definamos la globalización. Si consideramos la globalización como una forma de cosmopolitismo (exploraré las implicaciones de este término más adelante), la respuesta es no, porque el hecho de exportar más cultura de la que se importa implica insularidad. Pero si nos referimos a la globalización económica, el hecho de exportar más de lo que se importa constituye un indicador de éxito, medido en términos de beneficio económico.

En la práctica, la palabra "globalización" puede hacer referencia a fenómenos distintos. En su *Globalization. A Very Short Introduction* (2009), Manfred Steger distingue entre la globalización económica, política, cultural, ecológica e ideológica. Por "globalización política" entiende el desarrollo de las instituciones políticas supranacionales; pasa por alto, sin embargo, la categoría de "justicia global" resultante del desarrollo de instituciones jurídicas supranacionales, una categoría a la que me referiré al final del ensayo. Las categorías de Steger no son mutuamente excluyentes: la globalización cultural puede verse como parte de la globalización económica (la principal exportación de Estados Unidos es la "industria del espectáculo"). Por supuesto, la globalización cultural está íntimamente ligada a la globalización ideológica, debido a su impacto sobre los hábitos de consumo cultural y, por consiguiente, sobre las identidades. Aunque la globalización presupone una relación centro-periferia, ni siquiera en el caso de la globalización económica se trata necesariamente de un proceso puramente unidireccional o de una cuestión meramente monetaria. El Museo Guggenheim de Bilbao es un claro ejemplo de franquicia estadounidense, financiada con dinero local, cuyos ingresos revierten en la Fundación Guggenheim de los Estados Unidos; pero también ha estimulado la economía local bilbaína y ha cambiado radicalmente la faz de la ciudad, lo cual favorece tanto a su imagen en el extranjero como a las identidades locales: por ejemplo, como ha señalado Nerea Arruti (142), el museo se ha convertido en un popular escenario para las fotos de bodas celebradas en esa ciudad.

La globalización cultural incluye también las operaciones de las empresas transnacionales: en el caso de España, por ejemplo, la absorción de editoriales locales por parte de conglomerados extranjeros, tales como Random House Mondadori, que es propietaria de Plaza & Janés, Lumen, Grijalbo y DeBolsillo, entre otras editoriales españolas, y en 2012 fue adquirida a su vez por el conglomerado alemán Bertelsman; o la creación de sucursales de editoriales españolas en otros países hispanoparlantes, como es el caso del imperio Santillana, del Grupo Prisa, que tiene sucursales en veintidós países, incluido Estados Unidos, o, a menor escala, Siglo XXI, con sucursales en Argentina y México. De hecho, España posee la tercera industria editorial más grande de Europa, después del Reino Unido y Alemania, y hemos de recordar que la industria editorial existe como industria desde mediados del siglo XIX (en España ya desde los años 40 del siglo XIX).

La globalización suele considerarse una amenaza para lo nacional, y desde luego lo es, en la medida en que los gobiernos nacionales no pueden controlar el flujo del capital multinacional (aunque, técnicamente, las empresas multinacionales están registradas en un país determinado, por lo que sería más exacto calificarlas de "transnacionales", ya que el término incluye lo nacional en su rúbrica supranacional). Recientemente hemos sido testigos de cómo las instituciones financieras globales y supranacionales, como el Fondo Monetario Internacional (FMI) y el Banco Central Europeo (BCE), han impuesto cambios de gobierno en Grecia e Italia, burlando así los procesos democráticos nacionales. Sin embargo, por lo que a las instituciones políticas y financieras globales se refiere, Steger nos recuerda que estas fueron creadas en la segunda mitad del siglo xx mediante acuerdos entre los Estados nación miembros. De hecho, el impulso para su creación se remonta al deseo, tras la Segunda Guerra Mundial, de evitar que estallara otra guerra mundial entre Estados nación. Por consiguiente, en cierto sentido representó un intento de apuntalar la autonomía nacional mediante instrumentos internacionales.

Cabe señalar que, desde sus inicios, el Estado nación ha estado íntimamente ligado a la extensión de la globalización: la misma doctrina liberal de los derechos humanos universales —basada en una visión de la libertad como el ejercicio de la autonomía individual— se halla en la base tanto del concepto de soberanía nacional como del principio de libre comercio. La teoría política liberal decimonónica es una teoría contractualista, que tiene como modelo el libre mercado. De hecho, como enfatiza Kok-Chor Tan, el desarrollo a lo largo del siglo xix del nacionalismo —que es de por sí una forma de globalización, puesto que el concepto fue exportado con éxito de América y Europa al resto del mundo— se basó en una creencia universalista en el derecho de todas las naciones a la autodeterminación (185). Así, la expansión imperialista sembró la semilla de su propia destrucción al exportar la creencia en el derecho universal a la autodeterminación nacional a los territorios que iba incorporando, mientras que, en las metrópolis, las regiones históricas integradas por la fuerza en el Estado nación se apropiaron de la doctrina del derecho a la autodeterminación nacional para reivindicar sus propias formas de nacionalismo no estatal. La España decimonónica constituye un ejemplo clásico de ambos fenómenos.

Si lo global y lo nacional están íntimamente imbricados, ello se debe también a que lo global necesita lo local como campo de operaciones. En su libro *Transnational Connections* (1996), el antropólogo social Ulf Hannerz señala que la globalización implica una conectividad bidireccional, y advierte contra la extendida idea de que lo global es un agente de cambio, mientras que lo local es una fuente de continuidad, argumentando que, si observamos el funcionamiento de las culturas locales, "lo local parece más proteico que primordial" (27). Es decir, las culturas locales son siempre el resultado de un proceso de hibridación, y moldean la forma específica que adoptan las influencias globales. Y, en realidad, como apunta Steger, "el mejor lugar para estudiar lo 'global' suele ser lo 'local'" (10). Por su parte, Hannerz señala que el hecho de que las culturas locales sean proteicas, implica no solo abandonar la idea de que lo local es autóctono y autónomo, sino también considerar lo local como "el punto de encuentro de influencias diversas, que se traducen en combinaciones posiblemente exclusivas al lugar" (27). Lo local constituye lo "singular", no porque sea homogéneo, sino porque representa una confluencia específica de diversos factores. Así, Kwame Anthony Appiah comenta que "los que denuncian la homogeneidad producida por la globalización suelen pasar por alto que la globalización también representa una amenaza para la homogeneidad" (101), en el sentido de que lo local es el lugar donde interactúan diversas fuerzas internas y externas en un incesante proceso de hibridación.

No tiene sentido lamentarse de que la globalización conlleve una pérdida de autenticidad e integridad nacionales, porque dicha autenticidad e integridad nunca han existido. De hecho, Appiah ensalza la "contaminación" como un antídoto contra las nociones poco realistas y poco atrayentes de la homogeneidad indígena (111-13). Quienes en España se quejan de la influencia extranjera son, por definición, quienes suscriben una creencia mítica en la unidad nacional. El temor real (justificado) es a que las culturas locales puedan utilizar las conexiones globales para generar sus propias configuraciones culturales singulares, sorteando al Estado nación. Así, por ejemplo, como ha mostrado Joseba Gabilondo, la Junta de Andalucía ha creado el concepto de "cine andaluz" mediante una inteligente campaña de *marketing* en el extranjero, especialmente en festivales de cine en los Estados Unidos (87). Esta campaña no concibe el "cine andaluz" como la expresión de un estilo de vida andaluz, autóctono y auténtico, sino que significa simplemente cine hecho en Andalucía: el propósito es animar a los cineastas, de cualquier nacionalidad, a realizar sus películas en Andalucía. Dicho esto, es preciso apuntar ciertas contradicciones, como la exitosa campaña de la Junta de Andalucía para conseguir que el flamenco fuera declarado Patrimonio de la Humanidad por la UNESCO en 2010: otra campaña de *marketing* dirigida a una organización internacional sorteando al Estado nación, pero que simultáneamente afirmaba y negaba que el flamenco, en cuanto forma cultural, fuera "propiedad" de Andalucía. Hannerz señala que tal vez los "otros" de dentro de la nación sean los verdaderos cosmopolitas (90). Tantos siglos de presentar la cultura andaluza como "otra" han sensibilizado al gobierno autónomo andaluz para sacar partido de las oportunidades que ofrece el cosmopolitismo estratégico.

Aunque no me considero experta en las culturas no castellanoparlantes de España, es preciso examinarlas para entender la dinámica global-local, a través de la cual funciona el país. Es bien conocido el papel que han desempeñado las comunidades de emigrantes gallegos en La Habana y Buenos Aires para fomentar y financiar el nacionalismo cultural gallego, y cómo los republicanos gallegos exiliados mantuvieron vivo el nacionalismo en esas comunidades durante la dictadura de Franco. Si el nacionalismo gallego es especialmente consciente de la naturaleza mítica de todas las construcciones de la cultura nacional como primordial, auténtica y homogénea, ello puede deberse a que se sustenta en un imaginario transatlántico, y en la financiación transatlántica. En la cultura gallega percibo un refrescante sentido de autoironía ante lo que pueda ser la "galleguidad", ilustrado, por ejemplo, por los grupos musicales Os Resentidos y Siniestro Total que parodian los tópicos gallegos. También es notable la apertura hacia lo global ilustrada por los grupos de música folk, como Milladoiro, Luar na Lubre o el gaitero Carlos Núñez, que se insertan dentro de la línea pancéltica popularizada bajo la marca de las "Músicas del Mundo" (De Toro 238, 246)[1]. Esta autoironía y apertura hacia lo global contrastan con la conocida afición de Manuel Fraga Iribarne, durante sus largos años como presidente de la Xunta de Galicia, por las ceremonias con formaciones masivas de gaiteros en un despliegue de formas musicales poco auténticas que, sin embargo, negaban su condición de "tradición inventada" (244-45, 247). Un magnífico ejemplo de la capacidad gallega de autoironía es el diseño de Antón Reixa, en 1986, de una bandera gallega alternativa que constituye una parodia de la marca francesa

1 Para un análisis lúcido de la hibridación que caracteriza la música folk gallega contemporánea, véase Colmeiro.

de queso procesado La Vache qui Rit [La vaca que ríe] (reproducida en Graham y Labanyi 349).

En general, me parece desafortunado que en la Constitución de 1978 se haya optado por la fórmula "Estado de las Autonomías" para describir la estructura política de la España democrática actual, puesto que el concepto de autonomía —fundamental para la teorización liberal de la soberanía nacional— significa falta de conectividad (en contraste con la definición de Hannerz, anteriormente citada, de lo local como "el punto de encuentro de influencias diversas, que se traducen en combinaciones posiblemente exclusivas al lugar"). El término "federación" no pudo ser utilizado en la Constitución de 1978 por razones históricas, a causa de las connotaciones con la República Federal de 1873-74, entendida como un proyecto separatista que inevitablemente desembocó en las insurrecciones cantonalistas. José María Jover ha señalado que esta visión de la República Federal, que se perpetuó en los libros de historia, es falsa, puesto que los políticos federales consideraron que la descentralización era la mejor manera de conservar la unidad del país, aquejado por la centralización creciente durante las décadas anteriores que había provocado el descontento local y popular (115-67). De hecho, el concepto de "federación" se basa precisamente en la conectividad (el asociacionismo), la cual, a su vez, presupone una relación bidireccional. Por contraste, el término "Estado de las Autonomías" presupone unas comunidades que, por ser autónomas, rechazan —o evitan— la relación mutua. Efectivamente, la vida política en la España de hoy se caracteriza por las conversaciones entre la Administración General del Estado español y las comunidades autónomas por separado, con poco o ningún diálogo entre las propias comunidades autónomas. En un interesante artículo reciente sobre la literatura vasca contemporánea, Mari José Olaziregi señala que se traducen muy pocas obras literarias en castellano al catalán, gallego o euskera: entre 1993 y 2003, se tradujeron al castellano trescientas diecisiete obras literarias en catalán, gallego y euskera (y no son muchas), mientras que solo veinte obras literarias en castellano fueron traducidas a una o más de estas tres lenguas (37). Esto significa que, aunque es obligatorio que los catalanes, gallegos y vascos sepan el castellano, se considera aceptable que el resto de los españoles sean monolingües. Olaziregui también observa que, mientras que el 88% de las obras literarias en euskera se traducen al castellano, solo el 12% se traducen al catalán o al gallego (37), lo que sugiere una falta de interés por parte de las comunidades históricas en las literaturas de las demás. Efectivamente, la Constitución de 1978 declara que todos los españoles están obligados a conocer el castellano, mientras que el catalán, aranés, valenciano, gallego y euskera son cooficiales solo en sus respectivas comunidades autónomas. Esta asimetría no predispone a los españoles a valorar la conectividad.

El concepto de "cosmopolitismo" puede resultar útil en este contexto. De hecho, dicho término se ha puesto de moda en los debates académicos, por estar libre de la carga ideológica negativa que tiene la "globalización" en cuanto formación centro-periferia que reproduce las relaciones de poder unidireccionales del imperialismo. Debemos recordar que a principios del siglo XX el nacionalismo catalán promovió un concepto cosmopolita de la identidad catalana, basado en la conectividad, no con una España encerrada en sí misma, sino con Europa. El cosmopolitismo valora la autonomía de los demás, pero la considera un requisito previo para la conectividad, la cual es concebida como una relación bidireccional basada en el respeto mutuo entre iguales. El hecho de que el cosmopolitismo valore la conectividad le permite operar como categoría ética, algo que la globalización no puede hacer (puede existir una globalización cultural, ecológica o ideológica, pero la expresión "globalización ética" no tiene sentido). El cosmopolitismo enfatiza la ciudadanía en lugar de la soberanía; es decir, la relación en lugar de la competencia entre entidades autónomas. El término se remonta tradicionalmente a Diógenes el Cínico, quien se autoproclamó "ciudadano del mundo"; un concepto desarrollado por los estoicos griegos y romanos, y retomado por Kant en la Ilustración. Esto me recuerda un momento maravilloso cuando, todavía en el Reino Unido, estaba impartiendo una clase sobre el documental de Jaime Camino, *Los niños de Rusia* (2001), acerca de la evacuación de niños a la Unión Soviética desde el País Vasco durante la Guerra Civil. Invité a la clase a la madre de una colega, que había sido evacuada a la Unión Soviética (pero no desde el País Vasco). Cuando una estudiante le preguntó si tenía un sentimiento de pérdida por haber sido apartada de su patria en su niñez, Benita declaró que no, porque era "ciudadana del mundo" (posteriormente vivió en México y en Cuba). Esto me permitió ver cómo mediante el montaje y la banda sonora musical Camino había manipulado sus entrevistas con los antiguos niños evacuados, para construir una tragedia en la que se representa a estos niños como arrancados del seno de la madre patria. De hecho, la única entrevistada que declaró que se había alegrado de irse de España en pos de un nuevo futuro, porque provenía de una familia pobre que la sacó de la escuela para cuidar a sus hermanos, aparece solo brevemente en la película, en contraste con el espacio mucho mayor dedicado a quienes hablan de la pérdida de la patria como una experiencia traumática. La película de Camino, cuyos principales coproductores fueron TV3 y TVE (la televisión pública catalana y española, respectivamente), está construida para apelar a unos espectadores españoles decididamente no cosmopolitas.

Walter Mignolo construye una genealogía del cosmopolitismo que incluye a España, porque opina que la modernidad —a través de su lado oscuro, el colonialismo— se inició con los imperios de España y Portugal en los comienzos de la edad moderna. Para Mignolo, el cosmopolitismo es la voz crítica generada por el colonialismo. Primero, en el siglo XVI, con las críticas al intento de implantar un *orbis christianus* global por parte de Francisco de Vitoria y la Escuela de Salamanca (incluido Bartolomé de las Casas), quienes defendieron que los derechos humanos incluían a los colonizados (a los indios, aunque recordemos que no a los esclavos negros). Después, en el siglo XVIII, con su refutación del colonialismo, concebido ahora en términos laicos como una "misión civilizadora", Kant insistió en que los derechos humanos eran universales. Como lo expresa muy bien Mignolo, si la Escuela de Salamanca hizo extensivos los derechos a los infieles, Kant los hizo extensivos a los extranjeros. Mignolo distingue entre globalización, la cual define como "un conjunto de planes para administrar el mundo", y cosmopolitismo, el cual define como "un conjunto de proyectos orientados hacia la convivencia planetaria" (157).

Sin embargo, todos los teóricos del cosmopolitismo expresan cautela ante el universalismo que se oculta bajo este término, aunque deberíamos añadir que agravan el problema, porque por lo general construyen una genealogía exclusivamente europea para dicho concepto, que se extiende desde los griegos hasta Kant. En la primera sección del libro de Garrett Wallace Brown y David Held, *The Cosmopolitan Reader* (2010), dedicada a Kant, percibimos un enorme esfuerzo por mostrar que, para este, el cosmopolitismo es una visión ética universal, no en el sentido de que la cultura europea tenga aplicabilidad universal, sino porque considera que el elemento de interés no es la comunidad o la nación, sino el ser humano individual (15-80)[2]. Como observa Thomas Pogge en el mismo volumen, algunos nacionalistas liberales han intentado establecer una distinción entre el nacionalismo cívico — basado en el concepto liberal de los derechos humanos individuales y, por tanto, compatible con el cosmopolitismo—, y el nacionalismo étnico, un concepto tradicionalista que concibe la identidad como enraizada en orígenes exclusivamente locales (178). En el caso de España, Mario Onaindía establece la misma distinción al hablar de la cultura de la Ilustración (29). Esta distinción entre nacionalismo cívico y nacionalismo étnico nos ayuda a entender por qué los liberales y los tradicionalistas pudieron compartir una postura nacionalista durante la Guerra de Independencia, a pesar de sus creencias políticas irreconciliables: con la palabra "nacionalismo" se referían a cosas diametralmente opuestas.

En efecto, el nacionalismo étnico se funda en el significado premoderno del término "nación" como un grupo que tiene un origen (racial o geográfico) común, mientras que el nacionalismo cívico se funda en el significado moderno del término, el Estado nación, el cual se basa en la soberanía nacional (es decir, en los derechos de los ciudadanos). El nacionalismo étnico se basa en el sentimiento (el apego a la cultura de origen); el nacionalismo cívico se basa en la razón (la creencia en los derechos individuales). Hay que recordar que, en el siglo xviii, la razón y el sentimiento se veían como complementarios, puesto que los sentidos eran la fuente del conocimiento y la sensibilidad era lo que hacía posible la vida cívica.

2 En su artículo incluido en esta misma sección, Martha Nussbaum señala que Kant excluyó a las mujeres (34).

Las investigaciones llevadas a cabo dentro del proyecto sobre el rol de las emociones en la cultura e historia españolas, del siglo XVIII al presente, que estoy codirigiendo junto con Elena Delgado, de la Universidad de Illinois-Urbana, y Pura Fernández, del CSIC en Madrid, indican que, a principios del siglo XIX, se produjo un cambio cultural trascendental: la razón y el sentimiento dejaron de verse como complementarios y empezaron a considerarse antagónicos. Fue también durante este período cuando el nacionalismo se convirtió en la fuerza motriz de la política: es decir, también el cosmopolitismo y el nacionalismo dejaron de considerarse compatibles. Por supuesto, estos cambios culturales se produjeron en todo el mundo occidental. En España, la Guerra de Independencia contra la ocupación napoleónica parece haber desempeñado un papel fundamental en ambos procesos[3].

En los últimos años, se ha producido un retorno a la valoración positiva del sentimiento, gracias al denominado "giro emocional" en las humanidades y las ciencias sociales. Puede ser que esta nueva valoración positiva del sentimiento haya facilitado el simultáneo renacimiento del interés en el concepto de cosmopolitismo. Tanto el reciente giro emocional como el renovado interés en el cosmopolitismo se basan en la idea del sentimiento y la razón como fuerzas que actúan conjuntamente, en lugar de como polos de una oposición binaria. El resultado ha sido un replanteamiento de la identidad, para considerarla, no una propiedad del individuo autónomo, sino un proceso intersubjetivo y relacional. Mi primera experiencia en este sentido fue como colaboradora en el proyecto europeo de investigación, titulado oficialmente "Europa: Emociones, Identidades, Políticas", bajo la dirección de la historiadora cultural italiana Luisa Passerini. Al cabo de seis meses, el equipo decidió eliminar el término "identidad" y reemplazarlo con "identificaciones", para resaltar el hecho de que la identidad es un proceso y no una "cosa" que se "posea", y que este proceso se desarrolla en un espacio intersubjetivo de relaciones con los demás (de ahí la forma plural,

3 Véase el ensayo de Mónica Bolufer en L. Elena Delgado, Pura Fernández y Jo Labanyi (eds.), *Engaging the Emotions in Spanish Culture and History (18th Century to the Present)* (Vanderbilt University Press, 2015).

"identificaciones"). Esta decisión resultó liberadora, porque permite eludir el pensamiento binario que ha definido la relación con los demás por oposición a la noción de un yo individual autónomo y, por extensión, ha asumido que la identidad nacional se halla automáticamente amenazada por las relaciones con el mundo exterior. El énfasis liberal en la autonomía individual o nacional como el bien supremo impide ver la conectividad como algo que no sea una limitación de la libertad y, por consiguiente, un problema.

El retorno a una visión positiva del sentimiento ha sido encabezado por la crítica, en los estudios jurídicos feministas, de la noción liberal de los derechos individuales, cuya definición de la libertad como autonomía no deja cabida al interés feminista en las relaciones intersubjetivas. De ahí que las estudiosas jurídicas feministas hayan propuesto formas de legislación basadas, no en una "ética de los derechos", sino en una "ética del cuidado" (Held)[4]. Ello no significa abandonar el concepto de derechos como tal, sino solo el concepto específico de derechos que surgió en la Ilustración europea, el cual los fundaba en la autonomía (libertad de la interferencia de los demás) en lugar de lo relacional. Este énfasis en las relaciones intersubjetivas se halla en la base de la reciente teorización sobre el cosmopolitismo. La reivindicación de lo afectivo como un aspecto fundamental de la preocupación ética por los demás va unida a una reivindicación del papel de la cultura en el fomento de un sentimiento de "ciudadanía del mundo". Por ejemplo, en su *Cosmopolitanism and Culture* (2012), el crítico cultural australiano Nikos Papastergiadis enfatiza el papel privilegiado del arte en la creación de un imaginario cosmopolita, puesto que el arte actúa mediante la proyección imaginativa. Así, afirma que el valor ético del arte reside, no tanto en el hecho de que puede reflejar experiencias cosmopolitas, sino en el hecho de que puede producir experiencias cosmopolitas en los espectadores (9). Kwame Anthony Appiah pone de relieve el papel de las relaciones afectivas en su definición del cosmopolitismo como "la bondad hacia los desconocidos" ("Kindness to Strangers" es el título de su último

4 La ética de los derechos en contraposición a la ética del cuidado ha sido estudiada en el contexto español por Anja Louis en su libro *Women and the Law. Carmen de Burgos, an Early Feminist* (2005).

capítulo). Como es sabido, Almodóvar retomó esa frase de *Un tranvía llamado Deseo*, de Tennessee Williams, ligeramente cambiada a "la bondad de los desconocidos", en su película *Todo sobre mi madre* (1999), donde, como ha señalado Julián Daniel Gutiérrez-Albilla, en varias escenas aparecen inmigrantes africanos al fondo (571). Esto permite que la película de Almodóvar produzca una "experiencia cosmopolita" en los espectadores, aun sin plantear explícitamente el tema de la inmigración.

En *Provincializing Europe* (2000), Dipesh Chakrabarty reconoce que, aunque Kant rechazó el colonialismo, su interés en los derechos humanos universales en realidad formaba parte de la "misión civilizadora" con la que la Ilustración justificaba el imperio, en la medida en que el imperialismo europeo difundió este concepto por todo el mundo. De ahí que, en la actualidad, a los nativos de las antiguas colonias europeas (India, en el caso de Chakrabarty) les resulte imposible prescindir de muchos conceptos clave —como la creencia en los derechos humanos universales— que surgieron en la Europa de la Ilustración. Con la expresión "provincializar Europa" Chakrabarty se refiere a que esos conceptos ilustrados, ya que no es posible prescindir de ellos, deben repensarse desde la perspectiva de los colonizados; es decir, se deben preservar los conceptos, pero rechazando su universalismo. Y describe este proceso como un proyecto de "traducción": una forma de cosmopolitismo que reconoce la diferencia cultural. En concreto, Chakrabarty se esfuerza por eludir los esquemas providencialistas que conciben la historia como un progreso lineal ineluctable, y según los cuales Occidente completará su tarea de llevar la civilización al resto del mundo.

Una variante de este esquema providencialista sería la narración neoliberal, de la globalización como el "fin de la historia", mencionada anteriormente. Según señala Chakrabarty, el historicismo occidental se basaba en una teoría de la historia como una "sala de espera", que implicaba que "todos estábamos encaminados hacia el mismo destino, pero algunos habían de llegar antes que otros. La conciencia historicista fue esto: una recomendación a los colonizados que esperaran su turno" (*Provincializing* 7). Por consiguiente, Chakrabarty rechaza los términos "desarrollo" y "desarrollo desigual", los cuales presuponen que algunos estilos de vida son más "avanzados" que otros, y prefiere pensar los procesos globales en términos de traducción cultural: es decir, la hibridación que resulta del encuentro de lo global con lo local, coexistiendo en el tiempo presente. En otro estudio, Chakrabarty advierte contra las implicaciones desarrollistas del término "transición", señalando que a menudo lo que se describe como "transición al capitalismo" es más bien "un proceso de traducción por el cual diversos mundos vitales y horizontes conceptuales sobre lo que es ser humano se traducen a las categorías del pensamiento ilustrado inherentes a la lógica del capitalismo" ("Universalism" 106). Tal vez sería útil ver el paso de la dictadura a la democracia en la España de los años 70, no como una transición (un proceso destinado a poner al país a la altura de unas normas europeas situadas en una etapa más avanzada de la historia y pretendidamente universales), sino como un proceso de traducción cultural, en el sentido de la hibridación de culturas locales y globales en un momento presente compartido por ambas.

Aunque hasta ahora he sostenido que, debido a sus connotaciones éticas, el término "cosmopolitismo" puede ser más útil que "globalización" para pensar sobre los procesos culturales transnacionales, no deja de plantear ciertos problemas. El concepto de cosmopolitismo ha sido criticado por su elitismo implícito. En efecto, es un término asociado a los intelectuales, y sobre todo a los intelectuales exiliados (migrantes de categoría privilegiada)[5]. David Harvey ha señalado que los filósofos suelen dejar de lado los escritos de

5 Véase, por ejemplo, la reseña de James Clifford del libro *Orientalism* del intelectual palestino exiliado Edward Said (*Predicament* 255-76). Clifford advierte que, al trascender cualquier postura local, el cosmopolitismo de Said es la expresión de "un privilegio inventado por un liberalismo occidental totalizador" (263). En su análisis de la actitud crítica de Clifford hacia el cosmopolitismo, Bruce Robbins observa que, en sus escritos posteriores, Clifford aboga por un tipo de cosmopolitismo anclado, no en la trascendencia de lo local, sino en una visión de lo local como algo constituido por las relaciones con el mundo externo (258-61). Agradezco a Silvia Bermúdez que haya planteado la importante cuestión de las implicaciones elitistas del cosmopolitismo en el congreso "Encrucijadas globales: Redefinir España en el siglo XXI", celebrado en la Universidad de Auckland del 11-14 de abril de 2012, en el que presenté una versión anterior de este ensayo.

Kant sobre antropología y geografía, porque —pese a la insistencia kantiana en el cosmopolitismo como ideal ético— están vergonzosamente plagados de estereotipos racistas sobre "otros" pueblos. De hecho, Harvey observa que la noción kantiana del deber ético de ofrecer hospitalidad a los extranjeros estaba íntimamente ligada a la noción liberal del comercio transnacional sobre la que se sustentaba el mismo colonialismo que, en apariencia, Kant condenaba (15-21). Para Harvey, el cosmopolitismo es la visión del mundo del viajero burgués que espera ser calurosamente recibido en los países que visita, anticipándose al neoliberalismo actual. Harvey apunta que el proyecto cosmopolita de Kant se refería a la reciprocidad entre "individuos maduros"; en otras palabras, excluía a quienes se hallaban, utilizando la expresión de Chakrabarty, relegados a la sala de espera de la historia.

Sin embargo, Harvey se niega a abandonar el término "cosmopolitismo", y prefiere aplicar su potencial ético a la crítica del neoliberalismo. Su defensa de los conocimientos geográficos que permiten traducir "demandas particularistas y acciones locales" a un idioma común de oposición al capitalismo neoliberal (96-97) coincide en muchos aspectos con la propuesta de Chakrabarty de "provincializar Europa", una tarea que, como hemos visto, este también concibe como un proyecto de traducción. Merece señalarse que el subtítulo de *Routes*, el libro en el que Clifford insiste en que los antropólogos deben explorar la comunidad como una forma de conectividad con el mundo, es *Travel and Translation in the Late Twentieth Century* (*El viaje y la traducción al final del siglo* XX). A continuación defenderé mi visión del cosmopolitismo como traducción cultural. Se trata de una especie de "cosmopolitismo desde abajo", que contrasta con el elitismo implícito en buena parte del proyecto cosmopolita de la Ilustración: la traducción ha tendido a asociarse con los menos instruidos, que no son capaces de consumir la cultura extranjera en versión original[6].

6 Para interesantes comentarios sobre el "cosmopolitismo desde abajo", véanse Susan Koshy —en relación con el "cosmopolitismo de las minorías"— y Mica Nava, en relación con el "cosmopolitismo visceral". Agradezco a Elena Delgado y a Tim Bergfelder, respectivamente, por llamarme la atención sobre estos trabajos.

Volviendo al caso de España, aunque no fue colonizada por ninguna otra potencia europea —al menos no políticamente, si exceptuamos la breve anexión napoleónica—, es bien sabido que España fue relegada desde una posición hegemónica en Europa a una posición periférica por el Tratado de Westfalia (1648), el cual instituyó el principio de que todos los estados tenían el derecho a la autodeterminación, y concedió a los Países Bajos la independencia de España; con ello, el centro del comercio atlántico se desplazó de Sevilla a Ámsterdam. El resultado, como mencioné anteriormente, ha sido una visión protocolonial de la cultura española como "atrasada"; es decir, relegada a la sala de espera de la historia. Esta visión no ha sido difundida solo por los europeos del Norte, sino también por los intelectuales españoles que se han lamentado de que España haya pasado de ser exportadora de cultura, a través del imperialismo —lo que convertía la cultura española en "universal"—, a importadora neta, mediante el consumo de literatura extranjera en traducción.

Creo que sería útil repensar el papel de la traducción a la luz de la insistencia de Chakrabarty en desvincularla de la idea desarrollista, que la considera un medio para hacer la cultura occidental accesible a quienes "carecen de cultura" (como la traducción de la Biblia a las lenguas indígenas por parte de los misioneros occidentales). Este concepto desarrollista de la traducción subyace a las constantes lamentaciones —desde Galdós hasta hoy— de que el público lector español está siendo "colonizado" por las traducciones de literatura extranjera: ello presupone que la lectura de obras en traducción ocasiona una dependencia cultural. El hecho de que España diera al mundo el *Quijote* cuando ostentaba la hegemonía mundial no significa que estuviera "más adelantada"; en otros países no se limitaron a "imitar" el *Quijote*, sino que lo tradujeron a obras propias muy distintas, como harían más tarde con la figura de Don Juan (Mozart, Hoffmann, Pushkin, Byron, etc.), cuya exportación coincidió con la decadencia histórica de España. Si desde el siglo XIX el público español general ha preferido leer narrativa importada, ello puede significar que siente una inclinación por el cosmopolitismo, una forma de cosmopolitismo que, siguiendo el argumento de Chakrabarty, valora la diferencia cultural. Esto nos recuerda la idea de Hannerz de que tal vez los "otros" internos de la nación sean los verdaderos cosmopolitas. Incluso si consideramos dicha predilección por las traducciones, no como una expresión de gusto, sino como el resultado del desarrollo de la industria editorial (sobre todo con la reciente creación de imperios editoriales transnacionales), estos hábitos de lectura inevitablemente generan experiencias cosmopolitas en el público. Por supuesto, tampoco debemos idealizar la lectura de literatura extranjera. En su actual proyecto de investigación, Lou Charnon-Deutsch explora la recurrencia, en la literatura popular decimonónica que circulaba por toda Europa en traducciones e imitaciones, de campañas de odio contra los judíos y los jesuitas, metidos en el mismo saco por representar a comunidades transnacionales percibidas como amenaza para la nación: un caso complejo de internacionalización de un *corpus* literario basado en el temor a las fuerzas transnacionales[7].

En su reciente libro *The Translation Zone* (2006), Emily Apter señala que las estadísticas editoriales anglófonas revelan una ausencia casi total de traducciones en las listas de los libros más vendidos, y que las traducciones suponen menos del 2% de la cuota del mercado literario en Estados Unidos y el Reino Unido (101). A mediados de los 90, Rosa Montero anunciaba que por primera vez los escritores españoles dominaban las listas de los libros más vendidos en España, lo que para ella constituía una "normalización" (317). Sin embargo, la lista de los diez libros más vendidos en FNAC en marzo de 2012 incluía a una sola escritora española: Almudena Grandes, con su reciente novela *El lector de Julio Verne* (2012); en cambio, la cantidad de narrativa en traducción que exponen las librerías españolas resulta abrumadora. Maarten Steenmeijer ha observado que los *best-sellers* se reseñan regularmente en la prensa de calidad en Estados Unidos y el Reino Unido, y mucho menos en España: tal vez porque en Estados Unidos y el Reino Unido los *best-sellers* casi nunca son traducciones, mientras que en España la mayoría lo son (92). Steenmeijer también señala que, aunque mucha narrativa española es traducida a otros idiomas, gracias a generosas subvenciones del Estado español, rara

7 Véanse su monografía y su ensayo en L. Elena Delgado, Pura Fernández y Jo Labanyi (eds.), *Engaging the Emotions in Spanish Culture and History (18th Century to the Present).*

vez se vende bien o recibe buenas críticas en el país de destino, salvo excepciones como *Corazón tan blanco* de Javier Marías, que vendió 1.200.000 ejemplares en la traducción al alemán, y *La sombra del viento* de Carlos Ruiz Zafón, que vendió más de dos millones de ejemplares en España y más de nueve millones en el extranjero (84, 86-88). En contraste, Arturo Pérez-Reverte, autor que ha vendido bastante en Estados Unidos y de quien se han traducido siete novelas al neerlandés, algunas de ellas ambientadas en Flandes, ha sido un fracaso de ventas en los Países Bajos (85).

Para explicar estas discrepancias, debemos analizar el tipo de imaginario que estas obras acatan y refuerzan. Ruiz Zafón vive en Los Ángeles, donde escribe guiones de cine para Hollywood, y utiliza un género transnacional, el gótico, para recrear el clima de terror de la Barcelona de la postguerra, a la vez que refuerza la percepción de una España primitiva, infantilizada aún más por el uso del realismo mágico con el que están familiarizados los lectores internacionales del *boom* latinoamericano (no es casual que Ruiz Zafón empezara escribiendo literatura infantil). Las novelas de *Alatriste* de Pérez-Reverte, cuyo protagonista es un antiguo soldado de los tercios de Flandes, resucitan el género español de la novela picaresca, y retratan a personajes españoles que a menudo se encuentran en escenarios extranjeros pero no muestran ningún interés por explorar la "extranjeridad". ¿Por qué habría de interesarles a los lectores holandeses ese retrato de Flandes? Esta misma falta de interés en lo extranjero me ha llamado la atención en varias novelas españolas contemporáneas que se desarrollan en otros países: por ejemplo, en *Inés y la alegría* (2011) Almudena Grandes describe a los republicanos refugiados en el sur de Francia casi sin mencionar la población francesa local[8]. Por consiguiente, no basta el uso de escenarios extranjeros para garantizar una visión cosmopolita.

8 Es cierto que las relaciones entre los republicanos españoles refugiados en Francia y la población local estaban sometidas a un estricto control, y que los españoles fueron recibidos con bastante frialdad, cuando no hostilidad abierta, lo cual les obligó a vivir en una burbuja española. Pero Grandes podría haber mencionado estas relaciones difíciles con la población local. No se puede criticar a los refugiados que no encuentran una acogida positiva por no asimilarse;

El género también desempeña un papel importante en la traducibilidad cultural: el gótico, que se originó en inglés, y con algunas novelas ambientadas en España, tiene una historia cosmopolita que facilita su traducción. Del mismo modo, la utilización de las convenciones del cine de terror ha permitido que las representaciones de la Guerra Civil y la postguerra española del director mexicano Guillermo del Toro —*El espinazo del diablo* (2001), *El laberinto del fauno* (2006)— triunfen entre los críticos y espectadores internacionales, algo que no ha conseguido ninguna otra de las muchas películas españolas sobre el tema, las cuales por lo general adoptan una estética realista. Paul Julian Smith, escribiendo sobre las películas de Alejandro Amenábar, ha observado que los críticos de cine españoles suelen lamentarse cuando los jóvenes cineastas optan por el cine de género, porque lo consideran reñido con la calidad artística (145). En contraste, los estudiosos que trabajan en la academia anglófona, como Smith, suelen elogiar a estos cineastas por saber triunfar en los mercados internacionales, ya que no es solo una cuestión de éxito comercial, sino también de una comprensión de lo que entraña la traducción cultural[9].

Papastergiadis señala que la imposibilidad de una correspondencia exacta en cualquier proceso de traducción "hace lamentar lo perdido en la traducción, al tiempo que permite celebrar la ampliación de los horizontes conceptuales mediante la improvisación creativa y la hibridación" (141). Añade a continuación que la traducción "es un proceso de introducir un elemento del exterior que reconstituye lo interior" (141). En esto, Papastergiadis concuerda con ciertos teóricos de la traducción, como Lawrence Venuti (1995, 1998), quienes abogan por una forma de traducción literaria que

---

pero se puede censurar por poco cosmopolitas a los escritores que escriben sobre otros países como si la población local no existiera.

9 Ver también Jay Beck y Vicente Rodríguez Ortega (eds.), *Contemporary Spanish Cinema and Genre* (2008), el primer libro dedicado al estudio del género cinematográfico en el contexto español que lo valoriza como una estrategia para conquistar un público transnacional. Casi todos los autores reunidos en el libro de Beck y Rodríguez Ortega se formaron, como los mismos coordinadores, en Estados Unidos o el Reino Unido.

enriquezca el idioma de destino incorporándole "extranjeridad". De hecho, la lectura de cualquier texto literario constituye un proceso de traducción entre el uso cotidiano de la lengua y la "extranjeridad" de la lengua literaria, la cual produce sus efectos a través de la desfamiliarización. En opinión de Papastergiadis, la traducción implica arrancar algo de su contexto y reorganizar el orden de las cosas (130). Esta conceptualización se parece mucho a una descripción del surrealismo; por ejemplo, la del célebre artículo de James Clifford, "Ethnographic Surrealism", que trata sobre la fascinación de los surrealistas parisinos con los artefactos étnicos descontextualizados (*Predicament* 117-51). Por otra parte, *Poeta en Nueva York* de Lorca puede leerse como un texto que utiliza la sensación de estar "fuera de lugar" en el centro del capitalismo, tanto el poeta como la cultura africana (tal como el poeta la percibe), para producir una visión cosmopolita que coloca en primer plano la intraducibilidad cultural. El baile del "ímpetu primitivo" de la máscara africana con el "ímpetu mecánico" de Wall Street, en el poema "Danza de la muerte" (48), constituye una metáfora de la interacción, en un lugar y momento específicos (Wall Street, 1929), de dos formas de flujo global: el del capital transnacional y el del desplazamiento de la población africana por la trata de esclavos. Percibimos un énfasis similar en el hecho de estar "fuera de lugar" en las fotografías de Cristina García Rodero, las cuales captan la discordante mezcla de tradición y modernidad en las fiestas de pueblo españolas durante el período 1974-1989. Más que una representación de la Transición como un período de desarrollo desigual, sus fotografías podrían considerarse una visión de la Transición como un proceso de traducción cultural en la cual las tensiones no se resuelven, sino que se colocan en primer plano.

Emily Apter toma prestado el concepto de la "zona de contacto" de Mary Louise Pratt para defender la "zona de traducción" como un espacio que reposiciona al sujeto: "una manera de convertir el autoconocimiento en algo ajeno a sí mismo; un modo de desnaturalizar a los ciudadanos al sacarlos del terreno conocido del espacio nacional" (6). La zona de traducción genera incomodidad porque nos obliga a ver las ideas preconcebidas con ojos nuevos, desde otro espacio. Así, Apter aboga por la práctica de la literatura comparada

—leer la literatura en traducción— como un ejercicio de cosmopolitismo. Podríamos describirlo como un ejercicio de aprendizaje para dejar de lamentar lo "perdido en la traducción" y aceptar que vivimos "perdidos en la traducción", citando el título del libro de Eva Hoffmann sobre la experiencia de criarse en el Canadá como refugiada judía polaca. En relación con esto, podríamos preguntarnos por qué los departamentos de Español de las universidades estadounidenses han permitido que los departamentos de Inglés se apropien de la literatura latina de Estados Unidos; o, más bien, por qué los departamentos de Inglés disponen de un mayor capital cultural, lo que les ha permitido dicha apropiación. El resultado es que la literatura latina en español está excluida del currículo o, como mucho, separada de la literatura latina en inglés, al estudiarse (ocasionalmente) en los departamentos de Español. En el caso de la literatura latina de Estados Unidos, los departamentos de Literatura Comparada pueden funcionar como una "zona de traducción" que nos ayude a comprender los encuentros culturales transnacionales mediante los cuales se transforman ambas culturas.

Quisiera terminar con un ejemplo de traducción cultural muy distinto: la apropiación y reelaboración en España de los discursos sobre los derechos de las víctimas elaborados en el Cono Sur durante la Transición —es decir, traducción— de la dictadura a la democracia en esos países. Podría argumentarse que los debates españoles en torno a la memoria histórica que surgieron hacia mediados de la década de los 90 —y especialmente a partir de 2000, gracias a los movimientos ciudadanos que luchan para exhumar a las víctimas de la represión franquista, enterradas en fosas comunes no identificadas— no se habrían producido o, en todo caso, no se habrían producido de la misma manera de no ser por la cobertura de prensa sobre los movimientos ciudadanos chilenos, y sobre todo argentinos, que reclamaban información sobre los "desaparecidos" y la cobertura de los juicios a los perpetradores militares que se iniciaron, suspendieron y posteriormente reanudaron en Argentina.

Antes dije que retomaría el concepto de justicia global, un aspecto de la globalización que a menudo se pasa por alto en la teoría de la globalización, pero que cobra protagonismo en los debates sobre el cosmopolitismo debido al enfoque ético de este último. Como afirma Jeremy Waldron, para Kant el cosmopolitismo era un campo del derecho y la filosofía jurídica: lo que Kant denominaba "derecho cosmopolita" (164). Es decir, un ámbito de interacción humana en el que deberían estar implicados el derecho y la justicia. La Carta de las Naciones Unidas de 1945 proclama que los crímenes contra la humanidad, tales como el genocidio, no prescriben: un principio consagrado en el Estatuto de Roma de 1998 por el cual se instituyó la Corte Penal Internacional de La Haya. El uso del término "holocausto" en los debates españoles en torno a la memoria —recientemente en el libro de Paul Preston, *El holocausto español* (2011)— constituye un acto estratégico de traducción cultural destinado a demostrar que la denominación de "crímenes contra la humanidad" está justificada en el caso de la represión franquista y que, por consiguiente, los responsables pueden ser procesados. La Corte Penal Internacional ha declarado que la Ley de Amnistía española de 1977 carece de validez ante el derecho internacional. Tras deliberar sobre la acusación de prevaricación contra el juez Baltasar Garzón por haber iniciado la investigación de los crímenes del franquismo, en febrero de 2012 el Tribunal Supremo español lo declaró inocente, aunque sostuvo que, en virtud de la Ley de Amnistía, esos crímenes no pueden ser investigados. La interpretación de las leyes es siempre una cuestión de traducción. Lo que este caso puso de manifiesto fue la absoluta intraducibilidad del derecho internacional al derecho nacional, y viceversa. Considerar los procesos históricos como instancias de traducción cultural puede resultar esclarecedor. Sin embargo, debemos recordar que la historia no está compuesta solo de traducciones, sino también de malas traducciones y traducciones fallidas. La globalización no es un mercadillo en el que cualquier cosa pueda traducirse a cualquier otra[10].

Traducido por Jacqueline Cruz

10 Quisiera agradecer los inteligentes comentarios y sugerencias del editor de este libro, que han servido para fortalecer los argumentos de este ensayo.

Obras citadas

APPIAH, Kwame Anthony. *Cosmopolitanism. Ethics in a World of Strangers.* New York: W.W. Norton & Company, 2006.

APTER, Emily. *The Translation Zone. A New Comparative Literature.* Princeton: Princeton UP, 2006.

ARRUTI, Nerea. "The Guggenheim Bilbao Museum Six Years On". *International Journal of Iberian Studies* 16.3 (2003): 141-44.

BECK, Jay y Vicente RODRÍGUEZ ORTEGA (eds.). *Contemporary Spanish Cinema and Genre.* Manchester: Manchester UP, 2008.

BROWN, Garrett Wallace y David HELD (eds.). *The Cosmopolitan Reader.* Cambridge: Polity, 2010.

CHAKRABARTY, Dipesh. *Provincializing Europe. Postcolonial Thought and Historical Difference.* Princeton: Princeton UP, 2000.

— "Universalism and Belonging in the Logic of Capital". En Carlos A. BRECKENRIDGE, Homi K. BHABHA, Sheldon POLLOCK y Dipesh CHAKRABARTY (eds.), *Cosmopolitanism.* Durham, NC: Duke UP, 2002. 82-110.

CLIFFORD, James. *Routes. Travel and Translation in the Late Twentieth Century.* Cambridge, MA: Harvard UP, 1997.

— *The Predicament of Culture. Twentieth-Century Ethnography, Literature, and Art.* Cambridge, MA: Harvard UP, 1988.

COLMEIRO, José. "Bagpipes, Bouzoukis and Bodhráns: The Reinvention of Galician Folk Music". En Helena Miguelez-Carballeira (ed.), *A Companion to Galician Studies.* London: Tamesis, 2014. 93-114.

DE TORO, Xelís. "Bagpipes and Digital Music. The Remixing of Galician Identity". En Jo LABANYI (ed.), *Constructing Identity in Contemporary Spain.* Oxford: Oxford UP, 2002, 237-54.

GABILONDO, Joseba. "Andalusian Cinema". En Jo LABANYI y Tatjana PAVLOVIĆ (eds.), *A Companion to Spanish Cinema.* Oxford: Wiley-Blackwell, 2012. 86-92.

GARCÍA LORCA, Federico. *Poet in New York.* Ed. Christopher MAURER. London: Penguin, 1990.

GARCÍA RODERO, Cristina. *España oculta.* Washington, DC: Smithsonian Books, 1995.

Graham, Helen y Jo Labanyi (eds.). *Spanish Cultural Studies: An Introduction. The Struggle for Modernity*. Oxford: Oxford UP, 1995.

Grandes, Almudena. *El lector de Julio Verne*. Barcelona: Tusquets, 2012.

— *Inés y la alegría*. Barcelona: Tusquets, 2011.

Gutiérrez-Albilla, Julian Daniel. "Becoming a Queer (M)Other in/and/through Film: Trans-sexuality, trans-subjectivity, and maternal relationality in Almodóvar's *Todo sobre mi madre*". En Jo Labanyi y Tatjana Pavlović (eds.), *A Companion to Spanish Cinema*. Oxford: Wiley-Blackwell, 2012. 563-80.

Hannerz, Ulf. *Trasnational Connections*. London: Routledge, 1996.

Harvey, David. *Cosmopolitanism and the Geographies of Freedom*. New York: Columbia UP, 2009.

Held, Virginia. *The Ethics of Care. Personal, Political, and Global*. New York: Oxford UP, 2006.

Hoffmann, Eva. *Lost in Translation. A Life in a New Language*. London: Penguin, 1990.

Jover Zamora, José María. "Federalismo en España. Cara y cruz de una experiencia histórica". En Guillermo Gortázar (ed.), *Nación y estado en la España liberal*. Madrid: Noesis, 1994. 105-67.

Koshy, Susan. "Minority Cosmopolitanism". *PMLA* 126.3 (2011): 592-609.

Louis, Anja. *Women and the Law. Carmen de Burgos, an Early Feminist*. Woodbridge: Tamesis, 2005.

Mignolo, Walter D. "The Many Faces of Cosmo-polis: Border Thinking and Critical Cosmopolitanism". En Carlos A. Breckenridge, Homi K. Bhabha, Sheldon Pollock y Dipesh Chakrabarty (eds.), *Cosmopolitanism*. Durham, NC: Duke UP, 2002.157-87.

Montero, Rosa. "Democracy and Cultural Change". En Jo Labanyi (ed.), *Constructing Identity in Contemporary Spain*. Oxford: Oxford UP, 2002. 315-20.

Nava, Mica. *Visceral Cosmopolitanism. Gender, Culture, and the Normalisation of Difference*. Oxford: Berg, 2007.

Nussbaum, Martha C. "Kant and Cosmopolitanism". En Garrett Wallace Brown y David Held (eds.), *The Cosmopolitan Reader.* Cambridge: Polity, 2010. 27-44.

Olaziregui, Mari José. "Peripheral Being, Global Writing: The Location of Basque Literature". En Luis Martín-Estudillo y Nicholas Spadaccini (eds.), *New Spain, New Literatures.* Nashville: Vanderbilt UP, 2010. 27-42.

Onaindía, Mario. *La construcción de la nación española. Republicanismo y nacionalismo en la Ilustración.* Barcelona: Ediciones B, 2002.

Papstergiadis, Nikos. *Cosmopolitanism and Culture.* Cambridge: Polity, 2012.

Pogge, Thomas. "Cosmopolitanism and Sovereignty". En Garrett Wallace Brown y David Held (eds.), *The Cosmopolitan Reader.* Cambridge: Polity, 2010. 114-33.

Pratt, Mary Louise. *Imperial Eyes. Travel Writing and Transculturation.* New York: Routledge, 1992.

Preston, Paul. *El holocausto español. Odio y exterminio en la Guerra Civil y después.* Barcelona: Debate, 2011.

Robbins, Bruce. "Comparative Cosmopolitanisms". En Pheng Cheah y Bruce Robbins (eds.), *Cosmopolitics. Thinking and Feeling beyond the Nation.* Minneapolis: Minnesota UP, 1998. 246-64.

Smith, Paul Julian. "Alejandro Amenábar". En Jo Labanyi y Tatjana Pavlović (eds.), *A Companion to Spanish Cinema.* Oxford: Wiley-Blackwell, 2012. 144-51.

Spivak, Gayatri. *Death of a Discipline.* New York: Columbia UP, 2005.

Steger, Manfred B. *Globalization. A Very Short Introduction.* Oxford: Oxford UP, 2009.

Steenmeijer, Maarten. "The New Capital of Spanish Literature: The Bestsellers". En Luis Martín-Estudillo y Nicholas Spadaccini (eds.), *New Spain, New Literatures.* Nashville: Vanderbilt UP, 2010. 81-96.

Tan, Kok-Chor. "Nationalism and Cosmopolitanism". En Garrett Wallace Brown y David Held (eds.), *The Cosmopolitan Reader.* Cambridge: Polity, 2010. 176-90.

Venuti, Lawrence. *The Scandals of Translation. Towards an Ethic of Difference.* London: Routledge, 1998.
— *The Translator's Invisibility.* London: Routledge, 1995.
Waldron, Jeremy. "What is Cosmopolitan?" En Garrett Wallace Brown y David Held (eds.), *The Cosmopolitan Reader.* Cambridge: Polity, 2010. 163-75.

España en el siglo XXI: hacia una cultura de la intermediación global

José Luis Abellán

Un entendimiento de la cultura hispánica en su más amplio sentido exige que nos remitamos a la situación estratégica de la Península Ibérica desde el punto de vista geográfico. Situada en el extremo occidental de Europa, lo que hoy llamamos España fue lugar de paso de muy diferentes pueblos, algunos de los cuales —romanos, visigodos, árabes, judíos, cristianos— llegaron a asentarse en su territorio con carácter indefinido, constituyendo una amalgama protagonizada por el sincretismo y el mestizaje cultural. Se crearon así productos culturales muy originales, como la literatura aljamiada, el arte mozárabe, la mística sufí, o el estilo mudéjar, presididos por su tendencia a la universalidad, que tomó forma en América bajo el concepto de "hispanidad". Si desde el punto de vista religioso, en el territorio español proliferaron sinagogas, mezquitas, catedrales, en la América hispánica emergieron productos nuevos de muy variada manifestación: poesía afroantillana, murales de la revolución mexicana, arquitectura hispano-azteca, literatura gauchesca, novelística del realismo mágico, entre otros.

Esta tendencia universalista abierta a la amalgama y el sincretismo cultural va a encontrar un obstáculo insuperable para su desarrollo a principios del siglo XVI, cuando se consolida el nacimiento del Estado moderno bajo el principio de la "razón de Estado", según la fórmula de Nicolás Maquiavelo.

El Estado moderno es un tipo de organización política, de acuerdo con la cual la nación cobra un protagonismo propio basado en su propia autonomía. El Estado nación así concebido debe encontrar su propia razón de ser y de actuar, en el argumento de su autonomía política indiscutible frente a otros estados: el anglicanismo en el Reino Unido, el catolicismo a ultranza del imperio español, la cristianísima concepción de la monarquía francesa frente a cualquier otra injerencia. Esta "razón de Estado" se convierte en suprema norma de actuación política para cualquier dirigente que se precie, y por eso para él "el fin justifica los medios", de acuerdo con el supremo mandato maquiavélico.

Esta concepción política del Estado moderno es la que va a encontrar en España un obstáculo insuperable: la cultura abierta a la universalidad no podía estrecharse de tal manera que quedase reducida a su capacidad para encajonarse en los estrechos cauces de una "razón de Estado" particular y única, que solo favorecía un nacionalismo obtuso y prepotente. Si este se tradujo, primero, en un "imperialismo" omniabarcador, acabaría convirtiéndose con el tiempo en un "nacional catolicismo" de trágicas consecuencias.

El hecho es que la fórmula política del Estado moderno se había ido imponiendo con el paso del tiempo, y cuando Maquiavelo le dio formulación teórica en su libro *El príncipe* (1513), la situación se hizo irreversible. España tuvo que adaptarse a los nuevos tiempos, y más cuando en la práctica estaba funcionando desde los Reyes Católicos como un Estado moderno *de facto*. Sin embargo, el hecho de que estos murieran sin una descendencia apta para la sucesión dio ocasión a que la Corona de España recayese en su nieto Carlos, convertido en poco tiempo en Emperador del Sacro Romano Imperio Germánico; esto pareció una presumible salida al mantenimiento de una monarquía universal bajo el predominio de un príncipe cristiano, que tomó su primera formulación en *Institutio Principis Christiani* (1516) de Erasmo de Rotterdam, dedicado precisamente a Carlos. Los sucesivos enfrentamientos entre el Emperador y el Papa acabarían con el Concilio de Trento, el cual favoreció los intereses del segundo frente al primero.

Sin embargo, la literatura antimaquiavelista se había extendido ya en España de tal manera que mantuvo vigente la figura del "príncipe cristiano" como prototipo frente al "príncipe" maquiavélico. Era evidente para estos tratadistas que, en manos del gobernante, la religión como fin supremo de la vida no podía convertirse en un simple medio al servicio de sus intereses materiales, aunque de hecho esa es la realidad que prevaleció. Las doctrinas maquiavélicas ya se habían extendido a fines del siglo xvi de tal manera que el jesuita Pedro de Rivadeneyra vino a oponerse a ellas en un tratado cuyo título resulta muy significativo: *Tratado de la religión y virtudes que debe tener el Príncipe cristiano para gobernar y conservar sus Estados, en contra de lo que Nicolás Maquiavelo y los políticos de ese tiempo enseñan* (1595). La propuesta de Rivadeneyra consistió en invertir los términos: en lugar de hacer religión del Estado, todo lo contrario, hacer de la religión Estado; o, en otras palabras, subordinar lo material (Estado) a lo espiritual (religión). Ahora bien, esta propuesta de la religión —se entiende, la cristiana— como fin de toda acción política implica una convicción: que solo dentro del cristianismo puede haber verdadera salvación. Y ello, a su vez, presupone un nacionalismo excluyente, que debe acabar imponiéndose por encima de cualquier otra instancia, es decir, por la fuerza. Así nace la Inquisición como instrumento del Estado, con una función insoslayable en el mantenimiento de la propia identidad.

Ahora bien, si la idea del cristianismo es amor y concordia, enmarcarlo en una estrecha directriz política —como fue el catolicismo oficial del Estado español— implica traicionar sus ideales más altos, lo cual conduce a varias consecuencias inevitables. Por un lado, el apartamiento de España respecto de otros países europeos, enrocándose en su propia esencia. Esta tendencia a la incomunicación y el encapsulamiento es lo que Ortega y Gasset llamaba la "tibetanización" de España (VIII: 356). Por otro lado, la imposición de dicha tendencia supone, a su vez, otra traición, ahora no al cristianismo, sino a los principios universalistas que dieron origen a la cultura española, según vimos al comienzo de estas líneas.

Sin embargo, no todos los espíritus de la época fueron insensibles a tales contradicciones, y muchos trataron de encontrar una vía de compromiso que les permitiese salvar su conciencia en ese complicado entramado. Esto es lo que ocurrió con la figura de Cornelio Tácito, leído y admirado por muchos españoles, lo que dio lugar a una verdadera pléyade de tacitistas españoles, entre los que destacan Álamos de Barrientos, Furió Ceriol y, sobre todo, Saavedra Fajardo en su libro *Idea de un príncipe político-cristiano representada en cien empresas* (1640). En una solapada mezcla de maquiavelismo y erasmismo, estos autores elaboran una doctrina política propia que, bajo molde cristiano, transmitía soterradamente un mensaje maquiavélico.

España se fue adaptando así al molde del Estado moderno con carácter absoluto, traicionando los ideales universalistas de su cultura originaria. Nace así la idea de una España inquisitorial, dogmática, papista, cerrada en torno a un catolicismo reaccionario, y ajena a los intereses de la cultura y el progreso científico, que dio pábulo a una nación de "cerrado y sacristía" (Machado 152) muy próxima a planteamientos medievales.

En estas circunstancias, la Guerra de la Independencia en 1808 y la pérdida de las colonias americanas en 1824 hundieron al país en un estado de postración y decadencia difícilmente superable. La conciencia de hundimiento afectó a las clases más sensibles, que reaccionaron con la llamada "revolución de 1868", una llamada de atención muy seria para cambiar el rumbo del país hacia un verdadero proceso de "modernización": regeneracionismo, europeización, generación del 98, modernismo, proyectos republicanos. La España del siglo XX se nos va a presentar entonces como una plataforma para el gran cambio del siglo XXI, pero factores imprevistos —dos dictaduras, dos guerras mundiales, sobre todo— retrasan y obstaculizan el proyecto, aunque no pensamos que puedan detenerlo. Hay una dinámica interna de los sucesos históricos que conllevan su propia dialéctica y la evolución hacia un futuro imparable.

El paso del siglo XIX al XX es el punto crucial de dicha ruptura, un momento histórico que se configura en torno a lo que podemos llamar "la crisis de fin de siglo" que, a su vez, se constituye como una divisoria en la que convergen tres generaciones señeras: las del 98, el 14 y el 27, que se definen bajo un denominador común: la ruptura con la modernidad decimonónica. Ahora bien, si tenemos en cuenta que, al fin, España había conseguido conformarse bajo los patrones de la modernidad, esta ruptura suponía un verdadero giro histórico.

A la hora del análisis esa ruptura puede enmarcarse, en sus múltiples direcciones, con un solo nombre: modernismo, acorde con lo que ya en su día dijo Federico de Onís:

> [E]l modernismo es la forma hispánica de la crisis universal de las letras y del espíritu que inició hacía 1885 la disolución del siglo xix y que se había de manifestar en el arte, la religión, la ciencia, la política y gradualmente en los demás aspectos de la vida entera, con todos los aspectos, por tanto, de un hondo cambio histórico". (XX)

La llamada generación del 98 había puesto las bases de esa actitud, al expresar una triple rebeldía:

1. Rebeldía estética, contra el naturalismo y el realismo de la novela decimonónica, con su exceso de sociologismo.
2. Rebeldía social, contra el conformismo burgués y el ideal de utilidad y pragmatismo que había impuesto la industrialización y su correlativo proceso de urbanización.
3. Rebeldía filosófica, contra el positivismo filosófico y la ciencia positiva derivada de este, que había entronizado como único criterio de verdad, el de verificación empírica. Los modernistas reivindican el misterio de la vida humana y el ropaje estético con que este se reviste frecuentemente.

Ahora bien, si tenemos en cuenta que el positivismo es la última expresión de la modernidad, una rebeldía contra él es una rebelión contra la modernidad, y esta es, efectivamente, la conclusión de Ortega y Gasset. Así lo dice en 1940: "La modernidad es una paloma que, con un plomo en el ala, ha venido a caer moribunda a nuestros pies" (V: 496).

El movimiento rupturista no solo afectó a la Península Ibérica; también en el continente americano encontró muy distinguidos representantes, como Rubén Darío, José Martí, José Enrique Rodó, Pedro Henríquez Ureña, etc. Aunque no todos le dan el mismo nombre, y algunos vienen a identificarlo con el de "neoidealismo", no vendría mal el de "neorromanticismo", puesto que en él se dan cita efectivamente elementos románticos muy diversos: la vida, la esperanza, el amor, la muerte, el misterio, la libertad, la sangre, la historia.

En cualquier caso, parece evidente que la renovación cultural producida en el primer tercio del siglo xx —eso que se ha llamado la "Edad de Plata" o el "medio Siglo de Oro"— no fue un momento aislado de efervescencia cultural, sino que dejó raíces que pueden volver a tomar vida, pasadas las tormentosas circunstancias que hicieron imposible su continuidad.

Nos hemos referido con estas palabras a una guerra civil con consecuencias que han durado casi cuarenta años y a una Guerra Mundial que se prolongó —bajo la especie de Guerra Fría— hasta 1989, es decir, a un lapso de tiempo que devoró el resto del siglo xx. Afortunadamente, ahora el escenario es diferente y puede ayudarnos a cambiar la perspectiva.

Es necesario, pues, que hagamos un esfuerzo para reconstruir dicho escenario, y el primer dato a constatar es el impresionante cambio tecnológico en el mundo de las comunicaciones, que permite mantener un contacto instantáneo con el conjunto del planeta. El uso de Internet a través de la red global nos permite vivir en eso que llamamos la "globalización", y es precisamente eso lo que permite a la cultura española recuperar su viejo sentido de universalidad.

En este sentido han sido fundamentales dos fenómenos que han afectado en profundidad a la posición de España en el mundo. El primero es la relativamente pacífica recuperación de la democracia, tras la muerte de Franco en 1975, a raíz de la cual se inició un proceso irreversible de cambio histórico que tuvo manifestaciones muy señeras: la vuelta de los exiliados republicanos, la recuperación de los partidos políticos ilegalizados durante el régimen, la puesta en marcha de un proceso constitucional y, finalmente, la aprobación de una Constitución (1978), que ha acreditado su validez durante más de treinta años de funcionamiento. El segundo fenómeno es la incorporación de España a la entonces Comunidad Europea (1986) como miembro de pleno derecho de un organismo internacional que está en la punta de lanza del movimiento globalizador en el conjunto del planeta.

Este conjunto de datos que acabamos de exponer dibuja el nuevo escenario al que me he referido anteriormente. Pero no echemos en olvido que todos ellos presuponen un factor de primerísima importancia, sin el cual ninguno de los fenómenos aludidos tendría posibilidad de desarrollo: me refiero a la crisis y decadencia del Estado nación. Recordemos que fue precisamente el protagonismo de este lo que propició la decadencia del sentido universalista de la cultura española, y es de suponer que si el Estado nación está en baja, la vocación universalista se cotizará al alza.

Ahora bien, no cabe duda de que, en un mundo globalizado, una cultura de vocación universalista debe encontrar elementos favorables para su desarrollo, convirtiéndose posiblemente en un instrumento de intermediación global. Si esto fuera así, España volvería a recuperar las raíces originarias que impulsaron su primer desarrollo hacia un sincretismo de muy variadas tendencias. En este sentido cabe apuntar dos orientaciones de la nueva España. La primera de ellas es la conversión de España en un país de inmigración. Frente a la tendencia tradicional de ser España un país de emigrantes, ha aparecido desde hace varios años la tendencia opuesta, la de ser un país de acogida para inmigrantes de muy distinta procedencia: Latinoamérica, el Magreb, el áfrica subsahariana, Asia, Europa del Este, etc. La segunda tendencia es la creación en España de un movimiento conocido como el 15-M: iniciado el 15 de mayo de 2011 en la Puerta del Sol de Madrid, ha ido adquiriendo gran atractivo a nivel internacional, puesto que se ha extendido a otros países como Francia, Bélgica y Estados Unidos, en propuestas de solidaridad internacional contra una crisis mundial donde los valores humanos han entrado en bancarrota. Los "indignados", como se los suele llamar, han encontrado una respuesta internacional en numerosas minorías que protestan por el dominio excluyente de las multinacionales y de los poderes económicos financieros.

Es desde este punto de vista que hablamos de una cultura española como instrumento de intermediación global, invirtiendo el proceso de "tibetanización" que agarrotó el impulso creativo nacional durante los siglos en que el Estado moderno se convirtió en protagonista.

Obras citadas

Erasmo de Rotterdam. *Institutio Principis Christiani.* Lovaina: [s. n.], 1516.

Machado, Antonio. "El mañana efímero". En *Poesías completas.* 11ª ed. Madrid: Espasa-Calpe, 1966. 152-53.

Maquiavelo, Nicolás. *El príncipe.* 1513. 8.ª ed. Madrid: Espasa-Calpe, 1957.

Onís, Federico de. *Antología de la poesía española e iberoamericana (1882-1932).* 1932. New York: Las Américas Pub. Co., 1961.

Ortega y Gasset, José. *Obras completas.* Vol. V. Madrid: Alianza, 1983; Vol. VIII. Madrid: Alianza, 1965.

Rivadeneyra, Pedro de. *Tratado de la religión y virtudes que debe tener el Príncipe cristiano para gobernar y conservar sus Estados, en contra de lo que Nicolás Maquiavelo y los políticos de ese tiempo enseñan.* Madrid: [s. n.], 1595.

Saavedra Fajardo, Diego. *Idea de un príncipe político-cristiano representada en cien empresas.* Munich: [s. n.], 1640.

Isegoría: conflicto político y prensa en España (2004-2011)

Antonio Elorza

Isegoría: acceso igualitario a la palabra en la Asamblea

Una tradición de dependencia

Poco más de un tercio de siglo ha resultado un tiempo escaso para que los medios de comunicación se liberasen totalmente del largo período en que estuvieron sometidos a la camisa de fuerza de la dictadura. Es cierto que la lucha por la libertad de expresión fue uno de los componentes del antifranquismo —cada vez más activo desde los años 60— y que la ley de Prensa de 1966, obra de Manuel Fraga, hizo posible que en este campo la dictadura asumiera los rasgos menos acerados de un régimen autoritario. Gracias a ello pudieron ser publicados, entre sobresaltos y suspensiones temporales, semanarios como *Triunfo* y *Cuadernos para el Diálogo,* sin que por ello la tolerancia alcanzase a la prensa diaria. El episodio del diario *Madrid,* clausurado en 1968, fue expresión de la regla y no una excepción. Quedaba lejos el tiempo en que un empresario reformador, Nicolás María de Urgoiti, logró sostener entre 1917 y 1931 un verdadero "diario independiente", *El Sol,* tan libre de las presiones partidarias como de las informaciones sobre toros, sucesos y lotería. Después de 1975, de manera desigual, los malos usos sobrevivieron a pesar del cambio decisivo que supuso la democratización.

En la estela de *El Sol,* convertido para la memoria en ejemplo de periódico libre y de calidad, fue fundado en 1976 el diario *El País.* Su sociedad editora estaba presidida por José Ortega Spottorno, hijo del filósofo que fuera la referencia intelectual de prestigio en el primer tercio del siglo XX. En Barcelona, resultó fácil la adaptación a la democracia de otro diario de información siempre cualificada, *La Vanguardia*, y esa adecuación fue secundada por otras cabeceras surgidas en provincias antes del 36: *La Voz de Galicia, El Correo* de Bilbao, el *Diario Vasco* de San Sebastián, el *Faro de Vigo.* Paralelamente el mapa de la prensa quedaba libre de los periódicos del Movimiento, como *Arriba* y *Pueblo*, y de la prensa católica, como *Ya* y *La Gaceta del Norte.* Por lo que concierne a la capital, el viejo enfrentamiento anterior a 1931 entre el democrático *El Sol* y el monárquico *ABC* se reproducía ahora entre *ABC,* de nuevo monárquico conservador —tras el largo paréntesis monárquico franquista del periódico— y *El País,* cuya independencia no tardó en verse matizada por la inclinación hacia el PSOE.

La fragilidad de los primeros gobiernos de la democracia hizo de la televisión el principal instrumento para atraerse a la opinión pública y solo la profesionalidad de los recién incorporados sirvió para marcar una divisoria clara respecto del franquismo. La llegada del PSOE al poder en 1982 tampoco eliminó la voluntad de manipulación, tanto de los informativos como de la programación de signo económico y político. La televisión fue el medio donde el control estricto del gobierno siguió siendo la regla hasta que en 1990 fueron autorizadas tres televisiones privadas de ámbito nacional, una de las cuales era de pago. La entrada en escena de Antena 3 y de Telecinco, sucursal española del grupo Mediaset de Berlusconi, hizo subir la cuota de pluralismo, sin alterar las pautas de comportamiento subordinado de las cadenas oficiales, bajo el PSOE igual que bajo el PP. Aquellos programas destinados en apariencia a ofrecer niveles máximos de pluralismo, como las tertulias políticas que alcanzan su auge en la primera década del nuevo siglo, seguían de hecho sometidas a formas más o menos sofisticadas de manipulación: en el ámbito conservador, mediante el aplastamiento numérico de los oponentes en la composición de los paneles; en el socialista, dentro de una aparente voluntad de equilibrio, al jugar bajo la superficie del debate con una información diferencial a favor de los voceros del gobierno.

La fundación de televisiones regionales en las Comunidades Autónomas respondió a un patrón análogo, alcanzando en algunas como Telemadrid, al depender del PP, niveles tan altos de agresividad contra la oposición que resultaban escasamente compatibles con una información democrática. Como compensación, a partir de 2005, el gobierno socialista de José Luis Rodríguez Zapatero autorizó otras dos cadenas de ámbito nacional: la Cuatro, en su primera etapa proyección televisiva de *El País,* gubernamental pero a la postre de escaso éxito, absorbida empresarialmente en 2010 por Telecinco, y la Sexta, mucho más ágil y sutilmente prosocialista, por la presencia del grupo Mediapro, con un hombre como Miguel Barroso muy próximo al presidente Zapatero, que sobrevive hasta hoy, si bien en un marco de influencias más complejo. Las divisorias ideológicas marcaban igualmente el panorama de la radiodifusión, de gran incidencia sobre la opinión pública, con la cadena SER del Grupo Prisa a la cabeza, próxima a los cinco millones de oyentes diarios e inclinada abiertamente hacia el PSOE, de manera más acusada que *El País,* por contraste con la COPE, órgano de la Conferencia Episcopal y, desde 2004 a 2009, cauce de una descalificación permanente del gobierno, a cargo de propagandistas radicales de derecha, como Federico Jiménez Losantos y César Vidal, inclinándose asimismo hacia el conservadurismo la segunda cadena en audiencia, Onda Cero.

La alta tensión del conflicto político tuvo por efecto que la adscripción partidaria de cada medio de comunicación gravitase con peso creciente sobre las informaciones y las opiniones transmitidas, especialmente si las mismas concernían a temas muy sensibles para la opinión pública. De ahí que la incidencia sobre el óptimo técnico que supondría una información desligada de presiones externas, pueda apreciarse sobre todo mediante el seguimiento de las grandes cuestiones de la vida política en el período: el eco de la tragedia terrorista del 11 de marzo de 2004; el problema de ETA y su eventual solución mediante un "proceso de paz"; la elaboración del Estatuto de Cataluña, el auge de la corrupción, el ascenso y la quiebra de la economía española.

Una divisoria insólita: el balance del 11-M

En principio, la demostración de fuerza del megaterrorismo islamista, el 11 de marzo de 2004, hubiera debido propiciar una convergencia entre las respuestas y comentarios que necesariamente habían de emitir políticos y líderes de opinión. Tanto más, cuando la experiencia impuesta a la sociedad española por un largo pasado de terrorismo de ETA hacía posible evitar sobresaltos como los registrados tras el 11-S en Estados Unidos, al recibir un golpe tan tremendo como inesperado. La coyuntura política hizo que las cosas sucedieran en España de otro modo. Al celebrarse elecciones tres días después del atentado, este se convirtió en un hecho susceptible de inmediato aprovechamiento político. Debido a la participación española en la invasión de Irak, la popularidad del gobierno del PP quedó afectada muy negativamente. El presidente saliente, José María Aznar, jugó una baza muy peligrosa, apostando porque la autoría de ETA propiciara un cierre de filas ante el clima de inseguridad resultante, superando así el rechazo social a su política de intervención en Irak en seguimiento de George Bush: los electores le reconocerían como valedor indiscutible del interés nacional y la victoria de su sucesor, Mariano Rajoy, en las elecciones del día 14 de marzo resultaría asegurada. La rápida aparición de signos que ponían en tela de juicio la paternidad etarra y apuntaban hacia el terrorismo islámico llevó incluso a acentuar la presión sobre los medios de comunicación para que la autoría cada vez más improbable de ETA se viese confirmada. Así, en el debate nocturno de Canal Plus al que fuimos invitados la viuda de un coronel asesinado por ETA y yo, emisión destinada a impulsar la manifestación antiterrorista del día siguiente, cuando vio mis dudas, el responsable del programa —pronto pasado a la disciplina socialista pero entonces bajo la disciplina del gobierno— me advirtió: "¡Es ETA! ¡Es ETA! No digas otra cosa". Sabido es que al conocerse la primacía del comando de al-Qaeda, tal empecinamiento del gobierno Aznar había de volverse en contra suya en las urnas, como en el vuelo de un bumerán, después de una movilización callejera del PSOE, organizada por su dirección (Rubalcaba) mediante SMS contra las sedes del PP en la noche anterior a las elecciones.

La lectura del 11-M por los medios de comunicación se vio así severamente afectada por el enfrentamiento político. Los partidarios del PSOE trataron de quitarse de encima la imagen de que su victoria se debía a los atentados, insistiendo en que era fruto de algo más amplio: el rechazo de la política exterior del gobierno Aznar, al sumarse a la invasión norteamericana de Irak. Así con *El País* de un lado, *ABC, La Razón y* sobre todo *El Mundo* pasaron a ofrecer relatos enfrentados. Para la opinión de izquierda, el alineamiento con el imperialismo norteamericano habría desencadenado la respuesta terrorista, convertida por debajo de la superficie en un acto de justicia. De hecho, solo cuando se comprobó que el comando yihadista pretendía seguir actuando y, sobre todo, tras ser localizado y eliminado en un apartamento de Leganés, fue reconocida la autoría yihadista de los atentados que sus comunicados venían a refrendar. Pero aun entonces, la culpa principal siguió recayendo para la opinión de izquierda sobre Aznar, acusado con toda dureza en ese sentido por la dirigente de la Asociación de Víctimas del atentado, Pilar Manjón. El inesperado efecto de esta visión de las cosas fue que el terrorismo islámico y al-Qaeda pasaron insensiblemente a segundo plano.

En el diario *El País* esta orientación resultó favorecida por la previamente adoptada en medios de la izquierda ante el 11-S. La oposición al espíritu de cruzada de George Bush y el antiamericanismo dominante en la izquierda española coincidieron a la hora de buscar una explicación de los hechos al margen de cualquier implicación islámica o islamista. El no muy extenso grupo de arabistas españoles, capitaneados por el exrector Pedro Martínez Montávez y por la profesora Gema Martín Muñoz, pronto elevada por Zapatero a la dirección de la institución Cultura para el Mundo Árabe, puso en primer plano las responsabilidades de Occidente, con su explotación imperialista y su voluntad de humillación de los pueblos árabes, que habrían provocado la respuesta terrorista. Los artículos en *El Mundo* del primero y en *Claves* de la segunda fomentaron esa imagen: la barbarie provoca otra barbarie, si bien pronto el foco se aparta de esta última, tanto en las intervenciones de Martínez Montávez; como en las de Martín Muñoz. Un diplomático influyente en *El País,* José María Ridao, muy próximo al escritor arabista Juan Goytisolo, elaboró la fórmula interpretativa que respondía a las posiciones de su mentor, cabeza de "los disidentes del 11-S". La denominación "disidencia del 11-S" surgió precisamente de un homenaje a Goytisolo en Marrakech el día que se cumplía el quinto aniversario del ataque a las Torres Gemelas y al Pentágono; entre los asistentes figuraba Juan Luis Cebrián, patrón del periódico, quien acusó a "la insidiosa Reconquista" de que se perdiera la oportunidad de una civilización común de islam y cristianismo.

Los atentados no habían dado lugar a una Cruzada, y ello estaba bien, pero el juego del mundo al revés producido por ellos no era la respuesta más inteligente. En su artículo "El islam como coartada", José María Ridao había criticado a aquellos intelectuales que trataban de buscar bases ideológicas o religiosas al terrorismo, como a cualquier práctica musulmana, pretendiendo nada menos que ver en el hiyab algo más que un simple pañuelo. Al producirse el 11-M, la exigencia de echar balones fuera del problema islamista se hizo aun mayor. Había que llevar las cosas al terreno de las responsabilidades de Aznar, que le hicieron perder las elecciones. Así, en su artículo del 18 de marzo de 2004, titulado significativamente "De vuelta a la razón", y que consagró a la secuencia del 11 al 14 de marzo, Juan Goytisolo, pontífice en temas árabes para un país desconocedor de los mismos, proponía: "[N]o debemos caer ni dejarnos arrastrar a un debate teológico de lo que dice o no dice el Corán". Contaba la estupenda derrota del PP, al-Qaeda se desvanecía.

El enfoque goytisoliano encajaba perfectamente con las posiciones del diario, en palabras de su jefe de opinión preocupado ante la posibilidad de que estallara la violencia antimusulmana. Botón de muestra: un artículo mío titulado "'Yihad' en Madrid" que, tras muchas críticas a Aznar —porque evidentemente su política había incrementado la cuota de riesgo de España—, insistía sobre la responsabilidad yihadista y sobre sus bases doctrinales, fue relegado al fondo del periódico en el mismo día en que Goytisolo publicó el suyo en puesto de honor. Y de inmediato resultó sometido en el diario a un bombardeo de descalificaciones, por si no citaba correctamente el Corán, a cargo de un catedrático de Historia del Islam, y sobre todo como "islamófobo", esta vez con la firma de dos altos responsables de las instituciones musulmanas en España. Con la excepción del investigador especializado en las estructuras del yihadismo español, José María Irujo, la línea editorial se mantuvo durante años en la defensa de esa disociación entre terrorismo e islamismo. Siempre sobre la fórmula apuntada por Ridao de que el terrorismo a partir del 11-S respondía ante todo a una "acumulación de decisiones políticas inadecuadas" ("Los heraldos"). A esto se añadía de vez en cuando la mención de que carecía de sentido vincular el terrorismo practicado por musulmanes del presente con una doctrina religiosa del siglo VII (Ridao "Los heraldos", "El islam"). El salafismo, al parecer, nunca existió. En el año de la matanza de los trenes en Madrid, Juan Luis Cebrián conmemoraba el 11-S bajo el título de "El ombligo del mundo", denunciaba los grandes errores de la política occidental, mencionaba de pasada el suceso de Madrid y, tras elogiar la grandeza de Bagdad bajo el califa al-Mansur, insistía en que terroristas y fanáticos los hay en todas las religiones.

En los medios de comunicación del círculo "popular" no existía inclinación alguna favorable al islamismo. De hecho el *ABC* se había adelantado a todos el 11-S señalando en su portada la culpabilidad del "terrorismo islámico". Insistían en el efecto perverso, a su juicio, de los atentados y de las manifestaciones del PSOE sobre la votación del 14 de marzo de 2004. Negaban por supuesto toda responsabilidad de la política proamericana de Aznar sobre lo sucedido. Pero solo una minoría de medios dio un paso más, poniendo en tela de juicio las investigaciones que venían probando la responsabilidad islámica y buscando por todas partes indicios de que ETA había participado en la preparación de los atentados y que el gobierno se dedicaba a borrar las huellas de tal implicación.

Fueron *El Mundo* y *Libertad digital* los que, día tras día e incansablemente, hasta más allá del proceso que confirmó la autoría yihadista, con la aportación de datos a veces inverosímiles, otras irrelevantes, desarrollaron lo que se llamó la "teoría de la conspiración". El procedimiento recordaba la interminable secuencia de impugnaciones y pruebas sobre el vacío, reiterada entrega a entrega, por el periodista Pepe Navarro en un programa previo, *Hoy cruzamos el Mississippi* de Telecinco, jugando con la angustia del padre de una niña asesinada. Con semejante aprovechamiento del 11-M, el periodismo de investigación pasaba a ser periodismo de intoxicación. Algunos opinaron que la pertinacia del director de *El Mundo* compaginaba la voluntad de desgastar al gobierno socialista con la de frenar la caída de las ventas, en nombre de un supuesto rigor analítico consistente en sembrar duda tras duda que, de haber triunfado, pudo tener por consecuencia la absolución de los terroristas, finalmente condenados por la Audiencia Nacional en su sentencia de 31 de octubre de 2008. El juez que firmó la sentencia del juicio por los atentados del 11-M, Javier Gómez Bermúdez, caracterizó con precisión el estilo de los impugnadores:

> Como en muchas otras ocasiones a lo largo de este proceso, se aísla un dato —se descontextualiza—y se pretende dar la impresión de que cualquier conclusión pende exclusivamente de él, obviando así la obligación de la valoración conjunta de los datos que permita, mediante el razonamiento, llegar a una conclusión según las reglas de la lógica y la experiencia".

En las reiteradas justificaciones de la línea editorial de su diario, *El Mundo*, Pedro J. Ramírez insistió siempre en un *leitmotiv*: "Nadie puede pretender que todo lo esencial ha sido aclarado", explicó hablando de la sentencia. Cada detalle exhibido o repetido por su diario era en consecuencia "esencial", y así hasta hoy. El Partido Popular y, en particular, algunos de sus sectores miraron con aprobación la obsesiva campaña de *El Mundo,* sin comprometerse a fondo. La campaña culminó, remedando a Zola, con un "Yo acuso". Había caído una cortina de acero sobre los fundamentos reales del terrorismo islamista en España.

En la vertiente opuesta, los medios de comunicación vinculados al gobierno mantuvieron una línea similar a la que cobró forma en *El País* después del 11-S, acentuada incluso con el argumento de que en modo alguno había de fomentarse el odio a la población musulmana. En vísperas de las elecciones de 2004, Zapatero había reunido a los dirigentes socialistas para que escuchasen una conferencia de Gema Martín Muñoz, principal valedora del islamismo moderado y crítica del occidentalismo, quien en 2005 defendería ante los micrófonos de la SER, en diálogo con el neocomunista Carlos Taibo, que las elecciones en Irán eran tan democráticas como las de Estados Unidos. Conservo la cinta. Para superar los problemas planteados por el 11-M, Zapatero partía de excluir que el terrorismo pudiera tener causa alguna, era pura irracionalidad y por lo mismo no susceptible de análisis, aun cuando "se pueden y se deben conocer sus raíces", lo cual implicaba reemplazar el inútil análisis de los fundamentos ideológicos por sus supuestas causas externas. Lo esencial era entonces fomentar la fraternidad entre las dos religiones, y de hecho con el islam, y para ello constituir a escala mundial una Alianza de Civilizaciones, con lo cual España promovería el antídoto práctico frente al "conflicto de civilizaciones" definido por Huntington.

Zapatero anunció la Alianza de Civilizaciones en su discurso ante la Asamblea de las Naciones Unidas el 21 de septiembre de 2004. *El País* se convirtió en el vehículo de prensa, con la televisión estatal, para la promoción de la idea, que fue saludada por Juan Goytisolo en tanto que "alianza de valores". A costa de pagar un tercio del presupuesto, extraído a veces de la ayuda al subdesarrollo, la ONU fue ganada formalmente para el proyecto y sin demasiado entusiasmo el *premier* turco, Tayyip Erdoğan, aceptó convertirse en copresidente al lado de Zapatero. Todo quedó en congresos internacionales costosísimos y en la pretensión de crear una célula de intervención rápida para casos flagrantes de propaganda islamófoba. La prueba del fuego llegó con la crisis de las caricaturas danesas; inmediatamente el respeto a la religión fue puesto por encima de la libertad de expresión, y fue reducida la información sobre los asaltos a embajadas. El representante personal de Zapatero en la Alianza, Máximo Cajal, condenó desde la sección de opinión de *El País* el 16 de febrero de 2006 la publicación de las caricaturas como "una blasfemia", que ofendía gravísimamente a la opinión musulmana, sugiriendo "la acomodación" de la libertad de expresión al respeto de las creencias religiosas. No faltaron artículos irritados ante la condescendencia mostrada respecto de la reacción islámica, con Mario Vargas Llosa y Fernando Savater a la cabeza.

Las reacciones islamistas frente a la crisis, incluida la acusación del turco Erdoğan al primer ministro danés, Rasmussen, por no castigar a los blasfemos, actuaron en un sentido de regreso a la realidad y el maniqueísmo subyacente a la Alianza perdió fuerza, mientras los recuerdos de los grandes atentados se alejaban. Las cumbres de 2008 y de 2009 marcaron el cénit de la iniciativa de Zapatero que, por su propia naturaleza y por la prioridad otorgada a las actuaciones por el vértice, no supuso avance alguno, ni en el conocimiento del islam realmente existente, ni en los fenómenos de xenofobia a él opuestos, ni en la aproximación a las bases sociales del terrorismo. Tampoco aquí la televisión, la radio y la prensa habían servido para conducir las reflexiones hacia el terreno del análisis.

Pro y contra "el proceso de paz"

El 13 de enero de 2008 el presidente Zapatero explicó a Pedro J. Ramírez las que a su juicio fueron razones del fracaso "del diálogo con la banda terrorista". No mencionó las posibles bases de su arriesgada apuesta. Le bastó con decir que "todo español de bien que llegara a presidente tendría esa prioridad, salvar vidas" y por añadidura "creí que existía un terreno para llegar al final dialogado de la violencia". El problema fue que los demócratas confían en la palabra y los violentos tienen otro "registro". Cosa de incomprensión en el fondo, de aquellos que actúan de buena fe, lo que el PP fue incapaz de percibir. Por eso mismo continuaron los contactos después de la voladura del aparcamiento en la terminal del aeropuerto de Madrid, el 30 de diciembre de 2006: "[N]o era pensable que pudieran cometer una acción como esa", y si siguieron los "contactos" con ETA, a pesar de que él anunciase públicamente que eran "suspendidos", fue por "el deseo de instancias internacionales". Pero, claro, no se llegó a nada. Eso sí, Zapatero insistió: "[A]ctué con trasparencia, pedí autorización al Parlamento". Algo que los hechos desmienten.

No nos interesa aquí enjuiciar la compleja trayectoria de las fallidas negociaciones entre el gobierno Zapatero —con el líder socialista vasco Jesús Eguiguren como intermediario—, y ETA —secundada por Batasuna—, sino la insólita trama que desde los prolegómenos de la "tregua permanente" de ETA, declarada el 22 de marzo de 2006, vinculó al presidente Zapatero con su prensa afín, y a esta, vía Eguiguren, con los círculos de la organización terrorista. Tal vez por eso Zapatero eligió para sus confesiones a un diario muy crítico de su "proceso de paz", con cuyo director sin embargo mantenía una buena relación. Sus declaraciones no interfirieron así con el relato central que se desarrollaba en *El País,* cuya construcción ha quedado de manifiesto al publicarse recientemente el libro *ETA, las claves de la paz* (2012), donde el cronista de *El País* para el tema de ETA, Luis R. Aizpeolea, pone orden en las ideas del presidente del PSOE vasco, Eguiguren.

Desde los prolegómenos de la tregua del 22 de marzo de 2006 Zapatero puso en práctica un doble juego, mostrando hacia el exterior que el "diálogo" con ETA no era en modo alguno de carácter político, lo cual garantizaba que la organización terrorista nunca llegase a obtener el menor rédito de la obtención de "la paz", mientras en el fondo estaba dispuesto a consumar el acuerdo con ETA casi a cualquier precio y, por supuesto, a llevar hasta el fondo una negociación política. Es un aspecto que los múltiples relatos publicados sobre el "proceso de paz" han menospreciado, ya que lo que contó para la opinión pública eran las expectativas de "paz", en el juego de sombras de los meses de marzo a diciembre de 2006, únicamente salpicado ocasionalmente por las crónicas sesgadas pro ETA en *Gara* y las publicadas en *El País* para respaldar al gobierno, y por las noticias sorprendentes de apariciones de encapuchados que difícilmente se conciliaban con la aparente buena voluntad de la banda. Hoy sabemos que la negativa judicial a suspender las actuaciones contra ETA fue el gran factor de descontento para los terroristas. Verosímilmente, el gobierno hizo todo lo posible, dentro y fuera de la ley, para ganarse la aprobación de ETA impunidad mediante: el aún discutido *asunto Faisán,* con policías avisando a recaudadores del impuesto revolucionario para que no fuesen detenidos, fue una prueba de benevolencia que no resultó suficiente, lo mismo que ocurrirá al año siguiente cuando el etarra De Juana Chaos sea hospitalizado en circunstancias poco acordes con la ley. La sustitución de José Antonio Alonso por Alfredo Pérez Rubalcaba al frente del Ministerio del Interior, en vísperas de la tregua, había sido ya un signo de que la flexibilidad gubernamental alcanzaría niveles máximos.

La división del trabajo fue llevada a cabo puntualmente. Las informaciones sobre acontecimientos y los variopintos artículos de opinión proporcionaban una cobertura de imparcialidad, algo escorada en los segundos hacia la posición del gobierno. El núcleo de la manipulación se situó en el triángulo formado por las declaraciones gubernamentales, los contactos y negociaciones que desembocaron en la negociación con Batasuna (ETA) en Loyola (20 de septiembre a 10 de noviembre de 2006) y que fueron anteriores a la declaración de "alto el fuego permanente" por ETA en marzo, y la estrategia de información en medios gubernamentales, orientada a dar cuenta de aquello que no podía ser silenciado y a callar, en cambio, sobre los elementos constitutivos de un acuerdo que sobrevolaba el ordenamiento constitucional. Pensemos que en el texto del preacuerdo, dinamitado por ETA al exigir la formación en dos años de una Comunidad unitaria Euskadi-Navarra, figuraban el reconocimiento de Euskal Herria como nación y base de la "identidad nacional del pueblo vasco" (con lo cual la declaración constitucional de España como nación quedaba anulada); la legalización *de facto* de un partido ilegalizado como Batasuna; el principio de que las decisiones políticas sobre el futuro vasco corresponderían a los ciudadanos vascos, léase autodeterminación o "derecho a decidir", siendo "respetadas por las instituciones del Estado"; y, en fin, la "creación de un órgano institucional común" de las tres provincias vascas y Navarra, con "atribuciones ejecutivas" y legislativas. El objetivo anticonstitucional de la soberanía vasca era suscrito por los representantes en Loyola del gobierno Zapatero, con el lógico refrendo del PNV, y solo el radicalismo de la dirección de ETA, probablemente convencida de que Madrid lo aceptaría todo, arruinó la maniobra, de cuyo fondo la opinión pública debía desconocer los elementos fundamentales. Para eso era imprescindible que se estableciera un diálogo críptico gobierno-ETA, que las negociaciones permanecieran en la sombra, incluso de los servicios de información estatales (CNI) y que, sin embargo, los medios al servicio de la operación facilitasen de vez en cuando informaciones con visos de verosimilitud. La labor de las crónicas del corresponsal de *El País,* estrechamente vinculado a Eguiguren, fue a este respecto de primera importancia.

El 11 de mayo de 2005, en el curso del debate sobre el estado de la nación, Zapatero había ya anunciado su voluntad de lograr el fin del terrorismo, "incluyendo un eventual diálogo con ETA" sin concesiones políticas. El doble juego afloraba, sin embargo, en el aforismo que presidía su explicación: "[E]l fin de la violencia no tiene precio político, pero la política puede contribuir al fin de la violencia". ¿Con qué contenido? Y sobre todo *El País* transmitió a fines de mayo la noticia, rigurosamente falsa, de que no había contactos con ETA. Más tarde, en enero de 2007 este diario recogió la existencia de esos contactos, citando a *Gara.* Prometió también Zapatero que "si se diera el caso" lo explicaría en el Parlamento en busca del apoyo de los grupos parlamentarios.

De hecho, una vez anunciada la tregua por ETA, el 29 de junio de 2006 Zapatero informó en el Parlamento, pero no en la sala de sesiones del Congreso y de cara a los grupos parlamentarios, sino en una sala privada, el Salón de los Pasos Perdidos, ante los periodistas y sin posibilidad de preguntas. Pronunció un texto en el cual las vaporosas referencias a "los valores constitucionales" servían de envoltura a posiciones mucho más definidas, donde se daba respuesta aprobatoria a los planteamientos formulados por ETA en una entrevista previamente publicada por su órgano de expresión *Gara.* Zapatero anunció que el proceso tendría lugar con la implicación de "todas las fuerzas políticas" —lo cual suponía la participación de la hasta entonces ilegal Batasuna—, los vascos decidirían libremente su futuro, y los acuerdos de la negociación serían trasladados a las instituciones. Nadie podía oponerse a lo anunciado, refrendó de inmediato *El País.* Ninguna mención a que días antes ETA había exigido, sin eufemismo alguno, que la Constitución no podía obstaculizar "el desarrollo de la decisión que mayoritariamente adopten los vascos". El optimismo prevaleció desde el primer momento, al opinar el Gobierno "que el comunicado de ETA donde declara un 'alto el fuego permanente' garantiza el cese total de la violencia por parte de la banda terrorista" (Díez y Marcos).

La pregunta clave para ETA era si España y Francia "están dispuestos a respetar lo que decidan los ciudadanos vascos sobre su futuro", lo cual suponía que "el proceso democrático debe desarrollarse en Euskal Herría" para superar "el conflicto" mediante un acuerdo "entre los agentes vascos". Desde los Pasos Perdidos, Zapatero confirmaba la posibilidad de un encuentro, mientras ETA tampoco ofrecía demasiadas garantías: su "alto el fuego permanente" iba en serio, pero todo dependería "del desarrollo del proceso". Los robos de armas y exhibiciones tales como las del Gudari Eguna del 24 de septiembre, con tres encapuchados proclamando en nombre de ETA que "la lucha no es el pasado, sino el presente y el futuro", no alteraron el optimismo del presidente ni interrumpieron las negociaciones. El 17 de agosto ETA había anunciado ya que el "proceso de paz se encontraba en un momento de crisis". Un proceso, dos versiones: endurecimiento creciente en los textos de ETA, Zapatero "dispuesto a colmar el ansia de paz del país".

Las informaciones en medios oficiales depuraron en meses sucesivos la realidad de unas negociaciones sobre las que planeaba la acción autónoma del poder judicial, pero que avanzaron hasta que en noviembre las hizo fracasar la intransigencia de ETA sobre el tema de la incorporación de Navarra a Euskadi. Desde el punto de vista informativo, el atentado de la terminal 4 (T-4) del aeropuerto de Barajas nada cambió en medios oficiales y oficiosos hasta que en junio ETA declaró clausurada la tregua. Ante los dos muertos producidos por la bomba, ETA declaró que "el alto el fuego sigue vigente" y que su intención fue "que el proceso avance con bases más sólidas". Patxo Unzueta en *El País* mostró su acuerdo con la idea de que posiblemente no había querido matar y que aunque las cosas fueran mal, Zapatero acertó al poner en marcha el intento de negociación: "A estas alturas —había escrito el mismo especialista en septiembre de 2006— ETA carece de alternativa realista a la vía abierta con el alto el fuego" (17). Un colaborador de *El País* y constante defensor de las posiciones gubernamentales, José María Calleja, e Ignacio Sánchez-Cuenca escribían un libro titulado *La derrota de ETA* (2006).

Desde una posición claramente opositora frente al "proceso de paz", la prensa y los medios próximos al PP clamaron cada vez con mayor fuerza contra lo que estimaban una traición de Zapatero al orden constitucional español, pero desde un déficit de conocimiento de los hechos. La información cedió paso a una propaganda de agitación, con la Asociación de Víctimas del Terrorismo (AVT), muy radical en sus posiciones, como ejército de maniobra. Resultaba de todos modos difícil imaginar que respetando las bases de un "diálogo" donde había que seguir por encima de cualquier hecho aislado, por grave que fuese, Zapatero iba a definir el atentado de la T-4, que produjo dos muertos, como un "accidente", indicio de que las negociaciones iban a seguir. Paradójicamente, gracias a la ruptura de los encuentros de Loyola por culpa de ETA, y a favor del regreso a la acción policial intransigente, colaborando con Francia, en lo sucesivo, Zapatero rentabilizó políticamente el "proceso de paz". Tanto desde el punto de vista gubernamental, como desde el opositor, el rigor informativo estuvo ausente.

La frustración de Cataluña

El 13 de noviembre de 2003, al intervenir como líder del principal partido de oposición en la campaña electoral catalana, Zapatero extendió un cheque en blanco que en principio nunca iba a ser cobrado, ya que entonces había escasas expectativas de que llegara al gobierno en las próximas elecciones: "Apoyaré la reforma del Estatuto de Cataluña que apruebe el Parlamento de Cataluña", prometió. Se trataba de acentuar el componente nacionalista del PSOE cuya ausencia hasta entonces, en la opinión de muchos socialistas, les había impedido gobernar en Cataluña. Las implicaciones de la promesa crecieron en importancia conforme el gobierno tripartito catalán, con PSC, Iniciativa per Catalunya y nacionalistas de Esquerra Republicana de Catalunya, presidido por un socialista, puso en marcha un auténtico proceso constituyente al arrancar en el preámbulo del proyecto de *Nou Estatut* con la declaración de que Catalunya era una nación.

No seguiremos las peripecias de la tramitación del Estatuto, desde su inicio a la aprobación del texto por el Parlament primero, y por el Congreso después, en 2006, y en el largo recorrido del texto por el Tribunal Constitucional hasta 2010, al ser admitido a trámite el recurso contrario presentado por el Partido Popular. Contó sobre todo el sentimiento de frustración suscitado por el procedimiento en Cataluña, tanto por una oposición cargada en la cuenta de Madrid, con olvido de lo que representaban los límites de la Constitución, como por el hecho de que la misma provocara un largo período de inseguridad. La bipolaridad entre las dos capitales, con todas sus consecuencias políticas, se incrementó, especialmente tras la aprobación del Estatut en Barcelona y la larga espera posterior, sembrada de filtraciones y sobresaltos.

La consecuencia fue una auténtica guerra de papel entre la prensa conservadora de la capital, de un lado, que insistía una y otra vez en que la definición de Catalunya como nación y el océano de competencias incluido en el texto, situando a la Generalitat en diversas ocasiones al mismo nivel que el Estado, representaban una amenaza para la unidad nacional española, tal y como la definía la Constitución, y frente a ella la prensa catalana en su totalidad, juzgando que el Estatut y la autodefinición nacional eran intangibles y, en consecuencia, cualquier disminución de las atribuciones convenidas en el Parlament de Barcelona significaría una ofensa irreparable para toda Catalunya. Tal fue el sentido del insólito editorial conjunto publicado por doce periódicos catalanes el 26 de noviembre de 2009, mientras se esperaba la sentencia del Tribunal Constitucional (TC), bajo el título de "La dignitat de Catalunya". Eran las relaciones, supuestamente pactadas, entre Catalunya y el Estado español las que resultaban puestas en tela de juicio por una eventual intervención restrictiva del TC. Como era de esperar, la reacción en el tríptico de diarios conservadores madrileños fue muy violenta. Por encima de unas competencias mayores o menores, que el Tribunal Constitucional tenía todo el derecho a enjuiciar, contaban las "heridas" causadas, tal y como lamentó el expresident Pujol. Más aún cuando en la propia gestación del Estatut en Catalunya, la disconformidad del independentismo había afectado al respaldo social, no parlamentario, del texto promulgado el 20 de julio de 2006, con una participación inferior al 50% en el referéndum de ratificación. La unidad se reconstruyó contra Madrid, para culminar en la grandiosa manifestación del 10 de julio de 2010, con el presidente socialista de la Generalitat al frente —bajo los abucheos—, gritando "Som una nació!" para expresar el rechazo colectivo a la Sentencia del Constitucional, la cual convalidaba el Estatuto pero con significativos recortes.

A lo largo de estos seis años, el gobierno Zapatero no pudo cumplir su promesa del cheque en blanco, pero sí hizo todo lo legalmente posible —y lo que no fue legal— para lograr la declaración de constitucionalidad del Estatut. "Se ha comprometido y ha cumplido", juzgó Pasqual Maragall, el socialista catalán que, como presidente de la Generalitat, había puesto en marcha la reforma del Estatut. Primero, llegó un acuerdo en el Congreso de Madrid con la delegación del Parlament para una primera reforma del texto, y luego proclamó de mil maneras que el Estatut era constitucional, sin necesidad de argumentos, ya que a su parecer suponía una aportación positiva a la España plural. El diario *El País,* aunque por dentro pensara verosímilmente otra cosa, secundó con energía la decisión del gobierno a favor del Estatut. Sufrieron críticas aquellos magistrados que se oponían en el TC y fue acuñada la calificación de "irreductible" para aquel que siendo socialista —el vocal Manuel Aragón— no se sumaba a la disciplina del bloque llamado "progresista". La sentencia final de 2010 hizo que se reprodujeran los bloques, en los partidos políticos y en la prensa, si bien con matices dentro de los dos campos: "apaño" y "chapuza" fueron los calificativos de *El Mundo*: "Cataluña está dentro de la indisoluble unidad de la nación española", leyó *La Razón*: "El TC purga el Estatut", tituló *ABC* de forma más precisa: mientras al centrismo de *El País* ("El Constitucional avala el Estatuto y niega validez al término nación") y de *La Vanguardia* ("El TC rebaja el Estatut") replicó *El Periódico,* socialista catalán, con un rotundo: "Volem l'Estatut!".

En el largo proceso de tramitación y debates internos del Constitucional, jugó un papel importante la filtración sistemática de las deliberaciones en el tribunal por parte de los periódicos próximos al gobierno cada vez que asomaba la amenaza de una inconstitucionalidad o el "irreductible" planteaba problemas. La prensa gubernamental actuó de transmisor, igual que había servido *ABC* para el tema de ETA y su decisión de no atentar en Catalunya bajo el gobierno Aznar, con la consecuencia de influir de modo posiblemente sensible sobre las deliberaciones y de caldear el ambiente en Catalunya (ejemplo, el citado manifiesto sobre la dignidad de la nación).

La isegoría no salió bien parada del proceso de reforma del Estatut, al haber sometido cada medio de comunicación sus juicios e informaciones al filtro de la posición previamente adoptada en función de sus adscripciones políticas. Tampoco la secuencia de filtraciones selectivas, implicando al gobierno, al Tribunal Constitucional y a la prensa, puede considerarse sino una degradación del funcionamiento de la libre expresión y de la propia democracia.

El final de la escalada

En otro orden de cosas, las tensiones políticas se vieron agudizadas en la primera década del nuevo siglo al finalizar la coyuntura alcista de los 90, que en opinión de muchos suponía el ingreso definitivo de España en el club de las grandes potencias económicas mundiales. El optimismo presidió los gobiernos de Aznar y adquirió dimensiones espectaculares bajo la presidencia de Zapatero, incluso cuando la crisis empezaba en 2008 a dejar sentir sus efectos. Era la imagen de un escalador que en la carrera ciclista va superando inexorablemente a los corredores que le preceden —Italia, Francia, hasta alcanzar a Alemania— durante la ascensión al puerto de la riqueza colectiva.

En la economía norteamericana del mismo período, la clave del crecimiento primero y de la crisis después se resume en una palabra: desregulación. A partir de la era Reagan, la supresión del sistema de controles impuestos al sector financiero desde el fin de la gran crisis, hizo posible una vertiginosa ampliación de las operaciones que con una tasa de riesgo creciente buscaban la maximización de los beneficios. El sector inmobiliario se convirtió una vez más en emblema y en factor de fragilidad de un coloso de pies de barro, pues no era otra cosa el crecimiento a base de la concesión de hipotecas con mínimas garantías de solidez. En este marco, entró en juego el liderazgo económico de un tipo de gestores con remuneraciones altísimas por su capacidad de impulsar esa dinámica de incremento de ganancias a corto plazo, por encima de todo criterio de seguridad, ya que el riesgo no era suyo. La nueva aristocracia del "bonus". Y como en 1929 la burbuja de la inversión especulativa acabó estallando.

En el caso español, la desregulación es también la protagonista, pero aquí arrancando directamente del sector inmobiliario. El 13 de abril de 1998 la Ley del Suelo fue aprobada por una mayoría conservadora —PP y CiU— en el Congreso. En el preámbulo su objeto quedaba claro: poner fin a la pretensión afirmada en la precedente etapa socialista de lograr un "suelo urbanizable programado": "[T] odo suelo es, a partir de ahora, urbanizable". A imitación de las playas de Levante, toda España iba a convertirse en un espacio edificado, con la rentabilidad de la inversión como único criterio, "haciendo posible que todo el suelo que todavía no ha sido incorporado al proceso urbano, *en el que no concurran razones para su preservación,* pueda considerarse susceptible de ser urbanizado" (énfasis añadido).

De acuerdo con la Constitución, las normas para la planificación corrían a cargo de las administraciones autonómicas, en tanto que las decisiones concretas de aplicación tocaban en su mayoría a los ayuntamientos. Es aquí donde entraba en juego la circunstancia de que el control de las políticas públicas de autonomías y ayuntamientos fuera mucho más débil que el ejercido por la Intervención General del Estado, para que grados crecientes de corrupción se unieran a los efectos especulativos del "¡enriqueceos!", amparado por la Ley. Finalmente, el proceso requería el impulso de una financiación fácil, que en España seguirá el ejemplo norteamericano de una concesión masiva de hipotecas y préstamos sin avales sólidos, confiando únicamente en que la onda ascendente de la economía lo resolvería todo.

Las cifras de ese crecimiento disparatado hablan por sí solas. Los visados para vivienda pasaron a triplicarse entre 1996 y 2006, acercándose al millón, y España pasó a construir más viviendas por año que el conjunto de países más desarrollados de Europa (Alemania, Italia, Francia). La inversión tanto pública como privada se duplicó sobradamente entre 1999 y 2006; los empleados públicos subieron de 2,3 a 2,9 millones; los quince millones de trabajadores en 2000 se convirtieron en más de veinte millones en 2007, y la deuda privada se multiplicó treinta y cinco veces entre 1999 y 2007. El endeudamiento masivo, favorecido por la Banca, creó una ficticia sensación de bienestar generalizado, sin que la intensidad de las crisis inmobiliarias de 2007 suscitaran alarma, hasta que en 2008 vino a sumarse la subida en flecha del petróleo. La situación es aún hoy pavorosa. Los visados de construcción en 2012 fueron menos del 10% que en 2006. La venta de viviendas cayó un 30% en 2011, a pesar de las medidas públicas para incentivarla. Convertidos en propietarios de una alta proporción de viviendas por el impago de las hipotecas, así como del suelo, los bancos compiten con los promotores en el mercado. Un experto, Mikel Echavarren, cree evidente que "la deuda asociada al suelo no se va a pagar jamás". Los mecanismos de corrupción tenían tras de sí una prolongada historia en España. El desfase entre el proyecto de modernización política iniciado con la Constitución de 1812 y el hundimiento de la economía, provocado por los "desastres de la guerra" de Independencia y por la pérdida del imperio continental americano, está en la base de un modo de gestión en que las nuevas instituciones, tomadas del modelo francés, se ven sustituidas en la práctica por un sistema de poder de corrupción oligárquica institucionalizada, el caciquismo. Las elecciones solo servirán para confirmar a quien ocupa el gobierno en el momento de la disolución parlamentaria: ningún gobierno pierde las elecciones entre 1838 y 1931. De ahí la frase "el gobierno hace las elecciones". A esa situación vendrá a sumarse la corrupción ejercida en la Isla y en Madrid por los grupos de presión de la "sacarocracia" —grandes propietarios azucareros— de Cuba, una colonia más rica comparativamente que su atrasada metrópoli. Cobra forma así un entramado de corrupción que engloba a la clase política frente a los intereses generales, desde el Ejército al Parlamento, y que hace posible la aparición de personajes como Juan March, "the Smuggler King" del Mediterráneo, en opinión del cónsul británico en Mallorca, que construye una inmensa fortuna sobre el contrabando y el soborno. Financiará el golpe de 18 de julio de 1936 y la más prestigiosa institución cultural de España lleva hoy su nombre. No era un sistema con elementos de corrupción, sino que la corrupción era el núcleo del sistema.

La llegada de la democracia no acabó con los malos usos, perpetuados bajo el franquismo en la forma de aprovechamiento privilegiado de las posiciones de poder. El progreso económico incrementó incluso sus dimensiones. Muy posiblemente existía desde tiempo atrás la costumbre de que los responsables de las construcciones militares percibieran una cantidad por la concesión. El incremento de las mismas cuando el socialista Luis Roldán ocupa la dirección de la Guardia Civil supuso un cohecho millonario, emblema de la corrupción en los años 80, que pronto ganó al sector inmobiliario, con máxima intensidad en lugares de auge turístico como Mallorca.

La Ley del Suelo convirtió desde 1998 la proliferación de casos aislados en sistema de depredación. El estudio de Fernando Jiménez y Vicente Carbona, "Esto funciona así. Anatomía de la corrupción en España", publicado por *Letras Libres* en 1912 muestra cómo en los años sucesivos la función creó el órgano. La clave de las concesiones de urbanización estaba situada en los ayuntamientos, de manera que bastaba con sobornar a la mayoría, a una parte sustancial o, llegado el caso, al concejal de Urbanismo para conseguir negocios de ganancia segura merced a la urbanización generalizada del suelo. El papel del cacique en el Antiguo Régimen corría ahora a cargo de un intermediario de los promotores inmobiliarios, que garantizaba ayuda económica en las elecciones, en el límite hasta cláusulas de seguridad y de blanqueo de capitales, a cambio del permiso deseado. Los sobornos podían servir también a otros fines, tales como obstaculizar en el Ayuntamiento una contrata de basuras con un competidor. La primera fila del poder no interesa: "[Y]o lo que quiero es mangonear por detrás", advierte el político al financiero de su campaña; "Tener el cargo", asegura por su parte un intermediario, es asegurarse para siempre la propia vida —"no vas a tener que trabajar más"—, solo con intervenir según le proponen en la modificación de un plan de urbanismo; "Si no lo haces tu, lo hará otro", es la frase que define una situación, ante la cual la opinión pública es relativamente insensible.

¿Por qué no transferir estas prácticas a la depredación de los presupuestos públicos en la administración autonómica o de las grandes capitales? Los objetos de las contratas son múltiples y en muchos casos la adjudicación no era ilegal, sino simplemente alegal. La personalidad y el respaldo del partido en el poder son las llaves para tales fructíferas asignaciones. "¿Cómo iba a someter al señor Urdangarín al procedimiento requerido para un contrato?", explica el gran corruptor mallorquín Jaume Matas, expresidente de la Comunidad

Autónoma y sometido hoy a múltiples procesos. Ante la ausencia de mecanismos de control, surgió lo que llamaríamos la "corrupción en tela de araña", que en el caso "Gürtel" —por la versión alemana del apellido de su protagonista, Francisco Correa— comenzaba a tejerse por políticos y personajes vinculados al aparato del PP en la década de los 90 y se extendía sobre todo en torno al vértice popular de la Comunidad Valenciana, con el apoyo de más de una veintena de sociedades intermediarias, así como los sucesivos fraudes en gran escala: desde contrataciones millonarias y la organización de eventos a sobornos simbólicos, aunque costosos, como los famosos trajes del presidente Camps.

El "caso Nóos", con el yerno del Rey Juan Carlos como protagonista y Jaume Matas como asistente de dirección, no tiene de excepcional más que la personalidad del imputado, clave a su vez del círculo de permisividad que le rodeó, hasta cierto punto también por el monarca, que se contentó con alejarle. Las sociedades para el blanqueo de dinero, los paraísos fiscales y los contratos de altos ingresos y nulas prestaciones forman parte de los usos de la corrupción mallorquina. La atención prestada por los medios de comunicación y, consecuentemente, por la opinión pública al caso Nóos contrastan sin embargo con la escasa sensibilidad suscitada por el caso Gürtel, que en nada obstaculizó el triunfo electoral del PP en 2011, en vísperas del descubrimiento de las catástrofes económicas provocadas por su mal gobierno.

Iniciada su instrucción en 2009, el "caso Gürtel" resultó ejemplar en cuanto a la responsabilidad del partido al que afectaba la corrupción. Descubierto por periodistas de *El País* y convertido en instrucción judicial por Baltasar Garzón, sirvió para probar que el patriotismo de partido estaba por encima de todo. Mientras *El País* insistía una y otra vez en la responsabilidad del círculo político del Gürtel, la prensa conservadora optó en masa por la táctica de la cortina de humo, rehuyendo el fondo del caso, y desviando la responsabilidad sobre el juez instructor, que hasta ahora ha sido el único condenado, con la expulsión de la carrera judicial. El olvido de la viga en el propio ojo no es solo propio de los medios de comunicación vinculados al PP. Los escándalos que afectan al PSOE, como el de los Expedientes de Regulación de Empleo (EREs) en Andalucía, son aireados al máximo por los cuatro órganos del conservadurismo periodístico en Madrid —*ABC, El Mundo, La Razón, La Gaceta*—, y presentados con sordina en *El País*. Incluso caben visiones del todo enfrentadas, como en torno al supuesto cohecho, pronto disipado, del exministro socialista José Blanco. Lo que en ningún momento olvidó el frente conservador fue la operación de caza y derribo del juez Garzón, hasta ser expulsado de la carrera judicial.

El periodismo de investigación ha desempeñado, en consecuencia, un importante papel al sacar a la luz casos de corrupción, pero casi siempre en el marco de un enfrentamiento político, indagando solo en los puntos oscuros del adversario, con lo cual su contribución a la democracia fue y es indirecta, en la medida que tiende a omitir aquella parte de la realidad inconveniente para la adscripción política del medio. De ahí el escaso papel desempeñado en la revelación de las políticas de despilfarro, con o sin corrupción incluida, que han marcado las acciones de gobierno en España desde los años 90, por corresponder las mismas a ambos lados del espectro político.

Crisis, ¿qué crisis?

En los meses centrales de 2008, la reiterada negativa del presidente Zapatero a aceptar la llegada de la crisis económica fue asociada a su preferencia por un viejo disco del grupo Supertramp titulado "Crisis, ¿qué crisis?" que una periodista le había regalado en una rueda de prensa. A partir de entonces la frase se convirtió en el emblema del optimismo que hasta la intransigencia caracterizó la actitud de un presidente que, además, impuso al conjunto de su partido su rechazo incluso de la palabra "crisis", por lo que quedaron obligados sus portavoces públicos a evitarla en sus comparecencias.

El optimismo era de obligado cumplimiento desde que en 2007 se sucedieron la inflexión hacia la baja en la curva de venta de viviendas y la crisis en Estados Unidos. El presidente Zapatero, quien meses antes había anunciado que España crecía a mayor ritmo que los ocho mayores países industrializados del mundo, sentenció que la crisis inmobiliaria no tendría repercusión alguna en España. Su ministra de la Vivienda, Carme Chacón, fue más lejos, justo cuando en ese mismo 2007 ya el castillo de naipes empezaba a desplomarse: "Nuestro sector inmobiliario —explicó— es de los mejores del mundo. Vivimos un aterrizaje o ajuste suave". La mentira de Estado era compartida por los grandes promotores inmobiliarios, ocupados ante todo por mostrar que el porvenir era inmejorable y, en función de esta coincidencia, el PP y sus medios de comunicación, siempre atentos a sus intereses en tanto que "partido de los empresarios", no se preocuparon por sacar a luz la realidad.

Ni el gobierno de Zapatero ni la oposición popular se encontraban preparados para el cambio de coyuntura, conforme probaron los cruces de opiniones en la prensa que rodearon al que fue debate decisivo sobre la economía antes de las elecciones, el 21 de febrero de 2008, entre el vicepresidente socialista Pedro Solbes y la fugaz esperanza del PP para la economía, el empresario Manuel Pizarro. Este fue incapaz de ir más allá de un débil señalamiento de lo que ya eran síntomas de la crisis en gestación, apuntando a la inflación, al incremento del paro, al déficit, al endeudamiento de las familias y al declive del sector de la construcción (el "ladrillo"). Lo suficiente para que Solbes exhibiese las cifras recientes de crecimiento, mostrando en apariencia que el pesimismo de su oponente carecía de base. Prefería hablar de "turbulencias" antes que de crisis. Con su gran audiencia, de un 25% sobre el total de espectadores, el debate fue el anuncio de la victoria electoral socialista de marzo. La sociedad española aun creía en el optimismo: "Solbes gana a Pizarro con comodidad", sentenció *Público,* el joven diario de izquierda. Con todas sus vacilaciones, la alusión de Pizarro a la inacción del gobierno sobre el consumo y el ladrillo, y el anuncio más concreto de una situación de "crisis" eran más razonables que la denuncia de Solbes sobre el daño ocasionado por las predicciones pesimistas del PP.

En meses sucesivos, conforme los perfiles de la inflexión económica iban dibujándose en las estadísticas trimestrales, los medios controlados por el gobierno, o próximos ideológicamente al mismo, sufrieron la presión en el sentido de evitar el uso de la palabra maldita. En vez de "crisis" empezó a hablarse de "desaceleración". En *El País,* incluso su exdirector, el economista Joaquín Estefanía, usó en marzo el término para dar la razón a Solbes y para suscribir su idea de que la economía española estaba mejor preparada que otras para afrontar dicha "desaceleración" y contaba con margen para que no sufrieran los más desprotegidos: los dos principales errores de la gestión económica de Zapatero hasta mayo de 2010. Antes, en enero, había avisado de "la metástasis" que, de modo inevitable, producía la crisis norteamericana. Desde junio, salvo para los socialistas de estricta observancia, la crisis despuntaba como realidad incuestionable, con el presidente como último ciego voluntario.

A partir de ese momento, sin embargo, la incidencia de una evolución económica cada vez más desfavorable no le llevará a corregir su optimismo de fondo, fundado sobre la idea de que ya se vería el final del túnel o, más tarde, que era observable la aparición de "brotes verdes". Es más, su política económica se caracterizó por suponer que resultaba necesario emplear los recursos disponibles para impulsar la recuperación, sin atender al creciente endeudamiento y al estrechamiento de los márgenes de acción en un marco de crisis internacional que afectaba a la Unión Europea. En el tratamiento de las cuestiones de Estado, Zapatero conjugaba la superficialidad en el análisis, una rígida determinación para llevar a cabo los propios fines y una preocupación constante por el *marketing* político, seguro de que por sí mismo era capar de "hacer lo mejor" y alcanzar un final feliz. Pero para ello, gracias a la subordinación de los medios, debía mantener su imagen impoluta, sin sombra de dudas sobre su capacidad de acierto. De ahí que siempre pensara que los medios de comunicación del Grupo Prisa debían cumplir una función de apoyo sin reservas a la acción de su gobierno, irritándose cuando incumplían el papel asignado de correa de transmisión.

Según una frase que se le atribuye, esa subordinación no siempre respondía a sus exigencias, de manera que si la cadena de radiodifusión SER las cumplía perfectamente, la televisiva Cuatro lo hacía bien, pero *El País* era un desastre, sin duda por sus concesiones al pluralismo, por encima de la voluntad de apoyo de sus editoriales (con sobresaltos periódicos además por enfados del gestor supremo, Juan Luis Cebrián). Zapatero no creía en los análisis complicados, ni en las ideologías —en las que creía ver ideas lógicas—, pero sí en su intuición para gobernar mediante ocurrencias pegadas a la realidad, cuya aplicación perseguía de manera inexorable. Era un "bulldog", en palabras de un escritor fiel, Suso de Toro, y los matices de *El País* no le agradaban. Así que posiblemente por consejo de sus asesores de comunicación, entre quienes destacaba Miguel Barroso, hábil hombre de empresa y mejor escritor, decidió utilizar la sociedad de producción Mediapro para lanzar una cadena de televisión propia, *La Sexta,* en 2006, y desde septiembre de 2007 un diario, *Público,* popular y combativo, en parte inspirado por los de distribución gratuita que, al mismo tiempo, desbordara a *El País* por su izquierda y, en su dimensión polémica, republicano y anti-PP, sirviera estrictamente a las políticas del gobierno.

Entre tanto, al confirmarse definitivamente el declive del PIB y la subida en flecha del paro a comienzos de 2009, Zapatero encontró la justificación que seguiría esgrimiendo hasta después de abandonar el poder: la crisis económica era el efecto de una variable externa —la crisis mundial que repercutió sobre España—, y él habría respondido a esa coyuntura desfavorable del mejor modo posible, y sobre todo haciendo todos los esfuerzos para que la política social no se viese alterada, frente a lo que hubiera ocurrido de gobernar el PP. Transmitían sus declaraciones sus medios de comunicación, así como los participantes socialistas en las tertulias televisivas y radiofónicas, de gran audiencia en todo el período de crisis y, por ello, objeto de una manipulación más acusada, desde el aplastamiento por número en los medios populares a técnicas más sofisticadas de montaje en los del gobierno, con culminación en el barrido de que fue objeto por parte de *59 segundos*, de La 1, y el relativo éxito de Mariano Rajoy en el programa abierto *Tengo una pregunta para usted.*

En el mismo programa, unas semanas antes, Zapatero había definido la economía como "un estado de ánimo". Así que era preciso mantener el optimismo a todo trance. La percepción errónea de la coyuntura económica se mantuvo a lo largo de 2009, incluso cuando fue evidente la caída del PIB en más de un 3%. A fines de mayo, las declaraciones al diario *La Vanguardia* de la recién nombrada ministra de Economía, Elena Salgado, pusieron de relieve hasta qué punto la visión económica del gobierno socialista estaba en contradicción con la realidad. En línea con Zapatero, quiso hacer creer que lo peor de la crisis había pasado, lamentando los duros tiempos que le habían tocado a su predecesor, Pedro Solbes. Elena

Salgado percibía ya "brotes verdes", que evitarían la caída del paro hasta los cinco millones con el relanzamiento de la actividad empresarial. Su optimismo llegó al punto de suponer que la crisis del ladrillo estaba siendo superada, opinando que se agotaría el *stock* de viviendas disponibles y otras nuevas serían construidas, "porque la población española es demandante de viviendas". Advirtió, además, que el gobierno se había equivocado ante la crisis, pero como todo el mundo,"[n]adie ha acertado", y añadió: "La reforma del mercado de trabajo no es la más importante". Contaba sorprendentemente de nuevo con la posibilidad de un mayor endeudamiento del país, ya que al estar endeudado solo en un 45% del PIB, podía sin problemas incrementar ese porcentaje hasta el 62%: "nos queda un margen de endeudamiento de 150.000 millones de euros".

Curiosamente, la valoración de Elena Salgado por los medios conservadores fue con frecuencia positiva. Tal vez influyeron en ello el tipo de discurso empleado por la ministra, de carácter estrictamente tecnocrático aun cuando sus previsiones fueran erróneas, y su *look* de señora bien, capaz de escalar el Kilimanjaro y de lucir un traje de noche sin despeinarse. Los expertos de fotografía de *El País* contribuyeron a ello, retocando sus fotografías hasta el abuso en junio de 2009. Las durísimas críticas de la prensa de derecha contra la política económica de Zapatero parecían dejar en la sombra a la persona que la diseñaba. Podía seguir afirmando hasta el verano de 2011 que la situación era "preocupante, pero no gravísima", que iba bien la reducción del déficit de las Comunidades Autónomas, que los mercados internacionales veían a España con tranquilidad, que su programa económico con la Ley de Economía Sostenible lograría "crecer sin destruir" —en vísperas de la salida de la crisis—, y que a partir de la inevitable recuperación alcanzaríamos hacia 2020 "una España más cohesionada", "con una educación igualitaria", "más emprendedora". El golpe de timón forzado por la UE en mayo de 2010 no alteró el fondo de su estrategia explicativa.

Pasado el tiempo, *ABC* elogió la "mano de hierro" de la ministra y al salir del gobierno, su sucesor Luis de Guindos la exculpó por haber tenido que "bailar con la más fea". En el primer debate parlamentario celebrado con ella en 2009, Rajoy sorprendió a sus correligionarios con un trato tan suave que se vio obligado a explicarlo: "[N]o quería quedar como el chico que pega a una chica en el colegio". La galantería estaba por encima de la crisis, y sobre todo el blanco de los ataques para Rajoy era Zapatero, por lo cual la situación económica pasaba a segundo plano.

La actitud del líder conservador respondía a un denominador común de los medios afines a su partido entre 2008 y 2011. El círculo de los medios conservadores a la gestión socialista no necesitaba esforzarse para trazar un cuadro negro de la situación. Tomemos un comentario de *ABC* del 10 de febrero de 2009, que pudiera haber sido publicado en cualquier otro medio de la derecha: "No se venden pisos, el *stock* de viviendas crece de manera constante, las suspensiones de pagos de empresas provocan que muchos queden a medias de construir...". "Zapatero al fin frente a la crisis" era el título, y las censuras se repetirán constantemente hasta las elecciones de noviembre de 2011. La cascada de críticas dirigidas contra la política económica de Zapatero se asociaba a una intención política, envolviendo la acción gubernamental en una imagen de catastrofismo. La conclusión era clara: Zapatero y el PSOE habían provocado la ruina de España.

Fue coincidiendo con la presidencia española de la UE y con la quiebra de Grecia, en el primer semestre de 2010, cuando los ataques al presidente arreciaron sobre la base del evidente callejón sin salida en que se encontraba el país. *ABC* le calificó de "frívolo" y responsable de "la cadena de fallos y fracasos" en las reuniones de Davos y Bruselas. No solo no había logrado imponer su alternativa de fomento de la inversión pública, sino que se presentía la bancarrota. No sin zigzags, *El País* se sumó al coro de censuras en el sentido de aquellos colaboradores que desde tiempo atrás ponían de manifiesto "la insoportable levedad del ser" del presidente en su acción política. El veredicto de los inversores convencía a quienes antes incluían la crítica con sordina en la secuencia de valoraciones favorables. En 2011 Juan Luis Cebrián recuperaría el título de mi artículo —"La insoportable levedad de un presidente"— publicado años atrás, que evocaba la novela de Milan Kundera. El de Cebrián, publicado el 18 de julio de 2011 bajo el título de "Esta insoportable levedad", insistía en el balance desastroso, con el país enfrentado a "la amenaza de ruina": "José Luis Rodríguez Zapatero —sentenciaba— debe de una vez por todas abandonar su patológico optimismo y renunciar al juego de las adivinanzas". Escrito por el hombre con mayor capacidad de decisión en el sistema de medios que apoyara lealmente a Zapatero desde su victoria electoral, el veredicto adquiría el valor de un juicio histórico, aunque tardío.

Memorias de guerra y caza de un juez

En la gestación y el desarrollo del proceso que desemboca en la expulsión de la carrera judicial del juez Baltasar Garzón, las causas y los factores que concurrían en su muerte anunciada eran múltiples, pero en su fondo podían remitirse a dos: la cohesión mostrada por la derecha, tanto judicial como política y mediática, a la hora de buscar su eliminación, y la persistencia de dos componentes hasta ahora inseparables en la vida política española, el recuerdo de la Guerra Civil de 1936-1939 y la corrupción. En efecto, la guerra contra Garzón fue emprendida por su intento de cubrir el vacío que la Ley de Memoria Histórica de 2007 dejaba para la intervención pública en la recuperación de los 30.000 cadáveres enterrados por los militares sublevados en fosas comunes y su desenlace: la condena del juez a una inhabilitación por tiempo superior al solicitado por el primer querellante por las escuchas telefónicas autorizadas a las conversaciones entre los abogados defensores y los imputados en una trama de corrupción ligada al PP valenciano, el "caso Gürtel" cuya investigación el mismo Garzón había promovido.

Aun antes de que el auto de Garzón en 2008 intentase iniciar una causa por la recuperación general de los cadáveres no localizados y, al mismo tiempo, frente a los responsables de la Guerra Civil y sus crímenes contra la humanidad, la respuesta de los medios de comunicación "populares" contra la Ley de Memoria Histórica había sido muy violenta, a pesar de la moderación de sus objetivos, más simbólicos que otra cosa. Tal vez intervenía en ello la continuidad sociológica y en muchos casos genética entre quienes vencieron en la guerra y las bases del PP, vínculo reforzado incluso por la posición de su fundador y líder espiritual, Manuel Fraga Iribarne, que siempre defendió el franquismo, condenó la República y ensalzó el levantamiento del 18 de julio de 1936. Artículos, tertulias, declaraciones, formaron ya un coro, en nombre supuestamente de la reconciliación que habría garantizado la amnistía de 1977, que elevó la voz al máximo cuando el auto de Garzón vino a plantear, con la ausencia solo de la palabra, que la Guerra Civil de Franco había sido un genocidio. La satanización del juez fue la más intensa contra una persona desde que se inició la Transición democrática. Y el hecho de haber desenterrado el "caso Gürtel" no hizo sino reforzar tal actitud de condena que aplicaba a Garzón el principio clásico de "*Delenda est Carthago!*". El caso fue cerrado en febrero de 2012, al hacerse pública la sentencia de exclusión, con un lógico coro cuyas voces mezclaban el elogio a la acción de la justicia con la consideración del juez como un enemigo de la democracia felizmente eliminado.

La virulencia de la campaña "popular" actuó de cortina de humo para ocultar a la visión que el desencadenamiento del proceso se debió a la oposición del gobierno al auto de 2008. Zapatero utilizaba la memoria histórica, aupándose sobre la figura emblemática de su abuelo fusilado por Franco, como un refuerzo de progresismo, pero en modo alguno quería llevar la profesión de fe republicana a sus últimas consecuencias. El 26 de noviembre de 2008 lo explicó ante el Congreso: era síntoma de salud moral española "que cada vez se recuerda y se homenajea a las víctimas y se olvida más al dictador", y concluía: "Arrojemos al olvido a aquellos que promovieron esa tragedia en nuestro país". Casi lo mismo que Fraga propuso al afirmar que "amnistía quiere decir amnesia". El auto de Garzón iba así contra corriente para todos y no fue extraño que el primer ataque dirigido contra él proviniese del fiscal de la Audiencia Nacional, Javier Zaragoza, inequívocamente próximo al gobierno, con un escrito —del 23 de octubre de 2008, solo siete días después de que Garzón plantease su proceso al franquismo—, de oposición tan vigoroso que abría la puerta a las querellas posteriores.

En el espacio de la izquierda, *Público* apoyó siempre a Garzón, en tanto que *El País* asumió con prudencia y determinación la crítica oficial, con máxima acritud por parte de colaboradores notables relacionados familiarmente con víctimas franquistas, y apertura a las opiniones favorables al intento del juez. Cuando tuvo lugar su condena, la asociación de la misma con la defensa del "Gürtel" acentuó la inclinación a la solidaridad, sin llegar al apoyo explícito a las movilizaciones por parte de un *Público* agonizante. Sin embargo, la opinión de fondo de *El País* fue expresada por el artículo de un miembro del consejo editorial, José María Ridao, recomendado en lo sucesivo a los lectores como "imprescindible", y titulado "Los porqués de una sentencia". Sin mojarse de modo directo con la justicia, o no, de la condena, dejaba ante los lectores una pregunta de fácil respuesta: ¿era lícito interceptar las conversaciones en contra de la ley? Toda elucubración sobre la ideología de los magistrados o sobre la paradoja de que otros jueces —Ridao olvidaba que se trataba del juez que le había sucedido en la instrucción— ordenaran escuchas, o sobre la fijación del orden de sentencias que permitió expulsar a Garzón sin necesidad de hacerlo por el proceso al franquismo, o sobre la extensión de la condena, resultaba desechada. Sin los aspavientos de la prensa de derecha, su argumento de fondo resultaba confirmado.

Conclusión

Las dos condiciones para un óptimo técnico de la democracia son, en primer término, la isonomía, la capacidad de los ciudadanos para intervenir activamente en el proceso de toma de decisiones y, en segundo, la isegoría, el acceso a la palabra de los ciudadanos en el marco de las asambleas, en su versión de la Grecia clásica, lo cual en las sociedades modernas incorpora el derecho a una información veraz. A lo largo de la historia, la isegoría irá experimentando mutaciones en el citado plano técnico, desde la intervención oral en la asamblea al blog, así como en cuanto al marco económico y organizativo en el cual se inscribe la comunicación y, en último término, su contenido se verá afectado por la incidencia de las censuras. Y es preciso hablar de censuras en plural, ya que tan censoria es la interferencia del gabinete de censura clásico o de la Inquisición que veta la emisión de un mensaje o procede contra el mismo una vez emitido, como la llamada telefónica del asesor del ministro al editor de un telediario o la oscura e implacable acción permanente, dentro de un periódico, del personaje encargado de garantizar la publicación de artículos y mensajes ajustados a los intereses económicos y políticos de la empresa. La primera censura es en gran medida visible. La segunda, críptica por naturaleza, rara vez descubre sus cartas al exterior. Ambas responden en sus actuaciones a la leyenda relativa a las horas de la vida, observable en el viejo reloj de la iglesia vasca de Urruña que evocara el novelista Pío Baroja: "[T]odas hieren, la última mata".

La trama constituida por la articulación de poder político, poder económico y medios de comunicación se ha probado más tupida que nunca para el período sometido a análisis. No es, sin embargo, un proceso puesto en marcha con la victoria socialista en marzo de 2004. A su modo, el gobierno "popular" de Aznar emprendió ya con resolución un acercamiento al modelo Berlusconi, poniendo a su servicio una red de intereses económicos y mediáticos, oculta a la mirada de la opinión, pero de gran efectividad. De ahí el cerco puesto en su día a PRISA y la persistencia con la cual, aún perdida la Moncloa, se han mantenido intoxicaciones tales como la teoría de la conspiración. Por su parte, el modelo socialista que le ha sucedido encaja más con la revolución tecnológica en curso, consumando la disolución del discurso político oficial en una sucesión de eslogans —en relación a ETA, "el proceso de paz", "el diálogo", ahora "la unidad"—, dejando en manos de sus medios la responsabilidad de elaborar por sí mismos las explicaciones, dentro de un molde de extrema rigidez y de justificación de la debilidad en los propios argumentos por medio de una descalificación recurrente el adversario político, visto como enemigo. Por lo demás, en justa correspondencia aquí a la labor permanente de satanización, que no crítica, ejercida desde el PP y sus medios de comunicación contra el gobierno Zapatero.

La ventaja de reconocer el complejo de infracciones a la isegoría, registradas entre la subida al poder de Zapatero y su derrota electoral, consiste en la nitidez con que las mismas se han presentado al observador. Así del recorrido efectuado pueden extraerse las siguientes reflexiones:

Primero. Un grado excesivo de conflictividad política, como el registrado en España entre 2004 y 2011, afecta de modo muy negativo tanto al debate reflejado en los diferentes medios de comunicación, como al propio deber informativo. En un marco rigurosamente democrático, las diferencias en las ideas expresadas resultan compatibles con un alto grado de coincidencia en el contenido de las informaciones. El examen de la prensa para el período analizado muestra que en la información política, sobre todo si se trata de noticias de *high profile*, lo que unos destacan, los otros lo ocultan o lo recogen de manera marginal, tal y como expresaba en los años 70 la letra de una canción del grupo chileno Quilapayún: "Te destinan cuarta plana, letra chica y a un rincón".

Segundo. El paso de la prensa escrita a la prensa *online* no resuelve el problema de la manipulación de las informaciones y de las propias expresiones ideológicas. Una lectura atenta de un diario permite apreciar muy bien esas estrategias de localización. En cambio, las ediciones digitales, bajo apariencia de ofrecer una exposición neutral, son susceptibles de ser manipuladas, por el simple procedimiento de hacer más fácil el acceso a unos materiales que a otros, sin que el lector pueda percibir esa manipulación en que unos textos son "indispensables" y otros son colgados de modo efímero o resultan de difícil localización.

Tercero. La estrecha vinculación a los poderes políticos se traduce en la puesta en práctica de precisas estrategias del discurso, encargadas de enmascarar o potenciar determinados contenidos. En el límite, el sector más populista y el más reaccionario de la prensa vinculada al PP no dudan en poner en práctica campañas de satanización del oponente, e incluso, como sucediera en *El Mundo* con la persecución lanzada contra Garzón o con la interminable campaña sobre la conspiración en el 11-M, en acudir a procedimientos propios de la peor prensa amarilla.

Cuarto. Paralelamente, la voluntad del gobierno presidido por Zapatero de lograr que la opinión pública aceptase determinadas políticas, altamente cuestionables —como el apoyo al Estatuto catalán o el llamado "proceso de paz" vasco—, dio lugar a una estrategia de colaboración desde la prensa afín, no bajo el signo de la libertad de expresión, sino desde el propósito de colocarla bajo una estricta dependencia del poder político. A pesar de ello, siempre con un mayor espacio para la libertad de expresión.

Obras citadas

BENI, Elisa. *La soledad del juzgador. Gómez Bermudez y el 11-M.* Madrid: Temas de Hoy, 2007.

BERNECKER, Walther, Diego ÍÑIGUEZ HERNÁNDEZ y Günther MAIHOLD, eds. *Crisis, ¿qué crisis?. España en busca de su camino.* Madrid/Frankfurt: Iberoamericana/Vervuert, 2009.

CALLEJA, José María e Ignacio SÁNCHEZ-CUENCA. *La derrota de ETA*. Madrid: Adhara, 2006.

CAMPO VIDAL, Manuel. *Confidencias. La televisión por dentro.* Barcelona: Muchnik, 1985.

CEBRIÁN, Juan Luis. "El ombligo del mundo". *El País* (11 de septiembre 2004).

— "Esta insoportable levedad". *El País* (18 de julio 2011).

— *The Press in Main Street:* El País *- Journalism in Democratic Spain.* Brian J. NIENHAUS (trad.). Ann Arbor: U of Michigan P, 1990.

DÍEZ, Anabel y Pilar MARCOS. "El Ejecutivo confía en un cese total de la violencia". *El País* (24 de marzo 2006).

EGUIGUREN, Jesús y Luis RODRÍGUEZ AIZPEOLEA. *ETA. Las claves de la paz.* Madrid: Aguilar, 2012.

ELORZA, Antonio. "La insoportable levedad de un presidente". *El País* (23 de noviembre 2006).

— *Urgoiti. Una utopía reformadora.* El Sol *(1917-1931)* y Crisol *(1931),* Madrid: Asociación de la Prensa de Madrid, 2012.

— "'Yihad' en Madrid". *El País* (18 de marzo 2004).

ESCRIVÁ, Ángeles. *Maldito el país que necesita héroes.* Madrid: Temas de Hoy, 2012.

GABILONDO, Iñaki. *Ciudadano de la Gran Vía.* Madrid: Santillana, 1998.

GARCÍA ABADILLO, Casimiro. *11-M, la venganza.* Madrid: La Esfera de los Libros, 2004.

GARZÓN, María. *Suprema injusticia. Toda la verdad sobre el final del juez Garzón.* Barcelona: Planeta, 2012.

GONZÁLEZ HARBOUR, Berna y Rosario G. GÓMEZ. "Fabricando bulos y falsedades". *El País* (22 de febrero 2010).

GOYTISOLO, Juan. "De vuelta a la razón". *El País* (18 de marzo de 2004).

"Informe del cónsul británico en Mallorca". Kew, England: Public Records Office.

Martín Muñoz, Gema. "El conflicto entre Occidente y el islamismo". *Claves de la Razón Práctica* 117 (2001): 24-33.

Martínez Montávez, Pedro. "Una barbaridad y un error". *El Mundo* (17 de septiembre de 2011).

Palacio, Manuel. *Historia de la televisión en España.* Gedisa: Madrid, 2001.

Pérez, Manel, Ramón Aymerich y Mar Díaz-Varela. "Entrevista. Elena Salgado: 'Nos queda un margen de endeudamiento de 150.000 millones'". *La Vanguardia* (28 de mayo de 2009).

Reinares, Fernando y Antonio Elorza, eds. *El nuevo terrorismo islamista.* Madrid: Temas de Hoy, 2004.

Ridao, José María. "El islam como coartada". *El País* (27 de marzo de 2002). Disponible en http://elpais.com/diario/2002/03/27/opinion/1017183608_850215.html

— "Los heraldos del historicismo". *El País* (21 de septiembre de 2001).

Sinova, Justino. *La censura de prensa durante el franquismo.* Madrid: Espasa, 1989.

Unzueta, Patxo. "¿Cómo se disuelve una banda?". *El País* (28 de septiembre de 2006).

— "¿Qué se sabe de ETA?". *El País* (16 de febrero de 2006).

Urdaci, Alfredo. *Días de ruido y furia.* Barcelona: Plaza & Janés, 2005.

Vinyes, Ricard. *Asalto a la memoria.* Lince: Barcelona, 2011.

2

Identidades e inmigración

Encrucijadas raciales y políticas identitarias: El Chojin y la función social del rap en español

Silvia Bermúdez

"¡España, quién te ha visto y quién te ve!"

La expresión coloquial "¡quién te ha visto y quién te ve!", que apunta hacia aquello que ha mudado mucho su apariencia o condición, es pertinente para dar cuenta de las profundas transformaciones que han cambiado el rostro de la España contemporánea[1]. Al referirme

1 Con esta expresión hago eco aquí al uso dado a la misma por Juan Goytisolo. En febrero de 1998 Goytisolo es declarado *persona non grata* por la corporación municipal de El Ejido a raíz de su artículo "Quién te ha visto y quién te ve" publicado ese mismo febrero en *El País*. La mordaz crítica daba cuenta tanto de la disparidad económica y social engendrada por la nueva riqueza de los invernaderos como del trato inhumano y creciente hostilidad hacia los magrebíes. Bajo el título "El Ejido, quién te ha visto y quién te ve", Goytisolo recoge esos comentarios en *España y sus Ejidos* (26-29).

a estas, no apunto aquí a aquellas que se producen a la luz de la nación que nace con la Constitución de 1978 como supuesto modelo de transición democrática y modernización económica, sino que aludo a las que en el año 2013 sitúan a España en el centro de la crisis de la deuda en la Eurozona y donde constantes oleadas de protestas dejan en claro la precaria condición socioeconómica que viven los españoles. Desde las masivas movilizaciones generadas por la plataforma digital *Democracia real YA* y los indignados de mayo de 2011, pasando por las multitudinarias manifestaciones del 19 de julio y 25 de septiembre de 2012 contra las medidas de austeridad aprobadas por el gobierno de Mariano Rajoy para reducir el déficit público, hasta las llevadas a cabo desde febrero de 2013 denunciando la corrupción política, las protestas ponen en evidencia la gravedad de la situación.

La cuestión del desempleo, particularmente entre los jóvenes, ha creado una nueva emigración, donde destinos que se consideraban como parte de un pasado ya casi olvidado —por ejemplo, Alemania— han vuelto a convertirse en destinos de primer orden. Un joven madrileño residente en Suiza desde el 2009 resumía así el sombrío panorama: "[L]a emigración va a ser la única salida para muchos españoles porque esto está muy mal" (Del Barrio). En cuanto a España como país de inmigración, y a la presencia de extranjeros, David García Vázquez, en su artículo "SOS Racismo denuncia que la sociedad catalana ve normal ser racista", resalta que "[l]a crisis económica y la lucha por los recursos económicos están propiciando el escenario ideal para la extensión del racismo".

Es desde ese "¡quién te ha visto y quién te ve!" —que incluye la problemática del racismo como se indica en la primera nota del ensayo— que busco dar cuenta de una de las encrucijadas globales que enmarcan a la España del siglo XXI: la que se deriva de los procesos de racialización que definen a la nación y los problemas sociales de racismo y xenofobia tal como los articula el rapero español Domingo Antonio Edjang Moreno, conocido como El Chojin (1977)[2].

2 El Chojin, por ser el nombre del dios de la saga de animación japonesa *Urotsukidōji* se pronuncia como en japonés Chōjin (*choyin*), no con el sonido de la j española.

Conviene aclarar que en el panorama de la música popular española contemporánea desde finales de los años 80 encontramos artistas españoles abocados a denunciar el racismo. Así, cantautores como Joan Manuel Serrat ("Salam Rashid", 1989) y Carlos Cano ("Lucrecia", 1992), grupos *hard rock* como Barricada ("Oveja negra", 1992), o el dúo pop Ella Baila Sola ("Que se te escapa el negro", 1996) han puesto en evidencia el racismo y xenofobia de la sociedad española[3]. Sin embargo, dar cuenta de ambas problemáticas prestando atención al papel que la cultura popular tiene en la transmisión de estereotipos es uno de los cuños que definen los raps de El Chojin, tal como lo demuestra en el tema "Mami, el negro está rabioso", de su álbum debut *Mi turno* (1999)[4]. Otra característica que distingue a este artista es su propuesta de usar políticas identitarias para combatir el racismo, iniciativa que se detalla en el rap "N.E.G.R.O" del álbum *Cosas que pasan, que no pasan y que deberían pasar* (Boa, 2009). Con conciencia social y a ritmo de rap, El Chojin se dedica a la tarea de redefinir a la España del siglo XXI como una nación multirracial y multicultural en estado de flujo.

En cuanto género musical urbano que nace en los guetos de Nueva York, el rap —elemento sonoro del hip hop— se convierte en herramienta de afirmación cultural e identitaria. Y son estos elementos los que resuenan en los jóvenes españoles como El Chojin

3 La lista de cantantes y músicos que han denunciado el racismo es extensa; véanse, entre otras, canciones como "Balas blancas" (1992) de Barricada, "Contamíname" (1994) de Pedro Guerra, "Alí, el magrebí" (1994) y "Mestizaje" (2000) del grupo SKA-P. Tal como he indicado en otro ensayo anterior, conviene atender a la propuesta de Carlos Cano en "Lucrecia" pues propone una "ética del perdón" para combatir el racismo ("Lucrecia Pérez en el imaginario cultural de España").

4 El título de este rap proviene de la frase "Mami, el negro está rabioso" que, junto con la pregunta "Mami, ¿qué será lo que quiere el negro?", se repite constantemente en el conocido merengue "El Africano" escrito por Calixto Ochoa y popularizado por el artista dominicano Wilfrido Vargas. En Estados Unidos, dos raperos de ascendencia cubana han trabajado con la melodía y/o parte de la letra de "El Africano". En 1991, DJ Laz (Lázaro Mendez, 1975) titula su álbum debut *DJ Laz featuring Mami El Negro*. En 2007, el ahora popularísimo Pitbull (Armando Christian Pérez, 1981) revisita la canción en "The Anthem" del álbum *The Boatlift*.

cuando, entre 1989 y 1991, se produce el fenómeno que nuestro rapero y Francisco Reyes denominan "el boom del rap" en *RAP. 25 años de rimas* (77-115). Nacido en Torrejón de Ardoz, ciudad dormitorio y comercial de la provincia de Madrid y antigua base militar estadounidense, de padre ecuatoguineano y madre española, El Chojin es una referencia obligada del rap en castellano y uno de los rostros emblemáticos de esta modalidad en España[5]. Y aunque comprometido con una diversidad de causas sociales, nuestro rapero se ha abocado a combatir el racismo en raps que muestran, al mismo tiempo que cuestionan, las jerarquías raciales que definen a la España del siglo XXI.

Ahora bien, evaluar la producción de El Chojin, y específicamente su "Mami, el negro está rabioso" y "N.E.G.R.O", requiere que atendamos a la materialidad de la cultura y a la específica situación histórica que determina su producción, circulación y consumo. En relación a esta materialidad atiendo a tres nociones utilizadas para evaluar producciones culturales —"hispanismo", "estudios ibéricos" y "postcolonialidades históricas"—, tal como se formulan en cinco publicaciones que, desde el 2005, parecen buscar responder a las dos preguntas implícitas que, a mi entender, sustentan las premisas que impulsaron el Congreso de abril de 2012 en la Universidad de Auckland "Encrucijadas globales: Definir España en el siglo XXI" y que alientan al presente volumen. La primera: ¿a qué nos referimos cuando hablamos de la España del siglo XXI ante/dentro de dichas encrucijadas globales? Y la segunda: ¿cómo y desde qué posiciones hermenéuticas e ideológicas lo hacemos? Para responder a las mismas, Jo

5 Artista conocido más allá de las fronteras españolas —en marzo de 2012 completa exitosas giras por Chile, Perú y Argentina— El Chojin goza de masiva popularidad con circulación en la radio, la televisión y otros medios sociales (ver www.elchojin.net). Desde el 11 de abril de 2012, presenta el programa semanal *Ritmo urbano* en TVE 2, el primer programa televisivo en España dedicado enteramente al rap y al hip hop. Es autor de nueve álbumes en solitario: *Mi turno* (Revelde Discos, 1999); *El nivel sube* (Revelde Discos, 2000); *Sólo para adultos* (Boa Music, 2001); *Cuando hay obstáculos…* (Boa Music, 2002); *…Jamás Intentes Negarlo* (Boa Music, 2003); *8jin* (Bombo records, 2005); *Striptease* (Boa Music, 2007); *Cosas que pasan, que no pasan y que deberían pasar* (Boa Music, 2009), y *El ataque de los que observaban* (Sony, 2011).

Labanyi nos invita a considerar las nociones de "cosmopolitanismo" y "traducción cultural" (pp. 35-60), mientras que José Luis Abellán aboga por una "cultura de la intermediación global" (pp. 61-68).

A ambas propuestas hemos de añadir los planteamientos presentados en los cinco volúmenes aludidos anteriormente. A saber, los dos publicados en el año 2005 en Estados Unidos: *Spain Beyond Spain*, coedición de Brad Epps y Luis Fernández Cifuentes, y *Ideologies of Hispanism* editado por Mabel Moraña, así como los tres publicados en España pero vinculados a la academia de América del Norte (Canadá/Estados Unidos)[6]: *Postcolonialidades históricas: (in) visibilidades hispanoamericanas / colonialismos ibéricos* (2008), coordinado por Ileana Rodríguez y Josebe Martínez; *Del hispanismo a los estudios ibéricos: Una propuesta federativa para el ámbito cultural* (2009) de Joan Ramon Resina; y *Un hispanismo para el siglo XXI. Ensayos de crítica cultural* (2011), coeditado por Rosalía Cornejo Parriego y Alberto Villamandos[7].

Spain Beyond Spain, como su título indica, evalúa una España que busca ir "más allá de sí misma", en el que los editores notan la ausencia de África y Asia. Aclaran que el término "*Beyond*" —ese "más allá" o "fuera de sí"— no solo se refiere a las Américas y Europa, sino también a África y Asia, lamentando que ninguna de estas esferas se considere en el volumen (19)[8]. En cuanto a *Ideologies of Hispanism*, dadas las ambigüedades y complejidades implícitas en la mera definición del tema y en la demarcación de sus fronteras teóricas y epistemológicas, Mabel Moraña aclara en su introducción que la tarea de determinar las ideologías del hispanismo nos obliga a explorar el concepto desde perspectivas multidisciplinarias y transnacionales que nos ayuden a explicar, primero, cómo el hispanismo ha funcionado y funciona

6 Todos los editores/coordinadores de estas compilaciones trabajan en instituciones de Estados Unidos, con la excepción de Rosalía Cornejo Parriego, que es profesora en el Canadá.

7 Colaboro en *Un hispanismo para el siglo XXI. Ensayos de crítica cultural* con "Más allá de España y Latinoamérica: El hispanismo contemporáneo y la literatura guineana".

8 Tom Lewis hace uso específico de esta categorización propuesta por los editores en su ensayo "*España 'fuera de sí'*".

como fuerza política dominante y, segundo, su función como modelo cultural a la vez representativo e interpretativo (ix).

Si la noción de "hispanismo" va a tenerse en cuenta, esta ha de verse también como paradigma epistemológico para las historias culturales de África y Asia —algo que ni Moraña considera en su introducción ni ninguno de los contribuyentes a su volumen—, pues ya entrada la segunda década del siglo XXI, no podemos seguir estudiando como meros apéndices la producción de autores ecuatoguineanos —traigo a colación los nombres de Donato Ndongo y Francisco Zamora Loboch— o de los autores marroquíes que escriben en español como, entre otros, Mohamed Bouissef Rekab, Mohamed Akalay, Sara Alaui y Mohamed Sibari.

Postcolonialidades históricas: (in)visibilidades hispanoamericanas / colonialismos ibéricos, es un texto paradigmático para examinar los raps de El Chojin, ya que se enfoca específicamente en los procesos migratorios y las cuestiones de racismo que definen la España contemporánea. Las coordinadoras del volumen recurren a los estudios transatlánticos y las formulaciones postcoloniales, por un lado, para llamar la atención a que "[v]ivimos en un presente profundamente ruptural en el cual el racismo diferencial, el meta- y el neo-racismo, son posiciones racistas nuevas que evaden el entendimiento de las leyes psicológicas y sociológicas de los movimientos poblacionales" (41) y, por otro lado, para proponer que los humanistas empecemos a pensar la cuestión del racismo, la agresión colectiva y la xenofobia "desde lo cultural y lo académico, que es el lugar político de nuestra responsabilidad social" (41).

En lo que respecta al ensayo de Resina, se trata de articular una manera de entender los procesos culturales que definen nuestras prácticas intelectuales más allá de la violencia histórica del hispanismo y de la hegemonía monolingüista del español/castellano en la península ibérica que sigue dejando de lado las producciones culturales de Cataluña, Galicia y el País Vasco, a pesar de recientes volúmenes como *Writers in Between Languages: Minority Literatures in the Global Scene* (2009), editado por Mari José Olaziregi, y *Contemporary Galician Cultural Studies: Between the Local and the Global* (2011), editado por Kirsty Hooper y Manuel Puga. La hegemonía monolingüista hace que todas las literaturas se sigan considerando secundarias en relación a la literatura española (en castellano) y es ese monologismo el que ha llevado a nuestros colegas de literatura portuguesa, en los departamentos de Español y Portugués en la academia estadounidense, a censurar que nos hayamos apoderado del término "peninsular" para referirnos, casi exclusivamente, a la literatura española. Sin embargo, la propuesta de Resina, al defender una catalanidad cerrada y autoritaria, reproduce la hegemonía y violencia que él mismo critica.

Por último, el volumen de Cornejo Parriego y Villamandos aboga por un hispanismo en clave de diálogo que se articula en español a fin de contrarrestar el hecho de que el inglés se haya constituido en el "vehículo fundamental de los escritos críticos y teóricos del hispanismo contemporáneo" (19-20). En este aspecto, los autores se hacen eco de la llamada de atención, formulada hace ya tres décadas por Antonio Cornejo Polar, sobre el retroceso del español como lengua de articulación teórica en la academia norteamericana[9].

A la hora de redefinir a España en el siglo XXI y de evaluar producciones culturales como las de El Chojin me acojo a Fernando Ortiz y su concepto de "transculturación" (1940), así como a las aportaciones hechas al mismo por, entre otros, Ángel Rama (1982) y Mary Louise Pratt (1992, 2007). No propongo una mera recuperación de la noción de transculturación. Al contrario, y desde la maleabilidad inherente a la misma, propongo que la consideremos no solamente operante y válida en contextos coloniales, sino también en contextos como el de la España que nace a partir de la Constitución de 1978, donde, entre otros factores, las migraciones de sujetos postcoloniales han venido transformando a la antigua metrópoli en un espacio en el que se dan los procesos que Ortiz asigna a la transculturación. En la España a la que El Chojin hace referencia en sus raps convergen poblaciones portadoras de culturas diferentes que comparten un mismo espacio.

Recordemos que para Ortiz la transculturación no es el resultado estático del encuentro/confrontación entre culturas, donde necesaria o

9 Propuestas como las planteadas en el congreso "Encrucijadas globales" insisten en que el inglés deje de ser la única lengua de valía simbólica para reflexionar y teorizar sobre la historia cultural de España.

inevitablemente unas prevalecen en detrimento de otras, sino un proceso dinámico, en constante movimiento y que no está sujeto necesariamente a una finalidad o un ideal regulatorio[10]. La transculturación, siguiendo a Ortiz, es un proceso de cambio, dinámico y creador, que se distingue y distancia de la noción de "síntesis" propuesta por las ideologías del mestizaje que postulan una finalidad armoniosa ideal[11]. En tanto "proceso" —o "cocción" para hacer uso de la metáfora en su conocida frase "Cuba es un ajiaco" ("Factores humanos" 192)— no tiene final y tampoco se sabe hacia dónde se mueve. Estas características parecen describir las convergencias de poblaciones que se dan en España desde finales de los 60 con la llegada de los exiliados políticos de Guinea Ecuatorial, a los que les seguirían los de las dictaduras de Chile y Argentina.

A pesar del propio Ortiz, quien busca distanciarse de definir la identidad nacional en términos raciales, la maleabilidad inherente a la transculturación permite también que el concepto sea válido para describir las identidades españolas que emergen a raíz de los movimientos de poblaciones arriba mencionados. Si, para Ortiz, "la cubanidad es principalmente la peculiar calidad de una cultura, la de Cuba" (*Contrapunteo* 191), para El Chojin, definir la identidad española en el siglo XXI requiere que se cuestionen aquellas prácticas culturales que fomentan y diseminan el racismo. Sin embargo, la similar preocupación transcultural que enlaza a Ortiz y El Chojin no se produce desde posiciones análogas de enunciación: mientras que Ortiz, reconocido intelectual público plenamente inserto dentro del orden intelectual e institucional establecido durante la Cuba republicana, lo hace desde posiciones hegemónicas, el discurso de El Chojin, producido desde los márgenes musicales de lo que es el rap en España, es contrahegemónico, pues cuestiona una españolidad hegemónica.

Así entendida, la transculturación parecería ser una noción más pertinente que la de "cosmopolitanismo" propuesta por Kwame

10 Ortiz desarrolla esta idea en el capítulo II de su célebre *Contrapunteo cubano del tabaco y el azúcar* (1940) y en su ensayo "Los factores humanos de la cubanidad" (1940).

11 En "Los factores humanos de la cubanidad" Ortiz cuestiona las nociones de mestizaje propuestas por José Vasconcelos e incluso el propio Nicolás Guillén.

Anthony Appiah en *Cosmopolitanism* (2006), a la hora de encontrar ideas que nos ayuden a formular cómo convivir pacíficamente en la actual tribu global. Ante la pregunta de Appiah, "¿bajo qué rúbrica proceder?" (xiii), podemos responder: partiendo de la noción de "transculturación". Entre otras razones, porque elimina uno de los problemas del término "cosmopolitanismo": su evocación de una imagen de jerarquías sociales. A esta hace referencia el propio Appiah cuando explica que el "cosmopolitanismo" se asocia inmediatamente con una imagen específica: "Te imaginas a una persona sofisticada vestida con ropa de Comme des Garçons y una tarjeta platino de un programa de fidelidad de viajero frecuente mirando, con benevolente condescendencia, a un campesino de rostro rubicundo en un mono de obrero y respingas" (xiii). Y a pesar de tan melodramática e irónica simplificación, el resumen de la historia de algunos de los grandes cosmopolitas que Appiah presenta deja en claro que todos ellos ocuparon siempre posiciones sociales privilegiadas en sus propios contextos.

Para mejor precisar el porqué la noción de transculturación puede ser una opción válida a partir de la concreta materialidad de la cultura, volvamos a la pregunta: ¿a qué nos referimos cuando hablamos de la España del XXI ante/dentro de las "encrucijadas globales"? En primer lugar, y de ello dejan constancia *The Ideologies of Hispanism*, *Spain Beyond Spain* y *Un hispanismo para el siglo XXI*, estamos hablando de contextos específicos. Es decir, de un campo de producción crítica que se genera, se produce y se transmite en y desde espacios geopolíticos culturales concretos y determinados: las academias anglosajonas y la diseminación de sus propuestas en distintos foros. Quiero argumentar que toda reconsideración de la historia cultural de España —ya sea de ciertos aspectos o de esferas más amplias— debe reconocer, en primer lugar, su derivación desde estas posiciones jerárquicas y jerarquizantes. Con base en esto, hago hincapié en que las reflexiones que ofrezco son parciales, y no pueden ser de otro modo, pues a la dificultad que los términos entrañan —"hispanismo", "estudios ibéricos", "transculturación"— hemos de añadir que, al discutir los alcances y los límites de estos términos, no dejamos de hacerlo desde espacios geopolíticos concretos y determinados.

Geografías raciales y políticas identitarias: El Chojin y el rap contra el racismo

Todos estos aspectos son relevantes a la hora de dar cuenta de la nueva geografía racial que viene a redefinir a la España de finales del siglo XX y de principios de este siglo XXI. Dos aclaraciones son pertinentes. La primera es que sabemos que los procesos de racialización no son exclusivos del período histórico al que hago referencia, tal como lo demuestra Eva Woods en su *White Gypsies: Race and Stardom in Spanish Musical Film* (2012). Sin embargo, sí puede identificarse un proceso de racialización "particular" a nuestra contemporaneidad, a este nuevo milenio, pues no podemos equiparar los procesos históricos de la España de principios del siglo XX con los que se dan en el cambio de siglo más reciente. La segunda aclaración es que la necesidad de evaluar la articulación de una geografía racial en la España del siglo XXI no es una imposición arbitraria de mi parte, sino una propuesta formulada por, entre otros, los llamados "nuevos españoles", como resultado de los acelerados procesos migratorios de las últimas décadas[12].

En su canción "Mami, el negro está rabioso" (1999) del álbum *Mi turno* con el que debuta, El Chojin nos relata lo que ha significado para muchos niños españoles nacidos al albor de la Constitución de 1978 —recordemos que El Chojin nace en 1977— el crecer sujetos a jerarquizaciones raciales. Cito la primera estrofa del rap del folleto que acompaña el CD *Mi turno*:

> Alguien me preguntó de dónde soy. No es la misma canción,
> pero sí es un poco más de lo mismo: Racismo.
> He crecido, como muchos han crecido escuchando la canción
> de "los conguitos", la del "Negro negrito", payasadas por el estilo.
> Y me las he comido siendo un niño.

12 En la Cataluña contemporánea, y en relación a los procesos migratorios externos, se utiliza el término "els nous catalans" (los nuevos catalanes). Por ejemplo en la revista *Els nous catalans* de TVE Catalunya (*www.rtve.es/television/elsnouscatalans*).

Pero amigo, he crecido, y tanta estupidez me ha convertido
en un hombre orgulloso y decidido a no aguantar ni una broma más.

Los dos primeros versos ponen al descubierto los mecanismos de una geografía racializada según la cual las personas negras son automáticamente desplazadas fuera del cuerpo nacional: si eres negro no eres español. Sin ambages, El Chojin denuncia el racismo operante en la pregunta sobre la procedencia y con sus referencias a las canciones de anuncios comerciales dedicadas a vender productos como "conguitos" —cacahuetes cubiertos de chocolate— o Cola Cao, también insiste en mostrarnos el papel de la cultura en la transmisión y validación de estereotipos raciales[13]. Al exponer tanto la geografía racial como la propagación de prejuicios raciales, nuestro rapero nos presenta una historia no oficial del racismo en la España de finales del siglo XX y principios del XXI. Tanto en "Mami, el negro está rabioso" como en "N.E.G.R.O", El Chojin argumenta que solo desde un conocimiento y reconocimiento de este racismo será posible combatir tan pernicioso mal social. El que esta primera llamada de atención se hiciese en 1999 no es irrelevante ya que, conviene recordar, ese mismo año se dan los ataques racistas de Terrassa (Barcelona), que anteceden a los violentos disturbios contra la población magrebí que se desatan en el año 2000 en El Ejido (Almería)[14].

---

13 Los "conguitos" son una golosina española creada en la década de los 60, cuyo nombre hace referencia al Congo: implícitamente algo exótico y salvaje a la vez. Los conguitos se venden a partir de un logotipo que los niños españoles reconocen de inmediato, en el que la imagen de un hombrecito africano con los labios gruesos de color rojo perpetúa estereotipos de África y los africanos. La canción del "Negro negrito" a la que hace referencia El Chojin es la de la famosa campaña publicitaria llamada "la canción del Cola Cao" —polvo de cacao azucarado para endulzar la leche— que se lanza en 1956 y que se inicia con la siguiente conocida estrofa: "Yo soy aquel negrito / del África tropical, / que cultivando cantaba / la canción del Cola Cao". Al fomentar y perpetuar estereotipos —labios gruesos, hombres africanos cantando mientras cultivan— ambos productos cosifican y racializan al pueblo africano.

14 Con la lucidez que le caracteriza, Juan Goytisolo, en el ya mencionado artículo de 1998, apuntaba a la segregación de la población inmigrante —mano de obra barata— como un grave problema social.

Diez años después, en 2009, El Chojín reitera su crítica del racismo español en "N.E.G.R.O". Esta nueva pieza musical marca un importante desarrollo en la conciencia social de nuestro rapero, pues en ella adelanta un manifiesto de "negritud" para la España del siglo XXI. Es aquí donde El Chojin, a partir de lo que podemos denominar experiencia vivencial de la racialización, aboga por la práctica de la política de la identidad. Un presente que en marzo de 2009, cuando El Chojin lanza su propuesta, se ve empañado por el sombrío panorama socioeconómico tras la implosión de la burbuja inmobiliaria y la crisis financiera global del 2008. De hecho, el título del álbum, *Cosas que pasan, que no pasan y que deberían pasar*, podría entenderse, a un nivel, en referencia al racismo y la xenofobia, y lo que sucedía, no sucedía y debería suceder. Cito la letra de la página web www.elchojin.net:

> Algunos creen que ser negro se reduce al color
> estereotipos repetidos en televisión
> nos muestran al negro como un objeto de compasión
> pateras, niños con moscas, desnutrición
> el top manta, los trapicheos o la prostitución.
> Parece que la música es la única contribución
> del hombre negro a lo que llaman civilización.
> Si un negro destaca es porque es una excepción
> un negro no es negro del todo cuando muestra educación
> un buen negro tiene como ambición
> trabajar en el campo, en el McDonalds o en la construcción de peón.
>
> Dicen: "En África se mueren
> Hay que enseñarles a pescar, no hay que darles peces".
> Aún no lo entienden
> Al negro no hay que enseñarle, se enseña a los niños
> Al negro hay que respetarle como un adulto digno
> No hay mentira más grande
> Que afirmar que todos somos iguales
> Y aclarar esto es muy importante
> Valer lo mismo no es lo mismo que ser lo mismo
> Máxime si has crecido despreciando a lo distinto
> La musulmana que se cubre el pelo

Es por el reflejo de una sociedad machista basada en el miedo
Pero la monja no
La monja se cubre el pelo y no pasa nada porque es vuestra tradición, ¿no?
[Estribillo]
Negro, usa la palabra sin ningún miedo
Negro, negro es el color, la actitud es ser
Negro, una identidad, no una cruz, es
Negro, visualízalo, mírame y di...

Desde el primer verso la canción expone de qué modo la construcción de la negritud se hace a través de representaciones visuales y discursivas que perpetúan estereotipos. Se critica incisivamente el paternalismo social ("Al negro no hay que enseñarle"), se demanda respeto y dignidad ("Al negro hay que respetarle como un adulto digno"), y se denuncia el doble estándar del relativismo cultural ("La monja se cubre el pelo y no pasa nada porque es vuestra tradición, ¿no?"). El rapero enumera la lista de trilladas imágenes que pueblan las pantallas de televisión —"pateras, los niños con las moscas, la malnutrición / el top manta, el tráfico de drogas o la prostitución"— para exponer el poder que tienen estos clichés de reducir a los negros a estados infrahumanos siguiendo el concepto de "subpersonhood" de Jerome C. Branche en su paradigmático *Colonialism and Race in Luso-Hispanic Literature* (83). Este proceso de producción y reproducción de imágenes racializadas de los negros refuerza su marginalización en la sociedad y en el imaginario cultural.

Es en relación a dichos estados infrahumanos que el rap "N.E.G.R.O" reclama "respeto", ese famoso "RESPECT" deletreado en la canción del mismo título que, entre otros, popularizara en Estados Unidos la cantante afroamericana Aretha Franklin[15]. Desde su "Mami, el negro está rabioso" el rapero, quien argumenta que el rap "no es más que conciencia" ("El Chojin"), trabaja para que

15 Escrita y publicada por Otis Redding en 1965, la canción "Respect" se convierte en un éxito en 1967 en la versión de Aretha Franklin, quien la convierte en el himno de una mujer fuerte, de convicciones. Es ella quien añade el estribillo que deletrea "R-E-S-P-E-C-T".

sus canciones contribuyan tanto a promover la autoestima entre los españoles negros como el desarrollo cívico de la solidaridad, la consideración y el respeto[16]. El que El Chojin haya abordado el mismo tema de nuevo en el año 2011 en la canción "Rap vs. Racismo", del álbum *El ataque de los que observaban*, indica que el "respeto" sigue faltando en las actuales dinámicas sociorraciales españolas. La canción surge como un proyecto colaborativo donde participa la mayoría de los raperos más conocidos del panorama musical español[17]. "Rap vs Racismo" nace con una clara conciencia social que busca impactar la esfera pública promoviendo, precisamente, la convivencia democrática basada en el respeto de las diferencias. Esta canción fue patrocinada por el *Movimiento contra la Intolerancia*, una asociación antirracista fundada en 1993 para combatir el racismo y la violencia y para promover la solidaridad y la democracia participativa[18].

Si en "Rap vs. Racismo" El Chojin apuesta por la solidaridad, son las experiencias concretas y cotidianas de la desigualdad las que sustentan los versos de "N.E.G.R.O" y las que le llevan a proclamar que "[n]o hay mentira más grande / que afirmar que todos somos iguales". Es en "N.E.G.R.O" donde, más allá de las utopías que se presentan en "Rap vs. Racismo", El Chojín señala la necesidad de tomar conciencia de las prácticas discursivas que reifican el racismo. De hecho, sus preocupaciones lingüísticas son tales que insta al público a mirar las connotaciones peyorativas y negativas asignadas a la palabra "negro" en español y, al mismo tiempo, a resignificarla con connotaciones positivas de dignidad e identidad cultural. En cuanto propuesta política, este rap debe ser considerado uno de los primeros manifiestos que en España abogan por la puesta en práctica de

---

16 En sus declaraciones a europapress.es del 15 de marzo de 2011, El Chojin comenta: "Yo aprendí escuchando a los raperos americanos de finales de los 80 y principios de los 90. El rap no es más que conciencia y tener un instrumento para comunicarte; plantear dudas y preguntas, si estás comprometido" ("El Chojin").

17 Estos raperos son: Lírico, Santo, El Langi, Kase O, Nach, Locus, Ose, Nerviozzo, Sho Hai, Zatu, Gitano Antón, Tito, y Xhelazz.

18 "Rap vs. Racismo" puede escucharse cuando uno abre la página web de la asociación http://www.movimientocontralaintolerancia.com (30 de agosto de 2012).

una política de la identidad y su utilización como herramienta de dignificación[19].

Al mostrar cómo el término "negro" ha sido utilizado como arma para la marginación, El Chojin desde sus raps, a pesar de ser un lugar de enunciación muy distinto al del discurso académico, parece hacerse eco de los planteamientos críticos de recientes estudios sobre la racialización del lenguaje y la cultura hispánica. Tal es el caso del trabajo de John M. Lipski —*A History of Afro-Hispanic Language: Five Centuries, Five Continents* (2005)— así como el ya mencionado de Jerome Branche. Al igual que ambos estudiosos, El Chojin se ha volcado a la tarea de desmantelar expresiones vernáculas, terminologías lingüísticas y discursos literarios que cosifican y racializan, como hemos visto en los ejemplos analizados. Es así que sus canciones nos aleccionan a entender, y necesariamente a redefinir, a la España del siglo XXI y sus encrucijadas raciales desde la heterogeneidad y la transculturación[20].

Obras citadas

APPIAH, Anthony. *Cosmopolitanism. Ethics in a World of Strangers.* New York: Norton, 2006.

BARRIO, Ana del. "Los nuevos emigrantes". *El mundo* (22 de julio 2010).

BERMÚDEZ, Silvia. "Lucrecia Pérez en el imaginario cultural de España. Del racismo a la ética del perdón". En Rosalía CORNEJO PARRIEGO (ed.), *Memoria colonial e inmigración. La negritud en la España postfranquista.* Barcelona: Bellaterra, 2007. 239-50.

— "Más allá de España y Latinoamérica: El hispanismo contemporáneo y la literatura guineana". En Rosalía CORNEJO PARRIEGO y Alberto VILLAMANDOS (eds.), *Un hispanismo para el siglo XXI. Ensayos de crítica cultural.* Madrid: Biblioteca Nueva, 2011. 62-78.

19 Propuestas similares se plantean en el movimiento de rap en Cuba. Así, en el artículo de Madrazo Luna se clarifica que "[e]l movimiento de Rap en Cuba es una herramienta de comunicación que promueve la emergencia de nuevos sujetos y actores sociales" (47).

20 Agradezco a Juan Pablo Lupi sus acertadas sugerencias para este ensayo.

BRANCHE, Jerome. *Colonialism and Race in Luso-Hispanic Literature*. Columbia, MO: U of Missouri P, 2006.

EL CHOJIN. "Mami, el negro está rabioso". *Mi turno*. Revelde, 1999.

— "N.E.G.R.O." *Cosas que pasan, que no pasan y que deberían pasar*. Boa, 2009.

— "Rap vs Racismo". *El ataque de los que observaban*. Sony, 2011.

"El Chojin: 'El rap no es más que conciencia'". *Europa Press* (15 de marzo 2011). http://www.europapress.es/cultura/musica-00129/noticia-chojin-rap-no-mas-conciencia-20110315153404.html

EL CHOJIN y Francisco REYES. *RAP. 25 años de rimas. Un recorrido por la historia del rap en España*. Barcelona: Viceversa, 2010.

CORNEJO PARRIEGO, Rosalía y Alberto VILLAMANDOS. *Un hispanismo para el siglo XXI. Ensayos de crítica cultural*. Madrid: Biblioteca Nueva, 2011.

ELLA BAILA SOLA. "Que se te escapa el negro". *Ella Baila Sola*. EMI-Odeon, 1996.

EPPS, Bradley y Luis FERNÁNDEZ CIFUENTES, eds. *Spain Beyond Spain. Modernity, Literary History and National Identity*. Lewisburg, PA: Bucknell UP, 2005.

GARCÍA VÁZQUEZ, David. "SOS Racismo denuncia que la sociedad catalana ve normal ser racista". *El País* (6 de julio 2012). http://ccaa.elpais.com/ccaa/2012/07/06/catalunya/1341570645_159286.html

GOYTISOLO, Juan. *España y sus ejidos*. Madrid: Hijos de Muley-Rubio, 2003.

GRAMSCI, Antonio. *Cuadernos de la cárcel (Tomo I: 1929-1933)*. Ana María PALOS y José Luis GONZÁLEZ (Trads.). México D.F.: Ediciones Era, 1999.

HOOPER, Kirsty y Manuel PUGA MORUXA. *Contemporary Galician Cultural Studies. Between the Local and the Global*. New York: MLA, 2011.

LEWIS, Tom. "*España 'fuera de sí'*. Representing San Sebastián in Antonio Muñoz Molina's *El invierno en Lisboa* and *Ardor guerrero*". En Bradley EPPS y Luis FERNÁNDEZ CIFUENTES (eds.), *Spain Beyond Spain. Modernity, Literary History and National Identity*. Lewisburg, PA: Bucknell UP, 2005. 254-86.

LIPSKI, John M. *A History of Afro-Hispanic Language. Five Centuries, Five Continents*. Cambridge, Cambridge UP, 2005.

MADRAZO LUNA, Juan Antonio. "Rap cubano: sonar duro contra la corriente". *Islas* 5.14 (2010) 46-48. http://www.angelfire.com/planet/islas/Spanish/v5n14-pdf/46.pdf

MORAÑA, Mabel, ed. *Ideologies of Hispanism*. Nashville: Vanderbilt UP, 2005.

OLAZIREGI, Mari José. *Writers in Between Languages. Minority Literatures in the Global Scene*. Reno: Center for Basque Studies/U of Nevada P, 2009.

ORTIZ, Fernando. *Contrapunteo cubano del tabaco y el azúcar*. 1940. Barcelona: Ariel, 1973.

— "Los factores humanos de la cubanidad". En Antonio FERNÁNDEZ-FERRER (ed.), *La isla infinita de Fernando Ortiz*. Alicante: Generalitat Valenciana, Instituto Gil-Albert, 1998.

PRATT, Mary Louise. *Imperial Eyes. Travel Writing and Transculturation*. 2ª ed. New York: Routledge, 2007.

RAMA, Ángel. *Transculturación narrativa en América Latina*. México: Siglo XXI, 1982.

RESINA, Joan Ramon. *Del hispanismo a los estudios ibéricos. Una propuesta federativa para el ámbito cultural*. Madrid: Biblioteca Nueva, 2009.

RODRÍGUEZ, Ileana y Josebe MARTÍNEZ, eds. *Postcolonialidades históricas. (In)visibilidades hispanoamericanas/colonialismos ibéricos*. Barcelona: Anthropos, 2008.

WOODS PEIRÓ, Eva. *White Gypsies. Race and Stardom in Spanish Musical Film*. Minneapolis: U of Minnesota P, 2012.

Pluralismo religioso y ciudadanía: el reto del islam en la España del siglo XXI[1]

Ana I. Planet Contreras

Si consultamos los datos disponibles sobre creencia y práctica religiosa en España, parece cierto que los españoles han cambiado su modo de relacionarse con la religión en las últimas décadas. Como punto de partida podemos tomar las encuestas realizadas por el Centro de Investigaciones Sociológicas (CIS) —que viene indagando de modo sistemático desde 1996 sobre la relación de los españoles con la religión a través de dos preguntas básicas sobre autoidentificación religiosa y nivel de práctica de la religión en los barómetros generales— y los estudios demoscópicos previos. Estos datos reflejan que, de una identificación del 98% de la población española como católica en

1 Este artículo es resultado del proyecto de investigación "*El mundo árabe-islámico en movimiento: migraciones, reformas y elecciones y su impacto en España*" (CS02011-29438-C05-01), financiado por la Secretaría de Estado de Investigación, Desarrollo e Innovación del Ministerio de Economía y Competitividad y del que la autora es investigadora principal.

1965, se ha pasado a una del 72,6% en 2011 —tal como aparece en el CIS n.º 2885 de abril—. La adscripción religiosa, definida tanto en términos de creencia como en práctica, hace pensar en una sociedad que se distancia progresivamente de lo religioso, explorando, quizás, otras formas de adscripción identitaria y redefiniendo, sin duda, el axioma del español católico.

Según la mencionada encuesta, un 72,6% de los españoles se declaraban "católicos", un 13,4% "no creyentes" y un 9,3% "ateos". Si nos interesamos por esta misma cuestión en un universo más limitado, el de los jóvenes residentes en España, como propone el Instituto de la Juventud, son un 10,3% los que se declaran "católicos practicantes", un 44,8% "católicos no practicantes", un 7,7% "de otras religiones", un 19,1% "no creyentes y agnósticos", un 7,2% "indiferentes", un 9,6% "ateos" y un 1,3% no contesta. Parece cierto, pues, que a principios del siglo XXI, la lógica de "secularización de las conciencias" que se inició en el siglo XIX continúa su ritmo.

El reto del pluralismo religioso

Pero el cambio de la sociedad española de los últimos años no se refiere solo a la creencia o a la práctica. A nuestros ojos lo que resulta más relevante —y acontece de modo similar a como ha sucedido en otros países del sur de Europa— es, en términos de fe, la transformación del paisaje religioso de una sociedad prácticamente homogénea a una sociedad plural. No debemos, sin embargo, llamarnos a engaño a este respecto porque las investigaciones sobre pluralismo religioso en nuestro país hacen datar ese pluralismo —interrumpido durante los largos siglos inquisitoriales— en la Edad moderna, siendo el siglo XIX un siglo importante en ese sentido. Sin embargo, y aun considerando que el pluralismo religioso se ha vivido a lo largo de la historia, este pluralismo tiene en los últimos años del siglo XX una relevancia social mayor y su gestión constituye un reto, no solo para los poderes públicos sino también para la sociedad en su conjunto.

Si enlazamos los dos argumentos expuestos hasta ahora —secularización en marcha y pluralismo—, podemos afirmar que el pluralismo religioso y su reconocimiento coinciden con un momento de secularización de las sociedades en el que todavía se sigue hablando mucho de religión, tanto en términos de investigaciones como en los debates públicos.

Como es ya sabido, la sociedad española vivió durante el convulso siglo XX cuarenta años de dictadura franquista. Este régimen político articuló un sistema en el que religión y nación fueron de la mano, construyendo un modelo definido como "nacional catolicismo" cuyos restos todavía se perciben en el espacio público tres décadas después de su finalización, como denuncian reiteradamente los colectivos laicos del país. El actual reconocimiento legal de la pluralidad religiosa en España se fundamenta en el ordenamiento máximo, que es la Constitución de 1978, y se desarrolla a través de una serie de leyes orgánicas (Contreras 42).

A partir de la Constitución de 1978 se elabora en España un marco jurídico que protege la libertad religiosa en sus expresiones individual y colectiva. Más allá de los tratados que componen el llamado Concordato con la iglesia católica, el reconocimiento legal del pluralismo religioso y de las expresiones religiosas que han sido históricamente minoritarias se hace en España a través de leyes orgánicas votadas en el Parlamento. La importancia de este conjunto de leyes basadas en la declaración de intenciones constitucional sobre la religión ha venido creciendo. Como marco legal de aplicación obligada, tiene un impacto en la sociedad y en los grupos religiosos e iglesias, al actuar de marco inspirador en la medida en que incorpora dos elementos esenciales para el diálogo y la cohesión social que son respetados por los poderes públicos y que constituyen principios rectores de todo el sistema: el reconocimiento de lo religioso y el mandato de cooperación. Todo ello justifica, obliga y da cobertura legal al desarrollo de políticas públicas de reconocimiento del pluralismo y de cooperación con las religiones que están presentes en el país.

Dicho marco legal respeta la autonomía mutua entre los poderes públicos y las confesiones y obliga a una neutralidad activa por la que el Estado no puede intervenir en cuestiones de fe, aunque sí tenga que velar para que las manifestaciones externas de la religiosidad respeten tanto la dignidad de la persona como los derechos fundamentales y el orden público. Asimismo, el marco legal impone un mandato de cooperación que le obliga a actuar en el ámbito de la promoción de estos derechos. Por decirlo de otro modo, y por aclarar en qué términos debe entenderse la laicidad en España, podemos decir que en el modelo español de cooperación con las confesiones religiosas se combinan la aconfesionalidad y la neutralidad o laicidad del Estado con la obligación de cooperación.

Pero todavía hay alguna precisión más que hacer referida al modo en que se desarrolla el pluralismo religioso en España. Como puede suponerse, teniendo en cuenta la cambiante situación social de un país que ha conocido un desarrollo económico y ha sido destino de importantes flujos migratorios en las dos últimas décadas, las dinámicas migratorias han afectado también al paisaje religioso. Con el nuevo pluralismo alimentado con este crecimiento demográfico se puede observar que el ámbito de lo religioso puede sufrir transformaciones. Además, se observa que la relación entre las religiones y su expresión institucionalizada y el Estado no es algo estático, pues la incorporación de nuevos fieles —sobre todo a las iglesias o grupos religiosos minoritarios— ha cambiado las formas de expresión religiosa y ha impulsado nuevas interlocuciones y demandas.

Si algo nos enseña lo sucedido en España en la última década es que, si bien la existencia de un Estado secularizado y cooperativo debería hacer fácil el desarrollo de la libertad religiosa para todos los fieles y la incorporación de individuos de otras religiones debería hacerse sin mayor complejidad, son muchos los puntos de fricción observables en estas dinámicas sociales. En primer lugar, se puede señalar que el propio paradigma del Estado secularizado vigente, en mayor o menor medida, en los países europeos puede estar disimulando una falta de conocimiento y de reconocimiento de lo religioso. En el caso español el mandato constitucional es claro, como hemos visto, por mucho que algunos sectores reclamen un mayor alejamiento del Estado de estas cuestiones. Así, el Estado está presente en el ámbito del pluralismo religioso porque asume su papel de legislador con un desarrollo normativo en materia de libertad religiosa y debería ser sensible a realizar tantas acciones de promoción de desarrollo legislativo en este sentido como fueran necesarias. En segundo lugar, en ocasiones se discute sobre malas interpretaciones o se proponen gestiones alejadas de lo mandatado constitucionalmente, con posiciones de las calificadas de "ultralaicas" y algunas veleidades intervencionistas. El marco legal actual, lejos de ser interpretado como lo que realmente es —un marco que garantiza la igualdad— puede ser esgrimido como argumento de exclusión traducido en afirmaciones del tipo: si eres creyente no puedes vivir en un Estado "en vías de secularización", o si tu religión es de mayor o menor arraigo en el país ello puede implicar límites a tu condición de ciudadano. En tercer lugar, y en relación con lo anterior, en la esfera pública abundan los falsos debates sobre ciudadanía y religión que pueden acarrear rearmes identitarios en torno a lo religioso, ya sea por el grupo mayoritario, ya sea por grupos minoritarios. No es necesario subrayar aquí la frecuente búsqueda de una identidad de comunidad como argumento de defensa ante la presencia de otros, ya sea de la mayoría (Suiza y sus minaretes) o de ciertas minorías (la vida en paralelo propuesta por algunos musulmanes). También puede producirse lo que los teóricos de la identidad consideran un rearme identitario, esta vez en torno a la democracia y a la defensa de los derechos fundamentales —incluida la libertad religiosa y de creencia— que haga *casus belli* de cada nuevo debate, instando al aparato judicial y a los hacedores de leyes del Parlamento a producir leyes que, paradójicamente, recorten derechos de algunos pretendiendo salvaguardar los derechos de otros, como sucede en España con los recientemente publicados reglamentos escolares frente al hiyab. Y, por último, deberíamos tener en cuenta que la globalización hace que los debates sobre estos temas que tienen lugar en otros países del entorno —sobre todo Francia— salpiquen de tanto en tanto —y superficialmente también— a la opinión pública. Que la presencia de algunas religiones como el islam esté ligada a la inmigración y el hecho de que el islam no sea una religión ajena a la historia de España complican los términos del debate.

El reto del islam en España

Cuando se teclea en un buscador de internet los vocablos "islam" y "España", una abrumadora parte de los contenidos se refieren a acontecimientos y literatura sobre la historia del país entre los siglos VIII y XV. De todos los contenidos, tienen especial relevancia los que se refieren al riquísimo legado arquitectónico y monumental que se cuenta entre el Patrimonio de la Humanidad.

Esta larga historia de relación con el islam es un elemento que ha jugado un papel de orden simbólico en la construcción de la nación española, como muchos historiadores han puesto de relieve. Se quiera o no, esta parte de la historia ha enraizado el debate sobre lo que el islam ha significado en España y la desvaloración de esos largos siglos de historia también es evocada con ocasión de la presencia del islam en la España del siglo XXI. Bien puede afirmarse que durante largo tiempo la historia de Al-Ándalus ha sido presentada como la "historia de la destrucción de España". Las crónicas medievales hablan de una sucesión de "guerras santas" entre los "cristianos de España" y los "moros" para lograr la "restauración" de una España perdida. Este y otros relatos de la época significan una "expulsión" de los árabes y del islam de la Historia y de la historiografía española, condenados a ser los "invasores" responsables de todos los males de la nación. Estos argumentos, como demuestran recientes investigaciones sobre la opinión pública en España son antiguos, sin duda, pero resultan de plena actualidad.

Aunque el siglo XVIII y la Ilustración trajeron un cambio de signo y la apertura a nuevos conocimientos y nuevos discursos, asistiéndose entonces a una tímida rehabilitación histórica del pasado del país y de sus relaciones geográficas y políticas con el islam, durante todo el siglo XIX los historiadores españoles se mostraron divididos entre los que pretendían incorporar de pleno derecho a la historia de España ese largo período de presencia musulmana y los que rechazaban esa incorporación. A ello contribuyeron con sus esfuerzos los arabistas y traductores que aportaron la traducción y el estudio de las fuentes árabes, ayudando a construir otra historia que nunca llegó a imponerse a la visión dominante de aquellos historiadores que resumen los ocho siglos de historia musulmana en la Península

Ibérica como un combate (López García 41-42). La propia historia del siglo XIX en España y las dificultades de la aventura colonial no ayudarán a modificar esa imagen (Martín Corrales). La guerra de África de 1859-60 va a acentuar la presencia de los musulmanes como enemigos, hasta el punto de que un historiador tan respetado como José María Jover haya afirmado que el antagonismo histórico entre el español y el "moro" es "la noción más intensamente socializada de la conciencia histórica del español" (230). El término "moro" aparece una y otra vez para referirse a los inmigrantes magrebíes instalados en España y aunque su utilización actual resulte básicamente peyorativa, el *Diccionario de la Real Academia de la Lengua* da como buena cualquiera de las acepciones: "1. Natural del África Septentrional frontera a España. [...] 3. Por extensión, que profesa la religión islámica. 4. Dícese del musulmán que habitó en España desde el siglo VIII hasta el siglo XV".

La falta de reconocimiento o el olvido del papel que el mundo islámico ha jugado en la transmisión de los saberes clásicos en Occidente es algo que sigue en vigor hoy en día y no es algo que solo afecte a España. La falta de conocimiento de lo acontecido a lo largo de los siglos en la Península —y por extensión en el Mediterráneo— alimenta la idea de fractura entre continentes y civilizaciones y obliga a estudiar la historia "a saltos". El arraigo de los sentimientos negativos hacia lo islámico más cercano se afianza durante el siglo XX y la desconfianza del español medio hacia lo que viene del otro lado del Mediterráneo, del Oriente más cercano, aparece y reaparece en conflictos asociados con la inmigración, con las reivindicaciones e intentos de visibilización del colectivo musulmán y en las relaciones bilaterales entre España y Marruecos (Hernando de Larramendi y Planet 135). El distinto grado de cercanía física y de presencia de musulmanes inmigrantes en el territorio ha facilitado, también, un desarrollo dispar de estos discursos en las diferentes regiones del país.

Para concluir con esta idea, cabe señalar que la pregunta de hasta qué punto esta imagen histórica puede afectar a la realidad actual del islam en España fue planteada en una investigación realizada durante 2008 por un equipo del Instituto de Estudios Sociales Avanzados del Centro Superior de Investigaciones Científicas. La investigación de Thierry Desrues, bajo el título *Percepciones y actitudes hacia el*

Islam y los musulmanes en España. Los discursos de los españoles no musulmanes sobre los inmigrantes, el islam y los musulmanes, fue realizada siguiendo métodos cualitativos con grupos de discusión que abarcan la diversidad social y geográfica del país. En esta investigación se pudo constatar la existencia de cinco grandes registros o ámbitos discursivos sobre el tema en la sociedad española: una percepción primigenia del islam generalmente negativa y vinculada al fanatismo; la de la centralidad de la figura etno-religiosa del "moro" en la identificación de los musulmanes, la incomprensión ante la religiosidad atribuida a los musulmanes, incluso entre aquellos que aseguran no mantener contactos personales con ningún musulmán; las dudas sobre la integración de los musulmanes en la sociedad española, y la posición subordinada de las mujeres musulmanas.

En la investigación señalada se hace patente que el rechazo hacia el "moro", hacia el marroquí, es expresado de modos distintos en los discursos de la población no musulmana, reflejando argumentos que continuamente combinan la inmigración con la religión y que, además, resultan estereotipantes y esencialistas en la mayor parte de los casos. Los argumentos que se barajan son esencialmente los siguientes: en primer lugar, "los moros son suyos y cerrados" y plantean problemas de integración en la sociedad española, entendiendo la población objeto de estudio la integración como el proceso de aceptación y asunción de las costumbres españolas; en segundo lugar, mantienen actitudes de falta de respeto hacia los autóctonos al mantener la lengua materna y desarrollar actitudes antisociales vinculadas a las dificultades económicas fundamentalmente, como es el hacinamiento en casas de campo o en pisos patera en las ciudades donde hay muchos trabajadores temporales; en tercer lugar, la percepción de la delincuencia asociada a estos individuos, incluso con alguna referencia de amenaza concreta a los atentados de Madrid de marzo de 2004; a continuación se presentan argumentos como la mala fama que tienen, el machismo, el bajo nivel educativo y cultural y la falta de competencia profesional. El que más interesa, porque tiene que ver con el islam, es el argumento de "la invasión", que se concreta en una evaluación difusa de su presencia en la Península, centrada en Andalucía, incluyendo un "cuando despierten subirán a la Meseta —centro del país—", pero que se perfila más como una competencia por el espacio entre unos y otros que, para algunos de los grupos de entrevistados, ya se dio históricamente en Al-Ándalus, y se vuelve a vivir ahora con la inmigración marroquí. Hay, efectivamente, un contenido difuso referido al islam en la construcción del "moro" pero es importante la utilización específica del pasado, del "mito de Al-Ándalus" en consonancia con los debates de los historiadores a los que hacíamos referencia al inicio.

En el estudio de septiembre de 2007 del Centro de Investigaciones Sociológicas *Actitudes ante la discriminación por origen racial y étnico* se realizaba una pregunta a aquellas personas encuestadas (la gran mayoría de la muestra) que consideraban que existían grupos étnicos, religiosos o culturales "que no se mezclan con el resto de la sociedad": ¿en qué grupos estaban pensando? En los resultados se recoge un listado de identidades en el que aquellos que pueden ser identificados como "musulmanes" aparecían identificados de al menos cuatro maneras diferentes: un 15,7% pensaba que quienes no se integraban eran "marroquíes, magrebíes, argelinos"; un 18,2% pensaba que eran los "musulmanes, mahometanos"; un 11,1% consideraba que eran los "árabes", y un 7,9% los "moros". Si unificamos todas esas identidades bajo la etiqueta de "musulmanes" obtenemos que al menos un 52,9% de los encuestados pensaba en los "musulmanes" cuando afirmaba que existían grupos étnicos, religiosos o culturales que no se integraban. El siguiente grupo que recibía esta consideración era el de rumanos (con un 18,3%), seguido del de gitanos (un 17,2%).

En un intento de separar el rechazo y la desconfianza hacia los musulmanes del discurso islamófobo, el análisis de los datos del *Barómetro* del Real Instituto Elcano de 2006 en el que se recogen actitudes y opiniones de los españoles ante el islam nos muestra un argumento nuevo: en España no hay islamofobia religiosa, sino un laicismo creciente que afecta a todas las religiones —solo el 37% de los encuestados en febrero de 2005 decía tener una opinión negativa del islam—, lo que sí hay es un rechazo a determinadas prácticas del islam: el 61% de los españoles están en contra de que las niñas musulmanas lleven la cabeza cubierta con el hiyab a la escuela. Este mismo análisis afrontaba el estudio de otro episodio relevante en la conformación de la imagen del islam y los musulmanes, esta vez a través del debate sobre libertad de expresión, libertad religiosa e islam generado en la llamada "crisis de las caricaturas". En el Barómetro de 2006, un 90% de los encuestados considerara autoritarios a los musulmanes —un 10% más que dos años antes— y un 68% violentos, también un 10% más que dos años antes. Los estereotipos negativos, ahora sí, sobre los musulmanes se ven reforzados por la coyuntura internacional, aunque hay algunos datos en el análisis de esa crisis que introducen un matiz de "solidaridad entre creyentes": los españoles que se identificaban a sí mismos como más religiosos criticaron más la publicación de las caricaturas que los españoles que no lo eran. También un 38% de los entrevistados consideraron que la reacción violenta frente a la publicación de las caricaturas no fue del todo espontánea, sino manipulada por los gobiernos. En el Barómetro no parece apreciarse un conflicto irreconciliable entre religiones o "choque de civilizaciones" y se intuye que existen diferencias notables en el amplio conjunto de los países de cultura islámica, pero los españoles todavía muestran un profundo desconocimiento "incluso de los países musulmanes más próximos a nuestro país". Aunque no se reseñan especiales dificultades para incluir a los musulmanes como ciudadanos de pleno derecho en la sociedad española, la cultura igualitarista en cuestiones de género que se está construyendo en España se esgrime a la hora de presentar críticas concretas a aspectos del islam como la desigualdad de género (Noya).

Todas estas consideraciones pueden influir en el proceso de incorporación de esta religión y sus fieles en la sociedad. En no pocas ocasiones los investigadores en Sociología del islam que trabajamos desde Europa nos hemos preguntado si la insistencia, en los medios de comunicación y en la opinión pública, en que el islam es incompatible con las normas sociales, el orden público o los derechos humanos, puede tener consecuencias en el proceso de institucionalización del islam en Europa. La realidad es que poco se conoce sobre las referencias religiosas de los musulmanes que viven en España. En este sentido, en los últimos años, se han realizado tres encuestas demoscópicas en las que se interroga a los musulmanes de origen inmigrante que viven en España sobre su modo de vivir la religión y su incorporación a la sociedad española.

(En porcentajes)

	Inmigrantes musulmanes			Población española			
	Octubre 2008 (n = 2000)	**Julio 2007** (n = 2000)	**Septiembre 2006** (n = 1500)	**2008**	**2007**	**1988**	**1976**
Musulmán/a muy practicante	49	49	41	—	—	—	—
Católico practicante	—	—	—	22	20	31	48
Musulmán/a practicante irregular (u ocasional)	36	34	39	—	—	—	—
Católico poco practicante	—	—	—	31	28	27	29
Musulmán/a no practicante	13	16	18	—	—	—	—
Católico no practicante	—	—	—	20	31	29	17
No musulmán/a	—	—	—	—	—	—	—
No creyente	—	—	—	22	18	9	2
Otra definición	—	—	—	5	3	1	0
NS/NC	2	1	2	—	—	3	4

FUENTE: *Estudio de opinión en 2008 entre la comunidad musulmana de origen inmigrante en España, realizado por Metroscopia para el Gobierno de España, Ministerio del Interior, Ministerio de Justicia y Ministerio de Trabajo y Asuntos Sociales.* Madrid, febrero 2009. Para la población española los autores del estudio han empleado los datos disponibles en la base de datos de Metroscopia.

En este cuadro, y evitando cualquier insinuación de que suponga un ejercicio antropológico de "medición de la modernidad" o de presentación de una "evolución de la modernidad" o "mejora civilizacional", se muestra una identificación con lo religioso construida en dos grupos de individuos. Por un lado, la población española desde los años 70; por otro, los inmigrantes musulmanes encuestados en los últimos años. Los datos muestran que los musulmanes de origen inmigrante residentes en España son personas que se consideran religiosas (7,6 en una escala de 10), 41% de ellos muy practicantes en una autodefinición religiosa similar a la de la población española hace treinta años (en 1976 el 48% de la población española se definían como católicos muy practicantes). En otras preguntas de la encuesta se puede leer que la mayoría de musulmanes de origen inmigrante que viven en España dicen estar de acuerdo con que el Estado español sea neutral en el terreno religioso y participan en el sistema activamente[2]. Tampoco parece estar entre los objetivos de los musulmanes de instalación reciente en España la mayor implicación del Estado en los asuntos religiosos, por mucho que algunos quieran ver en las ideas románticas sobre Al-Ándalus de algunos grupos de musulmanes españoles similitudes con las propuestas criminales sobre el califato global de grupos terroristas como al-Qaeda.

Aunque no es aquí el lugar para referirnos en extenso a los procesos de secularización que ha vivido la sociedad española a lo largo del siglo XX, basándonos en la evolución de los datos referidos a la población española observamos que la relación con la religión y la adscripción a lo religioso de una sociedad puede evolucionar a lo largo del tiempo. Por otro lado, no deberíamos cerrar los ojos ante las dificultades reseñadas, pues al menos un 13% de los encuestados dice encontrar obstáculos para practicar la religión, siendo la falta

2 Los musulmanes inmigrantes residentes en España apoyan en un alto porcentaje esa posición de neutralidad (78% en 2008). De instalación relativamente reciente —de entre dos y diez años de residencia, el 50%—, trabajadores en su mayoría (76%), se consideran adaptados a la vida y costumbres españolas, en porcentaje de hasta el 95% para los que llevan aquí más de diez años. De España valoran especialmente la libertad, el nivel asistencial del Estado, el nivel de vida y el respeto de las creencias (78%) (Metroscopia).

de mezquitas el obstáculo más mencionado (8%), y la discriminación por cuestión de religión en España es algo pendiente de análisis hoy en día.

Para concluir, desde el punto de vista sociodemográfico, la presencia del islam en España en el siglo XXI puede entenderse asociada a los cambios producidos por los movimientos migratorios que, con destino a España, han tenido lugar en las últimas décadas. Sin embargo, siguiendo lo estipulado por el marco legal de libertad religiosa vigente en el país, la gestión de esta presencia supone un reto de interlocución y de reconocimiento que excede lo legal y se enraíza en lo social. La sociedad española vive en la actualidad un debate en torno a la presencia del islam que guarda similitudes con otros momentos de su historia y con los debates que se desarrollan en otras latitudes del viejo continente. El tratamiento no estereotipante de la cuestión y las propuestas de construcción de una sociedad plural en términos religiosos en los que la discriminación social por esta causa sean cosa del pasado son, sin duda, cuestiones pendientes de ser resueltas aún hoy en día.

Obras citadas

Actitudes ante la discriminación por origen racial y étnico. Estudio 2.731. Madrid: Centro de Investigaciones Sociológicas, 2007. http://www.cis.es/cis/opencms/-Archivos/Marginales/2720_2739/2731/Ft2731.pdf

Barómetro de abril. Estudio 2.885. Madrid: Centro de Investigaciones Sociológicas, 2011.

http://www.cis.es/cis/opencm/ES/1_encuestas/estudios/ver.jsp?estudio=11264

Barómetro del Real Instituto Elcano, 11ª Oleada. Madrid: Real Instituto Elcano, 2006. http://www.realinstitutoelcano.org/barometro/abril2006/11brieabril2006.pdf

CONTRERAS, José María. "La libertad de conciencia y convicción en el sistema constitucional español". *Revista CIDOB d'Afers Internacionals* 77 (2006): 41-63.

DESRUES, Thierry. *Percepciones y actitudes hacia el Islam y los musulmanes en España. Los discursos de los españoles no musulmanes sobre los inmigrantes, el islam y los musulmanes*. Córdoba: Instituto de Estudios Sociales Avanzados, 2009.

Estudio de opinión entre la comunidad musulmana de origen inmigrante en España, realizado por Metroscopia para el Gobierno de España, Ministerio del Interior y Ministerio de Trabajo y Asuntos Sociales. Madrid, 2006, 2007, 2008. http://www.oberaxe.es/files/datos/49afb64d486f3/2008%20INFORMELACOMUNIDADMUSULMANA.pdf

HERNANDO DE LARRAMENDI MARTÍNEZ, Miguel y Ana I. PLANET CONTRERAS, "Maroc-Espagne: la crise de l'îlot du Persil". En Rémy LEVEAU (dir.), *Afrique du Nord Moyen-Orient. Espace et conflits*. Paris: Les Etudes de la Documentation Française, 2003. 133-40.

JOVER, José María. *España en la política internacional. Siglos XVIII-XX*. Madrid: Marcial Pons Ediciones, 1999.

LÓPEZ GARCÍA, Bernabé. "Arabismo y orientalismo en España: Radiografía y diagnóstico de un gremio escaso y apartadizo". *Awraq* 11 (1990): 35-69.

MARTÍN CORRALES, Eloy. *La imagen del magrebí en España*. Barcelona: Bellaterra, 2000.

MORERAS, Jordi. "Muslims In Spain: Between the Historical Heritage and the Minority Construction". *The Muslim World* 92.1-2 (2002): 129–42.

NOYA, Javier. "Los españoles y el Islam". *Análisis del Real Instituto Elcano* 105 (2007). http://www.realinstitutoelcano.org/wps/portal/rielcano/contenido?WCM_GLOBAL_CONTEXT=/elcano/elcano_es/zonas_es/ari+105-2007

PLANET CONTRERAS, Ana I. "Pluralismo religioso e inmigración: ¿Una propuesta de construcción ciudadana". En Andrée VIANA GARCÉS (ed.), *Repensar la pluralidad. Red iberoamericana de justicia constitucional. Atlas plural*. Valencia: Tirant Lo Blanch, 2009. 63-90.

3

MEMORIAS, HISTORIAS Y FICCIONES

Mitos de la memoria: la obsesión del regreso (globos y sondas)

José María Naharro-Calderón

> Solo es posible recordar, si hay olvido.
> Martin Heidegger

> Regresé y me voy. En ningún momento tuve la sensación de formar parte de este nuevo país que ha usurpado su lugar al que estuvo aquí antes; no que le haya heredado. Hablo de hurto, no de robo. Estos españoles de hoy se quedaron con lo que aquí había, pero son otros. Entiéndaseme: claro que son otros, por el tiempo, pero no solo por él; es eso y algo más: lo noto por lo que me separa de su manera de hablar y encararse con la vida. No es el progreso, no es el turismo sino algo más profundo. "Nos los han cambiado". No han variado, no los han alterado, los trocaron. ¿Veo molinos en vez de gigantes?
> Max Aub *La gallina ciega*

El fenómeno de la globalización puede parecer un hecho relativamente reciente, acelerado por la caída del Muro de Berlín, aunque fue esbozado ya en un artículo pionero de 1983, refrendado en 1986 por Theodore Levitt. Sin embargo, aspectos de dicho fenómeno ya se perfilan desde la circulación del bronce por Euroasia y el África septentrional, cuando Aristóteles piensa en un Mare Nostrum como modelo abarcador, con el Helesponto, los Escila y Caribdis o las columnas de Heracles como escollos de navegación para el cabotaje helénico. Algunos historiadores que comparten perspectivas "mundiales" de la historia a veces demasiado eurocéntricas, o puntos de vistas comparados, conectados en mayor o menor medida, o desenclavados, afirman que el mundo occidental y, en concreto, la península ibérica disfrutaron ya de un proceso de creciente mundialización o de puesta en circulación en la era de las exploraciones de los marinos portugueses, castellanos y genoveses en el siglo XV con la ruta Lisboa-África, que terminarían en la colonización americana y filipina del XVI (Sevilla-Cartagena de Indias-Estrecho de Magallanes-Manila), o con la expansión del comercio mundial en el siglo XVII (Delf-Macao-Manila-Shangai). Timothy Brook en su *Vermeer's Hat* (2008) afirma que ya en ese siglo se construye "un mundo en el que las personas estaban creando una red de conexiones e intercambios como nunca antes" (6). El comercio desde Asia a Europa, así como los trasvases espirituales, teológicos y jurídicos del catolicismo peninsular y la importancia de América —un obstáculo global para la expansión hacia Filipinas—, la China de los mongoles Cates en los que soñaba Colón, y Cipango muestran la aparición de un flujo y consumo planetario de productos de lujo asiáticos y/o americanos (seda, porcelana, café, tabaco y chocolate). Aquella mundialización comercial, que enviaba desde la China los tesoros de la porcelana Ming y que las factorías de Meissen, Delf, Chelsea, Limoges o La Granja buscarían imitar y superar posteriormente, anticipó el reverso actual de la clonación esclavista de objetos de consumo de masas, desde el gigantesco vientre asiático hacia las fauces insaciables pero desdentadas de un Occidente herido por la crisis financiera.

Aquella época áurea muestra la profusión comercial de intercambios que un pintor como Johannes Vermeer revela en sus cuadros, sin haber jamás salido de su ciudad natal, tal como hoy podríamos tener acceso a casi toda la producción global a través del mercadeo electrónico sin abandonar, ni siquiera, la pantalla de nuestro ordenador. Esta mundialización, término solo aplicable a las lenguas románicas, o más hispanamente, "planetarización" —recordemos que Felipe IV era el "rey planeta"—, representó un fenómeno global de difusión que implicó mezclas y reacciones, triunfos y fracasos, a partir de la península ibérica que repercutieron económica, política, étnica, religiosa y etnográficamente a través del orbe, frente a la globalización actual cuya imposición, difusión y mercadotecnia de tendencia uniforme implica limitaciones y empobrecimientos culturales que Umberto Eco, entre otros, ha denunciado[1].

Tras la conmemoración del segundo centenario de la efímera Constitución de Cádiz de 1812, la *Pepa*, el espíritu universal del proyecto de la Gades *liberal*, término español difundido planetariamente, reemerge como el globo que pintó Antonio Carnicero, "Ascensión del Globo Montgolfier del Señor Bouclé en los jardines de Aranjuez" (1784), elevándose sobre el espíritu de despotismo ilustrado de la corte en la Aranjuez de 1784, ajena a la magna e inminente crisis finisecular. En aquel cuadro poco destacado del rococó pictórico español, estilo ya en plena decadencia en la fecha de su composición, sus actores (nobles, petimetres, majos y manolas), ferozmente retratados y criticados por los *Caprichos* (1799) de Goya, aparecen aquí ensimismados en lo ajeno del cortejo, ignorantes de la modernidad volante como premonitorio símbolo de la Revolución burguesa franco-española en ciernes[2]. Efeméride global gaditana del liberalismo español, que vuelve a ascender casi dos siglos más tarde, en medio de la tormenta del "café para todos" autonómico de la Transición, que también se gestionó en otro *Gades* (Juliana, *Modesta España* 119), coincidencia contemporánea en el nombre del madrileño restaurante del bailarín Antonio Gades, icono del antifranquismo y del comunismo protocubano. Aquel globo liberal de 1812 se

---

1 Para un debate transhistórico sobre la globalización, ver también *Les quatre parties du monde. Histoire d'une mondialisation* (2004) de Serge Gruzinski y los trabajos de Jean-Michel Sallman.

2 Álvarez Junco realiza una perspicaz deconstrucción de la mitificación de los relatos nacionalistas de resistencia. Por ejemplo, la de la *Guerra del Francés*, enquistada de etnocéntrica reacción o de guerra civil entre afrancesados y aliadófilos. Así extiende las contradicciones de estas mitografías autocomplacientes al imaginario de la resistencia antinazi francesa o las recientes deformaciones de un pasado de nación catalana resistente durante la Guerra de Sucesión (1700-1714).

desplomó como una piedra, entre otras razones, por la esclerosis constitucional hacia las demandas de los delegados americanos, las dificultades para incorporar las diferencias catalanas y la coyuntura internacional, cuyo comité de intervención absolutista (de Wellington a los 100.000 hijos de San Luis) restauraría el trono borbónico. Doscientos años más tarde, España prosigue intervenida.

Quizás sea ese globo Montgolfier, palabra cuya etimología apunta hacia el obstáculo físico del monte y del golfo y, en su paradójica *tekné,* a la posibilidad de sobrevolarlos y dominarlos sin sus barreras geográficas, la mejor imagen para explicar la transformación del mapamundi desde esa primera mundialización peninsular hasta la globalización universalista liberal que permitirá la extensión de derechos fundamentales, codificados en las efemérides de 1776 en Estados Unidos, 1791 en Francia y 1812 en España, sus tres ejemplos constitucionalmente señeros transformados hoy por sus derivas más perversamente neoliberales de progreso: los de la hegemonía financiera y consumista que impuso la aceleración de la ley del mercado tras el ocaso finisecular de las ideologías en el siglo xx. La crítica al progreso que libera y esclaviza a la vez ya la había realizado otro pensador español global, *ma non troppo.* A partir de la crítica a la oclusión de la historia, a la decadencia y al progreso hecha por Nietzsche en *El crepúsculo de los ídolos,* José Ortega y Gasset en *La rebelión de las masas,* anticipándose a Heidegger, había hecho una síntesis de la amenaza de la técnica para la libertad y la contemporaneidad:

> Lo civilizado es el mundo, pero su habitante no lo es: ni siquiera ve en él la civilización, sino que usa de ella como si fuese naturaleza [...] El Imperio romano finiquita por falta de técnica. Al llegar a un grado de población grande y exigir tan vasta convivencia la solución de ciertas urgencias materiales que sólo la técnica podía hallar, comenzó el mundo antiguo a involucionar, a retroceder y consumirse. Mas ahora es el hombre quien fracasa por no poder seguir emparejado con el progreso de su misma civilización [...] De aquí que cuanto mayor sea el progreso, más en peligro está. La vida es cada vez mejor, pero, bien entendido, cada vez más complicada. Claro es que al complicarse los problemas se van perfeccionando también los medios para resolverlos. Pero es menester que cada nueva generación se haga dueña de esos medios adelantados [...] Pues bien: resulta que el hombre de ciencia

> actual es el prototipo del hombre-masa. Y no por casualidad, ni por defecto unipersonal de cada hombre de ciencia, sino porque la ciencia misma —raíz de la civilización— lo convierte automáticamente en hombre-masa; es decir, hace de él un primitivo, un bárbaro moderno. (146, 154, 155 y 171)

Por otro lado, como planteó José Gaos, en otro intento de neoglobalización del pensamiento hispano de raíz socioliberal y humanista, los exilios españoles de 1939 buscaron un nuevo transtierro cultural en las Américas, como se puede comprobar en el vasto y abierto modernismo institucionista y alerta de Juan Ramón Jiménez, entroncado con la doctrina del Hombre Común del vicepresidente norteamericano Henry Agart Wallace, o el socialismo humanista de Max Aub, cercano a la historia ética y universal del hombre verdadero que María Zambrano identificó con la rectitud y el paso de la razón armada a la razón misericordiosa. En este sentido, América y, en particular, México fueron territorios receptores de estos imaginarios globalizados de la hispanidad ética y republicana de 1931 que reforzaron, en parte, una paradójica institucionalización y petrificación del PRI (Faber), el cual terminó por supurar su inyección española con los eventos en la Plaza de Tlatelolco, en parte, a través del *Movimiento 59*.

Anteriormente, la Guerra Civil española ya había mostrado la capacidad planetaria de trascender el espíritu de patria, extender de esa forma las fronteras de la defensa de los derechos universales frente a los totalitarismos fascistas y asumir, por parte de muchos de los que acudieron del extranjero a sus campos de batalla o de los republicanos que se exiliaron con la derrota, una sobredosis de riesgo ajena a los nuevos fenómenos migratorios y diaspóricos que emanan de la España semiintervenida de 2012[3]. Ahora se contemplan nuevos globos viajeros para parte de un cuarto de la población activa desempleada y ecos del perenne semidesarrollo de la hacienda con el ineficaz cortafuegos del Fondo de Estabilización Financiera Europeo de 800.000 millones (el monto de la deuda española que

---

3 Arrojo juvenil ante la guerra que plantea "débilmente" el documental *Extranjeros de sí mismos* (Dir. José Luis López Linares y Javier Rioyo, 2001).

crece *sine die*) que invocan el Plan de Estabilización de la década de los 60 del último siglo, con el horizonte de desplazamientos girado otra vez hacia la locomotora alemana, el petróleo nórdico o las antiguas colonias, hoy ex países emergentes (Brasil, Chile, Ecuador o México). De nuevo, España tiene que exportar emigrantes, ahora particularmente cualificados, esperar que sigan viniendo turistas, y que el tejido industrial y de servicios despegue sin una política de inversión (*pump priming policy* de Alvin H. Hansen) y proteccionismo, mientras que la imposible devaluación de la moneda (con la peseta desaparecida) se sustituye por la radical transformación de los costos y garantías del anquilosado mercado laboral neoautárquico. La mayor operación de solidaridad de la historia, que desde 1985 ha representado para España sumas equivalentes a tres planes Marshall (120.000 millones de euros), no ha servido para aplicar una regla fundamental de la necesaria modestia de la hacienda pública y/o privada que los técnicos españoles del milagro económico de la burbuja inmobiliaria y los agoreros del toro pasado keynesiano actual olvidaron en un manual de longeva referencia universitaria española: "[L]a *sanidad* está garantizada a la larga si los *déficit* de los años malos se compensan totalmente con los *superávit* de los años buenos" (Naharro Mora 272).

En consecuencia, "[u]n país con excelentes infraestructuras (autovías, la mayor red de alta velocidad ferroviaria del mundo (2.600 kms), parques tecnológicos, polideportivos, carreteras comarcales de primera división y mejoramiento material de todo tipo" (Juliana, *Modesta España* 153) no ha sabido reconvertir el modelo productivo del monocultivo del ladrillo que se ha mantenido durante ciento cincuenta años (plan Castro y Cerdá), y que llegó en este milenio a echarle un pulso con sus más de 700.000 viviendas/año a la mitad del mercado estadounidense. Nuevo galeón que se ha varado antes de llegar a navegar en el señero triángulo productivo del Rhin, Ródano y Póo, y milagro español que ha resbalado sobre una piel de banana azul con veintisiete estrellas (Juliana, *Modesta España* 150 y ss). Desidia de la "sopa boba" y del desastre especulativo que un novelista como Rafael Chirbes ha descrito consistentemente en sus personajes desde *Los disparos del cazador* (1994): Carlos Císcar y José Ricart en *La caída de Madrid* (2000), o Matías Bertomeu en *Crematorio*

(2007). Energía ejemplarizante de esta "mentira de verdades", como lo habría expresado Aub, de una narrativa descalificadora de la inercia de una sociedad autocomplaciente con su memoria, su historia y su presente. Así Chirbes, como en las poéticas de Pérez Galdós o Aub, ha logrado elaborar un discurso de potencia afectiva hacia el pasado y la actualidad, donde los nuevos Tomás de Torquemada de las tres burbujas (inmobiliaria de los bancos europeos, regional de las cajas de ahorros del poder autonómico, y ecológica de los parques fotovoltaicos) medraban gracias al entendimiento con el poder político de la otra Restauración de 1977, sin temor a las contradicciones de las ideologías de resistencia, fluidificadas (Bauman) por el pensamiento débil (Vattimo):

> Explico con una voz tranquila, en tono pausado, que los constructores y agentes inmobiliarios no somos los culpables de que media Europa haya elegido la costa mediterránea para pasar las vacaciones, los años de jubilación [...] Basta con enumerar los coches que cualquiera ha utilizado en los últimos veinticinco años o treinta años, ordenarlos cronológicamente, para saber cómo ha sido de largo el salto, treinta años cambiando todo el mundo cada vez a un coche mejor; y yo, treinta y tantos años discutiendo con los concejales, con el conseller de territorio (tan listo, un lince: orígenes comunes, de joven militó en la extrema izquierda con Matías [...] aunque la batalla más despiadada es la que se lleva a cabo en los despachos, la guerra de los despachos, se dice así, ¿no?, la más cruenta, esa por la cual si compras tú, has comprado un terreno no edificable, una parcela rústica, una parcela de uso social, de uso terciario, lo que sea; y si compro yo, mañana por la mañana tengo el permiso firmado por el arquitecto municipal, siete u ocho plantas, un ático ilegal, pero sobre el que el ayuntamiento hace la vista gorda, garajes, locales comerciales. Hay que retroceder centímetros, retranquear, echarse para atrás para ganar metros a lo alto: hay que ceder dinero, otra vez el maletín, la bolsa de plástico, una bolsa normal, una mariconera grande, una bolsa de deportes de esas en las que los albañiles llevan la ropa de trabajo. (*Crematorio* 21-23)[4]

4 Gracias a los excesos de la retocada Ley del Suelo 6/1998 votada por el PP y vigente hasta 2007, los ayuntamientos y comunidades autónomas lograron financiarse a través de recalificaciones fraudulentas o concedieron contratos públicos amañados que contribuyeron a una extensa red clientelar de empresarios

Y para prolongar esta burbuja, la nueva Bismark europea (Angela Merkel) se ha negado sistemáticamente a solidarizarse con una financiación europea común para así cercenar la coartada bancaria de la incapacidad para prestar, mientras el Fondo de Estabilidad Financiera Europeo siga siendo ridículo ante las posibles bonanzas especulativas contra la deuda del Estado español, lastrada por la autonómica, la local y la tres veces más grande de carácter privado. Así se apuntala un edificio en ruinas y se le da quimioterapia reductora al corpus deficitario sin reconocer y extirpar los tumores de los eriales inmobiliarios, de los que probablemente se extraería un mejor uso revirtiéndolos al sector primario ahora que las antiguas economías emergentes engordan más y mejor. Se utiliza el dinero del Fondo de Rescate Operativo Bancario (FROB) o de todos los contribuyentes para que las antiguas cajas en las que han desaparecido las obras sociales continúen siendo los focos de poder regionales de los partidos políticos que controlan sus consejos de administración y los bancos se autofinancien con la prima de riesgo, viviendo del dinero de la nueva "sopa boba" del BCE al 1%, mientras lo invierten en tasas superiores en la deuda periférica del propio país al que financian y contra el que especulan. Ante dicho panorama es comprensible cierta nostalgia del "capitalismo de empresa familiar" de la *Barcelona ja no es bona* del paseo solitario de Jaime Gil de Biedma, texto en el que ya se vislumbra el eterno retorno visionario de un partido redentor populista como *Podemos.*

> ¡Oh mundo de mi infancia, cuya mitología
> se asocia —bien lo veo—
> con el capitalismo de empresa familiar!
> Era ya un poco tarde incluso en Cataluña,
> pero la *pax* burguesa reinaba en los hogares
> y en las fábricas, sobre todo en las fábricas.
> Rusia estaba muy lejos y muy lejos Detroit. (78)

---

y políticos, hoy denunciada a raíz de la crisis económica a través de abundantes expedientes judiciales. Entre ellos, destacan el caso Nóos (infanta Cristina de Borbón y su marido Iñaki Urdangarín), el caso Bárcenas (financiación opaca del PP), el caso de los Expedientes de Regulación de Empleo [ERE] (gobierno andaluz del PSOE) o el caso Palau (financiación ilegal de CiU).

He aquí algunas de los globos y las sondas que se precipitan hoy sobre nosotros como Ícaros sin atisbos de cortafuegos, clavileños que, según Enric Juliana (*Modesta España*), ignoraron el modesto ejemplo erasmista del Caballero del Verde Gabán. Recetas arbitristas para estos globos en barrena que no han alcanzado sus destinos de sondas espaciales en la estratosfera del planeta azul europeo y que se ven degradadas a ser meros espéculos forenses que ciegos escudriñan, exploran, estudian en el intestino del cuerpo nacional, otra vez enfermo, el lastre, el corte de digestión, el cólico y la bilis, la biopsia, los restos del atracón. ¿*Ubi sunt* aquellos globos festivos de la euforia y desencanto de la Transición, los globos sonda que magistralmente interpretaba en el CIS Julián Santamaría para ganarle al PSOE sus "quince gloriosas"; los parabólicamente balompédicos del crecimiento y panacea comunitaria europea de la convergencia, de la "España va bien" de la Aznaridad; o los ilusorios globos de la "Marca España", del "pensamiento Alicia" de la Alianza de Civilizaciones, de la negación de la crisis, y la memoria histórica de José Luis Rodríguez Zapatero? Retornos por un mundo de retornos, vueltas y revueltas de viajes al destierro de la tragedia, de la pesadilla y la excepción de aquel "África empieza en los Pirineos" de *Stendhal* que Max Aub había ratificado en su desconsolado diario tras su vuelta y partida a la España desarrollista de 1969: "¿Quién dijo que ya no había Pirineos? ¡Que vuele de día, de Francia a España, o al revés, y conteste! De noche, claro, es otra cosa" (602).

Crisis diversas que se han metastatizado en los últimos tiempos y se han focalizado en lo económico ignorando, como repetía Hannah Arendt, que estas tienen siempre una cartografía diversa, una multiplicidad de caras, motivos, causas y efectos. Por ello, quiero aquí explorar algunas derivas discursivas entre las sondas de la historia, la memoria y el retorno. En ellas, advertiremos una cierta concepción benjaminiana del ángel de la historia y su crítica al progreso, una isotopía de crisis españolas que entre 1898, 1917 y 1939, habrían manifestado consistente y genealógicamente un discurso de derrota y ruina, mientras que las tres siguientes de 1959, 1977 y 2008 habrían mostrado su otra cara de Jano, habiendo ignorado así el catastrofismo del pasado y habiéndose alejado de él abrazadas a los eolos del progreso (una historia teleológica, lineal, parcial y cuantitativa). Todo ello con una precisión generacional y temporalmente muy en la línea de Ortega y Gasset, cuyo ensayo había subtitulado premonitoriamente "Esquemas de las crisis". Solo que como le hubiera posiblemente gustado a Ortega, la crisis actual de 2008 tardó treinta años en emerger bajo el influjo de su tan deseada europeización. Así, la ausencia de la memoria de la Guerra Civil y del exilio en el postfranquismo y la implantación de un modelo globalizador de transición pactada, amnésica y pacífica en España, ya reconducido en el Portugal de la dictadura a la democracia, habrían creado un tipo de democracia incompleta, representativa y lastrada por un legado antidemocrático y antimoderno que ha abierto el canal para diferentes simulacros. El mantenimiento institucional de un discurso de la negación e ignorancia del pasado, o bien de la euforia de presentes ajenos a la historia —"A España no la va a conocer ni la madre que la parió", "España va bien", "No penséis en la crisis", "Esto lo arreglamos entre todos"—, han hecho surgir su otra cara: la del exceso o bulimia de sus memorias traumáticas que tienden a ignorar también la doble cara de Jano de la historia[5]. Ni apocalipsis, ni euforia, ni don Quijote derrotado en Barcino ni Sancho queriendo hacerse bucólico pastor. Pero paradójicamente, la bulimia de estas memorias traumáticas que coinciden en esta nueva crisis del progreso con un retorno del ángel de la catástrofe tiende a borrar, ignorar y apartar las contradicciones de la historia para acomodarla a un horizonte reorganizador e interesado, como corresponde a los procesos en los que las memorias gremiales ocupan el centro de la historia.

La memoria contra el fin de la historia

El 23 de octubre de 2011, en terrenos entre el alto de la Moncloa y el Puente de los Franceses, el rector de la Universidad Complutense de Madrid, José Carrillo, hijo del antiguo dirigente comunista, inauguró un monumento a las Brigadas Internacionales en el setenta

5 Para miradas críticas al pasado de la transición, ver por ejemplo, Balibrea, Delgado o Navarro.

y cinco aniversario del decreto del gobierno de la Segunda República por el que se les daba una pseudo carta de naturaleza como "División Orgánica de Albacete" con un Comité de Organización encargado de los voluntarios extranjeros y que estaría al mando del fiel secretario de la Tercera Internacional, el estalinista del Partido Comunista de Francia, André Marty. Aquella geografía que entonces quería acoger en su periferia a los modernos edificios racionalistas de la entonces llamada Universidad Central, se convirtió en frente de combate de la Guerra Civil durante veintinueve meses, como lo atestiguan las heridas de bala que guardan algunos libros de su biblioteca, utilizados entonces como parapetos contra la barbarie. Pocos días después del acto rememorativo, dicho monumento, compuesto por unas planchas de acero con la estrella de tres puntas de las Brigadas y creado por profesores y alumnos de la Facultad de Bellas Artes, fue vandalizado con una mancha goteante y una inscripción en tinta roja: "Asesinos"[6].

Dicho acto certifica que los llamados espacios de memoria que ha defendido el historiador francés Pierre Nora son claramente problemáticos para algunos cuando se conmemora el aparentemente distante conflicto civil (existe, por ejemplo, un monumento respetado por los grafiteros en la Rambla del Carmel en Barcelona, la ciudad que despidió multitudinariamente a los Brigadistas el 28 de octubre de 1938). Pero esta agresión inaceptable también señala periféricamente, como recuerda la tesis de Tzvetan Todorov en *Les abus de mémoire,* que a veces los afanes rememorativos pueden tapar algunas verdades y contradicciones de la historia, cuya visibilidad no hubiera evitado, me temo, este tipo de agresión. Me refiero al hecho de que, al fijar al monumento la famosa cita de Dolores Ibárruri, "La Pasionaria": "Sois la historia, sois la leyenda, sois el ejemplo heroico de la solidaridad y de la universalidad de

6 Ver Fernández Martínez, 190. Según me comunica la misma autora, una de las diseñadoras del monumento, este sigue siendo vandalizado con cruces gamadas, pegatinas que protestan contra la legalización de formaciones políticas cercanas a ETA, reivindicaciones a favor del librero neonazi Pedro Varela Geiss, pero también con restos de encuentros sociales (botellones) ajenos, en apariencia, al antagonismo político.

la democracia", sus gestores probablemente hayan incurrido en un bien intencionado pero evidente ejercicio de retórica de la banalización, de ocultamiento y olvido, que también pueden irritar, con cierta razón histórica, a otros que no militan, desde luego, en la ideología de los emborronadores neopollockianos monumentales.

Pero volvamos un momento a la historia que paradójicamente tapa el monumento en cuestión y que habrá molestado a —¿cuántos?— escasísimos protagonistas sobrevivientes u observadores escépticamente "mejor" informados. Aquellos que hayan tenido algún interés por aquella cainita historia recordarán que el decreto del gobierno de Largo Caballero no hablaba de Brigadas Internacionales; que aquéllas fueron, en realidad, una iniciativa frentepopulista de la *Komintern*, la cual finalmente recibió el apoyo de Stalin para "reclutar voluntarios con experiencia militar entre los trabajadores de todos los países con el propósito de enviarlos a España" (Elorza 303); que aquellos extranjeros no eran todos —juntos sí, pero no revueltos—, comunistas, sino que entre ellos había muchas víctimas sin partidismo del capitalismo financiero de los años 30, o bestias del estalinismo, como muchos judíos paradójicamente conscientes del también imparable antisemitismo del fascismo y nazismo, o anarcosindicalistas y trotskistas que Marty y los suyos se encargaron paranoicamente de identificar, perseguir y hasta asesinar algunos con sanguinaria saña[7]; que entre los otros extranjeros que lucharon en la España republicana hubo voluntarios que combatieron fuera de las Brigadas Internacionales, particularmente en las ineficaces milicias anarcosindicalistas y del POUM, por ejemplo, un lúcido

7 Consúltense por ejemplo, los testimonios en los archivos de la *Abraham Lincoln Brigade* (Tamiment Library) o las memorias de Gustav Regler: "[Marty] estaba realmente convencido de que muchos de los voluntarios que acudieron a su cuartel general eran espías fascistas. Él puso todas sus energías al servicio de su desconfianza, y no se echó a tras a la hora de realizar desmoralizadores interrogatorios de jornadas enteras, o incluso de renunciar a la tranquilidad de sus noches y su paz mental liquidando rápidamente los casos dudosos, antes que dañar a la República por lo que él llamó 'la indecisión pequeñoburguesa'" (*The Owl of Minerva* 277-78).

Ver también el testimonio muy crítico hacia las Brigadas Internacionales, ciertamente teñido por la Guerra Fría, de Sygmunt Stein.

intelectual como George Orwell, el cual anticipó el adormecimiento planetario políticoeconómico del *Big Brother* (de aquellos barros, estos lodos); que las milicias serían militarizadas *velis/nolis* bajo un clima de sospecha y traición en el invierno y primavera de 1937 con la creación del Ejército Popular bajo impulso comunista[8]; que, en parte, por aquellos *akelarres*, los últimos extranjeros que vinieron a unirse al ejército de la República lo hicieron ya fuera de las Brigadas Internacionales, o que estas recibieron al final a los reclutas españoles que iban enjugando el enorme parte de bajas de unas unidades de choque que fueron utilizadas, tantas veces, como carne de cañón desorganizada con ejecuciones sumarísimas para los *cobardes*; que miles de jóvenes internacionales perdieron la vida o la salud, a veces, por la incapacidad, hipocresía, inexperiencia, intereses o traición de sus propios mandos, mientras los heridos en los hospitales de retaguardia cantaban no las alegres melodías épicas de las trincheras sino las quintacolumnistas peticiones de "I want to go home" (*The Good Fight* Dir. Noel Buckner y Mary Dore, 1984).

Por ello, es evidente que efectivamente, muchos de los que vinieron a aquella asediada España del fascismo para quedar definitivamente enterrados en ella, lo hicieron para defender con su indignación de entonces (Hessel), ideales de humanidad, de solidaridad y de democracia, pero que la estructura militar que los encuadró perseguía otros fines bastante diferentes y que las palabras de *La Pasionaria* reproducidas hoy en dicho monumento, esconden no solo a un personaje entre sombras sino, sobre todo, una ideología totalitaria, entre otras[9]. Uno

---

8 Véanse al respecto las imágenes de Joris Ivens en *Spanish Earth* (1937), en la que la narración de Ernest Hemingway borra cuidadosamente cualquier mención de la verdadera ideología que organizaba entonces los mimbres militares de la España republicana, o la tramposa versión de *Land and Freedom* (1995) de Ken Loach, el cual también tapó cuidadosamente su plagio de los testimonios de Mary Low o Juan Breá, o para el colmo del anacronismo, hizo cantar a aquellos defenestrados militantes del POUM, "El ejército del Ebro"/"Viva la XV Brigada", emblemática tonada comunista para aquella última ofensiva fracasada, muchos meses después de cuando Andreu Nin y los suyos habían sido huéspedes de las "checas".

9 "Ví a la Pasionaria varias veces, también tuve la oportunidad de conocerla en mi trabajo militante, y puedo decir que no era mas que una falsa ilusión, un

de esos tantos casos de este sonsonete de la *memoria histórica* de aquellos años que borra todas sus contradicciones malsonantes —ni una gota de crítica o referencia a sus horrores en los discursos inaugurales ante el monumento del 23 de octubre de 2011.[10]

La memoria nacionalizada

La tensión independentista catalana que se vive en la actualidad se ha forjado, en parte, gracias a los esfuerzos del *Memorial Democràtic* establecido en 2006, que abrió el Museu de l'Exili en la Junquera en 2008, donde la rotulación no utiliza el español en ningún momento, se busca borrar las trazas comunes de la Guerra Civil y destacar el *fet diferencial* de la forja de una nación al este del río *Ebre*, particularmente cuando la Segunda República en su exilio se convierte en un estado sin territorio[11]. Este presentismo manipulador de una memoria histórica interesada (Ricouer) no parte solo de la resurrección de un imaginario medieval de memoria larga en época de la *Renaixença* cultural catalanista[12]. También se busca extraer de estos archivos de memoria corta guerracivilista y de exilio una distintiva

espejismo, una burbuja creada con astucia y habilidad por los comunistas" (Stein 152).

10 En contraste con la memoria crítica de un militante implicado en la aventura comunista como Jorge Semprún. Ver Nieto.

11 En esa línea, consultar Nadal y Francesc-Marc.

12 Véanse al respecto los comentarios críticos de historiadores contemporáneos: "Vivimos tiempos de capitalización exclusiva del pasado por un presente contemporáneo, con todas las implicaciones político-sociales que se derivan del uso público de los recuerdos, la centralidad del presente en la reconstrucción del pasado" (García Cárcel 30); "Que el pasado no pase, claman ahora los comisarios de la memoria, los gestores de identidades colectivas, como gran hallazgo de un nuevo discurso que pretende imponer en el presente una determinada memoria, cultivada y ordenada desde el poder, especialmente desde los poderes autonómicos, obsesionados con la recuperación de señas de identidad colectivas para la construcción de realidades nacionales. El pasado, habría que responderles, pasó y es preciso conocerlo en la misma medida en que es necesario no quedar atrapados en sus redes. Porque, en definitiva, *hoy no es ayer*" (Juliá 21). Para la creación de identidades nacionales europeas, ver Thiesse.

identidad catalanista que positiviza en ese sentido la Guerra Civil, frente a los problemas de gestión de dicho período con los que se enfrenta el Estado a raíz de la "Ley por la que se reconocen y amplían derechos y se establecen medidas en favor de quienes padecieron persecución o violencia durante la Guerra Civil y la Dictadura", es decir, la mal llamada Ley de Memoria Histórica (Ley 52/2007).

La memoria visual de ultratumba

Si ante el llamado problema catalán recordaba Ortega (*Discurso)* la necesidad de conllevarlo y de asignarle sobre todo un enfoque común que no excluyera al otro, como ocurre hoy en la guerra de las banderas en los estadios de fútbol, o del *dret a decidir,* en el horizonte de la memoria periférica soberanista ha surgido un espectro de ultratumba: la desenfocada fotografía de la gran fosa común del olvido de la represión franquista. Como he mostrado en otro lugar, para la fotografía de guerra de Robert Capa, más allá de la estricta manipulación técnica y compositiva de cualquier clisé, en las frecuentes puestas en escena se introduce una diferencia determinante entre guerra vivida y guerra representada, detalle fundamental que plantea una duda clave entre lo que no fue y lo que ha sido, entre el mito y una versión de lo ocurrido[13].

Así asistimos a una confusión fundamental en la gestión de la memoria: como *mnemé,* es decir, como expresión espontánea en el recuerdo de lo vivido, frente a la *anamnesis,* o reconstrucción voluntaria de un cierto pasado marcado por la ausencia de recolección vivencial, la pérdida de memoria, el silencio, o la amnistía que implica olvido. Diferencia fundamental entre memorias, en la temporalidad de la *mnemé* del trauma que no puede nunca sobrepasar entre trazas, impresiones afectivas y archivos el ciclo vital de sus protagonistas, víctimas o verdugos de la retaguardia franquista, desaparecidos hoy en su inmensa mayoría, a pesar de la no prescripción judicial de los crímenes de lesa humanidad. Nos encontramos ante tres cuartos de

13 Ambigüedad que no logra despejar el fallido documental *The Mexican Suitcase* (2011) de Trisha Ziff. Ver Naharro-Calderón "A pesar" 59 y ss.

siglo de distancia de los hechos, es decir unas tres a cuatro generaciones si seguimos el método orteguiano, algo que el juez Garzón no parece advertir en su obsesión de crear Comisiones de la Verdad en las que, ahora, en su vastísima mayoría solo testificarían anamnésicamente el rumor de los cipreses y el silencio de las lápidas o de las fosas comunes[14]. También se ignora sistemáticamente que en una sociedad de la red cibernética, la exhumación de estas fosas está recibiendo periódicamente una importante difusión en los medios de comunicación impresos, virtuales y globales, por lo que uno puede conocer directamente muchos de sus macabros detalles y que se está estableciendo una evidencia forénsica llevada a cabo por el equipo voluntario de Francisco Etxeberría (Junquera). Mientras tanto, la no comparecencia de jueces locales en las exhumaciones, a pesar del reciente fallo del Tribunal Supremo sobre su competencia, continúa avalando una justicia política de *laissez faire, laissez passer* por parte de la Administración, obedeciendo "lógicamente" al espíritu de la ley 52/07 por la que el estado actual, al ser continuista del anterior, rehúsa ser judicialmente subsidiario del franquista.

Pero es que la dificultad epistemológica, legal y práctica de globalizar los mal llamados crímenes del franquismo a través de Comisiones sobre la Verdad no impide destacar la importancia de la voz

14 "La falsedad en la que vivimos respecto de aquellos crímenes ha sido potenciada ahora por la sentencia del Tribunal Supremo que habla de la dificultad de compaginar los principios del sistema penal de enjuiciamiento con 'la declaración de la verdad histórica de un hecho tan poliédrico como el de la Guerra Civil y la subsiguiente postguerra'. ¿Acaso el actual Gobierno ha mostrado interés en aplicar hasta sus últimas consecuencias la raquítica ley de la Memoria Histórica? Realmente es difícil asumir que la dictadura franquista fuera algo diferente de una pura y dura dictadura, y que a la falta de derechos, la persecución, el asesinato, la desaparición, la sustracción de menores a sus legítimas familias y la tortura contra miles de personas, se les denomine 'hecho poliédrico', pero más difícil todavía es, tratar de explicarlo fuera de España. Ni los más benevolentes lo entienden. ¿Acaso se investigaron aquellos crímenes o ha existido voluntad de investigarlos después, hasta el intento frustrado del juez que fue formalmente acusado y juzgado por ello? ¿Acaso una ley de amnistía se puede aplicar genéricamente sin determinación de autores ni de hechos y hacerlo además para amparar crímenes contra la humanidad? ¿Acaso se ha permitido la investigación que se proponía sobre los perpetradores vivos?" (Garzón).

callada de los muertos, los testigos más apreciados para la historia, según Jacques Rancière:

> La "voz" de la tumba figura bien, más allá de todo fantasma necrofílico, una racionalidad precisa, la de la ciencia histórica nueva. La voz sin lugar de los conversadores, muertos por no haber sabido lo que decían, es rescatada como voz del testigo mudo, voz legitimada por el lugar que da lugar y paso. La tumba es la muerte rescatada de su falsedad, la muerte en tanto tiene su lugar y da lugar. La "pasión" de la tumba puede llevarse a la sobriedad del juego lógico por medio del cual las producciones del ser hablante son curadas de toda mordedura de la ausencia. Todo habla, todo tiene un sentido en la medida en que toda producción de la palabra es asignable a la expresión legítima de un lugar: la tierra que moldea a los hombres, el mar donde se juegan sus intercambios, los objetos cotidianos en los que se leen sus relaciones, la piedra que retiene su huella. La inclusión de la muerte y la teoría del testigo mudo con una sola y misma teoría: una teoría del lugar de la palabra. (83)

Además la historia de la violencia extrema de 1936, documentada ya en abundantes monografías locales y generales con sus secuelas, fue una de terror publicitado por hordas de falangistas que con el beneplácito de las autoridades y poderes locales (consistorios, clérigos, terratenientes) perpetraron arbitrariamente crímenes de lesa humanidad en diversos grados y cantidades. Reléase el trasparente catecismo sobre la violencia parafranquista que es *Réquiem de un campesino español* (1950) de Ramón J. Sender. Pero es que anterior o simultáneamente, en la zona del gobierno republicano, el terror parasindical-revolucionario y estalinista que desbordó al poder gubernativo se ensañó en su propia campaña arbitraria de desmanes, asesinatos y desapariciones. Lo que los reivindicadores del principio de justicia universal (Navarro, "Crítica al programa de TVE sobre memoria histórica") no quieren reconocer es que ningún estado legitimado por las urnas estaría dispuesto, *motu proprio*, a judicializar una caja de Pandora de tal índole y sentarse en el banquillo de una memoria que lo determina políticamente en varias ramas de su familia por todos los espectros (desde Adolfo Suárez a Santiago Carrillo, recientemente desaparecidos) y a través de las ramificaciones exteriores que por un lado votaban la convención de Roma y por otro normalizaban al régimen franquista en las instituciones internacionales como la ONU/UNESCO o bien visitaban al dictador (Eisenhower, Nixon). Además, a pesar de que algunos historiadores del ala de la memoria histórica lo dejen entrever, sin llegar nunca a probarlo, el debate no ha aclarado si los crímenes del franquismo correspondían a un plan sistemático en todos los ámbitos[15]. A pesar de toda la magna evidencia represora, un plan de genocidio planificado por parte de aquel victorioso estado totalitario no habría dejado títere con cabeza[16]. Paradójicamente, el terror franquista aspiraba a ser, en parte, redentor, como rezaba la publicación de sus reductos carcelarios, para aquellos que mostraran aptitudes de reintegración

15 Véase el testimonio del historiador gallego Ángel Rodríguez Gallardo en el juicio contra el juez Garzón: "Como historiador, Gallardo ha dicho haber promovido varias investigaciones sobre la represión franquista en Galicia. El testigo sostuvo que sus investigaciones apuntaban a un 'plan sistemático' para eliminar a responsables políticos de la Segunda República, pero han encontrado muchas dificultades en el acceso a los archivos históricos, y al del Ejército solo fue posible a partir de 1999. 'Si pudiéramos acceder realmente a archivos penitenciarios, de la Guardia Civil y la Policía, podríamos determinar ese plan sistemático'. A lo que ha agregado: 'Un plan preparado un año antes del golpe de Estado' y que apunta a 'actos de genocidio. Con un acceso razonable a los archivos del Estado podríamos conocer realmente lo sucedido', ha asegurado. 'Todavía no se ha entregado los archivos *secretos* del Estado', ha dicho el testigo, a los que, en su opinión, sólo se tendrá acceso con una orden judicial. 'Cuando acudimos a la Audiencia, lo que buscábamos era hacer una reconstrucción lo más fiel posible de lo que sucedió con los desaparecidos del franquismo y que se les pudiera reparar', ha puntualizado (Lázaro)".

16 *Genocicio* es un barbarismo procedente del latín *cide* [matar] y griego *genos* [familia, tribu, raza], creado por el lingüista Raphael Lemkin tras la segunda Guerra Mundial. Gracchus Babeuf se refirió anteriormente al *populicidio* para hablar de la represión de los vendeanos. Recientemente se ha producido una inflación en la utilización del término a partir de la definición del tribunal de Nuremberg como "voluntad expresa de exterminio de un grupo social o racial" o la Convención de la ONU de 1948 que introduce la intencionalidad, la duración y la planificación. El genocidio implica el exterminio de todos (niños incluidos). La represión franquista, tocó fundamentalmente a los adultos, ya que la práctica contra los *niños perdidos* no se puede clasificar estrictamente como genocida. Nótese al respecto la exageración del título del libro de Paul Preston, *El holocausto español* (Ver capítulo de Jo Labanyi).

en el modelo unitario y sofocante del nacional catolicismo, algo impensable en la máquina de destrucción sistemática, abarcadora y sin fisuras del holocausto nazi. Aquella represión no representa por consiguiente grados de una misma escala del mal radical, como ya anticipó Koestler, sino vasos comunicantes, peldaños iniciales en el camino de un descenso infernal que puede terminar a través de la lógica exterminadora por humearse en las chimeneas de los crematorios: oclusión final de lo humano. Los campos franquistas, donde la lengua del verdugo es la misma que la del victimario, emulan ya una cierta arbitraria improvisación injustificable, explotadora y deportadora de los franceses y la sistematización laboral del *gulag* ruso; pero nunca son equivalentes al campo nazi, donde el logos del exterminador separa ya en sus signos discursivos al balbuceo del exterminado. Frente al modelo del estalinismo, el terror franquista tampoco desarticula y aplana una sociedad civil, la cual pudo germinar en sus círculos productivos o intelectuales, semillas de oposición.

Por muy descabezado que estuviera, aquel adversario de espíritu republicano prosiguió durante décadas formas de resistencia guerrillera, obrera, sindical y universitaria, las cuales finalmente contribuyeron paradójicamente a un proceso de Transición de consenso, aunque muy insatisfactorio en la escasa falta de reparación y reconocimiento de los vencidos y denuncia de los vencedores. Pero nadie que investigue el pasado puede obviar que varias conspiraciones militares (Operación Galaxia de 1978, 23F de 1981) estuvieron a punto de involucionar aquel cambio. Por otra parte, el poder militar impuso, sin discusión, el indisoluble carácter de la nación en el Artículo Segundo de la Constitución: "[…] se fundamenta en la indisoluble unidad de la Nación española, patria común e indivisible de todos los españoles, y reconoce y garantiza el derecho a la autonomía de las nacionalidades y regiones que la integran y la solidaridad entre todas ellas" (Fraguas). Exigir de aquella Transición una ruptura radical y judicial con el pasado hubiera representado probablemente el suicidio del proceso. Una imposibilidad no contemplada en el guión escrito por la conjunción de manos ajenas como las del imperio estadounidense, la social democracia europea, el mercado o la debilidad efectiva de la oposición antifranquista. El resultado fue el asentamiento de las tesis moderadas frente a las extremas.

Así es imposible desenterrar y empaquetar aquellas memorias en un macroamalgama neosantayanesco que no discrimine entre las memorias de protagonistas que crían malvas y sus victimarios, o interesados, por ejemplo Francesc Torres, al que el documental de Trisha Ziff muestra como fuente de la importancia de una aparente memoria colectiva, sin diferenciar que este menciona la Guerra Civil como un acontecimiento clave para *su generación*. Pero las memorias *mnémicas* de Torres —o la del dolorido rostro sobreviviente de Buchenwald, Jorge Semprún, ante el Guernica en *Los caminos de la memoria* (Dir. José Luis Peñafuerte, 2009)— no son las de la improbable *anamnesis* de la vasta mayoría de españoles, constituidos, entre otros, por nuevas hornadas de inmigrantes, hoy mayoritariamente ajenos a la Guerra Civil, a sus exilios y a los crímenes del franquismo.

La *mnemé* del desfalco planetario

La *mnemé* de estos españoles actuales ya no es directamente aquel trauma subliminal no asimilado con todas sus contradicciones sino el desastre actual del hundimiento económico. Simplemente estos precariados (Standing) aspiran a que no se les desahucie a final de mes, a cobrar una miseria, si por casualidad trabajan; sus víctimas mayoritariamente son jóvenes educados y desempleados *per saeculae saecolorum*, entre los que algunos, con memoria pero sin historia, se agarran entre las fosas comunes del franquismo a reivindicar el protagonismo de la tragedia de unos abuelos o bisabuelos, que tampoco les aportará una ocupación laboral a fin de mes. Más o menos como si las víctimas del *crack* de 1930 hubieran recuperado la memoria de las fosas comunes de las guerras carlistas o de la Guerra Civil estadounidense, sin plantarle cara a la historia de la Depresión. Por ello, estos indignados exigen Comisiones de la Verdad sobre el mayor desfalco financiero de la historia española y, en todo caso, debieran pedir la resolución del problema del espacio memorioso del Valle de los Caídos, como centro de la memoria histórica del período 1936-1959, lugar que podría entonces convertirse en el gran museo de aquella historia. Pero ¿qué se podía esperar de una comisión presidida por el vicepresidente de Bankia (antigua Caja Madrid), Virgilio Zapatero, implicado en su desfalco e intervención, donde tres expertos (Pedro González-Trevijano, Miguel Herrero y Rodríguez de Miñón y Feliciano Barrios) se opusieron al traslado de los huesos del dictador, y del momento escogido para presentar su informe tras la victoria del PP el 20 de noviembre de 2011? (Serna)[17]

Y entre toda esta ceremonia de la confusión, en la España de la cortina de humo de la memoria histórica, de las exhumaciones de fosas sin aclaración de su pasado y de sus víctimas —demasiado poco, demasiado tarde (Junquera)— se ganaron tiempo y votos, se lograron pactos y prebendas, se llenaron portadas, se otorgaron subvenciones para innumerables proyectos al servicio de la memoria de *la compasión* a cargo de proyectos desconocedores de las vastas contradicciones de todo aquello, que han construido narrativas unívocas. Mientras tanto, en las cocinas del poder político se consentían o se ignoraban otros acontecimientos: el mayor desfalco financiero global, una inmigración impulsora de los beneficios con un paro sistémico nunca visto, o el pillaje al servicio partidista de las cajas de ahorros, de las que se erradicó su supuesta obra social para convertirlas en bancos. No hemos asistido al espectáculo de la banalidad del mal, sino al del mal de la banalidad (Rodrigo Sánchez).

En *Por el bien del imperio* (2011) Josep Fontana recuerda de su maestro Vicens Vives el sentido práctico de la Historia, en homenaje científico a aquel famoso aforismo, tan falaz como efectista, de Santayana: "Aquellos que no recuerdan el pasado están condenados a repertirlo"[18]. Lo que el libro de Fontana muestra es que ni siquiera el fascismo internacional, el cual teóricamente salió derrotado tras la Segunda Guerra Mundial, llegó a las cuotas de explotación, de desfalco o de inmunidad criminal al que estamos asistiendo en la actualidad. El 20 de noviembre de 2011 se celebraron elecciones

17 Virgilio Zapatero ha sido expulsado provisionalmente del PSOE por su implicación en el caso de las tarjetas opacas de Bankia (Díez).

18 Jorge Agustín Nicolás Ruiz de Santayana y Borrás (1863-1952), filósofo naturalista liberal del 98 que acabó reconocido en Estados Unidos con el nombre de Georges e ignorado en su tierra de origen de la que siempre guardó la nacionalidad.

generales en España en el aniversario de la muerte de un ignorante, cruel y ladino dictadorzuelo, criminal de guerra y de postguerra, olvidado por las urnas como evidencia del hundimiento de aquellas memorias, pero que tienen una longevidad ilimitada por la continuidad y el poder anamnético de sus victimarios, seguidores y/o intereses que no han renunciado nunca en el ala más conservadora de la derecha española asimilada por el Partido Popular a la herencia aplanadora de la victoria franquista de la Guerra Civil.

La memoria como *mnemé* no solo es individual, subjetiva, intransferible, profunda y selecta, sino que gremialmente como *anamnesis* es interesada, partidista, manipuladora, reduccionista, esté adscrita a los derechos humanos o a la *cofradía del santo advenimiento*. Valga ahora que el patrimonio de los descendientes rapiñadores de la familia Franco sea una gota de agua ante las fortunas planetarias de los nuevos sátrapas de las finanzas. En 2011 se votó pensando que la solución a la actual crisis podía estar en manos de la mayoría de unos políticos al servicio de estos intereses planetarios, incapaces de responder a un apagón sistémico, que según el economista Niño Becerra *et al.*, se prolongará más de una década, destruirá los cimientos del espejismo del bienestar, obligará a muchos a regresar a la escasez de la depresión de los años 1930, pero bajo el mando de los intereses del Casino-Gulag reinante.

Mientras tanto, en muchas ciudades del mundo, grupos de voluntarios de indignados internacionales se reunieron física y virtualmente a partir de los ejemplos de ocupación de espacios públicos mostrados en las plazas tunecinas en el otoño de 2010 y posteriormente en la de Tahir en Egipto en enero de 2011, procesos que se refertilizaron de nuevo en Madrid en mayo de 2011 (globalizándose eurocéntricamente a partir de aquel momento, como si las ocupaciones árabes no fueran ya un canto de la misma moneda). Así el 15-M se extendió a múltiples ciudades españolas, europeas, estadounidenses, como si los madrileños hubieran regresado pacíficamente entonces a apoderarse de la Puerta del Sol del 14 de abril de 1931 o del Cuartel de la Montaña el 19/20 de julio de 1936, ante el peligro del empobrecimiento de los valores democráticos de sus instituciones y gobernantes. Hasta en la teórica vanguardia artística de la Gran Manzana, la Bienal del Museo Whitney para 2012, una artista como Dawn Kasper ha "ocupado" literalmente el espacio del museo con una instalación ("This Could be Something if I Let") que parodia, a través de su título y sus actividades, los sinsabores de unas generaciones de la abundancia superficial y el síndrome de atención, según reza un gran cartel ("I Have a Short Attention Span").

Hay que advertir que la perseverancia en la ocupación del espacio público del rompeolas central de todas las Españas en mayo de 2011 se debió claramente a la falta de intervención por parte de la delegada del Gobierno socialista, a las órdenes del entonces ministro del Interior, Alfredo Pérez Rubalcaba, candidato *in pectore* a la presidencia del gobierno, que aprovechó la precampaña de las elecciones del 20 de noviembre para permitir que aquellos colectivos acosaran simbólicamente la antigua Casa de Correos, hoy sede del gobierno autonómico madrileño y bastión entonces de una de las políticas del PP, Esperanza Aguirre, cuyo azote retórico más había incidido en el deterioro de la imagen del socialismo bajo la égida de Rodríguez Zapatero. Pero en apariencia, aquellos colectivos atrabiliarios, equipados con las armas de las últimas tecnologías, no parecían recordar materialmente a aquellos de la Segunda República y la Guerra Civil, ya que por un lado la ocupación de 2011 no implicó la aspiración o el acceso inmediato a los registros de poder, hasta que en las elecciones europeas del 25 de mayo de 2014, una extensión política de aquel movimiento, *Podemos,* cosechó un inusitado éxito electoral tras apenas un mes de campaña, con la obtención de más de 1,2 millón de votos, (7,96% del total) y cinco eurodiputados. A pesar de que los valores democráticos aparecían fuertemente deprimidos tras apenas cuatro décadas de pluralismo en España, frente a la involución hacia la extrema derecha, por ejemplo del *Frente Nacional* en Francia, la victoria de *Podemos* señalaba el retorno de un número de asignaturas pendientes desde la Transición, entre ellas, las de la memoria histórica de los perdedores de la Guerra Civil, que sin embargo solo aparece mencionada europeamente en el programa de la formación (Podemos 12)[19].

19 Colmeiro, a partir de Silvia Molloy, hace una distinción práctica entre memoria colectiva y memoria histórica como conciencia histórica de la memoria (17-18).

Por otro lado, en la Puerta del Sol, los jueves comparece una Plataforma contra la Impunidad del Franquismo, compuesta fundamentalmente de miembros de la tercera edad, ignorada fundamentalmente en 2011 por los huéspedes de aquella ágora, ajenos a aquella memoria enterrada e intransmitida, ignorantes de la tradición antifascista de los españoles exiliados que se enfrentaron al nazismo y de su importancia para la contemporaneidad europea y bastante más preocupados por otras urgencias: en particular la de la falta de representación de sus aspiraciones económicas, políticas y sociales por parte del estamento político de la actualidad, apodado por Podemos como *la casta*[20]. Lo que este testigo comprobó en aquellos días, fue cómo la confrontación agresiva de aquellas memorias gremiales por ambos bandos de la Guerra Civil equivalía a la memoria como *mnemé*, como reconstrucción de la narración de un trauma para aquellos directamente interpuestos con el pasado pero como *anamnesis* de una recolección ocultada, olvidada y escondida. Es decir que solo aquellos que poseían una relación vivencial o de reconocimiento con dichas épocas guerracivilistas parecían sentirse afectados por las reivindicaciones de la Plataforma contra la Impunidad del Franquismo. Así los familiares, representantes y víctimas allí presentes solo se vieron confrontados por individuos que aparentaban provenir de la orilla contraria, como reminiscentes de los fenómenos de violencia extrema que también habían afectado al bando rebelde de la Guerra Civil (caso de las "checas" o Paracuellos de Jarama).

Por su parte, otros colectivos intentaban plantear ciertos principios de democracia participativa directa, de verdadera representación, de reforma del modelo económico y de redistribución de la riqueza. Algunos apelaban a modelos de la Declaración Universal de los Derechos Humanos junto con esquemas de economía sostenible, o a opciones de colectivización, socialización o estatalización. Pero por lo general, existía, más allá de la importancia numérica

20 Paradójicamente, los cuadros de esta formación política, procedentes mayoritariamente del mundo académico, corren un tupido velo sobre *la casta* universitaria española, que practica en departamentos y cátedras una política generalizada de clientelismo e inmovilismo verticalizados.

del movimiento del 99%, una cierta confusión de objetivos, una aparente incapacidad práctica para aplicar estrategias que pudieran incidir directamente en la realidad política y económica, en un cambio en las urnas que implicase un viraje radical en el sistema. En 2011, solo destacó el efecto boomerang en el ascenso de Izquierda Unida/ICV-EUiA, lo cual paradójicamente también facilitó la recuperación relativa del PSOE en sus feudos de Andalucía y Asturias en las elecciones autonómicas. Pero en el Parlamento español, IU ha estado limitada a ladrar ante el programa de hiperajuste de la mayoría del PP tras el trabajo de fontanería preliminar del PSOE o de los diversos gobiernos autonómicos (PP/CiU/PNV)[21]. Ha gobernado la derecha ejecutiva, la única que podía calmar a los mercados —¿dónde estaría la prima de riesgo si la mayoría hubiera votado por ejemplo a Izquierda Anticapitalista, una de las opciones reales de la ideología 15M, para que pagasen los "riquísimos", de las que

21 Es la izquierda, bastión tradicional del cambio, la que ha retrocedido hacia posturas conservadoras, mientras que la eterna derecha rompía aparentemente con la tradición y abogaba por una *política laboral flexible* pero *basura* para abaratar los costes de producción, sin advertir que hoy pueden ya estar facilitados progresivamente por la revolución productora cibernética de coste cero marginal (Rifkin). También se defendía una teórica disminución de las empresas estatales inútiles, una sanidad compartida que neoliberalizaba en manos privadas la gestión de los logros con presupuestos públicos, mientras cuidaba un aumento de las pensiones para mantener el feudo del voto de la Tercera Edad. Fieles reflejos del miedo al cambio entre los votantes de la izquierda (PSOE-IU) en el poder en Andalucía desde 1980, lo que popularmente se apoda como el *Régimen*, fueron las elecciones andaluzas del 2012. Los pueblos del interior de esta comunidad, incapaces de enfrentarse a una Europa de la movilidad apartada del clientelismo, votaron de forma importante por opciones de izquierdas "conservadoras" que garantizaran la sopa boba del PER (Plan de Empleo Rural). Por desgracia para la economía agraria andaluza o extremeña, donde latifundistas como la Casa de Alba siguen aprovechándose de abundantes subvenciones europeas, los primeros gobiernos del PSOE de Felipe González renunciaron a fomentar una reforma agraria endémicamente necesaria desde la época del bajo imperio romano, mediante créditos a los braceros para que accedieran a la tierra de los latifundios, como lo buscaron infructuosamente la fallida reforma agraria de la Segunda República (1932) o las colectivizaciones durante la Guerra Civil.

ha salido en 2014, en parte, Podemos?[22]. Y toda esta reforma se ha realizado con el apoyo secreto de CiU, por mucho que los encubridores del Sr. Millet que desfalcó el Palau y financió ilegalmente a este partido, o de su líder histórico Jordi Pujol, el padre de la patria catalana, autoconfeso de evasión fiscal, hayan ahora esgrimido, con Artur Mas a la cabeza, la papeleta de la independencia catalana en una huida hacia delante, a caballo de una parte de la sociedad civil catalana financiada desde la Generalitat (Asamblea Nacional de Cataluña y Omnium Cultural) y en espera de que la calle no se arremoline mucho ante lo irremediable de la amputación social[23].

Porque hasta ahora, el sistema productivo-financiero con su redistribución de la fuerza laboral en paraísos esclavistas (por ejemplo China) y sus beneficios estratosféricos (exenciones impositivas y paraísos fiscales) parece invulnerable, a pesar de que el programa de Podemos quiera recortar dichas desigualdades.[24] Mientras tanto, el volumen de la riqueza del 1% crece exponencialmente frente al empobrecimiento del resto del mundo, y algunos estados financieramente incapaces de defender su independencia monetaria o presupuestaria como España son atacados por sus mismos banqueros. Se trata de una especie de perverso neofeudalismo globalizado que

---

22 Para versiones diversas sobre esta nueva formación, consultar *#Podemos* y Elorza, "La ola".

23 Para el seguimiento de la vertiginosa crónica del *procés* catalán y del fuerte ascenso de Podemos que se ha convertido en una opción de poder compartido para las venideras elecciones generales de 2015, consultar Juliana *Código 11-9-11* y *España en el diván*. Para una crítica de la *omertà* del *procés* de independencia catalán como encubridor de la corrupción de la clase política, ver Morán.

24 En la presentación de su programa económico, Podemos parece haber moderado sus aspiraciones en una vía socialdemócrata, probablemente como táctica electoral para beneficiarse de los votantes desencantados de la izquierda (PSOE, IU). Sin embargo, la imposición de aisladas medidas correctoras estatales al neoliberalismo de los mercados y de la productividad tiene como consecuencia el chantaje sistemático por parte de estos a países que aspiran a recobrar un cierto control nacional de sus economías (por ejemplo, la Francia del primer Mitterand en 1981). Solo los improbables esfuerzos concertados globales de los estados lograrían un realineamiento de los excesos planetarios de los mercados y la productividad. Para una crítica del programa económico, ver *#Podemos* 123-137.

iría destruyendo todos los cimientos del bienestar (educación, salud, protección social), del modelo de aspiraciones consumistas en crisis absoluta y del capitalismo de pequeña o mediana empresa familiar, base para la creación de empleo, desarbolado por este vendaval.

Y ante esta avalancha, desbordados, incompetentes, corruptos o serviles una parte importante de los políticos de los partidos claves de la Transición, se erigen estos nuevos grupos de resistentes internacionales, cuyo ejemplo populista de igualitarismo socioeconómico representa Podemos, ahora ya un partido político que se enfrenta al desgaste real del ascenso al poder, lejos de las utopías de la reivindicación y protestas sin consecuencias electorales. Frente a una nueva ofensiva planetaria que niega toda esperanza de futuro a los más y ante la cual Fontana planteaba una resistencia epistemológica activa, para que los axiomas de Santayana o Vives no sonasen a sonsonete, a gesto rememorativo vaciado de dialéctica, veremos si el retorno de estos indignados internacionales del contenido no acaba oculto también bajo otro mausoleo de la institución, del poder, del continente, en una nueva derrota monumental pintarrajeada de la historia.

Obras citadas

Arendt, Hannah. *Between Past and Future; Eight Exercises in Political Thought*. New York: Viking, 1968.

Álvarez Junco, José. "Las deformaciones de la memoria". *El País* (7 de diciembre 2014).

Aub, Max. *La gallina ciega. Diario español.* 1969. Barcelona: Alba, 1995.

Balibrea, Mari Paz. *Tiempo de exilio: Una mirada crítica a la modernidad española desde el pensamiento republicano en el exilio.* Barcelona: Montesinos, 2007.

Bauman, Zygmunt. *Liquid Modernity*. Cambridge: Polity, 2000.

Brook, Timothy. *Vermeer's Hat: The Seventeenth Century and the Dawn of the Global World.* New York: Bloomsbury, 2008.

Chirbes, Rafael. *Crematorio*. Barcelona: Anagrama, 2008.

— *La caída de Madrid.* Barcelona: Anagrama, 2000.

— *Los disparos del cazador*. Barcelona: Anagrama, 1994.

Colmeiro, José F. *Memoria histórica e identidad cultural. De la postguerra a la postmodernidad.* Barcelona: Anthropos, 2005.

Delgado, Luisa Elena. *La nación singular. Fantasías de la normalidad democrática española (1996-2011).* Madrid: Siglo XXI, 2014.

Díez, Anabel. "Virgilio Zapatero afirma que la expulsión 'colectiva' es ilegal". *El País* (14 de octubre 2014).

Eco, Umberto. *Experiences in Translation*. Toronto: U Toronto P, 2001.

Elorza, Antonio. "La ola". *El País* (13 de junio 2014).

Elorza, Antonio y Marta Bizcarrondo. *Queridos Camaradas: La Internacional Comunista y España, 1919-1939*. Barcelona: Planeta, 1999.

Faber, Sebastiaan. *Exile and Cultural Hegemony. Spanish Intellectuals in Mexico, 1939-1955*. Nashville: Vanderbilt UP, 2002.

Fernández Martínez, Dolores. *Tiempos de exilio y solidaridad: la Maternidad Suiza de Elna (1939-1944)*. Eds. Alicia Alted Vigil y Dolores Fernández Martínez. Madrid: UNED, 2014.

Fontana, Josep. *Por el bien del imperio. Una historia del mundo desde 1945*. Barcelona: Ediciones de Pasado y Presente, 2011.

Fraguas, Antonio. "Monedero: Haremos todo lo posible para no convertirnos en casta". *El País* (12 de diciembre 2014).

Francesc-Marc, Álvaro. *Entre la mentida i l'oblit. El laberint de la memòria col.lectiva.* Barcelona: La Magrana, 2012.

García Cárcel, Ricardo. *La herencia del pasado: Las memorias históricas de España*. Barcelona: Galaxia-Gutemberg, 2011.

Garzón, Baltasar. "El lugar de la verdad, la justicia y la reparación". *El País* (1 de abril 2012).

Gil de Biedma, Jaime. *Las personas del verbo*. Barcelona: Barral, 1975.

Gruzinski, Serge. *Les quatre parties du monde. Histoire d'une mondialisation.* Paris: Éditions de la Martinière, 2004.

Hansen, Alvin H. *Fiscal Policy and Business Cycles.* New York: Norton, 1941.

Hessel, Stéphane. *Indignez-vous*. Montpellier: Indigène, 2010.

Juliá, Santos. *Hoy no es ayer: Ensayos sobre la España del siglo XX.* Barcelona: RBA, 2009.

Juliana, Enric. *Código 11-9-11. La Vanguardia* (1 de septiembre 2014).

— *España en el diván. De la euforia a la desorientación, retrato de una década decisiva (2004-2014).* Madrid: RBA, 2014.

— *Modesta España. Paisaje después de la austeridad.* Barcelona: RBA, 2012.

Junquera, Natalia. "Regreso a la escena del crimen 70 años". *El País* (18 de febrero 2012).

— *Valientes. El relato de las víctimas del franquismo y de los que sobrevivieron.* Madrid: Aguilar, 2013.

Lázaro, Julio M. "Un historiador señala un plan sistemático para eliminar cargos de la República". *El País* (1 de febrero 2012).

Levitt, Theodore. *The Marketing Imagination.* New York: Free Press, 1986.

Low, Mary y Juan Brea. *Red Spanish Notebook.* San Francisco: San Francisco City Lights, 1979.

Morán, Gregorio. "Las urnas milagrosas" 1 y 2. *La Vanguardia.* (15-22 de noviembre 2014).

Nadal, Rafael. "Desmemoria". *La Vanguardia* (20 de abril 2012).

Naharro-Calderón, José María. "A pesar de las alambradas: memorias, fotografías y campos de la Retirada republicana española de 1939". *Revista Canadiense de Estudios Hispánicos* 36.1 (2011): 43-82.

Naharro Mora, José María. *Lecciones de Hacienda pública.* Madrid: Marsiega, 1952.

Navarro, Vicenç. "Crítica al programa de TVE sobre memoria histórica". (22 octubre 2010). http://www.vnavarro.org/?p=4835. Blog.

— *El nuevo desarrollo social de España*, Madrid: Anagrama, 2006.

Nieto, Felipe. *La Aventura comunista de Jorge Semprún. Exilio, clandestinidad y ruptura.* Barcelona: Tusquets, 2014.

Niño Becerra, Santiago. *Más allá del crash.* Barcelona: Los libros del lince, 2011.

#Podemos. Deconstruyendo a Pablo Iglesias. Coordinado por John Muller. Barcelona: Centro Libros PAPF, 2014.

Podemos. *Documento final del Programa Colaborativo. http://podemos.info/wordpress/wp-content/uploads/2014/05/Programa-Podemos.pdf*

Ortega y Gasset, José. *Discurso en las Cortes Constituyentes sobre el Estatuto de Cataluña*. Barcelona: Galaxia Gutenberg/Círculo de Lectores, 2005.

— *En torno a Galileo. Esquemas de las crisis*. Madrid: Revista de Occidente, 1956.

— *La rebelión de las masas*. 1937. Madrid: Espasa Calpe, 2007.

Rancière, Jacques. *Los nombres de la historia: una poética del saber*. Buenos Aires: Nueva Visión, 1993.

Regler, Gustav. *The Owl of Minerva*. New York: Farrar, Straus and Cudahy, 1960.

Ricœur, Paul. *La Mémoire, l'histoire, l'oubli*. Paris: Seuil, 2000.

Rifkin, Jeremy. *The Zero Marginal Cost Society*. New York: Palgrave-MacMillan, 2014.

Rodrigo Sánchez, Javier. "El mal de la banalitat. L'era de la memòria (i els seus abusos a l'Espanya del segle xxi)". *Exercicis de memòria*. Vic: Eumo, 2011.

Sallman, Jean-Michel. *Charles Quint. L'empire éphémère*. Paris: Payot, 2000.

— *Le grand désenclavement du monde 1200-1600*. Paris: Payot, 2011.

— *Nouvelle histoire des relations internationales, tome 1: Géopolitique du xvie siècle (1490-1618)*. Paris: Le Seuil, 2003.

Serna, Carmen. "La comisión del Valle de los Caídos propone que los restos de Franco se trasladen". *El mundo* (29 de noviembre 2011).

Standing, Guy. *The Precariat*. London: Bloomsburry Academic, 2011.

Stein, Sygmunt. *Ma guerre d'Espagne. Brigades Internationales: La fin d'un mythe*. Paris: Seuil, 2012.

Thiesse, Anne-Marie. *La création des identités nacionales: Europe xviiième-xxème siècle*. Paris: Seuil, 1999.

Todorov, Tzvetan. *Les abus de la mémoire*. Paris: Arléa, 1995.

Vattimo, Gianni. *The End of Modernity: Nihilism and Hermeneutics in Postmodern Culture*. Baltimore: Johns Hopkins UP, 1988.

Revisionismo multicultural: reescribiendo las historias del expansionismo catalán desde la España del siglo XXI

Roberto González-Casanovas

Veinticinco años después del restablecimiento de la autonomía política y cultural de Cataluña en la España postfranquista, había manifiestas señales de que, en este nuevo despertar de la cultura catalana, estaba desarrollándose una nueva conciencia crítica multicultural en torno a las complejidades de la historia y la actualidad de la Europa mediterránea. En los albores del siglo XXI, claros ejemplos de este proceso se dan en dos libros que abordan uno de los principales episodios de la expansión medieval de Cataluña: las conquistas de los territorios turcos y bizantinos por parte de los almogávares que conformarían la Gran Compañía Catalana de Oriente en el siglo XIV. Se trata, por una parte, de la novela histórica de Daniel Closa, *El secret de l'almogàver* (2000) y, por otra, de los ensayos de viaje de Eugeni Casanova, *Almogàvers, monjos i pirates. Viatge a l'Orient català* (2001).

El presente ensayo examina los discursos críticos de reconstrucción intercultural y revisionismo multicultural en estos nuevos textos catalanes sobre la Europa mediterránea. Tales estrategias críticas corresponden a la poética histórico-cultural del Nuevo Historicismo que viene desarrollándose en los círculos académicos internacionales de manera paralela a las diversas revisiones históricas acaecidas en la España postfranquista. Según Hayden White,

> [l]os nuevos historicistas han desarrollado la noción de una poética "cultural" y, por extensión, una "poética histórica" como un medio de identificar aquellos aspectos de las secuencias históricas que conducen a la ruptura, revisión o debilitamiento de los códigos dominantes —sociales, políticos, culturales, psicológicos... — prevalecientes en épocas y lugares específicos a lo largo de la historia... Estos aspectos de la historia pueden considerarse "poéticos" —en el sentido de "creativos"... — en cuanto parecen escapar, trascender, contravenir, socavar o impugnar las reglas, leyes y principios de los modos de organización social, las estructuras de superordenación y subordinación política y los códigos culturales predominantes en el momento de su aparición. (cit. en Veeser 301)

A pesar de la diversidad de géneros empleados por Closa y Casanova —la ficción histórica y los relatos de viaje contemporáneos respectivamente— ambos autores desarrollan propuestas que podrían caracterizarse como neohistoricistas, en oposición a las mitologías culturales tradicionales de las edades de oro y las leyendas negras del pasado, que todavía determinan los prejuicios culturales en la actualidad. Las edades de oro se refieren a los héroes épicos de las cruzadas medievales y las conquistas, los cuales se convierten en bárbaros villanos en las leyendas negras de sus adversarios y víctimas tradicionales en los Balcanes y el Oriente Medio.

Las conquistas y la venganza de los almogávares, episodios clave en la historia de la colonización catalana del Mediterráneo, han sido tratadas ampliamente en crónicas, poemas épicos y novelas históricas desde 1328 hasta hoy en día. Las fuentes fundamentales incluyen, del lado catalán, la *Crónica* (1325-28) de Ramon Muntaner y la reformulación de Francisco de Moncada en *Expedición de catalanes y aragoneses contra turcos y griegos* (1620-23); del lado griego, las contemporáneas *Historias* bizantinas de Gregorios Pachymeres y Nicetas

Grégoras y, posteriormente, el heterogéneo relato greco-franco de la *Crónica de Morea* (c. 1375), que incluye una versión en aragonés editada por el Gran Maestre de la Orde de Sant Joan de Jerusalem, Juan Fernández de Heredia. Todas estas fuentes presentan dramáticos relatos de grandes expediciones, batallas y saqueos, alternados con violentos episodios de venganza, rivalidades y traiciones, a través de los cuales diversas nacionalidades reagrupan sus alianzas y antagonismos, de tal manera que los catalanes luchan tanto en contra como a favor de los turcos y los griegos, conjuntamente o en competencia con diversas tropas italianas y francesas. Los modernos investigadores revisionistas, al igual que los nuevos escritores populares como Closa y Casanova que siguen el ejemplo de aquellos, insisten en señalar que tales conmociones históricas y choques culturales caracterizan no solo a los almogávares catalanes, sino también a todos los aventureros de la Europa occidental (ya sean cruzados, misioneros, comerciantes, mercenarios y/o piratas), los cuales eran conocidos colectivamente en el Mediterráneo Oriental como latinos o francos. Estos grupos occidentales dominaron la historia bizantina desde la captura de Constantinopla (1204) en la Cuarta Cruzada, durante la posterior colonización del Peloponeso y el Egeo por parte de franceses, venecianos y genoveses, hasta las propias conquistas de las Compañías catalana y navarra en el siglo XIV, y las conquistas finales de Constantinopla y los Balcanes por parte de los turcos en el siglo XV.

El interés popular y académico acerca de los almogávares alcanzó su cota más alta en el siglo XIX, durante el movimiento romántico nacionalista de la *Renaixença* catalana. Este movimiento favoreció la exaltación patriótica de leyendas heroicas nacionales en el arte y la literatura, así como las reconstrucciones neomedievales de la edad de oro de la expansión catalana por parte de eruditos como Antoni Rubió i Lluch y Lluís Nicolau d'Olwer. Durante la época franquista, gran parte de la historia catalana fue relegada al silencio o al olvido, con la excepción de las disquisiciones aisladas de ciertos medievalistas, algunos desde dentro del país (Ferran Soldevila, Rafael Tasis) y muchos más en el extranjero (Burns, Giunta, Hillgarth, Luttrell, Pascot, Setton), los cuales hicieron grandes hallazgos en los archivos de la Corona de Aragón y otras colecciones de España y Grecia. Después de la restauración de la democracia española en

1977-78 y de la autonomía catalana en 1979, los temas históricos de la fundación, expansión y decadencia de Cataluña, y de su posterior *Renaixença,* fueron revisitados como parte de una gran renovación de la lengua, literatura y cultura catalanas. Se convirtieron así en objeto de estudio en las escuelas y universidades, y alcanzaron gran difusión popular en todo tipo de publicaciones y medios de comunicación.

Es en este contexto celebratorio del nuevo despertar de la identidad cultural catalana, una identidad singular pero históricamente reprimida, que debe leerse la novela de Closa así como los relatos de viajes de Casanova. Aunque tienen diferentes puntos de partida como obras de literatura popular pertenecientes a distintos géneros, sin embargo muestran puntos de convergencia clave en sus estrategias de interpretación multicultural. En particular, estos textos desafían a los lectores catalanes contemporáneos a repensar la contradictoria historia de su híbrido patrimonio cultural como una nación fronteriza en interacción con otros pueblos mediterráneos. Al mismo tiempo, dichos textos apuntan a ciertas problemáticas tipologías culturales que todavía conforman las actitudes modernas sobre la identidad catalana en relación a otros grupos (castellanos, franceses, italianos, griegos), vistos tradicionalmente como rivales por el poder militar, religioso, político o económico en la región.

La novela histórica de Closa, *El secret de l'almogàver*, reinterpreta la historia épica de aventuras de los almogávares catalanes en el Oriente desde una perspectiva contemporánea informada por valores postmodernos y sensibilidades postcoloniales. Lo que surge es, por una parte, un relato moral sobre la destrucción sangrienta y la trágica autodestrucción provocada por la gran ambición de los conquistadores y, por otra, una parábola pacifista sobre la convivencia cultural entre los exiliados y los sobrevivientes de las guerras fronterizas. La novela narra las vicisitudes del joven Ermengol, hijo ilegítimo ficticio de Jaume I el Conquistador: Ermengol se une a los almogávares bajo el mando del noble Berenguer d'Entença; se enamora de una dama de compañía griega de la corte imperial; sigue de cerca las conquistas, traiciones, venganzas y divisiones de los almogávares; se desilusiona con la lucha mercenaria en busca de pillaje y poder; y finalmente abandona las campañas militares catalanas a cambio de una nueva vida pacífica en el Oriente junto a su esposa griega. En el proceso, Ermengol llega a comprender el costo humano de las guerras de conquista y las contradicciones morales del imperialismo cultural gracias a una serie de maestros con experiencia, entre los que se incluyen su veterano siervo Sanç, su amante Argentina conocedora del mundo, y su picaresco cómplice Simon de Cesarea. Sanç le explica el saqueo de la Constantinopla de los cristianos orientales por parte de los ejércitos cristianos occidentales en 1204 (durante la Cuarta Cruzada) y le instruye sobre la visión griega de los bárbaros occidentales (87). Tanto Sanç como Argentina le corrigen por su ingenua creencia en las guerras justas, los códigos de caballería y las aventuras épicas (35, 293), y le revelan las complejas motivaciones de los aventureros mercenarios, que manifiestan ansias de poder, codicia de riqueza y una perversa actitud de superioridad étnica o religiosa, las cuales son vistas como causas subyacentes de las numerosas atrocidades de las guerras. Así, Argentina cuestiona con incredulidad la ciega adherencia de su amante a la mentalidad del noble guerrero: "¿Guerra honorable? ¿Caballerosas las masacres que todos cometéis? Sois como niños jugando a configurar y derribar reinos" (293). Por el contrario, a las poblaciones locales de las regiones fronterizas parece no importarles qué imperio o fe les gobierna, en tanto se les deje vivir en paz de acuerdo a sus costumbres tradicionales:

> [L]os conflictos que sacudieron a las grandes naciones no eran de ningún interés para ellos, como ellos sabían muy bien que al final la única diferencia sería el uniforme del recaudador de impuestos. De hecho, odiaban a los seguidores de Alá tanto como a los monjes ortodoxos sedientos de dinero. Lo único que querían era que el espectro de la guerra estuviera lejos para que pudieran conducir su vida rutinaria en paz. (164)

En cuanto al moderno viaje de Casanova tras los pasos de los almogávares medievales, en *Almogàvers, monjos i pirates* se nota una búsqueda consciente en pro de la justicia cultural por encima de las fronteras étnicas y religiosas, así como un deseo de plantear preguntas críticas sobre la historia. En ese sentido, el autor reflexiona especialmente sobre cómo la historia puede ser experimentada e interpretada de diversas maneras por grupos opuestos en diferentes épocas y en diversos contextos. El libro cubre no solo los viajes del autor por los Balcanes en conflicto en 1998, sino también su propia odisea cultural a través de amplias lecturas y conversaciones con expertos en historia catalana y mediterránea, procedentes de varios países y diversas escuelas de pensamiento. Su introducción ofrece un resumen equilibrado a la vez que provocativo de los abundantes y variados relatos sobre los almogávares, así como sobre los contradictorios hechos históricos, las figuras controvertidas y sus ambiguos motivos:

> Cataluña, el país inexistente, vivía en el Mediterráneo oriental episodios extremos que los románticos fueron capaces de convertir en epopeyas. En un período nebuloso, se han producido hazañas tan locas y fabulosas que se confunde lo documentado y lo imaginado. Con el paso de las generaciones, la reacción a ellas... es la incredulidad y el olvido. (7)

A pesar de esta típica reacción por parte tanto de sus compatriotas catalanes como de sus coetáneos europeos, Casanova consigue explorar la historia de la recepción de los almogávares y sus vicisitudes críticas desde 1303 hasta el año 2000, basándose en estudios revisionistas contemporáneos sobre la interacción intercultural en las cruzadas posteriores. A través del libro, el autor equilibra las visiones contrapuestas de los griegos y catalanes, tanto medievales como modernos, sobre ese período problemático de la historia del expansionismo catalán, de tal manera que cuestiona las suposiciones y los prejuicios de ambos lados. En efecto, Casanova emprende lo que podría denominarse una "deconstrucción bicultural" de la propaganda polarizada, tanto de las leyendas doradas como de las leyendas negras. Así, por un lado, la expansión occidental o latina por parte de vivaces aventureros (ora bien llamados cruzados, mercenarios o piratas) se contrapone a lo que se percibe como la decadencia oriental o griega; por otro lado, la resistencia ortodoxa oriental a la conquista y colonización por parte de herejes católicos e infieles musulmanes se opone a lo que se representa como la corrupción occidental. El autor considera que trágicamente tales tipologías sobre el pasado tienen aún hoy en día una enorme influencia en los pueblos mediterráneos o balcánicos. Al mismo tiempo, Casanova reconoce a las compañías catalanas de almogávares como tropas irregulares de una época extraordinaria, a las cuales caracteriza como, dependiendo del contexto, unas veces conformando una "república militar transitoria" y otras como "piratas mercenarios" (9-10). También incorpora las tradiciones narrativas, tanto historiográficas como míticas, de la Leyenda Negra de la Venganza Catalana, estudiada por los principales investigadores de ambos extremos del Mediterráneo, y ofrece un significativo catálogo de los numerosos términos insultantes, asociados a los catalanes en la tradición oral popular griega: se refieren a la barbarie, el salvajismo, la crueldad y la herejía de los catalanes, y se les compara con los igualmente despreciados turcos (133, 135, 143). Sin embargo, quizás como reflejo de su conciencia catalanista y europeísta, Casanova no llega a considerar cómo podría relacionarse esta proyección negativa de la Leyenda Negra catalana en el Mediterráneo Oriental durante la época medieval con otra posterior y más grande: la Leyenda Negra española de los conquistadores en América durante la edad moderna.

Dada la formación periodística de Casanova, el sensacionalismo del melodramático y sangriento tema de la conquista y el saqueo (14, 17) contrasta con ciertas lecciones éticas implícitas sobre las confrontaciones étnicas y las interrelaciones multiculturales. El autor se centra especialmente en las ironías históricas relacionadas con la memoria cultural selectiva y la amnesia colectiva en lo referente a diversas épocas de apogeo imperial o decadencia para Cataluña y los Balcanes; en los ciclos históricos de dominación cultural, los odios étnicos y la violencia religiosa entre latinos, griegos y musulmanes; el paralelismo histórico entre las formas medievales y modernas de las divisiones culturales y los conflictos regionales en los Balcanes; y en las contradicciones históricas de alianzas pragmáticas que transcienden las diferencias tradicionales. Así, por un lado, catalanes y turcos llegan a unirse para luchar contra sus enemigos comunes —ya bien italianos o griegos (158)—, mientras que, por otra parte, los griegos bizantinos aparentemente prefieren ser dominados por los turcos que por los latinos (95). Asimismo, Casanova ofrece una serie de lecturas provocadoras que abarcan diferentes siglos y culturas, y sirven para resaltar inquietantes perfiles de megalomanía: por ejemplo, es igualmente crítico con los "delirios de grandeza" de Alfonso V de Aragón-Nápoles, el rey del siglo XV —también conocido según diferentes apreciaciones como moderno cruzado, patrón humanista y rey de los piratas (13, 46-54, 146)—, como con los excesos nacionalistas del siglo XX del dictador albanés Hoxha, o el líder serbio Milošević (31, 38, 45). Sin embargo, a pesar de estas críticas cuestiones interculturales, Casanova reconoce la ambigua fascinación real de las historias de los conquistadores, que ofrecen indudable atractivo dramático y gran complejidad interpretativa:

> [E]n algunas ocasiones puede decirse con justicia que la realidad supera la imaginación. El Mediterráneo oriental de los siglos XIV y XV fue una marea de guerras, conspiraciones, masacres, intrigas, crueldad, heroísmo, locura... difíciles de igualar, y los catalanes firmaron la página más extravagante de esta gran mezcla llena de aventura, grandeza y locura. (24)

Este período tan extraordinario de crisis y oportunidad para los aventureros occidentales, y en particular para los catalanes, es visto por el moderno historiador de la Corona de Aragón, Thomas Bisson, dentro de un proceso de revisión histórica de los míticos imaginarios característicos de los textos épicos y los contextos fronterizos:

> La campaña más sorprendente de Federico [III del Reino aragonés-catalán de Sicilia] fue una expedición de mercenarios catalanes que llevaría eventualmente a los asentamientos siciliano-catalanes en Grecia... Ramon Muntaner participó en la expedición..., y contó la historia con entrañable fervor pero considerable inexactitud como una hazaña de la dinastía catalano-aragonesa... De todas formas, el episodio tuvo poco que ver con la expansión económica y política de la Corona de Aragón, dejando apenas una huella en la tradición bizantina y en las imaginaciones catalanistas inspiradas por Muntaner. (Bisson 92-94)

De esta manera, en términos de revisionismo histórico moderno, lo que fue representado como una gran conquista dinástica en su momento por Muntaner, y posteriormente por los fervientes nacionalistas, debe ser expuesto como una serie de vicisitudes con variada fortuna por parte de aventureros catalano-sicilianos y otros mercenarios francos[1]; lo que se ha entendido como el punto culminante de la expansión catalana en el Mediterráneo pudiera ser explicado como un conflicto periférico; y lo que se ha representado como una catástrofe histórica para Grecia, los Balcanes y Anatolia en las leyendas locales podría ser entendido como un mero trauma transitorio.

Desde la perspectiva de la nueva poética cultural historicista, las obras de Closa y Casanova representan exploraciones comprensivas, pero críticas, de las interacciones y flujos de las identidades culturales, durante períodos de transición en zonas fronterizas de la Europa mediterránea. Como textos representativos de las democracias avanzadas del siglo XXI en Cataluña, España y Europa, estas obras buscan un equilibrio, por una parte, entre las representaciones transculturales de la etnicidad (vistas como proyectos de variada fortuna o como rivalidades entre colonias de catalanes, italianos, griegos y turcos) y, por otra, las perspectivas postcoloniales sobre la expansión (en términos del auge y la decadencia de cruzados, conquistadores, piratas y mercenarios). La reconstrucción cultural de un pasado heroico que caracterizaba a la *Renaixença* catalana del siglo XIX da paso aquí al revisionismo multicultural en evidencia, tanto en la Europa postimperial y postcolonial como en la España postfranquista. Resulta significativo, e irónico a la vez, que durante siglos los mismos episodios de expansión de fronteras y las mismas figuras de aventureros mercenarios han servido como héroes o villanos de los relatos épicos catalanes y de las historias populares griegas, respectivamente, los cuales articulan en efecto diversas formas de leyendas doradas de conquistas heroicas o leyendas negras de bárbaras atrocidades. Dado el amplio atractivo de géneros populares como los relatos de viajes y las novelas históricas, estas dos nuevas obras destacan como ambiciosos intentos críticamente informados de reconstruir el pasado, desmitificar leyendas nacionales y revisar lo que Todorov denomina "la moral de la historia". En definitiva, el objetivo compartido por Closa y Casanova es restablecer el equilibrio entre la propaganda

1 Para una revisión histórica de los textos de Muntaner véanse los trabajos de González-Casanovas, Keightley y Sobré.

épica medieval de expansión imperial y el discurso postmoderno de interdependencia multicultural en los pueblos de la nueva Europa y el nuevo Mediterráneo, con los cuales la Cataluña postfranquista, al igual que el resto de España, identifica su futuro común.

Traducido por José Colmeiro y Wendy-Llyn Zaza

Obras citadas

BISSON, Thomas N. *The Medieval Crown of Aragon*. Oxford: Oxford UP, 1986.

BURNS, Robert I. "The Catalan Company and the European Powers, 1305-11". *Speculum* 29.4 (1954): 751-71.

CLOSA, Daniel. *El secret de l'almogàver*. Barcelona: La Campana, 2000.

CASANOVA, Eugeni. *Almogàvers, monjos i pirates. Viatge a l'Orient català*. Barcelona: Proa, 2001.

GIUNTA, Francesco. *Aragoneses y catalanes en el Mediterráneo*. Barcelona: Ariel, 1989.

GONZÁLEZ-CASANOVAS, Roberto. *Imperial Histories from Alfonso X to Inca Garcilaso: Revisionist Myths of Reconquest and Conquest*. Potomac, Maryland: Scripta Humanistica, 1997.

— "Mediterranean Frontiers of Catalan Epic History: Muntaner and Moncada on the Catalan Grand Company". *Mediaevalia* 22 (2000): 23-43.

— "Western Narratives of Eastern Adventures: The Cultural Poetics and Politics of Catalan Expansion". *Catalan Review* 8.1-2 (1994): 211-27.

KEIGHTLEY, R. G. "Muntaner and the Catalan Grand Company". *Revista Canadiense de Estudios Hispánicos* 4.1 (1979): 37-58.

LUTTRELL, Anthony T. "Greek Historians Translated and Compiled for Juan Fernández de Heredia". *Speculum* 35 (1960): 401-07.

MONCADA, Francisco de. *Expedición de catalanes y aragoneses contra turcos y griegos*. 1620-23. Ed. Samuel Gili Gaya. Madrid: Espasa-Calpe, 1954.

Muntaner, Ramon. *Crònica.*1325-28. 2 vols. Ed. M. Gustà. Barcelona: Edicions 62, 1979.

Nicolau d'Olwer, Luis. *Expansió de Catalunya en Mediterrània oriental.* Barcelona: Aymà, 1974.

Pascot, Joseph P. E. *Els Almogàvers: L'epopeia medieval dels catalans, 1302-1388.* Trad. Joan Oliver. Barcelona: Proa - La Mirada, 1997.

Rubió Lluch, Antonio, ed. *Diplomatari de l'Orient català 1301-1409.* Barcelona: Institut d'Estudis Catalans, 1947.

— *La expedición y dominación de los catalanes en Oriente juzgadas por los griegos.* Barcelona: Real Academia de Buenas Letras, 1883.

Setton, Kenneth M. *The Catalan Domination of Athens 1311-1388.* London: Variorum, 1975.

Sobré, Josep Miquel. *L'èpica de la realitat: L'escriptura de Ramon Muntaner i Bernat Desclot.* Barcelona: Curial, 1978.

Soldevila, Ferran. *Els almogàvers.* Episodis de la Història 299. Barcelona: Rafael Dalmau, 1952.

— "Prefaci a la *Crònica* de Ramon Muntaner". *Quatre grans cròniques.* Barcelona: Selecta, 1971: 91-101.

Tasis, Rafael. *L'expedició dels almogàvars.* Episodis de la Història 6. Barcelona: Rafael Dalmau, 1960.

Todorov, Tzvetan. *The Morals of History.* Trad. A. Waters. Minneapolis: U Minnesota P, 1995.

Veeser, H. Aram, ed. *The New Historicism.* New York: Routledge, 1989.

White, Hayden. *The Content of the Form: Narrative Discourse and Historical Representation.* Baltimore: Johns Hopkins UP, 1987.

Historia y ficción del "oro de Moscú": la conexión histórica entre España y Rusia vista desde el siglo XXI

Ekaterina Volkova

Introducción

El oro siempre ha jugado un importantísimo papel histórico a lo largo de los tiempos: con el oro de los conquistadores se erigió el poderoso Imperio español, el oro ha financiado guerras, y la Guerra Civil española no fue una excepción. En el año 1936, con un depósito de setecientas siete toneladas en monedas de oro de todas las clases, el Banco de España era uno de los más ricos del mundo después de los bancos centrales de Estados Unidos, Francia e Inglaterra (Martín Aceña 15, 23). Una página nueva en el destino del oro español se abrió con la Guerra Civil. El episodio histórico comúnmente conocido como "El oro de Moscú" se refiere a la operación del traslado de tres cuartas partes de las reservas de oro del Banco de España hacia la Unión Soviética en otoño del año 1936, así como al destino de este oro.

Esta historia ha estado rodeada de leyendas fabulosas, con múltiples y divergentes versiones. Según una de ellas, "la Unión Soviética se llevó el precioso metal a escondidas utilizando submarinos", mientras que otra versión afirma que "el oro fue en los bolsillos de los niños españoles y que se destinó a costear su manutención" (Rybalkin 128). Historia y ficción parecen imbricarse con frecuencia en las narrativas del "oro de Moscú". En realidad, es un asunto muy complejo que al final del siglo XX se convirtió en objeto de debates historiográficos y fuertes controversias y que en el siglo XXI sigue siendo tema de numerosas obras y ensayos en varias lenguas. Además, es un asunto particularmente difícil de investigar, puesto que la documentación que permitiría desvelar la "verdad" es de difícil acceso, cuando no imposible. Por una parte, se encuentra desperdigada en diferentes países, y por otra, muchos documentos hasta ahora han estado restringidos o simplemente no se han conservado. Este ensayo, basándose en los resultados de las investigaciones de los últimos años de los historiadores españoles, rusos y de otras nacionalidades, reabre un nuevo diálogo historiográfico que intenta repensar esta página de la conexión histórica entre España y Rusia.

La internacionalización de la guerra

Para reconectar las piezas del rompecabezas, es necesario trasladarse primeramente al verano de 1936. En las pocas semanas que siguieron a la sublevación militar del 18 de julio de 1936 el conflicto se internacionalizó muy rápidamente: Hitler y Mussolini se alinearon con Franco desde el principio del conflicto. Así el 28 de julio empezó la intervención de los países fascistas, cuando los aviones alemanes e italianos aterrizaron en el Marruecos español y en Andalucía. En Berlín se creó el Estado Mayor designado con la letra "W", dirigido por el general Wilberg y encargado de la ayuda militar a los sublevados, y en Roma "la comisión de las operaciones militares en España". Además de armamento, Alemania e Italia empezaron a enviar unidades militares; por ejemplo, Alemania mandó la Legión Cóndor, que sería tristemente famosa por el bombardeo de Guernica. Por su lado, Portugal puso a disposición de los rebeldes sus puertos e infraestructura (Danilov 56; Rybalkin 35-37).

Por esas mismas fechas el gobierno republicano también empezó a buscar armamento en el extranjero. El 20 de julio, el jefe del gobierno, José Giral, solicitó la ayuda a Léon Blum, su homólogo francés. El gobierno frentepopulista en París respondió de inmediato afirmativamente y empezó a preparar el envío de armas. Esta buena disposición, sin embargo, no duró más de dos o tres días, ya que gran parte del gabinete se opuso, y finalmente Francia acabó enviando muy pocas armas (Martin Aceña 39; Olaya Morales 36-38; Payne 166). Si bien los suministros franceses de armas ayudaron a la República a resistir en las primeras semanas de la guerra, la política del gobierno francés tenía un carácter doble puesto que, con el apoyo británico, propuso a las demás potencias un pacto de No Intervención en el conflicto español: se trataba de no facilitar ni soldados ni material de guerra a ninguno de los bandos en conflicto. Nació así el denominado "Comité de No Intervención", al cual se adhirieron todas las potencias europeas[1]. El 8 de agosto, al final de una reunión del Consejo de Ministros francés la idea de no intervención terminó siendo adoptada; Berlín firmaría el acuerdo el día 17, y Roma, el día 22 (Olaya Morales 38; Payne 174; Rybalkin 39).

El silencio de Stalin

La actitud de los países europeos quedó clarificada. Sin embargo, en las primeras semanas no hubo ninguna comunicación oficial del Kremlin al respecto. Según su propio testimonio, Walter Krivitski, jefe de los servicios de espionaje rusos de Europa occidental, informó por telegrama al Kremlin de que Franco había recibido una im-

1 Veintisiete países europeos, incluida la URSS, se adhirieron al pacto; es decir, prácticamente todos los estados europeos importantes, excepto España y Suiza (Rybalkin 38).

portante ayuda de Italia y Alemania. Esta información fue recibida sin que ocasionase ninguna reacción o instrucción (96).

En aquellos momentos Moscú no tenía relaciones diplomáticas ni comerciales con Madrid. Por esa razón, el 25 de julio Giral envió una carta al representante soviético en Francia, solicitando que se notificara a Moscú que a la República le urgía recibir grandes cantidades de armamentos y municiones. No obstante, los dirigentes soviéticos declinaron las peticiones que les remitía el Gobierno republicano (Rybalkin 50; Payne 167).

Con mayor rapidez se movió el Komintern[2]. El día 21 se reunió en Moscú, acordando prestar ayuda al gobierno legítimo de la República. El Komintern había estado desempeñando un importante papel a la hora de recabar apoyo para la República en más de una docena países. Las organizaciones de lucha ya existentes se pusieron en acción, al tiempo que surgían otras nuevas (Olaya Morales 39; Payne 174). Paralelamente surgió un movimiento extenso de apoyo a los republicanos en la prensa soviética, se celebraron mítines de solidaridad en todas las grandes ciudades, y se organizó una recaudación de fondos para la causa republicana. Durante los primeros meses del conflicto los barcos procedentes de Rusia llevaron a la España republicana víveres y ayuda humanitaria (Martín Aceña 43; Rybalkin 43-45).

Fue difícil el dilema de la política soviética, deseosa por un lado de unirse a Francia e Inglaterra y temerosa, por otro, de parecer que abandonaba a la revolución mundial. Además, la sublevación militar en España se había producido en el momento menos propicio, cuando Stalin consolidaba su omnímodo poder en el interior del Partido, y la política del Gran Terror ya se había desenfrenado. En el primer juicio, llevado a cabo el día 19 de agosto de 1936, fueron acusados dieciséis presuntos miembros del llamado "Centro Terrorista Trotski-Zinóviev", cuyos supuestos líderes eran Grigori Zinóviev y Lev Kámenev, dos prominentes miembros del Partido. Estos fueron acusados de planear el asesinato de Serguéi Kírov, así

2 Abreviatura de *Kommunisticheski internatsional* [Internacional comunista].

como el de Stalin[3]. Todos fueron sentenciados a muerte y veinticuatro horas después fusilados en Moscú (Martín Aceña 42-43; Olaya Morales 39, 40, 42).

El doble juego de Stalin

Sin embargo, hay otras opiniones divergentes sobre la reacción del Kremlin al conflicto español. Así, según Payne, "está claro que Stalin y los principales dirigentes soviéticos experimentaron un proceso de reacción, cálculo y planificación durante los meses de agosto y septiembre (169). Una cierta confirmación de esta suposición puede verse en el hecho de que, por un lado, el 23 de agosto la Unión Soviética adoptó el acuerdo de No Intervención, y cinco días después anunció la prohibición oficial de incluir armamento en los envíos destinados a España. Además durante aquellas semanas la prensa soviética siguió insistiendo en que la lucha de la República contra el fascismo favorecía indudablemente a toda la comunidad internacional (Payne 174). Por otro lado, en las mismas fechas se estaban estableciendo relaciones diplomáticas entre la Unión Soviética y el gobierno republicano. El Politburó soviético se reunió el 21 de agosto para decidir los primeros nombramientos diplomáticos destinados a la República, y se eligió con especial cuidado al personal ruso destinado a España[4]. La elección de embajador recayó en Marcel Rosenberg, uno de los diplomáticos rusos más veteranos, que llegó a Madrid el 27 de agosto. Vladímir Antónov-Ovséyenko, miembro de la vieja guardia bolchevique, sería cónsul general en Barcelona, tomando posesión el 25 de agosto. La misión diplomática trajo consigo un gran equipo de colaboradores, entre los cuales había un asesor económico, Arthur Stashevski. La plantilla militar estaba integrada por personas experimentadas y de alto nivel, dirigidas por el general letón Jan Bérzin

3 Kírov fue un destacado político bolchevique. Su asesinato en Leningrado el 1 de diciembre de 1936 fue el detonante de la gran represión conocida como el Gran Terror.

4 El Buró Político del Comité Central del Partido Comunista de la Unión Soviética fue el máximo órgano de gobierno y dirección en la Unión Soviética.

(seudónimo de Peteris Kjusis) y el jefe de inteligencia y control de seguridad de la NKVD[5] en España Alexander Orlov (seudónimo de Leiba Feldbin), un alto oficial de los servicios de inteligencia exterior (Olaya Morales 43; Payne 177-78). Según las informaciones facilitadas por Krivitski, pocos días después de que Stalin firmara el decreto que prohibía la exportación a España de toda clase de armamentos, Krivitski recibió instrucciones de que debía "ampliar inmediatamente sus actividades a la Guerra Civil española", movilizar sus agentes y organizar un sistema para la adquisición de armamento con dirección a España (100).

El traslado del oro a Cartagena

Tras el derrumbe del gobierno de Giral, el 4 de septiembre de 1936 Francisco Largo Caballero fue designado jefe del gobierno. El nuevo Ministro de Hacienda, Juan Negrín, era admirador de la URSS, y creía en una administración vigorosa y en una firme acción estatal. En el aspecto personal, simpatizó con Stashevski y, con el fin de obtener una mayor ayuda, manifestó un fuerte interés en la plena cooperación económica con la Unión Soviética (Olaya Morales 58-59; Payne 186). Entretanto, el avance de los ejércitos rebeldes fue vertiginoso. A los ojos del gobierno, el peligro era que si Madrid caía, y con ella el tesoro del Banco de España, la República tendría los días contados. El 12 de septiembre en la reunión oficial, a propuesta del Ministro de Hacienda el Gobierno decidió trasladar fuera de Madrid todas las reservas de oro del Banco de España, y el 13 de septiembre Negrín obtuvo del presidente Azaña un decreto dándole carta blanca para trasladar el oro cuándo y adónde quisiera. La evacuación del oro se inició inmediatamente el 14 de septiembre por tren, con destino a los polvorines de Algameca, en la base naval de Cartagena (Martín Aceña 60-61, Payne 186; Viñas, *El oro* 126). Ángel Viñas, historiador y economista, pionero en las

5 Siglas de *Naródniy komissariat vnútrennij del* [Comisariado del pueblo para asuntos internos], la predecesora del KGB.

investigaciones del destino del oro durante la Guerra Civil, opina que el traslado del oro a Cartagena había cumplido tres objetivos:

> eliminar el peligro de que cayera en manos enemigas; potenciar su continua movilización en Francia mediante envíos masivos por vía marítima, y mantener la creencia, en ciertos medios internacionales de que la República controlaba eficazmente las reservas españolas. (*El oro* 136)

Sin embargo, según Francisco Olaya Morales, el traslado del oro a Cartagena no se debió a que se pretendiera mantenerlo en un lugar seguro, sino que se llevó allí con la intención ya preconcebida de reenviarlo a Moscú (293).

El cambio de la política soviética, "Operación X"

En esas mismas fechas cambió la actitud oficial de la Unión Soviética hacia los acontecimientos españoles. El 14 de septiembre, convocados por Guénrij Yágoda, se reunieron en Lubianka los generales del Comisariado NKVD: Semión Uritzki, el director de la inteligencia militar; Mijaíl Frinovski, el jefe de la seguridad interna; y Abrám Slutski, el jefe del departamento exterior de la NKVD[6]. Debían elaborar el proyecto de ayuda, nombrar a un agente encargado de organizar en Madrid una filial de la NKVD, para lo cual se designó al capitán Orlov, y designar un enviado especial, con misión de fijar con el gobierno español las modalidades financieras, misión que fue confiada a Stashevski (Olaya Morales 96). Algunos días después Stalin convocó una sesión extraordinaria del Politburó, donde se decidió oficialmente realizar la "Operación X", que consistía en brindar ayuda militar activa a la España republicana. De la "Operación X" se encargó personalmente el mariscal Kliment Voroshilov, máximo responsable del ejército y la marina de la Unión Soviética (Martín Aceña 94; Rybalkin 51). En 1994, el historiador militar

6 Guénrij Yágoda fue el jefe de la policía secreta de la Unión Soviética, la NKVD (Comisariado del Pueblo para Asuntos Internos), entre 1934 y 1936. La plaza Lubianka de Moscú era donde tenía su sede la NKVD.

ruso Yuri Rybalkin presentó como hipótesis, si bien no apoyada por evidencias documentales, que el inesperado cambio de posición de Stalin a favor de apoyar al Gobierno republicano aparentemente se debió a la perspectiva de recibir en custodia las tres cuartas partes de las reservas de oro de España, posiblemente prometida por Negrín y Largo Caballero (citado en Fernández).

Como quiera que sea, la intervención estalinista empezó rápidamente. La primera embarcación que arribó a Cartagena el 4 de octubre con armamento ligero fue el vapor español *Campeche*, y el siguiente transporte fue la motonave soviética *Komsomol*, que llegó a Cartagena ocho días después con un importante cargamento de tanques a bordo. Solo entre septiembre y noviembre de 1936 se enviaron a España diecisiete transportes con cargamentos especiales. Los buques que llevaron armas recibieron el nombre convencional de *ígreks* ("Y"): *ígrek-1, ígrek-2,* etc. Todos tenían una ruta elaborada y un plan especial para despistar al enemigo, gracias a lo cual todos consiguieron atracar sin problemas en los puertos de destino (Rybalkin 62, 66-67).

Sin duda alguna, la realización de la "Operación X" significaba que la Unión Soviética incumplía los compromisos asumidos dentro del pacto de No Intervención (Rybalkin 54). El 7 de octubre, en el Comité de Londres, el encargado de Negocios soviético Samuel Kagan advirtió:

> El gobierno soviético no puede en ningún caso consentir que el acuerdo de No-Intervención se altere por ciertos participantes y se transforme en una pantalla que oculte la ayuda militar prestada a los rebeldes contra el gobierno legítimo de España. En consecuencia, mi gobierno se ve en la obligación de declarar que si estas violaciones no cesan inmediatamente se considerará liberado de los compromisos derivados del acuerdo de No-Intervención. (citado en Viñas, *El oro* 169)

Como se desprende de esta documentación, es legítimo considerar que el pacto de No Intervención no fue nada más que una gran farsa diplomática.

La decisión de enviar el oro a Moscú

Cómo se tomó la decisión de enviar a la Unión Soviética una parte de la reserva de oro del Banco de España es todavía en la actualidad una cuestión polémica. Según el testimonio del embajador republicano, Marcelino Pascua, y las actas del Politburó del Partido Comunista soviético, que se hallan en los archivos rusos, el 15 de octubre de 1936 Largo Caballero envió al embajador soviético en Madrid una carta en francés, redactada originalmente por el ministro Negrín, solicitando oficialmente a la Unión Soviética que aceptara en depósito en torno a unas quinientas toneladas de oro (Rybalkin 132; Viñas, *El oro* 165).

La carta del 15 de octubre coincidía con la reciente llegada a Cartagena del primer gran envío de material bélico a bordo del *Komsomol*, y Viñas opina que esta decisión histórica discurrió en paralelo con los preparativos para recibir los barcos soviéticos en Cartagena (*El oro* 170). El Politburó dio su respuesta positiva casi inmediatamente, el 17 de octubre (Martín Aceña 96; Rybalkin 132), y fundándose en esta inusitada rapidez, Rybalkin piensa que las negociaciones al respecto comenzaron mucho antes, posiblemente en septiembre (citado en Fernández).

En cuanto a las razones de los dirigentes republicanos para tomar tal decisión, no hay ninguna documentación oficial, por lo que los historiadores se basan sobre todo en las memorias de los antiguos agentes Krivitski y Orlov y en las pruebas indirectas. Según Krivitski, fue esencial en este asunto la labor del asesor comercial Stashevski. Este ofreció enviar el oro español a Rusia y, a cambio del mismo, suministrar armamento, y por mediación de Negrín hizo el convenio con el gobierno de Largo Caballero (118). Según el testimonio de Orlov ante un comité del Senado norteamericano, Orlov recibió de Moscú un telegrama cifrado que había transmitido la orden de Stalin de organizar el envío de la reserva de oro de España a la Unión Soviética. Al día siguiente, Orlov y Rosenberg dieron a conocer la "propuesta" de Stalin a Negrín, quien se dejó convencer con facilidad pues aparentemente el terreno ya estaba preparado gracias a los esfuerzos de Stashevski (Rybalkin 131).

Negrín nunca comentó aquella decisión, ni durante ni después de la Guerra Civil. Otros funcionarios republicanos adujeron que no tuvieron otra alternativa y, sin el apoyo de los otros países, se vieron obligados a buscar el amparo de la Unión Soviética. Por ejemplo, Largo Caballero explicaba: "¿En dónde depositarlo? No había otro lugar que Rusia, país que nos ayudaba con armas y víveres. Y a Rusia se entregó" (citado en Olaya Morales 295). De esa manera, para garantizar el armamento prometido por Stalin, Largo Caballero y Negrín tomaron la grave decisión de poner en manos del dictador soviético las finanzas de la República (Martín Aceña 157; Olaya Morales 294-95; Payne 199).

Viñas opina que el traslado del oro al exterior cumpliría una función fundamental: la República se aseguraba la posibilidad de obtener recursos financieros externos de gran volumen. En cuanto a la elección del país, la Unión Soviética era la única potencia que se disponía ya a entrar en gran escala a favor de la República (Viñas, *El oro* 174, 176, 179). En otro sentido, Martín Aceña afirma que "si el oro español salió hacia Moscú fue porque los dirigentes republicanos se vieron sometidos a la presión de los soviéticos, en particular al chantaje de Rosenberg y Stashevski" (161). Como quiera que sea, la decisión había sido tomada y, como observa Hugh Thomas, desde el momento del envío del oro español a Moscú, "las relaciones con Rusia recordaron a las de Fausto con Mefistófeles" (721).

El oro viaja a Moscú

Alexander Orlov fue el encargado de la operación del traslado del oro. Más de quinientas diez toneladas de oro empaquetadas en sietemil ochocientas cajas se repartieron entre cuatro de los buques soviéticos que habían transportado a Cartagena armas y municiones: *Neva, KIM, Kubán y Volgolés*. Los trabajos se llevaron a cabo en medio de un secreto absoluto: el cargamento se embarcó durante las horas nocturnas entre el 22 y el 25 de octubre. Según las manifestaciones de Orlov ante el Senado norteamericano, "si los anarquistas interceptaban a mis hombres, rusos, con camiones de oro español, los matarían. Sería un escándalo político tremendo en todo el mundo e incluso tal vez diera lugar a una revolución en el interior" (citado en Viñas, *El oro* 250). Para prevenir tal posibilidad, a Orlov se le facilitaron documentos a nombre de Mr. Blackstone, del Banco Nacional de Estados Unidos (Rybalkin 133; Viñas 250). Los buques zarparon uno a uno con intervalos de 24 horas. La ruta se trazó con especial minuciosidad. Después de atravesar el Mediterráneo y el mar de Mármara, el Bósforo, los Dardanelos y el mar Negro, el 2 de noviembre los transportes llegaron a la Unión Soviética. A bordo de cada buque se encontraba un representante del Banco de España. En el puerto de Odessa el oro se cargó en un tren especial que, bajo custodia reforzada, lo transportó a la estación de Kiev y después a Moscú (Rybalkin 133-34).

Al mismo tiempo de la salida del oro, el 23 de octubre, el representante ruso, el embajador soviético en Londres, Iván Maiski, entregó al presidente del Comité de No Intervención una nota de su gobierno en la que afirmaba que no podía considerarse más obligado que cualquier otro de los participantes en el pacto (Olaya Morales 106; Viñas, *El oro* 263).

Finalmente el oro español ingresó en el depósito principal de la Dirección de Metales Preciosos del Comisariado para las Finanzas, situado en un edificio del año 1895 en la calle Neglínnaya. La operación se realizó en presencia de Marcelino Pascua y los funcionarios del Banco de España que habían acompañado las reservas desde su salida (Martín Aceña 100; Rybalkin 135). La contabilización y comprobación del contenido de las sietemil ochocientas cajas exigió mucho tiempo. Encerrados durante dos meses en las tres plantas del Depósito de Metales Preciosos, los cuatro españoles y un numeroso equipo de funcionarios soviéticos clasificaron las monedas, las contaron, las pesaron y después estimaron su aleación. Terminada la contabilización, el acta de la recepción definitiva del depósito se firmó el día 5 de febrero de 1937, en presencia del embajador español, Marcelino Pascua (Martín Aceña 102).

Según los testimonios de Orlov ante el Senado, Stalin celebró la llegada del oro con un banquete, donde se mostró de muy buen humor y supuestamente dijo de sopetón: "Los españoles no verán más este oro, como nadie puede ver sus propias orejas" (citado en Thomas 486; Rybalkin 134)[7].

La mecánica de movilización del depósito

Pocos días después de la firma del acta de recepción definitiva, Marcelino Pascua telegrafió un mensaje cifrado en el que informaba al Gobierno de lo que él mismo llamó "el nacimiento del niño", es decir, el depósito del oro. En este curioso telegrama Pascua se refiere al oro como el "niño"; a España como "la madre", a la Unión Soviética como "el padre", al Consejo de Ministros como "la familia", a Negrín como "el padre de la madre", y a Largo Caballero como "el abuelo por parte materna" (citado en Martín Aceña 104; Olaya Morales 296-97). Las consecuencias de este mensaje no tardaron en manifestarse: el 16 de febrero el Ministro de Hacienda español daba la primera orden de venta del oro para así cancelar la deuda acumulada con los rusos por los envíos de material militar desde octubre de 1936 (Martín Aceña 104).

Viñas pudo realizar una minuciosa reconstrucción de cada una de las operaciones de compraventa de metal. Estas se iniciaban con órdenes de venta del oro dirigidas por el Ministro de Hacienda republicano y contrafirmadas por el presidente del Consejo de ministros, al Comisariado del Pueblo para las Finanzas de la Unión Soviética. En el período comprendido entre el 16 de febrero de 1937 y el 28 de abril de 1938 se emitieron diecinueve órdenes de venta de oro. Los oficios, siempre en francés, iban dirigidos al Comisario para las Finanzas. Una vez recibidos en Moscú, Grigori Grinko[8] ordenaba al Depósito de Metales Preciosos que remitiese las correspondientes monedas a la fábrica de fundición de metales. Fundido, refinado y transformado en lingotes de nuevo cuño, el oro se vendía en el mercado de Londres. Las sumas de las operaciones se transferían a la "Cuenta especial número 1" del Banque

7 Este proverbio ruso significa que no es posible obtener algo en ninguna circunstancia.

8 Comisario del Pueblo de Finanzas de la URSS.

Commerciale pour l'Europe du Nord, establecimiento bancario de propiedad soviética con sede en París, desde la cual la República cubriría la compra de armas y municiones en diferentes partes del mundo. Algunas órdenes de determinados importes se reenviaron a Moscú para pagar los suministros bélicos soviéticos (Viñas, *El oro* 314-19; Martín Aceña 113-14).

¿Cómo se gastó el oro?

Debido a la cortina de secreto tras la que se realizaron las operaciones, asi como a las enormes rivalidades ideológicas entre los dos bandos de la Guerra Civil y entre las diversas facciones republicanas, este tema dio origen a una larga controversia que ha durado decenios. Primero enfrentó a los defensores de la República, que se acusaron mutuamente después de la derrota republicana, tal vez deseando descargarse de la responsabilidad, y posteriormente fue manejado hasta la saciedad por la propaganda del régimen franquista, que demonizó al gobierno republicano por "llevarse el oro" a Rusia. Así, en un discurso de 1954 el general Franco culpaba de la pobreza de España a "ese robo", exclamando: "¡Encontramos una España arruinada! ¡Los marxistas se llevaron de España el oro y los bienes y los llevaron a Rusia! ¡Y dejaron a España vacía!" (*L'or de Moscou*).

Tras una complicada labor de investigación y cálculos económicos, Viñas demuestra que, en las transacciones financieras, los soviéticos no estafaron a Negrín; le compraron monedas de oro al precio de la onza en Londres y le vendieron las divisas a la cotización del día en el mercado de divisas de Londres (Martín Aceña 115, 161). Del mismo modo, Gerald Howson indica que para 1980, las investigaciones minuciosas del Dr. Ángel Viñas habían resuelto esta cuestión. Según la evidencia disponible, las cantidades de materiales suministrados corresponden muy cerca al valor del dinero cobrado por ellos. Aparentemente, los soviéticos se habían comportado correctamente en sus cálculos (122).

Pero hay otras cuestiones abiertas en torno a la movilización del depósito. Basándose en los documentos obtenidos en los Archivos Militares del Estado ruso, Howson llegó a unas conclusiones más críticas[9]. Según él, los soviéticos nunca proporcionaron al gobierno republicano ningún presupuesto exacto en rublos, y los precios que cobraron resultaron excesivos. Además, los rusos cobraron por todo tipo de servicios bancarios y gastos relacionados con la ayuda militar a la República, así como por el entrenamiento de aviadores y tanquistas españoles en la URSS. Se facturaban todos los salarios y gastos de personal soviético y sus subordinados, además de los gastos relacionados con el transporte (151-52). Es por ello que, en su opinión, manipulando los tipos de cambio, "los rusos se quedaron con un beneficio oculto, pero muy considerable" (147). Por otra parte, ha habido un considerable debate en torno a la cuestión de la calidad de las armas rusas, ya que hay abundantes alegatos en relación al carácter anticuado de una gran parte del material (136-38).

Lo cierto es que para marzo de 1938, el oro de la República se había gastado en su totalidad. Sin embargo, la "Operación X" continuó realizándose en parte a crédito hasta 1939 (Howson 151; Lozano 284).

Efectos políticos de la aparición de la Unión Soviética

La intervención estalinista intensificó las controversias internas dentro del bando republicano. La izquierda republicana parecía unida solo en teoría; en realidad todos los partidos y todas las regiones parecían estar en profundo desacuerdo. Como consecuencia de la ayuda soviética se revalorizó mucho, dentro del campo republicano, el papel del Partido Comunista de España, que utilizó su poder para entrar a fondo en la administración republicana. En aquel período, Stalin desencadenó la lucha contra el trotskismo y proyectaba sus propias necesidades de política interior en el exterior. Los años 30 fueron uno de los períodos más complicados y trágicos en la historia soviética, mientras que la mayoría de los republicanos españoles creían que las purgas de Rusia eran un invento de la propaganda fascista. Los enfrentamientos entre estalinistas y trotskistas se re-

9 Dicha documentación fue concedida por Maria Dolors Genovès (Howson ix).

produjeron también en suelo español (Thomas 567, 581; Viñas, *El escudo* x-xi).

Krivitski escribió que el objetivo de Stalin era "incluir a España en la esfera de influencia del Kremlin" y crear un régimen "controlado por él" (citado en Payne 378). A parecidas conclusiones han llegado más recientemente dos altos militares rusos, el general Oleg Sarin y el coronel Lev Dvoretski, que escriben: "Stalin empezó a ver el gobierno español como una especie de rama del gobierno soviético obediente a los dictados de Moscú", y las directivas del Politburó abarcaban "la necesidad de eliminar a todos los saboteadores y traidores del ejército, [...] de limpiar las zonas de retaguardia de espías y agentes fascistas" (citado en Payne 379).

Las relaciones entre Largo Caballero y los comunistas eran difíciles, a lo que se le añadió la carta que le envió Stalin el 21 de diciembre de 1936 llena de consejos paternalistas sobre cuestiones de la propiedad de los campesinos en España (Thomas 578-79). Pero la culminación del resentimiento de Largo Caballero contra Rusia tuvo lugar en enero de 1937, cuando el embajador soviético Rosenberg trató de influirle para que hiciera una serie de cambios que querían los comunistas. Después de dos horas de conversación, Largo Caballero saltó: "¡Márchese! ¡Fuera! Debe usted saber, señor embajador, que los españoles podemos ser pobres y necesitar ayuda del exterior, pero tenemos el orgullo suficiente para no aceptar que un embajador extranjero trate de imponer su voluntad a un jefe de gobierno español" (Thomas 580).

Las disensiones internas llegaron a su momento clave en Barcelona en mayo de 1937, cuando se enfrentaron los grupos anarquistas y trotskistas con la Generalitat de Catalunya. La crisis de mayo de 1937 provocó la dimisión del gobierno de Largo Caballero y la creación del gobierno de Negrín, aún más expuesto a la influencia de Stalin. El partido de orientación trotskista POUM fue ilegalizado y su dirigente, Andreu Nin, fue asesinado a manos de hombres de Orlov (Rybalkin 119; Viñas, *El escudo* x).

A su vez, la Guerra Civil española y la participación militar soviética en ella tuvieron una relación directa con las purgas que masacraron a los mandos y al personal político del ejército. Como escribe Rybalkin: "Fue precisamente de España de donde la dirección soviética tomó prestado el término de *quinta columna* para definir a los 'elementos antisoviéticos', traidores y espías" (117-18)[10]. Igualmente, Viñas indica la conexión entre las recomendaciones contra el POUM y la evolución de las purgas en la Unión Soviética (*El escudo* 209). Citando a Oleg Jlevniuk, Viñas escribe que Stalin extrajo una lección esencial de la sublevación de Franco y de una parte del ejército español contra la República y puso todos los medios para que algo similar no ocurriera en la Unión Soviética. Por esa razón, "la eliminación física o la deportación al Gulag de quienes *pudieran* entrar a formar parte de una eventual conspiración que llevara a una puñalada por la espalda constituía un acto de profilaxis y de auténtica defensa del sistema soviético" (*El escudo* 259, énfasis original)[11].

El fin de la "Operación X"

Desde marzo de 1938 la "Operación X" se realizó parcialmente a crédito. A lo largo de 1938 Stalin se fue retirando gradualmente del círculo de acción de España. El 29 de octubre es la fecha documentada de la última expedición rusa de materiales de armamento. A principios del año 1939 Stalin ya había perdido absolutamente el escaso interés que aún pudiera tener por la República y su decisión de suprimir toda clase de relaciones comerciales con España se debió al propósito de sellar un acuerdo de no agresión con Alemania. Este tratado con Hitler, conocido coloquialmente como el Pacto Ribbentrop-Mólotov, fue firmado en agosto de 1939 (Krivitski 134; Olaya Morales 241; Rybalkin 141). Como observa Olaya Morales, "el cadáver de la República española, en definitiva, era la primera concesión de Stalin para la firma de su Tratado con Hitler" (241).

10 El general Mola, quien en otoño de 1936 estaba al mando de la ofensiva hacia Madrid, anunció que la capital sería tomada por las cuatro columnas de sus tropas con la ayuda de una "quinta columna" oculta en la ciudad (Rybalkin 117-18).

11 *Glávnoie upravlenie ispravítelno-trudovyj lageréi i koloniy* [Dirección General de Campos de Trabajo] era la rama del NKVD que dirigía el sistema penal de campos de trabajos; el *Gulag* se ha conocido principalmente como el lugar de encarcelamiento de prisioneros políticos.

Orlov escribe que la República fue abatida por "los planes en la línea de Maquiavelo" de Stalin: ganar tiempo con la intención de prepararse para una guerra con Hitler "a cuenta del pueblo español" (244).

En marzo de 1939 la República fue definitivamente derrotada y las autoridades republicanas, junto a cientos de miles de españoles, se vieron forzadas a marcharse al exilio. Gracias a la ayuda militar soviética la República pudo alargar sustancialmente su período de existencia, pero no evitar la derrota. Posiblemente la reducción de la ayuda militar soviética tuviera una influencia negativa, pero esta no sería la causa principal. Por otro lado, numerosos participantes soviéticos relacionados con la "Operación X" fueron aniquilados, aumentando el triste martirologio de la tiranía estalinista. Así Bérzin, Stashevski, los dos embajadores Rosenberg y León Gaikis, quien sucedió a Rosenberg en 1937, el cónsul general en Barcelona Vladimir Antonov-Ovséyenko, Grinko y muchos otros fueron ejecutados o perecieron en campos de concentración. El general Krivitski fue encontrado muerto en el hotel Bellevue, de Washington, el 10 de febrero de 1941; la cuestión de si se trató de otro asesinato de Stalin o de un suicidio nunca ha sido dilucidada (Rybalkin 120, 137, 142; Thomas 1020-21; Viñas, *El oro* 12). En definitiva, se pasó una página tanto en la historia contemporánea como en las relaciones soviético-españolas.

La trayectoria de los estudios sobre "el oro de Moscú"

La prensa soviética nunca informó sobre la ayuda militar a la República, y la operación de la salida de la reserva de oro español hacia la Unión Soviética fue desconocida durante largos años. La historiografía soviética ha asignado al régimen soviético únicamente los motivos más elevados para intervenir en España: la defensa del pueblo español y la resistencia frente a la agresión fascista (Payne 170). Solo después de la muerte de Stalin, se publicó en Estados Unidos el libro titulado *The Secret History of Stalin's Crimes* (1953), escrito por el propio Orlov, que huyó de España en julio de 1938 y vivió muchos años secretamente en Estados Unidos. Orlov reveló algunos detalles de este episodio histórico en las páginas de su libro así como en el transcurso de sus testimonios en varios juicios de espías en los años 50 y en su declaración ante el subcomité de Seguridad interior del Senado de Estados Unidos (Thomas 477).

Durante un largo tiempo, el gobierno franquista utilizó el episodio del oro como propaganda alegando que "los rojos robaron" el tesoro español. En enero de 1955 se dirigió a varias embajadas en Madrid llamándoles la atención sobre ciertas exportaciones de oro hechas por la URSS. En Madrid se pensaba que era altamente probable que fueran parte de las reservas expropiadas por las autoridades republicanas. Simultáneamente, la bien orquestada prensa del régimen se lanzó a una campaña de apoyo. Viñas reproduce la versión oficial franquista de lo que se presentó como expolio del oro, publicada en *Arriba*[12] el 13 de enero de 1955:

> Hoy se conocen exactamente los detalles de este robo, por haber sido relatados por sus propios protagonistas [...]. El saqueo de España era, en efecto, una doble operación, económica y política, y la forma en que debía hacerse el abastecimiento del Gobierno rojo [...]. La URSS, que no había enviado más que armamento viejo a cambio del oro robado, lo gastó en la segunda fase su intento de apoderarse de España a partir de 1945 [...]. Y ahora utiliza otra parte en sus transacciones comerciales. (*El escudo* 657-58)

Negrín murió en su casa de París el día 12 de noviembre de 1956. Su hijo Rómulo no tardó en cumplir los últimos deseos de su padre: el 18 de diciembre entregó una documentación excepcional al representante del Ministerio de Asuntos Exteriores español en presencia del cónsul de España en París (Martín Aceña 111-12). Tras haber recibido los documentos del dosier Negrín, la Oficina de Información Diplomática cerró el año echando las campanas al vuelo: el pueblo español se enteró de que el régimen disponía de la base legal para reclamar el oro. Negrín quedó caracterizado como un traidor en los círculos de exilio, ya que esta documentación confirmaba el hecho del traslado del oro a Rusia y la participación directa de Negrín en este asunto. En un artículo publicado

12 El órgano periodístico oficial de la Falange Española.

el 5 de abril de 1957 en *Pravda*, el periódico portavoz del Partido Comunista de la Unión Soviética, se anunció que no quedaba nada del oro español ya que todo había sido utilizado[13]. El régimen de Franco no se atrevió a darle respuesta y con razón: los documentos que acompañaban al acta del depósito permitían intuir una historia más compleja (Viñas, *El oro* 443; Olaya Morales 301).

En 1970, Juan Sardá, el antiguo director del Servicio de Estudios del Banco de España, examinó el dosier Negrín y fue contundente: "El tesoro español entregado a la URSS fue efectivamente gastado en su totalidad por el Gobierno de la República durante la guerra" (Martín Aceña 120). El régimen de Franco no podía admitir este hecho por motivos políticos y propagandísticos, y el libro donde se incluyó esta conclusión fue secuestrado por orden del entonces Ministro de Hacienda.

Tras la muerte de Franco, Viñas fue el primero de los historiadores y economistas no franquistas que obtuvo acceso al dosier Negrín. En su libro *El oro de Moscú* (1979) investiga en detalle el destino del oro. Su primer estudio sobre este tema "El oro español en la Guerra Civil" había sido censurado en 1976 por la administración todavía "imbuida de resabios franquistas" (*El oro* 9) y fue desbloqueado solo en 1977, antes de las elecciones generales a Cortes (10).

Sin embargo, el estudio objetivo y completo sobre este tema continuó siendo imposible hasta los años 90. Solamente tras la caída del imperio soviético pudieron los investigadores occidentales por primera vez acceder directamente a los archivos soviéticos. En 1992, Rybalkin elaboró su tesis doctoral dedicada a la ayuda militar a la República, es decir a la "Operación X", la cual tiene estrecha relación con "El oro de Moscú" (Rybalkin 14). Rybalkin ayudó a la realizadora catalana Maria Dolors Genovès a obtener la documentación para su película documental *L'or de Moscou*, que presentó la TV3 el 27 de febrero de 1994 (Rybalkin 181). El documental generó mucho interés sobre el tema y a partir de entonces han aparecido numerosas obras y ensayos con relación a "El oro de Moscú". A su

13 El resumen de aquel artículo se puede encontrar en la edición de Andalucía del periódico español *ABC Sevilla* ("El oro español").

vez, Genovès generosamente cedió sus notas y fotocopias a los historiadores Martín Aceña y Howson (Martín Aceña 19, 126; Howson xi) para sus investigaciones.

Sin embargo, los archivos más confidenciales del Ministerio del Interior de España y del Servicio Federal de Seguridad de la Federación Rusa siguen todavía cerrados a los investigadores en la actualidad (Payne 169)[14]. Por esa razón no es posible confirmar o desmentir definitivamente algunas hipótesis de los historiadores sobre muchos aspectos de la participación de la URSS en la Guerra Civil española, particularmente sobre el oro republicano en Moscú.

Conclusiones

Desde la perspectiva histórica actual queda claro que no hay oro español en Moscú, pero esto no significa que estén despejadas todas las dudas sobre el famoso depósito. Viñas llegó a la conclusión de que terminó gastándose todo el oro, bien en pagos directos por el material suministrado, bien por la conversión del resto en divisas (Rybalkin 142). Sin embargo, según los estudios de Howson (146-52), Martín Aceña (121), Olaya Morales (300-1) y otros investigadores, los soviéticos no engañaron, sino que cobraron por todos los servicios prestados, poniendo de vez en cuando precios elevados a los mismos.

Además tampoco hay una unidad de puntos de vista de los investigadores, por lo que la discusión en la literatura histórica y económica no se ha cerrado. Por su parte, Viñas no comparte la opinión de algunos autores según la cual fue un error terrible depositar el oro en Moscú: "Que se hiciera desde Moscú facilitó los tres grandes objetivos centrales: obtener divisas, comprar armamento y verificar transferencias y pagos en condiciones de gran reserva" (*El escudo* 275). Viñas también critica a los otros autores por las referencias excesivas a las memorias de los agentes de la NKVD, y señala que hace falta basarse esencialmente en fuentes primarias, es decir

14 Este Servicio es la organización sucesora del KGB soviético, que a su vez es sucesora de la NKVD.

en documentos: "Gran parte de lo que después escribieron, dijeron o presentaron no corresponde a los hechos" (*El escudo* 276).

A pesar de que la mayor parte de las ficciones históricas han sido despejadas, la disposición del oro todavía encierra misterios que solo el acceso a los documentos de alto nivel del gobierno soviético podría tal vez aclarar. Hay lagunas particularmente notables en el caso de la NKVD. Por ello, mientras que el acceso a los archivos más confidenciales siga estando prohibido, no se cerrará completamente el capítulo de la investigación sobre "el oro de Moscú".

Obras citadas

Danilov, Serguéi. *Grazhdanskaya voina v Ispanii* [La Guerra Civil en España] *(1936-1939)*. Moscú: Veche, 2004. Web. *Voennaia literatura* [Literatura militar]. http://militera.lib.ru/h/danilov_su01/index.html

Fernández, Rodrigo. "El 'oro de Moscú' aceleró la ayuda soviética a la República española". *El País* (8 de abril 1996).

Howson, Gerald. *Arms for Spain. The Untold Story of the Spanish Civil War.* London: John Murray, 1998.

Krivitsky, Walter. *I Was Stalin's Agent.* London: Hamilton, 1939.

L'or de Moscou. Dir. Maria Dolors Genovès. Prod. TV3 Cataluña, 1994.

Lozano, Álvaro. *Stalin: El tirano rojo.* Madrid: Nowtilus, 2012.

Martín Aceña, Pablo. *El oro de Moscú y el oro de Berlín.* Madrid: Taurus, 2001.

Olaya Morales, Francisco. *El expolio de la República.* Barcelona: Belacqva, 2004.

Orlov, Alexander. *Taynaya istoria stalinskij prestupleniy* [La historia secreta de los crímenes de Stalin]. San Petersburgo: Vsemirnoe Slovo, 1991.

"El oro español enviado a Rusia por el gobierno rojo ha desaparecido". *ABC Sevilla* (10 de abril 1957): 26.

Payne, Stanley G. *Unión Soviética, comunismo y revolución en España (1931-1939)*, Francisco J. Ramos (trad.). Barcelona: Plaza & Janés, 2003.

RYBALKIN, Yuri. *Stalin y España: La ayuda militar soviética a la República*. Alexander KAZACHKOV (trad.). Madrid: Marcial Pons, 2007.

THOMAS, Hugh. *La Guerra Civil española*. Neri DAURELLA (trad.). Barcelona: Grijalbo Mondadori, 1995.

VIÑAS, Ángel. *El escudo de la República: El oro de España, la apuesta soviética y los hechos de mayo de 1937*. Barcelona: Crítica, 2007.

— *El oro de Moscú: Alfa y omega de un mito franquista*. Barcelona: Grijalbo, 1979.

4

Cruces de miradas entre España y Latinoamérica

Encrucijadas anticolonialistas y soberanía indígena: repensar el imperio desde la periferia en *También la lluvia*

Kathryn Lehman

El quinto largometraje de Icíar Bollaín, *También la lluvia* (2010), elegido por la Academia de Cine estadounidense para representar a España en la categoría de mejor película en lengua extranjera, constituye una novedad por varias razones[1]. En primer lugar, Bollaín fue la primera directora española en ser nominada a este premio, nominación que en sí misma subraya las dificultades a las que se enfrentan las directoras para que su trabajo cinematográfico sea reconocido[2]. En segundo lugar, en este caso, lo que parece haber

1 No ganó el Oscar, pero sí el premio de la ACE (Asociación de Cronistas de Espectáculos de Nueva York) por la dirección, y el Ariel (México) como mejor película iberoamericana; en 2011 la película ganó un total de dieciséis premios, incluidos tres Goyas.

2 En su informe correspondiente al año 2012, Martha M. Lauzen reitera lo que se viene publicando desde el primer informe sobre la participación femenina

acaparado la atención es el ambicioso proyecto de revisionismo histórico que el filme se propone sobre determinados eventos de la conquista de América. Para ello, la película recurre al uso de citas textuales de Antonio de Montesinos y Bartolomé de las Casas, mediante las cuales se denuncian como crímenes de lesa humanidad los actos de violencia perpetrados por la empresa colonial de Cristóbal Colón, hechos que en la actualidad han sido formalmente calificados como genocidio[3]. Sin embargo, la innovación no estriba tanto en dicha denuncia, puesto que varias décadas antes filmes como *The mission* (1986), *Cabeza de Vaca* (1991) y *La otra conquista* (1998), entre otros, ya habían desarrollado un cine anticolonialista con un claro mensaje de denuncia[4].

en las doscientas cincuenta películas más importantes del año: que las mujeres representan el 18% del total de directores, productores ejecutivos, productores, escritores, cinematógrafos y editores, lo cual significa un aumento del 1% desde el primer informe publicado en 1998.

3 Véase al respecto el análisis de Patrick Wolfe sobre el genocidio en el contexto colonial.

4 Como veremos más adelante, estas películas incluyen ideas de Bartolomé de las Casas, conocido como el Defensor de los Indios. Sin embargo, no llegan a denunciar la conquista con la fuerza que él mismo hizo; por otra parte, tampoco incluyen una presencia o pensamiento indígena de la misma forma que se propone esta película. Las relaciones y crónicas sobre la conquista y la participación de Las Casas en varios debates contribuyeron al establecimiento de las Nuevas Leyes de 1542, de acuerdo a las cuales quedaba prohibida la esclavitud indígena. El discurso de Montesinos de 1511 que se cita parcialmente en la película reza así: "Yo soy la voz de Cristo en el desierto de esta isla, y por tanto conviene que con atención no cualquiera, sino con todo vuestro corazón y con todos vuestros sentidos la oigáis. [...] Esta voz es que todos estáis en pecado mortal y en él vivís y morís por la crueldad y tiranía que usáis con estas inocentes gentes. Decid: ¿con qué derecho y con qué justicia tenéis en tan cruel y horrible servidumbre aquestos indios? ... ¿Cómo los tenéis tan opresos y fatigados, sin dalles de comer ni curallos en sus enfermedades, que de los excesivos trabajos que les dais incurren y mueren, y, por mejor decir, los matáis, por sacar y adquirir oro cada día? ¿Y qué cuidado tenéis de quien los dotrine, y conozcan a su Dios y criador, sean bautizados, oigan misa, guarden las fiestas y los domingos? ¿Éstos no son hombres? ¿No tienen ánimas racionales? ¿No sois obligados a amallos como a vosotros mismos? ¿Esto no entendéis? ¿Esto no sentís? [...]" (*Historia,* 441-42).

En tal contexto sostengo que, en vez de simplemente perpetuar dicha tradición, *También la lluvia* se aparta de esta al estructurarse discursivamente en torno a la metaficción: el cine dentro del cine. Esto facilita la representación del proceso mismo de producción de una película, revelando de este modo las negociaciones ideológicas, económicas y políticas que participan en el complejo proyecto cinematográfico colaborativo. Dado que el tema es, precisamente, la conquista, este acercamiento cobra un sentido aún más relevante. Con esta estrategia, por primera vez en el cine somos testigos de la resistencia que ejercen los actores indígenas seleccionados para realizar el papel de víctimas y que finalmente hace imposible terminar el rodaje de la película ficcional.

La trama de *También la lluvia* nos muestra a un director, Sebastián (Gael García Bernal) que desea hacer una película sobre la conquista, y a un productor, Costa (Luis Tosar), dispuesto a financiarla. Por motivos económicos han decidido rodar la película en la ciudad de Cochabamba, Bolivia, en el año 2000, sin saber que han escogido el momento en que estalla lo que después se conocería como la Guerra del Agua, movimiento que desencadena una reacción antiglobalización internacional[5]. La decisión de situar el rodaje de la película ficticia durante la Guerra del Agua hace que *También la lluvia* sea el primer largometraje que trata dicho evento de una forma seria y responsable[6].

De este modo, la Guerra del Agua es el evento que posibilita la tensión dramática de *También la lluvia,* al hacer que la filmación

---

5 La Guerra del Agua (de enero a abril de 2000) fue el punto de arranque de una serie de insurrecciones exitosas que forzaron a tres presidentes a negociar con la sociedad civil, terminando las políticas neoliberales que habían regido en el país. El presidente Gonzalo Sánchez de Lozada fue derrocado en 2003, cuando se escapó para refugiarse en los Estados Unidos, donde permanece hasta hoy en día.

6 Aunque la película de James Bond *Quantum of Solace* (2008) hace referencia a la escasez del agua en Bolivia, apenas se nota que la ambientación de la película es Bolivia y los críticos concuerdan en que es casi imposible seguir el hilo del argumento, mucho menos entender lo que estaba pasando en Bolivia. Aparte, como es sabido, las películas de Bond forman un subgénero que caricaturiza o hace parodia del espía clásico y de la misma historia.

ocurra en un contexto cada vez más violento. Esta simbiosis entre los hechos fácticos y la producción de una película dentro de otra queda clara por medio del personaje de Daniel (el actor seleccionado para representar en la película sobre la conquista al líder indígena Hatuey), quien en la película del rodaje es efectivamente uno de los líderes del movimiento de la Guerra del Agua en Cochabamba[7]. Cuando Daniel y su grupo de manifestantes votan para bloquear las calles, la ciudad queda paralizada y Daniel es apresado. Por medio de sobornos a la policía, Costa logra sacarlo de la cárcel y trata de convencerlo para que abandone su liderazgo para poder así terminar el rodaje de la película. Sin embargo, ni las torturas recibidas, ni el dinero que Costa le ofrece, ni las múltiples amenazas logran persuadirlo de abandonar su empresa. Es así que las manifestaciones continúan y, al no poder sofocar las revueltas, el gobierno se ve forzado a cancelar su contrato con la empresa extranjera responsable de subir el precio del agua. Para entonces ya la mitad del equipo ha huido debido a los bloqueos de las últimas movilizaciones, por lo cual se hace imposible terminar el rodaje.

Mediante este recurso metaficcional *También la lluvia* intercala dos historias épicas en dos momentos clave de la historia del imperialismo: así, el comienzo de la colonización española en las Américas, tratado desde una perspectiva revisionista, se ve yuxtapuesto a la Guerra del Agua, evento que dio el impulso para que en el 2005 se cerrara el último ciclo del neocolonialismo (neoliberalismo), cuando por vez primera en un país mayoritariamente indígena se elige a un presidente indígena, Evo Morales. La película de Bollaín se concentra en el comienzo de esta serie de eventos ocurridos en el año 2000, los cuales son abordados desde el punto de vista del equipo de producción de la película, aunque también hay varias escenas importantes que nos muestran cómo el movimiento indígena se había organizado para impulsar los cambios que se llevarían a cabo después del momento histórico representado en la película[8].

7 Para un análisis comparativo de la originalidad de las luchas bolivianas por los recursos naturales, véase el artículo de Spronk y Webber.

8 Esta película se produjo antes de que se realizaran varios cambios político-estatales que son hitos históricos no solamente en Bolivia sino a nivel global.

En este contexto es importante resaltar que son los actos colectivos los que nos hacen vislumbrar nuevas relaciones sociales entre los agentes del imperialismo y los de la periferia, lo cual queda de manifiesto sobre todo en los personajes femeninos. Así, las escenas de acción colectiva no solamente comienzan a descolonizar nuestra interpretación de la historia imperialista de la conquista, sino que también permiten profundizar en nuestra reflexión sobre esta última fase del imperialismo, la del neoliberalismo, momento en que los pueblos originarios están asumiendo una forma de liderazgo nunca antes visto, ofreciendo alternativas más justas, que incluyen programas ecológicos, y proponiendo a su vez alternativas enteramente pacíficas para las relaciones sociales internacionales. A este respecto sostengo que ciertas escenas no podrían haberse filmado sin la activa presencia de mujeres en la creación misma de la película, quienes también participan en el movimiento representado dentro de la ficción, como se detallará más adelante. Por esta razón, planteo que no es casualidad que haya sido una directora española quien haya logrado captar de modo tan emotivo el liderazgo de las mujeres indígenas en este momento histórico del imperio. De hecho, solamente dos años después de que Bollaín hubiera dirigido su película en la periferia (de octubre a diciembre de 2009), España misma acabaría entrando en una profunda crisis debido a similares políticas económicas[9].

La Constitución Boliviana de 2009 se considera innovadora porque introduce el concepto del estado plurinacional y los derechos de la Pachamama (Tierra), pero también porque altera sustancialmente la definición de lo que se incluye en una constitución. En 2010 Bolivia convocó la Conferencia Mundial de los Pueblos sobre el Cambio Climático y los Derechos de la Madre Tierra en Cochabamba, y después introdujo una resolución internacional en la ONU declarando el acceso al agua un derecho humano (Resolución A/64/292 aprobado por 122 países). En 2013 Bolivia celebra su retorno a la Convención Antidroga de la ONU, tras aprobarse el uso tradicional de la hoja de coca. Todos estos actos representan una forma de descolonización en el contexto nacional e internacional, representada en esta película simbólicamente cuando el equipo no puede terminar el rodaje.

9 Es significativo a este respecto que en mayo de 2011 los españoles salieran *indignados* a la calle a protestar en contra del sistema económico que dejaba desprotegida a una gran parte de la población, y denunciaban las mismas fuerzas

Desde las primeras escenas de *También la lluvia*, la producción de la película sobre la conquista se encuentra enmarcada por decisiones de carácter ético, donde los valores y las prácticas de los protagonistas son puestos de relieve. Esto se observa primero en los desacuerdos producidos entre Sebastián, el idealista director que quiere mostrar el heroísmo de Bartolomé de las Casas, y el pragmático productor, Costa, cuya principal preocupación es velar por las finanzas —aunque ello sea a costa de la explotación de los actores indígenas— siendo esta la razón primordial de haber escogido Bolivia para el rodaje de la película[10]. Estas discrepancias quedan de manifiesto en la primera decisión que tienen que tomar juntos: la selección del actor que ha de representar a Hatuey, el primer líder indígena que luchó en contra de los españoles y cuyas palabras aparecen citadas de modo literal en las obras de Bartolomé de las Casas[11].

En dicha escena, Costa llega al lugar del casting para evaluar a los doscientos extras y observa que la cola se extiende por varias cuadras. En ese momento les informa de que ya tienen suficientes actores y, sin reparar en el hecho de que estas personas llevan

económicas del neoliberalismo transnacional que habían dejado a la mayoría de la población boliviana desprotegida durante la Guerra del Agua. El reciente uso en España de los *escraches*, de larga trayectoria en Argentina, para señalar las casas de los agentes económicos que se habían beneficiado por la malversión de fondos públicos también sugiere estos paralelismos. En una encuesta mundial sobre la injusticia del sistema económico del país, el porcentaje de españoles que encontraba injusto su sistema se incrementó del 66% en 2009 al 92% en 2012, siendo este el mayor crecimiento de los dieciocho países en la encuesta. Véase "Economic System".

10 Esta estrategia debe leerse como una crítica deliberada de la histórica explotación de actores indígenas como ocurrió con el cine anticolonialista, especialmente el de Werner Herzog, *Aguirre, la cólera de Dios* (1972) y *Fitzcarraldo* (1982). Estas películas se han interpretado como una denuncia del colonialismo o un cine anticolonialista, a pesar de que el director no mostrara mucho interés en la situación o en el trato de los indígenas reales que formaban parte del elenco. La histórica explotación de actores indígenas en ese cine se registra en el documental *Burden of Dreams* (1982) de Les Blank.

11 Las Casas describe las últimas palabras de Hatuey en su *Brevísima relación de la destrucción de las Indias* (92), y en más detalle en su *Historia de las Indias* (Libro III, capítulos 21 y 25).

horas esperando bajo el sol para tener la oportunidad de ganarse unos pesos, les grita que se vayan. En cambio, Sebastián reconoce que son justas las protestas de Daniel, al insistir en que hay que cumplir con la promesa de atenderlos a todos, tal como se había anunciado, por mucho tiempo que tardaran. Este aspecto empático del carácter de Sebastián le permite reconocer en Daniel las cualidades de la autenticidad en su liderazgo, que es lo que Sebastián quiere resaltar en el personaje de Hatuey; en parte por esa razón, e ignorando los consejos de Costa, Sebastián escoge a Daniel para representar a Hatuey. Esta opción se presenta sobre todo como un acto ético por parte de Sebastián, con lo cual sigue la tradición del cine de realismo social en que un personaje subalterno que se encuentra en una situación injusta logra mantener su dignidad gracias a la intervención de un personaje con mayor autoridad, quien lo defiende por razones de afinidad ética. Sin embargo, en este caso la presentación de Daniel, quien efectivamente lidera una protesta exitosa, modifica el realismo social convencional. Esto se observa desde la primera escena cuando los personajes normalmente representados como subalternos se niegan a ajustarse a dichas relaciones de subalternidad. Aunque Sebastián responde a las justas demandas de Daniel, en realidad también actúa motivado por el hecho de que la gente lo apoya; por lo tanto lo escoge no solo porque lo respeta y se ajusta a las características del personaje histórico, sino también porque así se resuelve rápidamente una situación que se ve cada vez más insostenible cuando de repente todos los que están esperando empiezan a protestar. Al enmarcar la producción de esta película dentro del modo metaficcional, dicha escena inicia un proceso que nos hace reflexionar sobre el discurso cinematográfico convencional del cine anticolonialista, para facilitar así la deconstrucción del mismo ante los ojos de los espectadores.

La yuxtaposición del actor español Luis Tosar, como representante de intereses económicos, y del mexicano Gael García Bernal, como representante de la justicia social, podría parecer fortuita, pues el productor siempre cuida de las finanzas para que el director se dedique a lo artístico. Sin embargo, esta yuxtaposición de actores es otro indicio de un cambio estratégico en el cine de realismo social, si pensamos en un público ubicado a "ambos lados del charco" que recuerda, por una parte, que García Bernal hizo el rol del joven Che Guevara en la película *Diarios de motocicleta* (2004) y, por otra, el famoso intercambio verbal de 2007 que terminó en la ya clásica frase "¿Por qué no te callas?"[12]. Esta selección del elenco, con las características de los personajes, parece reflejar el contexto más amplio del imperialismo actual: un español acostumbrado a los privilegios europeos y apartado del contexto que le permita reconocer la dignidad de los latinoamericanos, contrapuesto a un mexicano sensible al colonialismo actual, que se compromete con otros latinoamericanos para resistir dichas relaciones colonialistas. Esta es, por supuesto, una visión demasiado simplificada o estereotipada que se va desmantelando a medida que avanza la narrativa. Así, finalmente Costa acaba convirtiéndose en el héroe de la película cuando Sebastián se retira vencido, como se detallará más adelante.

Inmediatamente después de elegir a Daniel/Hatuey, de modo inesperado se observa pasar por encima de la gente una enorme cruz suspendida de un helicóptero, la cual formará parte del decorado de varias escenas de la película. Sebastián y Costa celebran la llegada de la cruz, gesto que representa una inversión del simbolismo de la cruz en el género de películas antiimperialistas sobre la conquista, como *The mission*, *Cabeza de Vaca* y *La otra conquista,* donde la duplicidad y complicidad de la Iglesia católica en el proceso colonialista era representada con una enorme cruz en momentos clave del argumento. Aquí, en cambio, la cruz evoca el pasado imperialista europeo, pero sin ninguna referencia o crítica directa hacia la institución de la Iglesia en el contexto actual. Al contrario, en la Bolivia del siglo XXI, tras haber perdido el poder de antaño, la Iglesia como institución ya no representa una amenaza tan directa a los personajes como sí

12 Exabrupto del rey Juan Carlos I al presidente venezolano Hugo Chávez en la Cumbre de las Américas, 2007, cuando Chávez denunció la participación española en el golpe de estado venezolano del 2002. El intercambio generó reacciones contrarias en la cultura popular, a favor y en contra de uno y otro. Así Chávez fue visto por sus defensores como símbolo antiimperialista y el rey, por parte de sus antagonistas, como símbolo de una nueva era del imperialismo, en el contexto de los preparativos para celebrar el bicentenario de la Independencia de los países de América Latina en 2010.

lo es el neoliberalismo, lo cual marca una diferencia con respecto a las películas de los años 70 y 80, cuando se percibía la división en la Iglesia católica entre la jerarquía conservadora y los sacerdotes que formaban parte de la Teología de la Liberación[13]. En el nuevo escenario que la película destaca, el discurso antiimperialista de sacerdotes como Montesinos y Las Casas sirve de testimonio para resaltar el objetivo económico de la conquista del siglo XVI, y varias escenas subrayan el paralelo con el neoliberalismo del siglo XXI, como también lo hace el eslogan publicitario de la película "Poco ha cambiado"[14]. Este cambio de enfoque, expuesto sobre todo en los actos de autodefensa realizados por Daniel, nos ayuda a ver un nuevo protagonismo descolonizador, el cual se relaciona con el llevado a cabo por los misioneros u otros agentes que compartían una visión, si no antiimperialista, por lo menos a favor de ciertos derechos humanos[15].

En el primer ensayo realizado para la película ficticia, Antón (Karra Elejalde) —el actor que representa a Colón— empieza a asumir su rol en el jardín del hotel, donde proclama los derechos de los Reyes Católicos sobre esta tierra americana, acto que realiza de rodillas y dirigiéndose a Dios para darle las gracias[16]. Continuando en su rol, Antón/Colón se acerca luego a una joven boliviana que no forma parte del elenco, sino que está para servir la comida, y le pre-

13 El argumento principal de *The mission* se centra en el antagonismo entre el Padre Gabriel (Jeremy Irons) y el Padre Mendoza (Robert De Niro), quienes optan por diferentes rutas al martirio al final de la película: Gabriel escoge la vía pacifista y Mendoza la bélica, representando así las opciones que los sacerdotes tenían en Guatemala, El Salvador y Nicaragua en los años 80.

14 La carátula del DVD *Even the Rain* señala: "Spain Conquered the New World for Gold. 500 Years Later, Water is Gold. Not Much Else Has Changed".

15 Esta escena también puede interpretarse como un homenaje a Fellini y la primera escena de *La dolce vita* (1959), donde un Cristo crucificado suspendido de un helicóptero sugiere de modo surrealista el modernismo fracasado de Italia. Sin embargo, en *También la lluvia* la ironía funciona de una manera diferente cuando el propio Costa ayuda a levantar la cruz, acto insólito por el peligro que corre al hacerlo. A partir de esta escena, no hay una crítica directa a la Iglesia contemporánea en la película.

16 Líneas que posteriormente serán reconocidas formalmente como el "Requerimiento" (1513).

gunta: "¿Dónde está el oro?", notando su arete de oro y mirándola fijamente como si ella participara también en el ensayo de la escena. Cuando la joven no responde, Antón/Colón le grita cada vez más agitado: "¿Dónde está el oro?", continuando siempre con su personificación, mientras la joven lo mira sin reaccionar. En una tercera ocasión le grita con furia: "¡Sabes a lo que me refiero, mujer! ¡El oro! ¿Dónde está?". Ella lo mira a los ojos y permanece callada con gran dignidad, hasta que por fin se rompe la seriedad cuando Antón se ríe y le pide una copa de vino en vez del oro, disculpándose con la excusa de que todos los actores son así, egoístas. Esta manera de ofrecer un enfoque doble entre la película ficticia y la realidad circundante boliviana se repite en varias escenas, con lo cual se logra amalgamar el discurso imperialista y el antiimperialista. En esta y otras escenas, la informalidad del actor español y la naturalidad con la cual él trata a los "otros inferiores", como esta joven boliviana, sugiere que los personajes están tan acostumbrados a estas relaciones cotidianas y asimétricas entre la "metrópolis" y la "periferia", tal como lo están los propios espectadores, que se hacen invisibles, lo cual normaliza lo que Aníbal Quijano ha descrito como "colonialidad"[17]. Para Quijano, constituye una lógica de interacción colonialista que permanece en la sociedad después de la independencia formal de los países latinoamericanos, cuyas resonancias se observan en las relaciones sociales cotidianas.

La estrategia de la metaficción muestra más claramente su eficacia cuando los actores que representan a las figuras monumentales de la conquista analizan las palabras textuales, los actos y la postura ética de sus personajes: Antón, por ejemplo, discute su personaje (Colón) y el de Juan (Montesinos) con Alberto (Las Casas, representado por Carlos Santos), notando que los misioneros tampoco se comportaron como auténticos cristianos en su trato con los indígenas, pues ellos formaban parte del proyecto imperial: no se opusieron nunca al sistema imperialista en sí, sino que solo discrepaban cuando se trataba de actos particulares de ciertos individuos. Esta estrategia de mostrar a los actores representando a sus personajes, y después

17 Véase al respecto el análisis de Quijano sobre el colonialismo y la colonialidad.

reflexionando sobre las palabras y actos de estos mismos (y por lo tanto sobre su propia situación), es otro elemento que contribuye a esta forma de realismo social postmoderno, en el cual se subraya la imposibilidad de narrar *una* verdad histórica sin mostrar a la vez la posición desde la cual se narra[18]. Al ofrecernos varias posibilidades de interpretación histórica, el énfasis se pone más bien en la ética en la que se basan las decisiones de los individuos que se encuentran dentro de una estructura macroeconómico-política injusta. Tal acto autorreflexivo y de distanciamiento también es traspasado al espectador, quien puede analizar y reflexionar sobre los hechos desde el interior mismo del personaje histórico, así como desde la perspectiva de la persona que reflexiona en la realidad contemporánea.

Si dicho intercambio entre los actores españoles nos hace recapacitar sobre las semejanzas entre el colonialismo histórico y el neoliberalismo, más novedosa aún resulta la inclusión de personajes indígenas que hacen lo mismo al representar un doble rol. Tal es el caso del ya mencionado Hatuey, encarnado por el actor Daniel (Juan Carlos Aduviri), quien en la realidad cochabambina representada es un líder de los movimientos de comunidades indígenas, que ahora se organizan en torno a la defensa del agua. Junto a Daniel está su hija Belén, de unos diez años, que es seleccionada para representar a la niña taína, Panuca (Milena Soliz). En vez de formar parte del telón de fondo, como sucede en la mayoría de las películas sobre la conquista, Daniel/Hatuey y Belén/Panuca figuran entre los personajes centrales del filme y serán los que llevan la carga significativa en los momentos más dramáticos, como al final cuando Costa se despide de ellos porque ya no pueden terminar el rodaje de la película.

---

18 Empleo aquí el adjetivo postmoderno pensando en los cuentos de Jorge Luis Borges como "Pierre Menard, Autor del Quijote". Aquí el autor, que cuestiona y juega con la interpretación del pasado, usa el tono irónico para indicar que Cervantes entendía perfectamente cómo emplear un narrador poco fiable para cuestionar la verdad histórica, pues en el texto cervantino ese narrador funcionaba para desvelar el racismo inherente en las relaciones sociales de esa época cuando descalificaba a la gente bien preparada, perteneciente a razas consideradas inferiores por los europeos.

El hecho de que los personajes históricos sean representados por actores de ficción que se han formado dentro del movimiento indígena latinoamericano hace que tanto sus palabras como sus actos sirvan para establecer y mantener su soberanía. En este contexto se entiende la soberanía como el acto de negarse a perpetuar dichas relaciones colonialistas en el siglo XXI, especialmente en cuanto a la autorrepresentación, tanto política como simbólica. Esto se hace evidente cuando en una escena Daniel oye por casualidad a Costa hablando por teléfono en inglés, jactándose de haber estafado a los extras al darles dos dólares al día y contentarlos con un par de camiones desgastados y unas bombas de agua al final, en vez de pagarles un sueldo mínimo digno. Al colgar y resumir la conversación en castellano con Daniel, éste le responde con sus mismas palabras en un inglés casi perfecto, informándole de que había trabajado dos años en California y que ya conocía esas tácticas de explotación histórica[19]. De este modo, Bollaín presenta la conquista como un evento que no solamente determina la administración de los recursos materiales, sino también la manera en que se establecieron jerarquías laborales vigentes hasta hoy. Para los propósitos del presente análisis, sugiero también que el colonialismo es la plataforma desde la cual se establece la representación de los eventos mismos. Es decir, propongo enfatizar el papel que cumplen los medios de comunicación, incluido el cine, para consolidar, esconder y normalizar las estructuras verbo-simbólicas que hasta hoy sustentan la creación y permanencia de las relaciones imperialistas expresadas en las relaciones cotidianas.

Por medio de estas estrategias narrativas Bollaín logra una representación efectiva de los distintos niveles en los que operan tanto el imperialismo histórico como el actual, que conocemos como neoliberalismo. En observaciones proporcionadas por Bollaín en entrevistas, la directora indica que gracias a su relación personal con los actores bolivianos había llegado a ese nivel de análisis, en la medida en que ellos le enseñaron no solamente a ver cómo funciona el

19 Esta es una escena que resulta totalmente verosímil para los que conocemos la realidad de los flujos laborales entre América Latina y Estados Unidos.

imperialismo actual, sino también cuáles han sido sus estrategias para resistirlo[20]. Dicha resistencia no se vislumbra tanto en la trama principal de la película, pero sí en los actos y las discusiones de los personajes secundarios, quienes ponen en evidencia la existencia viva de un pensamiento alternativo basado en la confianza en su propia soberanía.

Pero tal vez el aspecto más innovador de todos en este filme sea la mirada femenina, porque de manera sutil da testimonio de una historia más larga de resistencia indígena al imperialismo y al colonialismo, la cual no ha sido recogida en las crónicas de la conquista sino de forma soslayada y que todavía hoy en día apenas se registra, como se explicará a continuación. Y es precisamente una mujer joven la que logra grabar ese liderazgo indígena y transmitir una mirada que proporciona una óptica alternativa a la de la propia película ficcional. María (Cassandra Ciangherotti) es una joven documentalista que aparece de pasada en la primera escena y que reaparece en la escena posterior a la llegada de la cruz, cuando viaja con Sebastián y Costa al lugar en que será alzada la cruz, y en el coche comienza a filmar una conversación informal entre ambos para tener un registro de la producción de la película. Al preguntarles sobre su decisión de rodar la película en Bolivia en vez del Caribe, donde efectivamente tuvieron lugar los eventos históricos, ella los filma cuando se ponen a discutir[21]. Es así que tomamos conciencia de la mirada documentalista cuando vemos a los personajes en blanco y negro filmados con cámara de mano a través de un filtro más brumoso de baja resolución. Aquí por segunda vez vemos a ambos

20 En una entrevista con Michael Guillén, Bollaín menciona como otra dificultad que tuvo que superar antes del rodaje la cantidad y extensión de diálogos mantenidos con asambleas de comunidades indígenas con el fin de pedir permiso de filmación y negociar la forma de pagarla. Esta experiencia le enseñó mucho sobre el proceso democrático boliviano y se nota en las escenas secundarias de la película, tal como se describe más adelante.

21 Se ha notado en varios artículos sobre *The mission* que los indígenas que representan a los guaraní son de Colombia, no del sur de Sudamérica. Por lo tanto, este comentario de la película hace referencia a la tradición cinematográfica del cine anticolonialista que sigue representando a los indígenas sin contar con su participación, como si fuera un detalle de poca importancia.

protagonistas discrepando, en esta instancia cuando le explican a María (directamente a la cámara en el caso de Sebastián) que han elegido hacer el filme en Bolivia por razones de costo. Sebastián insiste en que un factor histórico cultural tan importante, como el hecho de que el quechua no se hablara en el Caribe adonde efectivamente llegó Colón, será obviamente notado por el público, a lo que Costa responde arguyendo que esos detalles son de poca importancia. Cuando queda en evidencia que el criterio financiero ha sido el determinante en el rodaje de la película, Sebastián hace la señal de cortar (tijeras) y le solicita a María que deje de filmar, lo que concluye cuando finalmente cubre la lente de la cámara. Al igual que el modo de representación cinematográfica institucional, el realismo social normalmente procura ocultar los detalles de producción, aun cuando haya problemas éticos que surjan durante la producción, debido a que su propósito primordial consistía en ofrecer los detalles más importantes que ayudaran al espectador a identificarse con la postura ética del director.

La segunda vez que vemos la acción a través del documental de María es cuando ella hace una entrevista a los dos actores que representan a Las Casas y a Montesinos, y cada uno describe la importancia histórica de su personaje con citas del guion de la película. Después de tener esta imagen positiva del papel histórico de Las Casas y Montesinos, que corresponde al ángulo que Sebastián se propone rescatar, los personajes como Antón muestran su cinismo sobre el proyecto cuando agregan datos más negativos sobre Las Casas, como por ejemplo el hecho de que también fuera este misionero quien históricamente ideó el plan de introducir esclavos negros (por ser más fuertes que los indígenas). Con estos comentarios y otros similares sobre los personajes de la conquista, se muestra una mirada más actualizada y compleja sobre el pasado, una forma de revisionismo histórico basado en obras de investigación más críticas sobre las diferentes estructuras políticas y económicas que existían en Europa y que influyeron y fomentaron la colonización[22].

22 La "Declaración de los Derechos de los Pueblos Indígenas" de la ONU de 2007 y la propuesta de denunciar la Doctrina del Descubrimiento que estableció el dominio del soberano europeo sobre las tierras americanas todavía

Al descartar una narrativa netamente historicista para incluir los debates actuales sobre este pasado, Bollaín presenta las discusiones que tienen lugar entre Antón/Colón, Costa, Sebastián, Juan/Montesinos, Alberto/Las Casas y demás personajes como cuestiones importantes pero imposibles de resolver en una historia verídica; en lugar de ello, se analizan más bien los diversos y complejos motivos de los personajes que participan en la película, así como las decisiones tomadas tanto a nivel individual como colectivo por parte de todos los protagonistas de la conquista —incluyendo a los más afectados, los indígenas—, en un contexto mayor que limita bastante las posibilidades de acción independiente. Si este abanico de motivos y decisiones no fuera nada más que un despliegue de diversas perspectivas sobre la conquista, sería un juego postmoderno más, interesante pero no innovador. El hecho de que el éxito de la película ficcional dependa de Daniel/Hatuey y de que María nos ofrezca información importante sobre la vida de los bolivianos fuera del contexto del rodaje de la película son elementos que enriquecen de modo fundamental esta nueva versión cinematográfica sobre el imperialismo histórico y actual con protagonismo indígena y femenino.

En este sentido, hay dos escenas significativas en las que María sale a filmar por diversos vecindarios y observa cómo los hombres y mujeres de Cochabamba han logrado proteger su acceso al agua. En la primera ocasión la documentalista encuentra a Daniel cavando una trinchera para la cañería de agua con otros compañeros y le pregunta sobre el significado de la película para él. En su respuesta, Daniel le ofrece una descripción detallada de los siete kilómetros

---

vigente en el derecho internacional, muestran cómo la comunidad internacional está llegando a un consenso sobre esta cuestión. Véase al respecto el estudio de James Anaya, Relator Especial para la situación de los derechos y libertades fundamentales de los pueblos indígenas ("Preliminary study"). Así mismo Matthew Restall analiza los mitos sobre la conquista que persisten en la cultura popular y los medios de comunicación de masas a pesar de que los especialistas han intentado clarificar la diversidad de motivos e interpretaciones de los protagonistas de ese periodo. Anaya describe también cómo los pueblos indígenas han usado el discurso de los derechos humanos para luchar por los derechos indígenas ("Indian Givers").

que han cavado con pico y pala para conseguir agua[23]. Como su interés radica en enseñarle a ella lo que están haciendo en su comunidad, apenas presta atención a su pregunta sobre la película, y María se la repite, ofreciéndole como posible respuesta la idea de la "resistencia indígena". Tal insinuación de María provoca la risa de todos los compañeros de Daniel; los hombres le responden que nada más lo hacen por dinero, y las mujeres dicen irónicamente que él solamente quiere quitarse la ropa. En esta escena, el contraste entre los intereses de la documentalista y los de la comunidad se ponen de manifiesto como dos mundos que apenas se comunican, lo que lleva a María, desilusionada, a apagar la cámara. Esta falta de confianza en los medios de comunicación como portadores de mensajes verdaderos se aprecia también en la desconfianza de un amigo de Daniel, quien pone en entredicho los motivos de María cuestionándole por qué hace tantas preguntas. Al poner en cuestión su derecho a filmar y obtener información, la escena coloca al equipo extranjero en un ambiente donde ya no gozan del prestigio ni de los privilegios acostumbrados. Esta escena termina cuando llegan los ingenieros de la empresa de agua para examinar lo que Daniel y sus compañeros han construido. Como respuesta a su amenazante visita, Daniel y otros dos jóvenes rompen las ventanillas de la furgoneta y los ingenieros salen corriendo. Esta escena es de gran importancia porque por primera vez nos da una idea clara tanto del abuso político económico al que normalmente son sometidos los indígenas en su vida diaria, como de las medidas que han debido tomar para oponerse a estas relaciones de poder en la vida cotidiana.

Algo similar se observa en otra escena posterior cuando un grupo de mujeres logra resistir de forma pacífica a los guardias de la empresa, lo que logran congregándose en masa para empujarlos e impedir que pongan un candado para cortarles el suministro de agua. En ambos casos, se muestra una forma de resistencia colectiva mediante un uso mínimo de violencia. En otra escena se com-

23 Esta escena está basada en hechos reales: muchas comunidades habían cavado sus propias trincheras, las cuales Bechtel (la empresa transnacional representada en la película) pensaba privatizar. Véase el artículo de Raúl Zibechi que describe este proceso en detalle.

bina la desconfianza hacia la cámara con la resistencia femenina. Cuando Sebastián decide incluir una escena en donde las mujeres indígenas desesperadas deciden ahogar a sus bebés para evitar que sean devorados por los perros que las persiguen con los soldados, las mujeres que actúan como extras se resisten a participar en dicha escena. Daniel le explica a Sebastián que no están ni siquiera en condiciones de imaginarse dicha escena, y es por ello que se niegan a participar. Aunque estas escenas no forman parte central del filme, ofrecen sin lugar a dudas imágenes muy impactantes de resistencia pacífica cuando las actrices se niegan a ser representadas de una forma que ellas consideran indigna o incluso peligrosa (por razones que Sebastián no podría imaginarse), forma de representación que se incluía como sumamente auténtica en el cine anticolonialista del pasado. Este nuevo momento cinematográfico tal vez anuncie la no representabilidad del trauma histórico, o mejor aún, la incapacidad del europeo de asumir el derecho de representar el trauma del otro. Así, al menos en ciertos casos, el pueblo indígena asume su derecho de autorrepresentación.

Esta forma de resistir y de reaccionar ante la violencia se observa también en otra escena, pero con una diferencia importante. La mayoría del tiempo Daniel está acompañado de su hija Belén, que en un principio era la razón principal por la cual se había presentado al casting abierto. Al igual que María, Belén asiste como testigo de las nuevas generaciones a muchos eventos acaecidos, y además participa como actriz en la recreación de escenas violentas de la conquista, como cuando su padre ficcional (representado por otro actor), al no poder encontrar la cantidad requerida de oro, recibe como castigo la amputación de uno de sus brazos, mientras a su lado la niña grita y llora angustiada. Al comienzo de esta escena, vemos imágenes del largometraje rodado, pero después de la escena violenta, salimos de la diégesis de la película filmada para ver en contraplano la cara de Belén, que se contempla a sí misma representando dicha escena en la pantalla del cine, y el efecto es abrumador. Sin embargo, cuando Daniel posteriormente le pregunta por su experiencia de espectadora, Belén le responde diciendo simplemente que es una historia *bonita* y triste, pero *no real*. Por tercera vez, la falta de confianza en la capacidad del cine institucional de narrar algo verídico sobre la historia de los pueblos indígenas se expresa de una forma absolutamente explícita.

Para los propósitos del presente estudio, una de las escenas secundarias más importantes es la de la asamblea, cuando los representantes de las comunidades deciden votar sobre el bloqueo de las calles. Daniel se dirige a ellos a través de un altavoz, ofreciéndoles a todos el derecho de hablar antes de votar. Muchos miembros de la asamblea expresan su opinión en castellano y cuando algunos hablan en quechua, sus comentarios no son traducidos. Tenemos una idea de lo que están diciendo, pero el hecho de que no haya traducción o subtítulos le da un perfil más realista a la escena, porque permite darnos cuenta de los límites a los que los espectadores nos enfrentamos para entender esta otra realidad, en donde el castellano no sirve para expresar ciertas ideas. De este modo la escena contribuye a crear una sensación de autenticidad, y es muy poco probable que pudiera haberse hecho sin la colaboración directa de los miembros de la comunidad en la redacción del guion. Así, por ejemplo, algunas mujeres dicen que no quieren que nadie se muera porque los hijos se quedarán sin padres, mientras otras dicen que ya que todos toman agua, todos tienen que salir a protestar. Hay un comentario más en quechua que ayuda a determinar el voto, pero no se ofrece traducción alguna. Finalmente deciden democráticamente votar por bloquear las calles, y desde nuestra posición de espectadores nos damos cuenta de que esa decisión fue tomada después de reconocer el alto costo que requiere esta forma de decisión colectiva conocida cada vez más como "democracia participativa".

El argumento principal finalmente gira en torno a la decisión de Daniel de seguir liderando la lucha contra la privatización y los esfuerzos de Costa por disuadirlo para que postergue dicho rol hasta terminar el rodaje. A pesar del dinero que acepta de Costa para que abandone la lucha, Daniel sale de todos modos a la protesta, lo que lo lleva de nuevo a la cárcel y la tortura. Para liberarlo Costa paga un soborno, pero no antes de prometerle al jefe de la policía que Daniel volverá a la cárcel después de terminar de rodar la película. En la última escena filmada, Hatuey es amarrado a un poste y quemado en la hoguera, lo cual lo convierte en mártir, algo que representa nuevamente otra diferencia respecto a películas sobre la conquista, históricamente basadas en los textos de Las Casas. Cuando el sacerdote intenta bautizarlo y le recuerda que si pide perdón irá al cielo, Hatuey no responde de la misma forma que Las Casas había anotado, pues en vez de afirmar que, si hay cristianos en el cielo, prefiere ir al infierno porque no quiere estar con gente tan cruel (una cita famosa de la obra de Las Casas)[24], en el filme de Bollaín, Hatuey simplemente se niega a ser bautizado sin que le importen las supuestas consecuencias. Inmediatamente después del rodaje de esta escena, la policía boliviana llega y detiene a Daniel; pero nuevamente los compañeros indígenas encuentran una manera no agresiva de rescatarlo, volcando la furgoneta policial y abriendo la puerta para que este huya, todavía con la cara pintada y el vestuario de taíno como Hatuey.

En síntesis, el filme presenta cuatro niveles narrativos: el primer nivel es el montaje paralelo que intercala los discursos de los personajes de la conquista (Colón, Montesinos y Las Casas) con los comentarios de los propios actores sobre esa historia. El segundo nivel es la conversación entre los actores que representan a esos personajes históricos mientras observan y se ven inmersos en la Guerra del Agua, lo que se muestra de manera yuxtapuesta con las observaciones de Costa y Sebastián sobre las decisiones que van tomando a medida que progresa la filmación de la película; en este nivel, los paralelismos con el pasado se representan de modo más claro. Este montaje facilita una perspectiva irónica a través de la cual el debate sobre la ética de los actos y palabras de los protagonistas durante la colonización tiene lugar de modo paralelo a una crítica del neocolonialismo actual entre los actores y otros miembros del elenco. Esto ocurre a veces de modo explícito en los diálogos y otras veces de manera implícita en el montaje visual, como cuando los actores ven reportajes televisivos sobre las manifestaciones populares y las decisiones del gobierno para restablecer el orden. En este contexto, los actores no saben si van a poder terminar el rodaje y se ven a sí mismos en una situación en la cual tienen la sensación de compartir cierto nivel de víctimización: finalmente tienen que

24 Véase nota 10.

decidir si se solidarizan con los propios ciudadanos bolivianos o con su gobierno. El tercer nivel es el documental de María, el cual sirve para comentar críticamente las contradicciones entre los supuestos valores éticos del equipo y sus prácticas, visto desde el enfoque de una persona joven cuyo proceso de aprendizaje sucede de manera simultánea al de los espectadores. En este nivel se nos ofrece una mirada mucho más efectiva de la que hubiera podido registrar cualquiera de los otros sujetos masculinos, pues María se concentra en los cambios que ve a través de su cámara y se da cuenta de lo que está pasando en las calles y en las comunidades populares. Esta mirada privilegiada le permite a María advertirles a Costa y a Sebastián de los acontecimientos que están ocurriendo a su alrededor, lo cual ellos deciden ignorar. El cuarto nivel son las escenas de Daniel con su hija Belén, tanto en su casa como cuando están filmando con los otros actores. Al conocer a estos personajes en su doble rol, vemos la película que se está filmando de una forma mucho más crítica, sobre todo cuando observamos que Daniel y Belén tienen que hacer el rol de víctimas en unas circunstancias que contrastan con lo poco victimizados que son en sus propias comunidades, tal como hemos visto. Es decir, en las escenas filmadas dentro de las comunidades vemos que el pueblo boliviano está a punto de generar una revolución casi enteramente pacífica; por lo tanto, lejos de ser víctimas, son protagonistas de una nueva historia. Ellos entienden bien su responsabilidad para realizar los cambios necesarios y la dificultad de llegar a acuerdos, como también se dan cuenta del alto costo personal de este nuevo protagonismo. Con razón, entonces, estos personajes se niegan rotundamente a seguir siendo retratados como víctimas conquistadas.

En medio de esta revolución, sin embargo, las viejas estructuras siguen su curso. El racismo local se expresa más claramente en un acto de acogida al equipo de la película patrocinado por el alcalde de la ciudad de Cochabamba, mientras afuera se oyen los gritos de los manifestantes: "Fusil, metralla, el pueblo no se calla". El alcalde se excusa por esa "pequeña trifulca doméstica" con la lógica neoliberal que defiende la inversión extranjera como una necesidad de modernización en un contexto en donde la ingenuidad del pueblo, en particular la desconfianza que "los indios llevan en los genes", en palabras del alcalde, llevaría a Bolivia a "la edad de piedra". Cuando Sebastián confiesa que sus demandas le parecen razonables porque, para un obrero, sería difícil pagar ese aumento en el precio del agua cuando sus ingresos apenas ascienden a dos dólares al día, el alcalde responde certera y cínicamente que le han dicho que esa es exactamente la paga diaria que los extras reciben por actuar en su película, comentario que provoca la respuesta de Sebastián que su presupuesto no da para más, el mismo argumento del alcalde. De este modo, una vez más el espectador observa cómo los personajes reconocen su lugar dentro de un aparato económico político más amplio, y tienen que enfrentarse a la ética de su propia postura varias veces en la película.

A pesar de estas escenas, el hecho de que el enfoque temático y la resolución del conflicto se centren mayormente en las decisiones de Sebastián y Costa significa que, hasta cierto punto, hay una oportunidad crítica desperdiciada, al no haberse ofrecido una revelación mayor sobre la forma en la cual todos los ciudadanos forman parte de este sistema global, no solamente los países como Bolivia o los grupos indígenas que lideran estas luchas. Desde nuestro punto de vista actual, posterior al surgimiento de los movimientos europeos de los indignados, esta oportunidad perdida nos parece más evidente todavía.

El desarrollo de la narrativa, la caracterización de los personajes y el montaje paralelo se basan en las convenciones del realismo social, con un desarrollo lineal para poner en evidencia las semejanzas entre el imperialismo histórico (conquista) y el imperialismo actual (neoliberalismo). No obstante, espero haber mostrado que el uso de la metaficción le sirve a Bollaín para hacer visibles estos paralelismos sin evidenciar demasiadas características de cine de tesis, panfletario o de propaganda. Los personajes articulan sus valores y motivos, pero a medida que van cambiando y creciendo como personajes, tienen que reconocer su propia complicidad en las estructuras sociales y políticas. Esta perspectiva significa reconocer que los binarismos de la cinematografía establecida sobre la conquista implican a todos en la creación y mantenimiento de estos sistemas.

Finalmente la intensificación de los enfrentamientos sociales pone al equipo de filmación en una situación insostenible, por lo que todos, excepto Costa, Sebastián y Antón, deciden abandonar el rodaje. La madre de Belén pide ayuda porque su hija fue herida en la manifestación y ella le ruega a Costa que la lleve al hospital en su auto. Siguiendo la mejor tradición hollywoodense del héroe blanco benévolo, Costa rescata a la niña, lo cual deja a Daniel endeudado por su bondad y valentía. Este desenlace tradicional vuelve a consolidar las relaciones de otredad convencionales al recurrir al típico acto heroico para cerrar la obra de manera dramática.

En su análisis de las películas norteamericanas con héroes blancos que luchan en contra del racismo, Wendy Leo Moore y Jennifer Pierce plantean que este género sigue un modelo en el cual el personaje blanco/europeo (o mesías, según Moore y Pierce) ocupa el enfoque narrativo central (como Sebastián y Costa, en este caso), lo que hace que Costa termine siendo el protagonista principal de la película. En segundo lugar, ambas autoras aclaran que, en estos casos, la tensión dramática gira en torno al sufrimiento del héroe blanco, quien se sacrifica en su lucha al lado de los oprimidos y en contra del racismo, y utiliza su poder para rectificar una realidad injusta (restableciendo así la moraleja de que, finalmente, la justicia sí existe). El aspecto más importante, según este análisis, es que el héroe ostenta un poder superior al de las comunidades marginadas y recurre a dicho poder para asistirlas. A diferencia de lo expuesto por estas autoras, sostengo que en *También la lluvia* los personajes de la cultura dominante no se sitúan en una posición de superioridad, ya que finalmente no logran sus propósitos, dada su incapacidad de terminar la película. Esta resolución no puede ser casual: aunque en un momento dado la directora y su equipo aspiraban a la representación verídica de los misioneros durante la conquista, a medida que iban conociendo la realidad boliviana, se daban cuenta de que el objetivo primordial de la película sería representar un ejemplo de resistencia al imperialismo actual y mostrar el protagonismo de los que resistían y siguen resistiendo al mismo[25]. Este mensaje es importante no solamente para los indígenas representados en esta

25 Así lo explica el guionista Paul Laverty en una entrevista: él había escrito la primera versión del guion de la misma manera que Sebastián, pensando reivindicar el trabajo de Las Casas.

película, sino también para la España de los indignados, como lo es además para todos los que ya no aceptan una representación que automáticamente valoriza los personajes y las prácticas asociados con la modernidad por encima de otros personajes, comunidades y formas de ser en el mundo actual.

Por todo lo anterior, me parece harto significativo que haya sido una directora española quien lograra captar el liderazgo de estos grupos en este particular momento histórico, debido a que Bollaín logró posicionarse mejor desde la periferia para pensar el imperialismo neoliberal del siglo XXI, dos años antes de que España misma entrara en una crisis económica por las mismas fuerzas globalizadoras que la directora denunciaba en su película[26].

Obras citadas

ANAYA, James. "Indian Givers: What Indigenous Peoples Have Contributed to International Human Rights Law". *Washington University Journal of Law & Policy* 22.107 (2006): 107-20.

— "Preliminary study of the impact on indigenous peoples of the international legal construct known as the Doctrine of Discovery". *United Nations Permanent Forum on Indigenous Issues* (4 de febrero 2010).

—"Economic System Seen as Unfair: Global Poll". BBC World Service GlobeScan (25 de enero, 2012). http://www.globescan.com/images/images/pressreleases/bbc2012_economics/BBC12_Economics.pdf

BORGES, Jorge Luis. "Pierre Menard, Autor del Quijote". *Obras completas. 1923-1972.* Buenos Aires: Emecé Editores, 1974. 444-50.

Even the Rain. También la lluvia. Dir. Icíar BOLLAÍN. Lionsgate (2010).

---

26 Le agradezco a Walescka Pino-Ojeda y al editor del libro sus valiosos comentarios al borrador de este trabajo.

GUILLÉN, MICHAEL. "Spanish Cinema: *También la lluvia* (*Even the Rain*, 2010): Interview with Icíar Bollaín". *Twitch*. http://twitchfilm.com/2011/02/spanish-cinema-tambien-la-lluvia-even-the-rain-2010-interview-with-iciar-bollain.html

LAS CASAS, Bartolomé de. *Brevísima relación de la destrucción de las Indias*. Ed. André SAINT-LU. Madrid: Ediciones Cátedra, 1993.

— *Historia de las Indias*. Tomo II, Libro III. México: Fondo de Cultura Económica, 1986.

LAUZEN, Martha M. "The Celluloid Ceiling. Behind-The-Scenes Employment of Women on the Top 250 Films of 2012". San Diego: Center for the Study of Women in Television and Film, San Diego State University, 2013. Womenintvfilm.sdsu.edu

MIKE C. "*También la lluvia* (2010)". *The Left Film Review* (25 de mayo 2012).

http://leftfilmreview.net/2012/05/27/tambien-la-lluvia-2010/

MOORE, Wendy Leo y Jennifer PIERCE. "Still Killing Mockingbirds: Narratives of Race and Innocence in Hollywood's Depiction of the White Messiah Lawyer". *Qualitative Sociology Review*. 3.2 (2007): 171-187.

Naciones Unidas. "Declaración de los Derechos de los Pueblos Indígenas". A/61/295.

QUIJANO, Aníbal. "Coloniality of Power, Eurocentrism and Latin America". *Nepantla* 1.3 (2000): 553-80.

RESTALL, Matthew. *Seven Myths of the Spanish Conquest*. Oxford: Oxford UP, 2003.

SPRONK, Susan y Jeffery R. WEBBER. "Struggles against Accumulation by Dispossession in Bolivia: The Political Economy of Natural Resource Contention". *Latin American Perspectives* 34.2 (2007): 31-47.

WOLFE, Patrick. "Settler Colonialism and the Elimination of the Native". *Journal of Genocide Research* 8.4 (2006): 387-409.

ZIBECHI, Raúl. "Cochabamba. De la guerra a la gestión del agua". *Programa de las Américas* (20 de mayo 2009). http://www.cipamericas.org/archives/1711.

Con un mar de por medio: exilio, memoria y neoliberalismo en el cine de Adolfo Aristarain

Carla Grosman

Cine, exilio, memoria

La contribución del director argentino Adolfo Aristarain como sujeto histórico y autor en el proceso de memorización social propio de la postdictadura del Cono Sur destaca, en particular, por su carácter precursor a la hora de introducir un nuevo sujeto del discurso: el hijo de la generación de argentinos exiliados en España. En dicho sistema, el autor se expresa narrativamente a través del relato del viaje del hijo en busca del padre, obteniendo con esta fórmula retórica la posibilidad de reescribir el discurso histórico. Junto a la valorización de este participante del debate, Aristarain propone un nuevo paradigma narrativo, que utiliza la historia de viaje del hijo en busca del padre como alegoría de los conflictos de referencialidad políticosociales producidos por la desaparición de la intelectualidad orgánica nacional. Por consiguiente, en la perspectiva de este director, el hijo es un agente crucial de la memoria porque, mientras lleva el fracaso del proyecto utópico paterno inscrito en el cuerpo, es además capaz de traducir y resignificar aquel ideal dentro de las coordenadas interpretativas de la realidad neoliberal. Sus películas, *Un lugar en el mundo* (1992), *Martín (Hache)* (1997), *Lugares comunes* (2002) y *Roma* (2004), todas ellas coproducidas con España, se presentan entonces como ensayos sobre una misma fórmula con los que el director consigue realizar una profunda autocrítica ético-generacional, que es, inevitablemente autobiográfica. Su importancia es, sin duda, también histórica pues, como en el caso del protagonista de *Roma,* Aristarain se exilió a Madrid en 1967 y volvió a Buenos Aires en 1974, dos años antes de que se instaurara la dictadura, y su trayectoria artística posterior se ha desarrollado en España. Asimismo, tanto su pasado personal como el de sus protagonistas adultos están política y afectivamente ligados a los movimientos contraculturales del Buenos Aires de la predictadura. De esta manera, el presente postdictatorial que Aristarain describe en sus películas es como su propio presente vital, un escenario en el cual aquellas utopías violentamente cercenadas por la represión militar reaparecen como espectros dolientes "en busca de un autor".

En la primera década de la postdictadura argentina, la transmisión de la memoria del periodo represivo (1976-1983) se presentó como un conflicto irresoluble: ¿quién tiene la legitimidad para evocar ese pasado y construir con él la memoria colectiva del destrozo? La socióloga argentina Elizabeth Jelin describe este conflicto como un debate problemático entre fuerzas igualmente legítimas (48). De un lado, se encuentran los "militantes de la memoria", las víctimas directas que creen tener el derecho exclusivo de transmitir la memoria del trauma represivo, aunque en ese momento no pueden ni quieren compartirla. Del otro lado, quedan los "agentes de la memoria", quienes quieren y pueden compartirla, pero no tienen el derecho de transmitirla porque no fueron víctimas directas. Al cerrarse la primera década democrática, tal conflicto de autoridad solamente servía para bloquear las posibilidades de elaboración social de dicha experiencia, generando así, sin querer, la promoción del olvido pasivo impulsado por la agenda del discurso de la democracia neoliberal.

A la luz de estas circunstancias, propongo que la "aparición" política de la asociación "Hijos por la Identidad y la Justicia contra el Olvido y el Silencio" (HIJOS) en el escenario público argentino de 1995 agrega un factor determinante a esta discusión. En este nuevo contexto, las dos posiciones antes disociadas pueden integrarse ahora en la figura política del hijo de desaparecido: por un lado, esta figura tiene la legitimidad de la pérdida directa, como las otras víctimas, y, por otro, se asume en la condición de ser parte de una nueva generación, que necesita reinterpretar la historia en sus propios términos y circunstancias.

A través de la actuación social de esta nueva figura política se vuelven a integrar las prácticas privadas del recuerdo a una pública (re)interpretación del pasado. A partir de aquí, este sujeto clave juega un doble papel en tanto testigo-víctima: el hijo es prueba viviente del estropicio social resultante de la llamada "guerra sucia" pero, a la vez, es mediador, traductor, transmisor y reconstructor del marco interpretativo de la memoria. Es decir, constituye un agente de la memorización social. En este sentido, su presencia aporta una extraordinaria fuerza emocional y moral. Estos dos valores sustentarán su reclamo de justicia por los crímenes cometidos por la dictadura militar, con el objetivo de asegurar el proceso de instauración de una política económica que, hasta fines de los años 90, conservará su hegemonía bajo la forma de democracia neoliberal.

Estas cualidades discursivas se extienden por empatía también a otros sujetos de la misma generación que, de un modo u otro, se identifican como socios históricamente afectados. Un grupo importante es el de los hijos de exiliados políticos, porque sus circunstancias vitales se vieron también afectadas por la represión que, en este caso, forzó a sus padres al exilio y, por tanto, en lo que respecta a su experiencia cotidiana, estos son parte de la generación joven directamente afectada.

Sobre este sujeto social formado por los hijos de exiliados políticos, es preciso destacar un nuevo desdoblamiento de roles en la dinámica constructora de la memoria. La primera es la ya mencionada: como hijo-víctima de la represión e hijo-comunicador de la experiencia traumática familiar que, al reconciliar los enfoques contrapuestos, obtiene una incuestionable legitimidad política. La segunda es particular al grupo de hijos de exiliados, por su constitución de sujeto híbrido nacido en Argentina y socializado en los países europeos o latinoamericanos de adopción, porque con un manejo ambidiestro de los códigos culturales de su país de origen y su país adoptado, el joven es capaz de favorecer la comprensión mutua. Dicha característica se resalta especialmente cuando utiliza esta condición intercultural para resignificar el proyecto utópico de sus padres más allá de los límites a los que aquel se había adscripto éticamente, es decir, sobrepasando la propuesta de emancipación geopolítica continental que habían defendido sus padres. Esta posición desdoblada es expresión de la identidad de sujetos formados en el exilio porque, al haber carecido de un contexto social en el cual circunscribir el proyecto paterno como parte de un ideal colectivo e histórico, el hijo de exiliado internaliza tal pensamiento como parte de una ética biopolítica. De esta manera, la perspectiva del ideal paterno inscripta en el cuerpo del hijo reaparecerá a través de medios y expresiones contemporáneas capaces de llevar aquella visión crítica de la realidad a un nivel global.

El hijo es, en este contexto, un brote nuevo de una generación desaparecida. Con esto me refiero no solo a la cercana desaparición física de decenas de miles de argentinos, sino también a la atomización de la sociedad civil en su conjunto como resultado de la represión dictatorial. Porque, bajo la lente de esta nueva generación, no solamente carece de peso la palabra del adulto cómplice directo y la del adulto que, con su silencio, dio aval a los crímenes de lesa humanidad que se cometieron, sino que también se pone en cuestión la palabra del adulto disidente. En este sentido el proceso de legitimación del hijo como sujeto de la enunciación comienza con la crisis de autoridad de la anterior generación para dirigir el destino de los objetivos colectivos.

Se trata particularmente de la generación de artistas e intelectuales perseguidos, censurados y exiliados por la dictadura que fue forzada a ausentarse de las negociaciones de redefinición moral que tuvieron lugar antes y durante el proceso de redemocratización. En el caso de aquellos argentinos retornados, tales sujetos reciben un nuevo choque traumático cuando, una vez de vuelta en el país, se ven obligados a someterse al nuevo orden de desencanto social impuesto por el mismo sistema económico que los había desterrado. Un sistema que, durante su exilio, se deshizo de sus conexiones económicas y tecnocráticas como razón de ser del "proceso de reorganización nacional", y que, bajo el marco democrático neoliberal, aparece reconstituido como el único sistema posible. En estas circunstancias, el otrora intelectual orgánico llega a los años 90 con un espíritu quebrantado, ya que vive condicionado por el trauma de su fracaso que lo desconecta de su presente y de la voluntad de encontrar salidas viables a las actuales formas de dominación. Es decir, se vuelve un "militante de la memoria", porque carece de la capacidad para adaptar tal proyecto a las vicisitudes del presente.

Se percibe entonces un estado melancólico colectivo, signo de la pérdida de sentido del proyecto de vida social (de manera doble, como pérdida de significado y como pérdida de dirección). Este estado, además de explicar la parálisis en la participación social frente al *status quo,* característica de la primera mitad de los años 90, es también la génesis de un giro en la narración histórica, pues a partir de aquel momento la memoria puede ser contada desde una perspectiva biopolítica: a través de las marcas corporales que esa historia ha dejado en la experiencia concreta de los hijos que ahora reaccionan poniendo en cuestión la autoridad de los adultos. Socialmente esta crisis epistemológica alcanza la legitimidad de formas representativas, como la política, así como la legitimidad de los intelectuales orgánicos, los artistas y las voces públicas de cualquier otra índole.

De pioneros y peones

El presente ensayo intenta destacar el rol de los lenguajes simbólicos, y en especial el cinematográfico, en el proceso de introducción y reafirmación de este nuevo interlocutor del debate. Para explorarlo parto de observar un discurso bisagra, capaz de transitar de una a otra de las experiencias históricas antes mencionadas, y de una a otra perspectiva ontológica. Se trata de la particular mirada de Adolfo Aristarain, a quien considero un pionero en la constitución de un sistema simbólico destinado a dar cuenta de ese complejo estado melancólico y de las relaciones entre sus actores.

Aristarain utiliza el relato de viaje del hijo en busca del padre como vehículo movilizador de un redescubrimiento identitario personal y colectivo. A través del modo alegórico, sus filmes recurren a la dinámica relacional de estos dos personajes, la cual involucra un complejo psicosocial en el que España (como "madre patria" y país de adopción de los exiliados políticos argentinos) y Argentina (como "patria" o lugar al cual estos exiliados pertenecen político-emocionalmente) se relacionan como par edípico. Tal complejo comienza con la tradición identitaria de los intelectuales latinoamericanos de fines del siglo XIX y comienzos del XX, quienes se definían como inteligencia de un movimiento de recuperación de los recursos materiales y simbólicos latinoamericanos que el colonialismo español les había arrebatado.

Esta lucha por recuperar la madre tierra de las garras del poder imperial se extiende en estos sectores intelectuales más allá de finalizado el periodo colonial hasta las épocas postcoloniales y/o neocoloniales para denunciar el ultraje de la gran mayoría de la población de Latinoamérica acaecido tras la independencia de España y la construcción de los estados nacionales. Según este pensamiento utópico latinoamericanista, la denominada "Independencia Nacional" es, de hecho, el fetiche con el cual el proyecto elitista de estado nacional criollo-burgués mantuvo vigente la subordinación de tierras y poblaciones al sistema de dominio eurocéntrico. Aníbal Quijano llama a este modo de hegemonía "colonialidad del poder" (246), por tratarse de relaciones de poder que continúan colonizando ontológica y epistemológicamente al sujeto y las dinámicas sociales, aunque se haya clausurado abiertamente su estatus administrativo-político en cuanto región colonial.

El Nuevo Cine Latinoamericano de los años 60 y 70 se destaca como una de las manifestaciones simbólicas más representativas de esta epistemología de emancipación, precisamente porque se propuso desvelar las estrategias estético-retóricas de legitimación del poder, adoptando para ello un nuevo sistema semiótico que respondiera a una identidad latinoamericana de base revolucionaria. A pesar de que este conjunto de obras intentara deconstruir el discurso hegemónico, primeramente en la psicología "del oprimido", lo contradictorio fue que estos autores asumieran la responsabilidad de hablar por el subalterno, lo cual explica el relativo fracaso del proyecto.

Sin la figura del hijo que se moviliza en busca del padre, sin esa renovación de fe en el proyecto paterno, sin el redescubrimiento identitario personal y colectivo que involucra su actividad como sujeto social y constructor de la historia, la memoria de esta utopía habría quedado clausurada en la anacrónica militancia de tutores desahuciados, quebrados, abatidos por un sistema que los puso en jaque. En este sentido, la relación que se establece entre padre, hijo y discurso utópico-revolucionario es un triángulo amoroso que se complica cuando se sitúa en la coyuntura de la vida exílica. El hijo ama el proyecto paterno en tanto idea, pero odia su ejecución, porque su puesta en práctica lo desplazó al exilio, transformándolo en hijo de una generación desaparecida en un país que lo subalterniza. El padre admira que el hijo retome las riendas de su camino, pero odia que este elija llevar tales riendas por un rumbo propio. Y todo esto enmarcado en un sistema-mundo que a la larga ha conformado una dinámica de dominación del ser y del saber que sirve para cuestionar la capacidad de adaptación de los países dominados al mundo moderno. En este contexto, Aristarain intenta contar cómo se inserta en España un exiliado político que ha sido desterrado de su país subdesarrollado por las mismas lógicas subdesarrollantes que vienen imperando desde hace quinientos años. Y más aún, ¿cuál es el lugar del hijo de esta generación de militantes exiliados en tal encrucijada? Esta es la renovada dialéctica que la obra de Aristarain invita a explorar desde múltiples puntos de vista.

La obra cinematográfica como relato bisagra

Desde la perspectiva retórica se puede considerar el tratamiento narrativo de Aristarain como un relato bisagra porque parte de un esquema ya utilizado por autores tales como Fernando Solanas durante la primera década redemocrática, para luego desarrollar un nuevo discurso diferente del que por entonces se gestaba. Para empezar me aproximo a la narrativa de Solanas por considerarla una referencia ineludible para la fórmula de Aristarain que aquí exploramos.

Si bien es cierto que Solanas, desde su actividad como miembro del grupo Cine Liberación de los años 60, ya enfatizaba la búsqueda de huellas del pasado, de las raíces del descalabro y de la identidad latinoamericana, es su trayectoria en la postdictadura lo que lo distingue entre sus otros compañeros de lucha como agente de la memoria activa. Uno de los trabajos más logrados, en tanto articulador de la historia del presente redemocrático con la del pasado dictatorial y predictatorial, es la nostálgica trilogía que comienza en 1985 con *Tango/El exilio de Gardel*. Este filme cuenta la vida de un grupo de artistas argentinos exiliados en París durante la dictadura militar. Aquí Solanas aborda la temática del viaje, explorando la experiencia del exilio donde se dispara la nostalgia por la patria en tanto espacio en el que se aloja la memoria de un proyecto filosófico vital, el cual se asocia al Estado protector desaparecido violentamente. Con este viaje de tipo centrífugo, Solanas abre la puerta hacia una conversación sobre la nostalgia, y en este marco convoca a toda una serie de figuras tutelares de la cultura popular y de la literatura argentinas, evocadoras de un tiempo y un proyecto de país lejano y perdido. Aparecen así las figuras icónicas de Carlos Gardel, Armando Discépolo, Aníbal Troilo, Roberto Arlt, Leopoldo Marechal, Macedonio Fernández y Homero Manzi. También se evoca en este filme *Rayuela* (1963) de Julio Cortázar, sumándose así a esa magistral exploración de la subjetividad del intelectual artista exiliado que trazó Cortázar cuando —como el director y sus personajes— también vivía desterrado en París.

La segunda película de esta trilogía, *Sur* (1987), trata la experiencia del exilio interior durante los años de la dictadura militar mediante la narración del regreso de Florián, un prisionero político separado de su familia por el régimen represivo. Simultáneamente, este relato narra la historia de un pueblo que se rencuentra con su país tras la reinstauración de la democracia. Pero tal rencuentro (personal y colectivo) implica una elaboración del pasado y la aceptación de las ausencias. Con este filme, Solanas propone una reunión con los fantasmas de los personajes de su anterior película épica peronista, *Los hijos de Fierro* (1972). Aunque sabemos que aquellos personajes, miembros de la resistencia obrera de entonces, se encuentran ahora desaparecidos o asesinados, en términos sociales lo que vamos a rencontrar en este filme es su espectro. Para dar cuenta de esta ambigüedad de presencia/ausencia, Solanas vuelve a desplegar los mismos escenarios de *Los hijos de Fierro* —las calles suburbanas, las mesas de café— pero ahora vacíos. El espacio que transita el personaje de Florián en *Sur* es, de este modo, metáfora de la permanencia de una memoria de lucha popular en medio del olvido pasivo que, por ese entonces, iba instituyendo la política de la redemocratización. Por esta razón *Sur* se presenta como una narración intratextual, en el sentido en que refiere un sistema simbólico común a la *obra* de Solanas, entendida esta como un texto histórico-renarrativo en el cual se van enlazando todos sus filmes. Así el simbolismo de la película *Sur* trabaja en el terreno del inconsciente de la obra de Solanas e, intratextualmente, con el texto "generación y exilio". Esta forma de interpretar, sirve también para pensar muchos proyectos artísticos, incluyendo la obra cinematográfica de Adolfo Aristarain.

Asimismo, en 1992 Solanas, con el tercer filme de su trilogía, *El viaje,* y Aristarain, con *Un lugar en el mundo,* coinciden en promover un relato bisagra entre dos voces. La primera de ellas es expresión de la generación de artistas e intelectuales orgánicos, que en el periodo redemocrático se enfrentan a la ya mencionada crisis de autoridad. La segunda es la de un sujeto que, en tanto actor dramático, había pasado inadvertido en el lenguaje de la postdictadura: el hijo de la generación desaparecida[1]. Ambos filmes proponen el anecdotario del viaje como satisfacción del deseo personal de ir en busca de un tiempo de plenitud perdido, simbolizado en la figura del padre ausente. Este padre ausente está alegorizando el proyecto social destruido, la generación de transformadores sociales desaparecidos, el estado paternalista desahuciado y las figuras tutelares deshonradas. A este nivel de figura alegórica, el hijo que Solanas y Aristarain representan adopta las características del pueblo abandonado a su

1 Si bien en *La historia oficial* (Dir. Luis Puenzo, 1984) aparece el icono del hijo, el personaje de la niña "Gaby" es todavía un objeto de la acción, no su motor.

suerte. Por esta razón, en ambos relatos el hijo sale en busca de la figura paterna, que no encuentra de manera tangible más que alojada en su propia memoria[2].

La obra de Aristarain puede considerarse un discurso bisagra, porque, si bien coincide con Solanas en esta búsqueda retórica de proyectarse en el hijo, Aristarain insiste en llevar dicha fórmula a un terreno más amplio, por lo cual el joven en la era postdictatorial se constituye como *nuevo* sujeto constructor de la memoria. En este sentido, se puede decir que, en las narraciones de Aristarain sobre generación y exilio, el relato del hijo en busca del padre coloca a su protagonista como instrumento de comunicación, como traductor y como sujeto transmisor de experiencia, mientras que en la obra de Solanas los hijos son rehenes del presente pero no sus actores; el intelectual-artista es, para Solanas, quien tiene la última palabra. La misión poética del hijo en la obra de Aristarain es la de reunir las piezas desperdigadas tras la ruptura epistemológica provocada por el asentamiento neoliberal, destrozo que además se manifiesta en el evidente fracaso de las élites intelectuales que no pudieron o no supieron acompañar los procesos del cambio social. Esta es la autocrítica que Aristarain es capaz de hacerse y que Solana aún tiene pendiente.

Se debe entonces establecer que la renarración histórica que ofrecen las películas de Aristarain prepara epistemológicamente la figura del hijo como voz con legitimidad ética y moral para, de allí en adelante, dirigirse por sí mismo a la sociedad que le adeuda. A nivel cinematográfico, lo que distingue a esta nueva dinámica es un relato enunciado puramente desde las identidades de la nueva generación, como relatos biográficos y no ya testimoniales de una condición sociohistórica.

2 Es preciso aclarar que, pese a colocar al hijo como protagonista, se trata no obstante de una narración paternalista, pues recrea primordialmente la mirada de "los viejos sabios de la tribu," no la de la voz del hijo como generación. Así, la consciente introducción que estos artistas hicieron de la figura del hijo del intelectual —para que les sirviera un poco de alter ego y un poco de su subalterno— fue el último intento de esta generación por equilibrar la tensión creada por la crisis de representación del ideologema intelectual artista-pueblo.

Un lugar en el mundo

En *Un lugar en el mundo*, la alegoría de la colonialidad del poder se argumenta de un modo circular y sinecdóquico. Desde su austera narración, el filme logra abordar todos los puntos sensibles que, mediante el barroquismo de *El viaje,* Solanas había intentado desvelar. Esta caracterización alegórica, como ejemplo de un todo más complejo, atraviesa el tratamiento del filme de Aristarain de una manera integral: tanto en el título como la composición de personajes, la historia y la construcción espacio-temporal.

Una de sus características de circularidad más evidentes es la del tratamiento temporal. Este filme está narrado como un relato en forma de *flashback*, estructura temporal que es justificada en un tiempo real: el del viaje de retorno en autobús que Ernesto (Mariano Ortega, y Fabián Vena en la voz en *off*) hace de Buenos Aires a San Javier, provincia de San Luis. Este movimiento centrípeto (de la alienante urbanización a la simplicidad del campo) es también una introspectiva de la historia del personaje hacia el pasado personal, mediante el cual se revelará la condición histórica de la "colonialidad del poder".

"Un lugar en el mundo" es un título que actúa como metáfora umbral de esta alegoría. En su carga semántica resuena la conocida discusión etimológica sobre la posibilidad de realización de la utopía en este mundo. ¿Es la utopía "un buen lugar" o "un no lugar" (en el mundo)? El hecho de que el director aluda a esta discusión en medio de la efervescencia neoliberal —momento en que los proyectos alternativos a la colonialidad del poder se daban por obsoletos— abre la posibilidad de reflexionar sobre la vigencia de la utopía en tanto poiética, como construcción de gran fuerza performativa en donde se integran aspectos ético-estéticos, poético-políticos y/o retórico-simbólicos.

Al explorar esta idea del nombre del filme como alusión utópica, resultan notables al menos tres referencias directas. La primera es la introducción en la narración del personaje del padre, Mario (Federico Luppi), cuyo proyecto cooperativo rural nos recuerda la experimentación de las comunidades utópicas europeas del siglo XIX, tales como los intentos del inglés Robert Owen o los falansterios del francés Charles Fourier [3]. En este sentido, el proyecto comunitario de Mario entraría en la categoría de lo que Marx denominó comunidades "socialistas utópicas". Engels recuerda que Marx se refería a este tipo de comunidades socialistas como "utópicas" por ser proyectos inviables ya que tenían que negociar, interactuar y convivir con un mundo ferozmente capitalista. Fernando Aínsa describe a este tipo de comunidades con el apelativo de "pueblos isla": "un pequeño escenario concentrado mirando siempre hacia la pequeña comunidad queriendo olvidar la vastedad circundante que hostiga y aísla" (180). Esta definición resuena en la comunidad de Mario en tanto proyecto —negociado entre los mismos miembros de la comunidad— que sucumbe en su propia reclusión, la cual anteriormente había garantizado su armonía.

Un lugar en el mundo exhibe un gran friso de prototipos idiosincráticos, políticos y religiosos, argentinos y españoles, cuyas perspectivas son recogidas por el hijo para conformar su identidad intercultural en tanto habitante de la era postexílica y postdictatorial. La secuencia de la cena entre amigos en la casa familiar del protagonista funciona como el dispositivo o marco diegético capaz de posibilitar que cada personaje relate la historia de su vida. En dicha escena comparten la mesa su padre (el idealista oweniano y patriarca de la comunidad) y su madre (la doctora samaritana de origen judío) —ambos exiliados en España durante la represión militar y recientemente retornados al país— junto con la monja misionera española asociada a la teología

3 Robert Owen abogaba por la transformación de la sociedad en pequeñas colectividades locales sin el elaborado sistema de organización social en que vivía la Inglaterra de la Revolución Industrial. Alrededor de 1825, Owen creó las comunidades de *New Lamark* en Escocia y luego *New Harmony* en los Estados Unidos; ambas colapsaron por la intrusión de intereses individualistas en los principios socialistas que las sostenían. Falansterios, o falanges, es cómo se denominaba a las comunidades desarrolladas por Fourier (de 1808 hasta 1840). Se fundaban en la idea de que cada individuo trabajaría de acuerdo con sus pasiones y no existiría un concepto abstracto y artificial de propiedad, privada o común. Como en el caso de las comunidades owenitas, el fracaso de estos falansterios, más allá de sus dificultades intrínsecas, se debió a su rápido crecimiento, que atrajo en poco tiempo a gran cantidad de personas poco preparadas y comprometidas.

de la liberación y el técnico español representante del progreso científico. Este último personaje ha llegado al pueblo para hacer un trabajo de agrimensura y, aunque él personalmente no tenga ninguna intención de perjudicar a los miembros de la comunidad, los resultados de su estudio serán utilizados por la multinacional que lo contrató para la construcción de una presa hidroeléctrica, obra que provocaría la destrucción de la flora, la fauna y, por consiguiente, las formas de supervivencia de la comunidad local. El interés de la multinacional sobre estas tierras consigue influir en el hacendado de la localidad, que especula con la compra y venta de las tierras. Finalmente, los granjeros venden, su fuerza corporativa se desvanece, y el proyecto de independencia y autogestión muere.

La escena de la sobremesa desarrolla un estilo narrativo que podríamos denominar de simulación testimonial. De este modo, se conforma la memoria de un testimonio que Ernesto, escuchando y uniendo fragmentos, recupera de aquel mundo adulto que lo condiciona. Esta estrategia retórica de presentar al joven de la nueva generación como el que va a reconstruir una memoria, a partir de los fragmentos testimoniales de la previa generación, da importancia a la labor de los hijos de desaparecidos y exiliados en tanto agentes de la memoria. En el proceso de reconstruir sus identidades personales, los hijos de los sujetos desaparecidos y exiliados ponen su cuerpo como evidencia de lo que se está dejando olvidar. Es decir que, mientras la elíptica narración redemocrática extirpa del relato histórico las causas y consecuencias de un pasado dictatorial, hay un cuerpo cuya historia no ha desaparecido y cuya existencia desenmascara para siempre tal falacia discursiva. Esto ha contribuido considerablemente en los procesos de memorización social del Cono Sur, pues la nueva generación en general no entiende su identidad del modo planificado por las políticas de redemocratización que consolidaron una democracia neoliberal y amnésica. Es decir, como la de un habitante "huxleyano" que solo mira hacia el futuro tratando de olvidar las responsabilidades que llevaron a que ahora exista un prefijo añadido a la palabra democracia.

La segunda connotación del título de la película podría evocar una memoria colectiva sobre las expectativas emplazadas desde Europa sobre el Nuevo Mundo como espacio inagotable de posibilidades proyectado hacia el futuro. Sin embargo, el argumento del filme escondería una respuesta a tal mito de la modernidad temprana justificadora de todos los colonialismos, pues se dispone a relatar cómo ese proyecto de progreso —en el filme representado por los intereses corporativos españoles sobre las tierras de dicha comunidad agrícola— amenaza la supervivencia del medio ambiente y sus formas de vida orgánicas. He aquí la complejidad de esta expresión, ya que con ella el filme podría insinuarse como una romántica mirada eurocéntrica de Latinoamérica, para luego entregar un relato que desvela su posición de resistencia dentro de las dinámicas de la colonialidad del poder.

En este contexto, al igual que en la trilogía de Solanas, en *Un lugar en el mundo* el espacio se hace inseparable de la acción al adquirir un fuerte uso dramático, como metonimia del proyecto de una generación desaparecida, lugar de resistencia epistémica y ejemplo físico de otra realidad que se veía como posible. Este aspecto le da al filme su tono nostálgico por una ontología ética latinoamericana, pues el padre, como exiliado en España que decide retornar, fue uno de los pocos sobrevivientes de un proyecto en crisis que la democracia neoliberal se encargó de liquidar. El San Javier rural, y no la metrópolis, es el espacio que su padre eligió para proyectarse ideológicamente. Allí este hombre se encontró vitalmente consigo mismo cuando se aunó a sus semejantes y a la armonía de la naturaleza. Sin embargo, frente a la sacudida neocapitalista, no pudo resistir defendiendo el proyecto de toda una generación desaparecida y por eso muere. Su defunción, por tanto, no es solo argumental, sino que tiene una transcendencia simbólica.

Por esta razón, el relato se estructura como la vuelta del hijo a aquel pueblo rural, a su "lugar en el mundo", al espacio de plenitud perdido. En este sentido, aquello que el hijo visita es la *memoria* de una utopía, un pasado que albergaba la posibilidad de una realidad diferente a la que se dio en los hechos, y por ello se trata al final de una ucronía[4]. Narrativamente, esta concepción ucrónica de "un

4 La ucronía especula sobre realidades alternativas ficticias en las cuales los hechos se han desarrollado de diferente forma a como los conocemos. El término, compuesto del griego ou ("no") y cronos ("tiempo"), por lo que su significado etimológico sería "el tiempo que no existe", fue acuñado por el filósofo francés

tiempo que pudo ser pero que no fue", "un tiempo que no existe", se resuelve con la vuelta del hijo a las ruinas de la comunidad de San Javier, porque estas albergan, en su memoria personal, los recuerdos de unos planteamiento utópicos que una vez fueron coherentes y completos en tanto deseos de un futuro mejor.

Y por último, como título, "Un lugar en el mundo" sugiere el resultado de un movimiento pendular entre dos polos, como síntesis entre una tesis y una antítesis, como *topos* que resume una dialéctica teleológica en suspenso. Este lugar en el mundo se define como el punto de tensión en la dicotomía vital del exiliado, pues a pesar de haber encontrado ese espacio como refugio, ontológicamente hablando, el exiliado siempre será un exiliado. Y es en ese espacio de tensión entre España y Argentina que crece Ernesto: España es el país que albergó a su familia exiliada por la persecución política, allí nació, y allí se refugió emocionalmente con su madre después de la muerte de su padre. En este sentido, España es para este núcleo familiar, una memoria feliz. Pero, al mismo tiempo, en la película como en la realidad de los años noventa, serán compañías españolas, las que aprovechándose de la situación de debilidad social resultante del desmoronamiento del Estado protector, inicien proyectos de explotación económicos en la Argentina[5]. Tal derrumbe vivido por el país en esos años y retratado en el filme que analizamos a su vez es consecuencia del violento asentamiento del proyecto neoliberal

---

del siglo xix Charles Renouvier en su obra *Uchronie. L'utopie dans l'Histoire,* en la que explica que, así como la utopía es lo que no existe en ningún lugar, ucronía es lo que no existe en ningún tiempo. Es por ello una palabra elaborada en referencia a la utopía de Thomas More.

5 Entre los años 1989 y 1999, las empresas provenientes de España adquirieron creciente importancia en la economía mundial, en particular en la provisión de servicios de utilidad pública en los mercados latinoamericanos del sector servicios, especialmente en telecomunicaciones, energía y banca. Esta situación se vio favorecida por la creciente liberalización de las economías latinoamericanas que a través de la privatización de las empresas estatales proveedoras de servicios básicos y de utilidad pública, y gracias a la debilidad de los marcos legales regulatorios que permiten altos retornos de la inversión, ofrecían un escenario ideal para la inversión extranjera. (Patricio Rozas Balbontín, "La inversión europea en la industria energética de América Latina")

que encarnaron estas corporaciones. En *Un lugar en el mundo,* fue la inercia de las acciones de la compañía de servicio eléctrico la que desemboca en el fracaso de la cooperativa agrícola de Mario, cuya decepción provoca su muerte. Y es aquí donde resuena la idea de Aínsa de ser un pueblo isla que subsiste y sucumbe a causa de su propia reclusión, de su inherente exterioridad al sistema capitalista. Esto no significa que haya en el hijo resignación o rebeldía, pero sí que en este estadio existe nuevamente conciencia histórico-política.

Martín (Hache)

En el siguiente filme de Aristarain, *Martín (Hache)* (1997), se observa un tratamiento igualmente metatextual con respecto al título, que en este caso se liga íntimamente con la dialéctica intergeneracional antes descrita entre la voz del padre (intelectual-artista exiliado), y la de su hijo (un poco su sombra, un poco su verdugo). En esta película, los padres de Martín hijo (llamado H) que vivían exiliados en España se separan. Al llegar la democracia, la madre regresa con el hijo a la Argentina y el padre permanece en España. El hijo experimenta el sentimiento de abandono de su padre y cae en una depresión. Después de una accidental sobredosis, el padre lo invita a vivir con él en España. Allí, Martín (padre) es un conocido director de cine y ha triunfado como artista, pero en su camino al éxito ha perdido contacto con sus ideales y el motivo mismo de su exilio. Se dedica ahora al cine comercial y su vida está totalmente asimilada a la lógica del mercado que impera en aquel país. Al llegar a Madrid, su hijo, quien sí recuerda las razones de su exilio, se convierte en su crítico más feroz. Después de unos meses, tras la desilusión moral que le ofrece su figura paterna, el hijo decide regresar a Argentina para colaborar en los procesos de reconstrucción social. Nuevamente, España aparece a la vez como el país de abrigo y país corruptor del destino familiar.

De esta película es importante destacar la declaración explícita que hace Martín H a su padre cuando finalmente decide volver a Argentina, pues se trata de una voz generacional. Tal declaración queda grabada en una cámara de vídeo y entregada a su padre por ese medio audiovisual. Con este recurso Aristarain ha tocado el centro del conflicto al menos en dos aspectos. El primero, tal como hemos visto con anterioridad, es el de una generación desilusionada del rol de sus padres y decidida a renarrar la historia en términos propios. Con el recurso de estar mirando a la cámara para este vídeo mensaje, el joven se coloca frente a frente no solamente de cara a su padre, sino a todos los intelectuales y artistas asimilados al sistema hegemónico, o "quebrados" por este. En este sentido, tal vídeo mensaje adquiere un valor exógeno al del relato en particular, y se podría decir que todo el filme ha sido una preparación para escuchar este mensaje. Por eso, Aristarain construye la alocución del hijo como una sorpresa para Martín padre, así como para el espectador. Con ello se intenta sacudir la conciencia del espectador que, al estar demasiado acostumbrado a respetar, sin criticar, la palabra de los intelectuales, se ha dejado seducir por el carismático personaje del padre. Con su alocución frente a la cámara, Martín H logra quebrar este sortilegio. Su voz honesta e inocente revela lo que está corrupto en el padre y en los espectadores adultos, y con crítica ferocidad declara que, en realidad, el emperador está desnudo.

El segundo aspecto se relaciona directamente con la labor del cineasta latinoamericano, pues Martín padre, en tanto director exiliado, habría formado parte de las vanguardias artísticas del Nuevo Cine Latinoamericano y habría defendido sus principios como fueron presentados en sus manifiestos críticos: disparar la cámara como un fusil frente al colonialismo, como lo planteaban Pino Solanas y Octavio Getino; documentar la crudeza de la explotación capitalista sin eufemismos, como convocaba Fernando Birri; y expresarse desde una estética de violencia como reflejo del hambre del tercer mundo para demandar la atención del poder neocolonial, como propuso Glauber Rocha. Ese es, seguramente, el Martín padre que recuerda Martín H, el cineasta dispuesto a asumir una estética de la pobreza como estrategia éticamente consecuente con la injusticia y el hambre que pretendía denunciar, como lo pensaba Julio García Espinoza. En contraste, al llegar a Madrid este hijo encuentra a un padre rendido a los pies del sistema económico que los exilió y que ahora se aprovecha de su creatividad para vender falsos sueños; de ahí que el hijo se apodere de su medio de expresión.

En este sentido, resulta significativo que el hijo no le diga a su padre directamente lo que piensa, ni se lo escriba, sino que lo filme, ya que el efecto retórico de este acto de apropiación simbólica hecha por el hijo es arrollador. Esta instancia que coloca a Martín padre como receptor del vídeo mensaje del hijo revela el momento preciso en el cual Aristarain (y su álter ego, Martín padre) le reconoce a la nueva generación no solo el derecho, sino también la responsabilidad, de continuar la saga. Este es un "acto simbólico" (Jameson), pues tal arrebato de la voz artística del padre, tal apropiación del derecho a la palabra que tenía su padre en tanto intelectual, se refiere a la actitud que la generación joven adopta frente a la precedente. Es decir, esta es una forma simbólica de matar al padre, de destruir su rol de héroe romántico, salvador de la humanidad, y de utilizar las armas que a él le ha robado para recrearse a sí mismo. Esto es, como un sujeto entero cuyo vocablo no es eco de nadie y cuyo nombre se escribe sin "H".

Lugares comunes

Este mismo esquema vuelve a formularse en *Lugares comunes* (2002), pero ahora de una manera inversa. Los padres exiliados no olvidan sus ideales y regresan a la Argentina, a pesar de saber que deberán enfrentarse al sistema de una democracia burguesa que no les hace espacio. Su hijo, en cambio, se queda en España, asimilado a la vida socioeconómica de aquel país. A pesar de ser un buen escritor, el joven decide ganarse la vida trabajando como publicista. En este filme España es nuevamente, en su relación con los personajes, a la vez país protector y país que reclama y "corrompe" a un miembro de la familia. Dicha situación es más trágica que la anterior, pues el personaje que se queda en la tierra de adopción es el hijo y, con él, el futuro aporte al cambio social de su país de origen que debiera haber emprendido para dar continuidad al proyecto paterno o, al menos, al proyecto tal como el padre lo tenía delineado.

En *Lugares comunes* Aristarain elabora una conversación con su película de 1992. Ya desde su propio título, el director evocará la similitud de espacios histórico-filosóficos con su filme *Un lugar en el mundo*. Desde la perspectiva del conjunto de su obra cinematográfica, se puede decir que Aristarain va perfilando al personaje de Fernando (Federico Luppi) de manera intratextual. Fernando es un profesor de literatura que es retirado de su oficio bajo excusas de nuevos reglamentos, pero cuyo retiro tiene más que ver con su abierta posición crítica que amenazaba el sistema de favoritismo y mediocridad imperante. También aquí Aristarain visita el sentimiento melancólico de *Un lugar* para describir a su protagonista, recreando así a Fernando como una versión posible de Mario (*Un lugar*). Es decir, como el último de una estirpe de pensadores que eran además actores del cambio social.

Fernando y Mario son así posibilidades de un mismo sujeto o tipo cultural, el intelectual orgánico que aún en la postdictadura encuentra límites para insertarse en esta función y que, después de ver este ideal frustrado, se recluye hacia las periferias para llevar a cabo un proyecto de carácter utópico. Así, en *Lugares* hay también un intento de recrear una nueva vida fuera de la ciudad, el retorno a la naturaleza, y la búsqueda de un templo refugio entre las montañas y el arroyo de un pueblo rural del interior del país donde aún sea posible vivir bajo tres ideales ilustrados revolucionarios que Fernando no desea dejar caducar: libertad, igualdad y fraternidad. Una de las claves está precisamente en el nombre que Fernando le ha dado a su pequeña granja: "1879".

Al igual que en *Un lugar en el mundo, Lugares comunes* se estructura como una serie de conversaciones intimistas que permitirán desplegar tipologías de sujetos de la contemporaneidad sociopolítica. Como en aquel filme de 1992, también en *Lugares comunes* el personaje principal trata de eliminar jerarquías sociales y de trabajar codo a codo con el campesino local. Una marca distintiva de esta película de 2002 es que lleva el tema de vivir en la resistencia política a la edad de la vejez. En esta propuesta ya no se intenta aconsejar o juzgar al hijo por sus decisiones, ni tampoco representarlo. Más bien la narrativa se estructura como una confesión en el lecho de muerte, una autorreconciliación con las ideas, con la moral, con la ética y las elecciones de vida de la generación de los intelectuales orgánicos que, más allá de su buena voluntad, debieron admitir ser física y temporalmente finitos.

El hijo tiene aquí la responsabilidad de adaptar aquel legado a un mundo marcado por la lógica neoliberal, la cual domina las conciencias y los deseos. El hijo llega al hospital cuando el padre acaba de morir, y conociendo su última voluntad, se da cuenta que el cambio ahora depende de él. De este modo, el final de *Lugares comunes* señala una de las transiciones más frecuentes en la dialéctica intergeneracional: la muerte del proyecto de emancipación geopolítica liderada por el intelectual orgánico portavoz del pueblo. Pero intuyo que el director propone que, aun en esta coyuntura decepcionante, el hijo puede ser un transformador o traductor del proyecto hacia otros espacios de redefinición de derechos sociales. El hijo es publicista, lo cual abre una nueva pregunta si se leen los roles de cada personaje como arquetipo social dentro de la obra de Aristarain: ¿qué tipo de trabajo de concienciación social hacia la descentralización de un pensamiento y una economía estructurada en términos de centro y periferia puede llevar a cabo alguien que maneja el código técnico y retórico del poder global?

Roma

En *Roma* (2004) Aristarain cuenta la vida de otro exiliado político argentino en España, cuyo desarraigo lo ha paralizado y le ha impedido retornar[6]. Joaquín (José Sacristán) ha triunfado como escritor en España y hasta ha asimilado el acento madrileño, pero sus memorias de un país en crisis no lo dejan disfrutar del presente. Por eso, al final de su vida ha decidido escribir su autobiografía. A pesar de que este personaje tiene dos hijas, la relación intergeneracional

6 "Roma" es el nombre de la madre del protagonista. El nombre del personaje de la Madre y de su tío son relevantes al filme pues dan cuenta de la postura política en la que se forma valorativamente el protagonista. La madre se llama "Roma" pues ese era la ciudad de origen del abuelo inmigrante de Joaquín: un italiano anarquista que llamo a su hijo "Ateo" para no dejar dudas de su afiliación ideológica. Un filme acerca de los conflictos morales y mnésicos enfrentados por un autor al escribir su autobiografia, encuentra en el título "Roma" la complejidad semántica y simbólica necesaria para hablar del traspaso intergeneracional e interterritorial de la ideología.

que el director describe es la de Joaquín con su joven editor, quien funciona simbólicamente como hijo. De este modo, y mientras trabajan en la edición del libro, las memorias de Joaquín irán permeando al personaje del joven editor. La clave de esta identificación está en que tanto el personaje del editor como el de Joaquín durante su juventud están representados en el filme por el mismo actor (Juan Diego Botto). Este es un interesante recurso para ejemplificar cómo se introyecta la historia de aquel proyecto político en la experiencia corporal de la nueva generación, estrategia utilizada por Carlos Saura (*Cría cuervos*, 1976) y también por Claude Lelouch (*Les uns et les autres,* 1981). Se trata por ello de un rescate histórico abordado en *Roma* de una manera literal, ya que el trabajo del joven es reescribir en la computadora las palabras escritas en el manuscrito de Joaquín, es decir, adaptar aquellas ideas al lenguaje del presente. Al final del filme, Joaquín deja al joven al cuidado de su casa, le regala sus libros y se marcha. Esta es una forma de metaforizar el traspaso de la experiencia, la memoria y la "antorcha" de la acción social.

En este último filme Aristarain ha logrado ampliar la perspectiva de esta relación padre-hijo en múltiples sentidos. Primero, porque ya no es un trato estrictamente familiar, sino de una generación a la siguiente; segundo, porque se refiere a un traspaso de la memoria de un miembro de un proyecto intercontinental latinoamericano a un sujeto español; y tercero, por el tránsito de una época histórica dominada por la dinámica de la Guerra Fría a la era global. A partir de esta experiencia el joven español, previamente ignorante de la realidad de su entorno, adquiere una conciencia social para mirar críticamente las injusticias de su propio país y para transformarse, desde su labor de periodista, en un agente de cambios.

El rol del joven periodista va más allá de meramente editar el libro que el escritor tiene pendiente. Su labor es además asegurarse de que Joaquín termine su compromiso con el lector, que logre transmitir su experiencia, que destrabe el pasado traumático y consiga "hacer el duelo" a partir de la concreción del objeto libro. El rol del joven en este filme es entonces terapéutico, pues ha logrado ofrecerse como escucha activa para que Joaquín cuente su propia historia y, por tanto, se ha convertido en un agente fundamental en el proceso de memorización. Como tal, su lugar simbólico en la narración intergeneracional y exílica es sobre todo simbólico porque, de esta manera, Aristarain parece anticipar el comienzo de una joven rebelión española. Aquella que desde mayo del 2011 ha dado muestras de movilización social por medio de acciones sociales de resistencia, como los movimientos de "indignados" contra el mercantilismo neoliberal o las plataformas contra los desahucios.

A modo de cierre

El esquema similar de dinámicas familiares, intergeneracionales e interculturales vistas en el presente ensayo como los signos intratextuales de la obra de Aristarain constituye prácticamente una misma propuesta, con ligeras revisiones y variantes. ¿Cuáles son esas consistencias simbólicas y cómo se interrelacionan en su obra? Y ¿cuál es la función retórica de tales relaciones simbólicas en el texto de generación y exilio al que se adhiere Aristarain? Una de estas semejanzas reside en la elección de unos mismos actores para distintos roles que interactúan dentro de la dinámica intergeneracional en diferentes películas. El valor retórico de estas recurrencias requiere una doble consideración. Un primer aspecto es que tal estrategia nos fuerza a disociar al actor de su personaje, reforzando así su valor intratextual en tanto arquetipo. De este modo, los personajes establecen conexiones entre sí independientemente de los actores que los representan. El segundo aspecto que cabe destacar referido a la recurrencia actoral en esta dinámica de disociación actor-personaje es el campo semántico, que se crea por fuera de cada película en relación al actor. Tal espacio está conformado por al menos dos circunstancias importantes: el hecho de que estos actores cumplan una función activa en los discursos de izquierda y los movimientos progresistas, dentro y fuera de la industria cinematográfica, así como la realidad de que estos actores son personas cuya relación con la represión militar en Argentina y la condición exílica en España resulta fundacional para su propia historia personal. A modo de ejemplo, Federico Luppi[7] es el padre en tres películas: en *Un lugar* es Mario, es Martín en *Martín H* y es Fernando en *Lugares comunes.* Juan Diego Botto[8] es Martín H en la película del mismo nombre, y tanto el joven periodista Manuel Cueto como el Joaquín joven en *Roma.* Lo mismo sucede con Cecilia Roth[9], quien

7 La vinculación de Federico Luppi con la represión argentina es el haber sido víctima de la censura profesional. Su nombre figuraba, junto al de otros artistas y periodistas, en las "listas negras" confeccionadas por la dictadura militar, donde muchos conocidos actores culturales eran considerados peligrosos por el régimen. La vida de este actor está marcada por la represión, por lo cual decide exiliarse también en España, donde posteriormente desarrollará una gran parte de su carrera profesional.

8 Juan Diego Botto es el actor que representa al cuasi huérfano "Martín H" y al joven brillante y vacío que en *Roma* va descubriendo el pasado de Joaquín, y en ese proceso entiende su condición de actor social del presente. Así Botto no está tan lejos de sus personajes. Hijo de un actor y activista argentino desaparecido, a los cuatro años Botto tuvo que exiliarse con su familia para escapar del régimen militar, y vivió toda su infancia y parte de su adolescencia exiliado en España. Regresa a los 15 años para buscar rastros de su padre, a conocer su mundo y su familia. Botto es, por ello, el actor ideal para representar a "Martín H". Su rol en *Roma* también le concierne de un modo personal, pues le permite representar la vida de quienes habían sido los contemporáneos y compañeros de lucha de su padre. Gracias al rodaje de *Roma,* Botto comienza un trabajo personal de investigación activa sobre el destino final de su padre. Este actor, hijo de un activista desaparecido, es en la España del siglo XXI un activista de izquierda, un escritor comprometido, un portavoz mediático que apoya los procesos de memorización social de la dictadura franquista, así como los de la dictadura argentina y otras dictaduras latinoamericanas.

9 Cecilia Roth es hija de una familia judía argentina, objeto de las hostilidades del régimen militar, por lo que huyen a España, donde Cecilia reinicia su carrera cinematográfica. Su historia personal está así atravesada por los vaivenes del exilio. Su adhesión a las nacientes políticas de inclusión, de justicia y de igualdad de derechos se refleja en su consecuente criterio a la hora de elegir películas que la comprometen con un pensamiento progresista y de izquierda. En este sentido, además de haber trabajado con Aristarain en el grupo de películas sobre generación y exilio, Roth encarna a la jueza judía que atiende el caso de corrupción judicial en *Cenizas del paraíso* (1997) de Marcelo Piñeyro, y continúa focalizada en personajes cuyas historias se vinculan al problema de la generación y el exilio. Así, en 1999, Roth protagoniza el filme de Pedro Almodóvar *Todo sobre mi madre,* donde representa la relación entre una actriz exiliada en Madrid y su hijo, el cual desea conocer su pasado; y por otra parte, en *Vidas*

representa a la mujer de Luppi en dos películas: en *Un lugar* es Ana y en *Martín H* es Alicia. Igualmente, el actor español José Sacristán también tiene continuidad actoral en dos filmes: en *Un lugar* es Hans y en *Roma* es Joaquín adulto.

De este modo, podemos decir que a lo largo de su carrera, actores como Luppi, Roth, y Botto han puesto su cuerpo como metáfora en la obra de Aristarain, tanto con su trayectoria anterior a estas películas como con sus posteriores apariciones que condicionan ulteriores lecturas de dicha obra. Estos actores encarnan con recurrencia ciertas tipologías que luego se interrelacionan simbólicamente desde cada filme conformando, en esta relación intratextual, el inconsciente político de la obra del autor. Son metáfora en el texto porque, desde su condición de sujetos históricos atravesados por la misma problemática de generación y exilio, son exponentes reales del discurso que también representan. En esta disociación de personajes y actores se basa, a mi entender, la epistemología de Aristarain. Esto es debido a que se nutre simultáneamente de hechos de lo real-histórico y de las historias personales de sus actores para dar cuerpo a personajes que conversan con aquellos arquetipos que existen en el inconsciente colectivo de una sociedad azotada por el trauma (el desaparecido, el militante, el exiliado, el hijo de exiliados, el censurado). La obra de Aristarain adquiriere así de este sistema simbólico un alto grado de verdad y una clara influencia en las reescrituras históricas que dependen de los procesos de memorización social del periodo inmediato pasado. Hasta aquí llega Aristarain para conversar, desde el inconsciente de su obra, con las contingencias de un presente postdictatorial, donde el hijo, como generación, es el verdadero protagonista.

En resumen, Aristarain parece haber explorado a fondo sus responsabilidades como intelectual-artista marcado por el exilio en España y el retorno a Argentina, no solo no omitiendo sino que enfatizando sus conflictos y contradicciones. Resulta especialmente

privadas (2001) de Fito Páez, Roth personifica a la mujer decepcionada que después de su secuestro, violación y tortura, y de la simultánea desaparición de su marido, de manos de la dictadura, se exilia en España, volviendo solamente para despedir a su padre en su lecho de muerte.

digno de señalar su reflexión sobre sus propios compromisos para con la nueva generación en el proceso de construcción de la memoria colectiva. De alguna manera sus películas también ofrecen una reflexión sobre su propia inmersión dentro de la mecánica del neoliberalismo en la era global, y las condiciones de producción cinematográfica dentro de una dinámica transatlántica que refleja la colonialidad del poder económico[10]. La posición bisagra de la obra de Aristarain revela la voluntad del autor de conciliar un encuentro intergeneracional e intercontinental, asumiendo así el exilio como el motor de una memoria colectiva que trafica historias, nostalgias y deseos de padres a hijos, y de uno al otro lado del mar.

Obras citadas

Aínsa, Fernando. *Los buscadores de la utopía: la significación novelesca del espacio latinoamericano*. Caracas: Monte Ávila, 1977.

Balbontín, Patricio Rozas. *La inversión europea en la industria energética de América Latina*. Santiago de Chile, CEPAL: Serie *Seminarios y Conferencias* 10, junio 2001.

Birri, Fernando. "Cine y subdesarrollo". *Cine Cubano* 64 (Mayo/Junio, 1967): 13-21.

Engels, Frederick. "Socialism: Utopian and Scientific". *Marx/Engels Selected Works*. Vol. 3. Moscú: Progress, 1970. 95-151.

García Espinosa, Julio. "Por un cine imperfecto". Hablemos de cine 55-56 (1970): 37-42.

Jameson, Fredric. *The Political Unconscious: Narrative as a Socially Symbolic Act*. Ithaca: Cornell UP, 1981.

Jelin, Elizabeth. *Los trabajos de la memoria*. Buenos Aires: Siglo XXI, 2001.

Lugares comunes. Dir. Adolfo Aristarain. Argentina/España, Transmundo Films, 2002.

10 Es importante destacar que todos sus filmes fueron coproducidos con España, en un régimen de coproducción asimétrico, por lo que su mirada crítica sobre la relación de aquel país en las dinámicas de la colonialidad del poder quizás tenga un ángulo adicional.

Martín (Hache). Dir. Adolfo ARISTARAIN. Argentina/España, Alta Film, 1997.

PALMER, Kent D. "Intratextuality: Exploring the Unconscious of the Text". http://dialog.net:85/homepage/Lx01a14.pdf. *academia.edu*. 21 de junio de 2002. 1-36.

QUIJANO, Aníbal. "Colonialidad del poder, eurocentrismo y América Latina". *La colonialidad del saber: eurocentrismo y ciencias sociales. Perspectivas latinoamericanas.* Ed. Edgardo Lander. Caracas: CLACSO, 2000. 246-276.

RENOUVIER, Charles. *Uchronie. L'utopie dans l'Histoire: Esquisse historique apocryphe du développement de la civilisation européenne tel qu'il n'a pas été, tel qu'il aurait pu être.* Paris: Bureau de la Critique Philosophique, 1876.

ROCHA, Glauber. "An Esthetic of Hunger". En Randal JOHNSON y Robert STAM (eds.), *Brazilian Cinema.* Austin: U of Texas P, 1982. 68-71.

Roma. Dir. Adolfo ARISTARAIN. Argentina/España, Home Video, 2004.

SOLANAS, Fernando y Octavio GETINO. *Hacia un tercer cine.* La Habana: Tricontinental OSPAAAL, 1969.

Un lugar en el mundo. Dir. Adolfo ARISTARAIN. Argentina/España/Uruguay, Transmundo Films, 1992.

Devolviendo la mirada: *Biutiful* y la globalización de *Los olvidados*

Walescka Pino-Ojeda

> ¿Cuál de sus films es el preferido?
> Quizá *Los olvidados*. De haber hecho lo que yo quería habría resultado una obra maestra. Deseaba interrumpir la narración naturalista con algunos toques irreales, pero éstos tuve que limitarlos a los sueños. Una de esas visiones era la siguiente: en la escena en que el Jaibo mata a su amigo, la cámara se levanta por sobre el terreno baldío y retrata la estructura de acero de un edificio en construcción. Allí, en uno de los últimos pisos, hay una orquesta de cien profesores, aparentemente tocando una sinfonía.
> Entrevista de Guillermo Cabrera Infante a Luis Buñuel

Buñuel: la modernidad defraudada

Tras su exilio en Estados Unidos (1938-1945), Luis Buñuel se establece en México, donde en 1950 dirige *Los olvidados*, obra que lo consagra como *auteur* al ofrecer un cuadro realista-surreal que da cuenta de la violencia en que subsisten los empobrecidos habitantes de la ciudad de México. Sesenta años después, Alejandro González

Iñárritu le devuelve la mirada al filmar su cuarta película en los barrios marginales de Barcelona. Se trata de un gesto atrevido que no solo exige sustraerse del pesado compromiso descolonizador, pedagógico e ideológico que el Tercer Cine legó a los cineastas latinoamericanos a partir de los años 60, sino que supone también liberarse de una cierta condición de subalternidad frente al artista del viejo imperio, para presentarse como un sujeto que mira y analiza al otro metropolitano, el que hasta entonces había tenido el patrimonio de la mirada[1]. Sin embargo, González Iñárritu ya había ensayado esta "no-tercera" ubicación tanto en *21 Gramos* (2003) como en *Babel* (2006). El motivo que vincula a todas sus películas, incluida su opera prima *Amores perros* (2000), es la ley del accidente, lo que le permite desnudar la interconectividad de los eventos y circunstancias humanas, a pesar de la individualización promovida por el neoliberalismo global, con independencia de si la acción ocurre en el Distrito Federal mexicano, en Estados Unidos, Japón o Marruecos. Aunque se aparta de la entrecortada estructura narrativa característica de sus películas anteriores, *Biutiful* (2010) se presenta como igualmente audaz, pues más allá de la denuncia sociopolítica de su argumento, hace visible un centro cada vez más desplazado hacia los bordes al enfocarse en metrópolis europeas que están siendo engullidas por sus propios marginados internos. Me refiero a los empobrecidos ciudadanos postimperiales, con pasaporte europeo, y que sin embargo subsisten dentro de una suerte de globalización paria en la que cohabitan con los inmigrantes ilegales asiáticos y africanos.

El hecho de que su locación sea España (y no otras regiones, como antes había sido el caso) hace que *Biutiful* necesariamente se vincule de modo afectivo con esta alteridad geográfica, la que al ser cultural e históricamente familiar para el director mexicano,

1 Son numerosas las películas de origen español que en los últimos años se han enfocado en América Latina o han tenido como parte de su trama las peripecias de personajes de origen latinoamericano, o bien actores de la región para los roles protagónicos. Entre los directores más icónicos sobresale Carlos Saura con *El Dorado* (1989) y *Tango* (1998), Pedro Almodóvar con *Todo sobre mi madre* (1999), *Hable con ella* (2002), *La mala educación* (2004) y *Volver* (2006), e Icíar Bollaín con *Flores de otro mundo* (1999) y *También la lluvia* (2011).

permita que tal extrañamiento en verdad no exista. Es en dicho sentido que sostengo que esta vuelta de mirada, más que albergar una cierta soberbia de parte del artista mexicano, formado e influido por el malinchismo que traspasa hasta hoy el imaginario histórico cultural del país, ocurre más bien dentro de lo emotivo, lo que en la película se desarrolla principalmente a través de las variadas relaciones filiales que estructuran la trama. Este elemento afectivo se hace notar además en el hecho de que González Iñárritu retoma el clásico formato narrativo, apartándose del modelo postmoderno o multiplex, de narración fragmentaria y con variadas tramas y protagonistas, claramente expuesto en sus películas anteriores[2]. En esta oportunidad opta por centrarse en una sola trama y personaje, exigiendo de este modo que el espectador no dude en identificarse y sentir empatía con él. Asimismo, la narración lineal evita la dispersión de la atención y las emociones para ordenarlas y encaminarlas hacia un único núcleo, lo que además lleva a un cierre que, aunque no sea el acostumbrado final feliz, tampoco se resuelve en la desesperanza o en la inconclusión.

Por otra parte, al indagar en las paupérrimas existencias de Barcelona tanto a un nivel económico como ético, la respuesta de González Iñárritu a la obra de Buñuel nos obliga también a considerar los años transcurridos desde que el planeta se enfrentara a la posibilidad misma de su autodestrucción a raíz de la Segunda Guerra Mundial, y que entre sus hitos más dramáticos consigna la revelación de los campos de concentración y exterminio nazis, para lo cual las atrocidades de Auschwitz resultan iconográficas, y ya al cierre del conflicto, el bombardeo atómico estadounidense a Hiroshima y Nagasaki. Es la violencia de tales eventos lo que obliga a convenir acuerdos internacionales con el fin de sostener un equilibrio mundial que sirva también para salvaguardar la pervivencia de objetivos humanistas de convivencia. Tal es el caso de la Declaración Universal de los Derechos Humanos, formalmente promulgada en 1948. Del mismo modo, y con el propósito de sobreponerse a los costes económicos y

2 La narrativa multiplex que caracteriza a las tres primeras películas de González Iñárritu es analizada por Juan Orellana Gutiérrez de Terán en "Las mixtificaciones narrativas en el cine de Alejandro González Iñárritu".

humanos ocasionados por la guerra, en las naciones capitalistas más industrializadas se fortalecen las políticas del Estado benefactor establecidas especialmente en la década de los 30 durante la Gran Depresión. Todo lo anterior da cuenta de un renovado compromiso con el humanismo a través de medidas económico sociales tendientes a mejorar la condición de vida de los ciudadanos, lo cual se basa en la confianza depositada en un manejo sostenible de las instituciones y las relaciones humanas.

En América Latina, y salvando las diferencias con lo implementado a nivel social en los países metropolitanos, este interés se lleva a cabo mediante el establecimiento de gobiernos de corte popular desarrollista[3]. En tal sentido, si bien el filme de González Iñárritu es elocuente al trazar la frágil línea que en el segundo milenio divide al mundo desarrollado postimperial de aquel postcolonial en vías de desarrollo, también es cierto que el retrato que Buñuel ofrece del México de 1950 no sitúa al país en los márgenes de la economía global, sino más bien respondiendo a un destino paralelo al de los grandes centros metropolitanos. De este modo, y venciendo la establecida tendencia que separa drásticamente la realidad social latinoamericana de aquella de los países occidentales hegemónicos, al comienzo del filme, al tiempo en que se muestra la imagen clásica de los rascacielos de Manhattan, un narrador en *off* declara:

> Las grandes ciudades modernas como Nueva York, París o Londres esconden tras sus magníficos edificios hogares de miseria que albergan a niños mal nutridos, sin higiene, sin escuela. Semilleros de futuros delincuentes. La sociedad trata de corregir este mal, pero el éxito de sus esfuerzos es muy limitado. Solo en un futuro próximo podrán ser reivindicados los derechos del niño y del adolescente para que sean útiles a la sociedad. México, la gran ciudad moderna, no es la excepción a esta

3 En el caso concreto de México, ya se habían establecido políticas de desarrollo social después de la revolución de 1910-1920, que logran afianzarse con Lázaro Cárdenas (1934-1940) al concretar importantes avances en la distribución de la tierra, promoviendo también la nacionalización de bienes. Este es un proceso que, como veremos, en México no logra continuidad en los años subsecuentes, lo cual ayuda a entender el clima social presentado por Buñuel en *Los olvidados*.

regla universal, por eso esta película basada en hechos de la vida real, no es optimista y deja la solución del problema a las fuerzas progresivas de la sociedad.

Así, a pesar de que la película elige como epicentro de su trama el barrio Nonoalco, "lugar que tiene mucho de la alegoría del cambio que ha ocurrido con el desbordamiento urbano [en la ciudad de México]" (Martínez Assad 32), los males que se acusan no le son privativos, pues se encuentran también en los grandes centros económicos de Europa y de Estados Unidos. Y no se trata de deficiencias sociales secundarias, sino de las más básicas: alimentación, salud pública y educación. De este modo, cinco años después de haber concluido el conflicto mundial y treinta desde que en México comenzara la implementación de las políticas exigidas por la Revolución, Buñuel acusa las deficiencias de modelos socioeconómicos vigentes a nivel global. Julie Jones recuerda cómo las políticas del presidente mexicano Mateo Alemán (1946-1952) representan el total abandono de la agenda sentada por la Revolución al desatender los programas sociales, incluida la reforma agraria, que había constituido su ítem central, lo que trajo consigo una masiva migración hacia las urbes (49). Tal es precisamente el escenario político económico en que se sitúa *Los olvidados* y frente al cual Buñuel se revela, evitando la mirada neorrealista que dominaba al cine de autor de la época, y su marcado énfasis en la pobreza proletaria. Buñuel opta más bien por subjetividades incipientes, para lo cual se concentra en las vicisitudes de los niños y jóvenes que habitan en los barrios marginales de la capital mexicana[4]. Por esta razón México se presenta como un ejemplo paradigmático de los nuevos tiempos, y a contracorriente del determinismo y pragmatismo que traspasan su

4 Al respecto Julia Tuñón aclara: "Buñuel estaba en una situación difícil en los Estados Unidos cuando el productor Óscar Dancingers lo invitó a México. Éste le propuso hacer una cinta sobre el tema de los niños delincuentes de la calle. Buñuel aceptó porque le gustaba *Sciuscià* (El limpiabotas) de De Sica, aunque su propio estilo era diferente del neorrealismo, que no buscaba el misterio o la poesía y solía carecer de profundidad psicológica. Sin embargo, coincidía con ese movimiento en el gusto por los actores no profesionales, las locaciones sin paisaje y la temática de índole social" (135).

lenguaje —la pobreza como origen ineludible de criminalidad, y la urgencia de preparar ciudadanos útiles— esta declaración surge de un pensamiento utópico moderno defraudado —o al menos impaciente— ante la ausencia abrumadora de los resultados esperados. Es por ello que más allá de reconocer derechos universales abstractos, el director puntualiza el caso particular de la niñez y la adolescencia, establece que existe una responsabilidad colectiva, y vaticina que dichos males serán resueltos por los agentes comprometidos con dicha causa, entre los cuales se ubica este proyecto fílmico dedicado, precisamente, a denunciar dicho mal.

En tal contexto, sostengo que *Los olvidados* pone en evidencia un orden no alcanzado, que es en última instancia el responsable de la pobreza, para lo cual sirven como símbolos los espacios urbanos baldíos y las arquitecturas inconclusas, parajes que dentro de la urbe se observan como abandonados o en tránsito hacia un orden deseado; es por ello que sirven de escenario de todos los asesinatos. La idea de lo inconcluso que debe, algún día, ser terminado, sugiere el modo en que Jürgen Habermas nos increpa a seguir adelante con el proyecto de la modernidad. Y si no se trata de lo inconcluso que, de completarse llevará a un estado de plenitud social y humana, es al menos lo que debe ser corregido, quizás al modo en que Hannah Arendt lo observó al analizar la deshumanización que desató y dejó en evidencia el totalitarismo europeo, un estado de la condición humana que solo necesitaba de los factores que la propiciaran para desencadenar lo que ella misma definió como la banalidad del mal. Sin embargo, a pesar de que *Los olvidados* se hace cargo de denunciar una pobreza material abyecta, que redunda en una condición humana que parece responder a esta banalidad del mal descrita por Arendt, los personajes conservan propiedades que, como veremos, el filme pone de relieve.

En el relato inicial antes citado, el deseo de transformación social se ve también afianzado al declarar que no se trata de desvaríos artísticos ni temas construidos por agendas ideológicas, pues se utilizan hechos de la realidad. De ahí que, desde un punto de vista narrativo, no se traduzca en un retrato surrealista —como ya habíamos presenciado en dos filmes anteriores, *Un perro andaluz* (1928) y *La Edad de oro* (1930)— ni tampoco en un relato de tipo documental, como ocurre en *Las Hurdes: Tierra sin pan* (1933). *Los olvidados* constituye más bien un drama en que lo abyecto de la pobreza material y humana es transmitido mediante un lenguaje que, del mismo modo que es dramático-realista, también es onírico-simbolista, todo lo cual obliga a trascender la lectura socioeconómica intelectual, para penetrar en el sentido emotivo de los resultados sociales y humanos gestados por la pobreza[5]. A este respecto, Peter Evans sostiene que la opción estética que le permite a Buñuel revelar el contrasentido de esta violencia socioeconómica es el surrealismo, el cual Buñuel construye a su medida tomando elementos de la literatura y el arte visual góticos: planos amplios que permiten observar parajes, estructuras y edificios desde perspectivas que ponen en evidencia su disociación con el quehacer humano y, por otro lado, espacios contenidos y entrampados, ofreciendo de este modo "una aproximación arquitectónica al modelo freudiano de la mente", lo que sirve para ilustrar las trampas que impone la inconciencia en las decisiones y conductas humanas (Fuentes 77)[6]. Así, y con el fin de

---

5 Julie Jones analiza los elementos documentalistas de *Los olvidados* que se relacionan sobre todo con la adquisición de suficiente evidencia fáctica para proveer garantías de legitimidad. Aunque el formato elegido haya sido el de ficción, este permite alcanzar otras audiencias y emociones (23-4). Respecto a las garantías de verosimilitud, Tuñón afirma: "El director mostró en la película la realidad que había podido observar en los seis meses previos a la filmación investigando en las notas rojas de los periódicos, los informes del Tribunal para Menores, la cárcel de mujeres y en sus paseos cotidianos por el barrio de Nonoalco, Romita y Tacubaya, donde iba con Luis Alcoriza y con el escenógrafo Edward Fitzgerald" (136).

6 Aunque *Los olvidados* es el filme que consolida a Buñuel como artista de denuncia social, lo cierto es que una crítica similar o más cruenta es desarrollada en su mencionado filme documental, *Las Hurdes: Tierra sin pan*, en el que retrata las condiciones paupérrimas en que subsistían los habitantes de la localidad del mismo nombre en España. Jordana Mendelson afirma que el filme debe ser entendido en el contexto de la Segunda República, en que, entre otras cosas, se debatía arduamente sobre las posibilidades de una reforma agraria, en tanto en los círculos artísticos se discutía sobre el rol social del arte. En dicho contexto, si bien su carácter etnográfico sirve a sus propósitos socialrealistas, Mendelson insiste en que tal tendencia se complementa con un "surrealismo disidente" (230). Atendiendo a lo anterior, parece evidente que al ejercer dicha crítica social desde un formato de ficción en *Los olvidados*, al mismo tiempo

expresar la aberración de los actos humanos en un contexto en que se rehúye con vehemencia el enfrentarlos, el repertorio simbólico permite romper con los tabúes que sostienen la apariencia y el deseo del orden realista moderno y, por ello, la agresividad de la mirada hace que el cine se haga partícipe de la misma violencia que denuncia. A mi ver, el punto culminante de esta forma de surrealismo no radica tanto en la agresión que el horror impone sobre el espectador, sino más bien en que la monstruosidad de los eventos y de los personajes es presentada como una anomalía, como una desviación de un orden que —como he dicho— se percibe como factible, y por esta razón, a pesar de la violencia, no se llega a negar la humanidad ni de los personajes ni de su entorno.

En este sentido, el título por el que opta Buñuel es, elocuente. "Olvido" invita a una doble lectura en que se puede inferir abandono premeditado, pero también quedar accidentalmente rezagado, pospuesto; por lo tanto más que una maldad deliberada, radical, es también posible inferir negligencia. Esto es importante pues, a pesar de la ferocidad de las imágenes generadas por la violencia a la que conduce la pobreza, Buñuel ofrece un retrato descorazonado más que desesperanzado. Es por ello que se dedica a denunciar que dicho abandono debe y puede ser subsanado. Así, la vileza que exhibe el ciego (Miguel Inclán) debe ser entendida dentro de su condición, que a pesar de su discapacidad cuenta con las habilidades para sobrevivir y destacar en el medio en el que le ha tocado existir. Del mismo modo se hace imposible despreciar al jefe de la pandilla juvenil, el Jaibo (Roberto Cobo), cuando sabemos que es un huérfano desprovisto de todo referente afectivo; o repudiar a la madre (Stella Inda) por rechazar sostenidamente a Pedro (Alfonso Mejía), cuando se nos dice que él es el fruto de una violación sufrida cuando ella tenía solo catorce años. Por lo anterior, más que hacer referencia a una maldad banal, dominada por el sinsentido, la fatalidad y una crueldad primordial ya normalizada, el filme sostiene que dichos trastornos son subsanables. Así, la carne cruda que domina el sueño de Pedro es la

---

que Buñuel se distancia de lo etnográfico, se acerca a lo estético surreal, para lograr precisamente un efecto más estético que lo hace menos proclive a ser asociado con discursos propagandísticos.

manifestación simbólica de la muerte a palos que El Jaibo le ocasiona a Julián (Javier Amezcua), y de la relación carnal de su madre con el Jaibo; pero es también la presencia concreta del hambre material y afectiva que sufren los personajes. Buñuel aclara al respecto:

> No se pueden establecer reglas, tesis ni mensajes. No hago "cine de ideas". Hay, desde luego, ideas a las que soy fiel, y podría decirles que muchas son las mismas que tenía a los veintiocho años, aun cuando algunas haya tenido que matizarlas, porque la realidad me ha obligado a ello. Yo expongo, no impongo, esas ideas. Y más que ideas, son imágenes, sentimientos. (citado en González Dueñas, 191)

A nivel cinematográfico, siguiendo con las opciones estéticas y fines emotivos ya dichos, *Los olvidados* muestra la influencia del expresionismo alemán y su subsecuente evolución en el cine negro norteamericano, fundamentalmente por su opción fotográfica en blanco y negro, en el cual tanto el contraste como el claroscuro sirven para acentuar el dramatismo de la pobreza y la violencia de las acciones. El filme *Metrópolis* (Fritz Lang, 1929) resulta en este sentido un antecedente claro, no tan solo por el aspecto visual, sino también por su lectura distópica de la urbe moderna con su evidente malversación de los ideales desarrollistas industriales, lo que además se transmite al hacer explícito un mensaje político que acusa la incomunicación, la apatía y el abuso que prevalece en dicha urbe. Para evidenciar este aspecto *Metrópolis* recupera la historia bíblica de la Torre de Babel, de la que se sirve para retratar el desvío de la sociedad industrial, la cual ha exacerbado la tecnificación de la actividad humana, propiciando así la estratificación y discriminación de las fuerzas laborales. A pesar de que todos los oficios y saberes se complementan, la desconexión existente entre las diversas partes de este todo ha provocado incomunicación y falta de conciencia frente a otros seres humanos. Este mensaje se hace del todo claro en el epígrafe con que se abre el film, y que es luego reiterado al cerrarse la secuencia de Babel: "El mediador entre el cerebro y las manos debe ser el corazón." De este modo, Lang denuncia la separación entre el conocimiento intelectual y el manual, la pérdida de orientación frente a los verdaderos fines que debe lograr el "progreso", así como el menosprecio con que la sociedad industrial se comporta frente a la fuerza laboral que ejecuta y materializa el ingenio cerebral. El afecto es el que une las partes y propicia el entendimiento mutuo; es el que hará posible la reorientación de los objetivos, y el que permitirá que aquellos que están en posición de denunciar la situación social mediante su intelecto artístico construyan las vías hacia dicho entendimiento. Se reconocen aquí los ecos de las palabras de la voz en *off* al comienzo de *Los olvidados*: el trabajo fílmico como vehículo para dar a conocer una historia de abusos y negligencia en la gran ciudad moderna que es México D. F. Pese a carecer del carácter industrial de la urbe retratada por Lang, la ciudad de *Los olvidados* se precia de ser moderna, con las incongruencias y desajustes que le son propios. Julia Tuñón se detiene en este aspecto:

> En cuanto a la imagen de la ciudad, la película de Buñuel mantiene la división que caracteriza el cine institucional entre ciudad marco y barrio, pero el aragonés incorpora el aspecto agrario del suburbio y no redime al barrio, de manera que la imagen que prevalece es la de una ciudad rota, desintegrada, enferma y supurante, como los cuerpos de varios de los personajes del filme. Como ellos, la ciudad está a medio camino entre el agro y la urbe, y en ella la vida de sus habitantes parece agotarse en la simple supervivencia. Su énfasis contradice la modernidad urbana de que se hacía ostentación en la imagen oficial. (139)

Podemos también advertir que el cine de González Iñárritu se asocia con *Metrópolis* al hacer que dicha interconectividad y mutua dependencia humana señaladas en la película de Lang se hagan explícitas, lo cual se logra narrativamente mediante el recurso del accidente. En este contexto, el hecho de que el director mexicano realizara una película titulada *Babel* deja por lo mismo de parecer una mera coincidencia. En esta línea, al analizar la influencia que la obra de Buñuel ha ejercido en la opera prima de González Iñárritu, *Amores perros*, Francisco Javier Millán se refiere a la crudeza con que este último retrata las vidas de los habitantes de la ciudad de México al iniciarse el segundo milenio. Así, en tanto Buñuel se resiste a dulcificar la realidad de la pobreza, González Iñárritu se dedica a exhibir "la hipocresía de [la] condición de clase [de la burguesía]" (235). Lo que ambos directores comparten es la visión distópica de la gran metrópolis latinoamericana.

Es precisamente este lenguaje fílmico, dirigido sobre todo a lo sensorio-emotivo más que a lo intelectual-contemplativo, lo que determinó la reacción que en el México de la época despertara *Los olvidados*. Como ya adelantábamos, previo a su estreno, el cine mexicano de la edad de oro (1935-1950) se dedicó a mostrar a la ciudad de México como metáfora del progreso, lo que condujo a una imagen romantizada de la pobreza, expuesta sobre todo en el film *Nosotros los pobres* (Ismael Rodríguez, 1947). Tal desplazamiento estético-ideológico explica las reacciones virulentas que el film provocó en el público en general, parte de la comunidad artístico-intelectual, la elite política, así como en el mismo equipo de filmación (Tuñón 137). En dicho contexto, Javier Millán establece que esta obra de Buñuel sienta las bases para el cine latinoamericano de compromiso social, autodesignado como Tercer Cine, precisamente para apartarse del cine comercial de Hollywood (o "primer cine"), y el cine de *auteur* metropolitano (o "segundo cine"): "Con *Los olvidados,* Buñuel abre la vía de un cine revolucionario y alternativo al cine burgués que se estaba haciendo hasta ese momento en México y en toda Latinoamérica" (226).

La filmografía de González Iñárritu rompe con la tradición del Tercer Cine, sobre todo por la actitud con que se acerca a su argumento, pero además por el alcance de la mirada, la cual desborda el espacio de lo nacional y latinoamericano para realizar un repaso panóptico global: "[E]ste tipo de cine ya no parte fundamentalmente de esquemas ideológicos periclitados. Es un cine posmoderno, que parte del problema humano desnudo. [González Iñárritu declara:] 'Yo estoy hasta la madre de las ideologías'" (Orellana 1161). Sin embargo, me inclino a sostener que el cine de González Iñárritu, aunque no arranque de lo ideológico, ciertamente lo aborda desde lo afectivo para, a partir de allí, sacudir y revelar los constructos ideológicos que ordenan los espacios socio políticos y mentales en que se desenvuelven sus personajes: "Creo que hoy el espectador está mucho más ávido de sentir que de entender, porque el entendimiento viene detrás de la emoción" (González Iñárritu, citado en Orellana 1161). Si a Buñuel lo traspasa un pensamiento moderno que se resiste al adoctrinamiento, recurriendo para ello a conmover la esfera emotiva, en González Iñárritu el punto de partida es lo afectivo, lo que sin embargo culmina ofreciendo un mensaje que es, sin duda, ideológico: la precariedad de la condición humana en la era del neoliberalismo global. Esta es una nueva condición que ha trascendido las delimitaciones histórico-geográficas que hasta la década de los 70 demarcaron el centro de la periferia, y los imperios de las antiguas colonias.

Agonía, neoliberalismo y globalización

> Siempre he visto *Amores perros* como rock, *21 Gramos* como jazz, y *Babel* como una pieza de música ecléctica. *Biutiful* es como un blues: una larga nota melancólica.
>
> Alejandro González Iñárritu,
> en *Contemporary Film Directors*

Biutiful es una criatura rara que no llega a ser monstruosa, sino que es más bien un retrato tiernamente descarnado que se construye desde el tabú de la finitud y la muerte, la cual siempre deja algo o a alguien a mitad de camino, algo incompleto. Sin embargo, no se compara con el olvido que, en palabras de Carlos Gardel, "todo destruye". De hecho, más que luchar en contra de la muerte, las angustias del personaje central, Uxbal (Javier Bardem), tienen que ver con dejar desamparados a sus hijos y —al ser tan niños— que de él no guarden ni siquiera el recuerdo. De este modo, el olvido que teme Uxbal de parte de sus hijos funciona como subtexto del olvido que ya sufren los jóvenes del filme de Buñuel, cuya orfandad económica y afectiva los priva de todo compromiso emotivo con su entorno social. Si en sus películas anteriores González Iñárritu rompe con el canon clásico mediante el formato multiplex (Millán), un distanciamiento semejante se repite en *Biutifil*, no desde la multitrama o el multiprotagonista, sino desde una narración lineal que se organiza en torno a un personaje central, más que en torno a un argumento. En tal sentido, lo expuesto por Orellana Gutiérrez respecto a sus tres filmes anteriores se aplica claramente al protagonista de *Biutiful*:

> [S]i el héroe tradicional encarnaba unos ideales universales aceptados por la sociedad, estos nuevos personajes simplemente encarnan lo humano, frágil y contingente, lleno de grises y claroscuros... El espectador no ve en la pantalla un ideal encarnado, sino que se ve a sí mismo, eso sí, incompleto, fragmentado, como si se tratara de un ejercicio narcisista, pero reflejado en un espejo roto. (1160)

La escritura incorrecta de la palabra inglesa "beautiful" en el título de la película sitúa a *Biutiful* más allá del terreno de lo surreal gótico, haciendo evidente que su anomalía *es* la norma; en ello radica, precisamente, su valor estético y ético. Si el filme de Buñuel expone la pobreza material abyecta que dominaba en la primera mitad del siglo XX —recordemos que en *Las Hurdes* exhibía aquella existente en una remota y olvidada zona rural de la España de los años 30— el filme de González Iñárritu expone más bien una pobreza agónica. Utilizo el término en su estricto sentido físico, de encontrarse en el umbral de la muerte para referirme al estado de la salud de Uxbal. Pero al mismo tiempo este término expone la precaria condición del ambiente natural y de las estructuras sociales y éticas, reflejadas sobre todo en la decadencia del ambiente urbano y el deterioro de la interacción humana. Se trata, sobre todo, de una pobreza agónica también en un sentido filosófico, de pensar y sentir desde la precariedad, la imperfección, y desde una condición humana que incorpora lo abyecto como parte integral de su naturaleza. En el filme, este aspecto queda también expuesto en la extraordinaria habilidad de Uxbal de servir de mediador entre la vida y la muerte, al comunicar a los deudos mensajes que sus recientes difuntos desean transmitirles, actividad que constituye su segundo oficio. Si acaso esto podría verse como un elemento sobrenatural —principalmente por salirse de los marcos lógico racionales— que se acerca más bien a una forma de realismo mágico, en la medida en que el filme recupera creencias y prácticas que efectivamente existen en sectores que conservan una relación emotiva e imaginativa con la "realidad", con anterioridad a la imposición de un fundamentalismo moderno, pragmático y racional. La salvedad está, no obstante —a diferencia de su antecedente latinoamericano— en que esta forma de conocimiento que Uxbal conserva es a veces despreciada, sobre todo cuando sus clientes, sumidos en su duelo, desechan los mensajes que él les transmite. En tal sentido, el oficio de Uxbal existe como un remanente arqueológico en la sociedad ultramaterialista y dominada por valores instrumentales, subsistiendo como un saber cada vez más aislado, por lo cual las garantías de su verosimilitud se ven severamente debilitadas al contar con menos interlocución que lo acredite. Todos estos elementos contribuyen a construir la perspectiva agónica del filme: "*Biutiful* no es sobre la muerte... Es sobre la vida. Es un canto a la vida... Puedes abrazar mejor la vida, puedes disfrutar más, cuando eres consciente de que va a terminar, muerdes la vida" (González Iñárritu citado por Secher)[7]. Situados en este umbral, no se hacen necesarios los ardides estético-filosóficos, pues basta con revelar la vida al desnudo —la *zoē* o *vita nuda*, en términos de Giorgio Agamben— con dejar constancia de ser irremediablemente seres orgánicos, mortales, que aspiran, no obstante, a alguna forma de permanencia. Esto es algo que el raciocinio más sofisticado puede ayudar a ordenar y a entender, pero deja irresueltos el deseo de perpetuidad y el impacto emotivo y, con ello, la disrupción ejercida en la vida también orgánica (material) y emocional de otros. Tal es el caso de Uxbal cuando debe explicarle a su hija de diez años, Ana (Hanaa Bouchaib), que su muerte es perentoria:

UXBAL:	¿Tu hermano sabe algo de esto?
ANA:	[Niega con la cabeza] ¡No quiero que te vayas! [abraza a su padre].
UXBAL:	¡Yo tampoco! ¡Mírame a los ojos! ¡Mírame a la cara! ¡Acuérdate de mí, por favor! ¡No me olvides, Ana! ¡No me olvides, mi amor, por favor!

Esta conversación con la hija en torno a los términos decisivos que enfrenta su existencia humana (entendiendo "término" como "fin" y como "concepto") es un claro ejemplo del referido carácter tierno y descarnado del filme, temple que cruza sus diversos niveles narrativos y cuyo punto bisagra es siempre la figura del padre.

7 Un planteamiento similar presenta en la entrevista realizada por Christina Radish cuando González Iñárritu afirma: "[*Biutiful* es] sobre la observación de la vida a través de la muerte, desde el último punto de la misma. Entonces, la vida tiene más sentido".

La memoria que Uxbal ha urdido de su propio padre sirve de marco estructurante del tiempo y de la trama de *Biutiful*. Así, pese a que padre e hijo no se conocieron en vida, la presencia del padre en la trama es desarrollada mediante oscilaciones narrativas entre la vigilia y el estado onírico y agónico del hijo. A este respecto, el efecto de la memoria explica la estructura circular de la película, cuya escena inicial coincide con la última. En la primera instancia no sabemos que el personaje que dialoga con Uxbal es su padre, lo cual solo se aclara cuando escenas más tarde Uxbal comparte con sus hijos algunas imágenes fotográficas familiares. En tal intercambio somos informados de que a los veinte años el padre huye del régimen de Franco para buscar refugio en México, cuando su madre se encontraba embarazada de él; allí contrae pulmonía y fallece a las dos semanas de su llegada. En la escena del encuentro, Uxbal comparte con su padre —un hombre muy joven, bromista y de aspecto mediterráneo— un acertijo sobre los búhos mientras la cámara enfoca a uno que yace muerto. La escena transcurre en un bosque nevado, poblado de gruesos y estoicos troncos desnudos, y la frialdad del lugar hace que el aliento de padre e hijo destaque claramente. Al no haber contacto físico entre ambos, es el aliento lo único orgánico que ambos comparten, más allá de las palabras, las sonrisas y un cigarrillo que el padre le ofrece a su hijo. La misma escena, repetida al final, sirve para acompañar la partida de Uxbal. En esta ocasión la cámara se enfoca casi exclusivamente en su perfil, y después del cigarrillo, la mirada del padre lo invita a seguirlo y ambos se internan en la blancura grisácea de dicho paisaje. Esta escena final es inmediatamente seguida por la simbólica dedicatoria que el director le ofrece a su padre que aparece al comienzo de los créditos: "A mi hermoso y viejo roble, Héctor González Gama, mi padre". De este modo se cierra el círculo afectivo y memorial, cuando el nivel extradiegético dialoga de modo directo con el ficticio, lo que se hace patente al darnos cuenta de que el padre del protagonista, Mateo Gama Fernández —y por lo tanto el propio Uxbal— comparten un apellido con el padre del director. Los deseos de Uxbal de ser recordado por su hija se entrelazan con la memoria onírica-agónica que él guarda de su padre, y con la pervivencia que el propio director le ofrece al suyo al dejarlo estampado en su obra de ficción.

El encuentro personal de Uxbal con su padre se hace posible cuando una empresa decide adquirir el sitio del cementerio para construir un centro comercial y, a cambio de una compensación económica, solicita a los familiares que retiren los restos mortales. Allí yace el cuerpo embalsamado de su padre desde que fuera enviado de México en 1966, que Uxbal pide permiso para ver antes de su cremación. Constituye un regalo para Uxbal este encuentro póstumo con el padre, quien en su presente mortuorio parece más joven que el moribundo protagonista. El frágil recuerdo que le ha dado existencia al padre en la vida de Uxbal se materializa en esta escena: ahora puede verlo y tocar las profundas grietas disecadas que ha dejado la descomposición, lo que no le impide apreciar los trazos de lo que alguna vez fuera su rebelde juventud. Del mismo modo que el padre puede, después de la muerte, compartir un breve espacio con el hijo que en vida nunca conoció, también puede ayudar a Uxbal a adentrarse en la muerte. Debido a su estancia en dicho umbral se explica que Uxbal quiera ver el cuerpo de su padre, en circunstancias en que la usanza indica que tal no es un requerimiento común; y que pueda observarlo con ternura, con lágrimas en los ojos, en tanto su hermano que lo acompaña se retire haciendo signos de un vómito incontenible.

El encuentro con el padre tras cuatro décadas ocurre, por cierto, cuando en España comienza a tener efecto la "Ley de memoria histórica" del año 2007. Impulsada por la Asociación para la Recuperación de la Memoria Histórica constituida siete años antes, dicha ley reconoce la necesidad de que el país enfrente su pasado, para lo cual se implementan mecanismos para rendir tributo y buscar los restos forenses de aquellos ciudadanos que murieron durante la Guerra Civil, o que sufrieron la persecución del franquismo. De este modo, el filme conecta sutilmente el nivel diegético y su preocupación por la memoria, el pasado y la relación fracturada con el padre, con la realidad sociopolítica en la que es producido.

Todos estos acontecimientos tienen lugar en Barcelona, una de las ciudades que más sufrió las leyes represivas del franquismo por ser foco del nacionalismo catalán y de los movimientos antifranquistas, pero sobre todo —especialmente a partir de la restauración de la democracia— una de las ciudades iconográficas del desarrollo económico y cultural de España en la era global. No obstante, como ocurriera con *Amores perros* —y continuando con lo que ya había hecho Buñuel en la ciudad de México en 1950— lejos de ser "biutiful" y moderna en su doble sentido estético y filosófico, Barcelona aparece más bien como una ciudad distópica, oscura, de espaldas al mar, claustrofóbica y deshumanizada, en la que prevalecen el abuso, la corrupción y la deslealtad. Es una ciudad poblada por seres frágiles que adoptan todos los ardides de conducta que les permitan sobrevivir en ella. Ello podría tener sentido si consideramos que su protagonista padece una enfermedad terminal, y por ello la ciudad es retratada para afianzar el desenlace fatal del personaje. Sin embargo, más que explicarse por esta razón, la mirada agresiva hacia Barcelona arranca más bien de las reglas que parecen regirla, y que están más allá del control de las efímeras vidas de sus habitantes. Benjamin Fraser analiza esta perspectiva recurriendo para ello al análisis expuesto por urbanistas españoles que critican lo que dan en llamar "el modelo Barcelona":

> Barcelona es hoy ampliamente invocada por ambas partes de un conflicto muy polémico sobre lo que deben ser las ciudades – muchos planificadores y arquitectos consideran el "modelo Barcelona" un triunfo del diseño urbano, mientras que varios críticos urbanos lo ven como un producto de lo que Henri Lefebvre ha denunciado como "la entusiasta conciencia (triunfante y triunfalista) de la modernidad capitalista" (...) No obstante, el "modelo Barcelona" es aplaudido como parte de una visión que prioriza el concepto de lo que [Manuel] Delgado (...) denuncia (...) como "La ciudad-negocio": señala que "Quien ansía ocupar Barcelona y avasallarla es, hoy, un capitalismo financiero internacional que aspira a convertir la capital catalana en un artículo de consumo con una sociedad humana dentro. (20-26)[8]

En dicho contexto, la iconografía internacionalmente conocida de Barcelona, como el Templo de la Sagrada Familia, diseñado por Antoni Gaudí, cuya edificación fue iniciada en 1882, se presenta

8 La cita de Delgado proviene de su libro *La ciudad mentirosa: fraude y miseria del 'modelo Barcelona'*. Madrid: Catarata, 2007.

como símbolo urbano de una modernidad, nuevamente, incompleta (como decíamos de Buñuel y su atención a las edificaciones inconclusas en la ciudad de México), aunque en este caso se trate del modernismo arquitectónico catalán. Mediante este recurso *Biutiful* dialoga a su vez con la estética neogótica que también define la línea estructural del templo. La Sagrada Familia sirve de trasfondo a los eventos, y es expuesta como una osamenta gigante rodeada de grúas y cables que indican a un tiempo su carácter inconcluso y su vulnerabilidad, su necesidad de soporte pese a su magnificencia, o quizás precisamente por ello; resto arqueológico y presagio a la vez. Su monumentalidad, indicador de los ideales de perfección que persigue la inteligencia, el espíritu y perseverancia humanos traspasados a sucesivas generaciones en los últimos ciento treinta años, nos remonta a las grandes obras de la Antigüedad, las pirámides de Egipto, por ejemplo, fruto de una diligencia que no encuentra límites humanos ni temporales, casi al modo en que el filme *Metrópolis* describe la gran empresa que fue la construcción de la Torre de Babel. Todo ello en este caso para albergar a "la sagrada familia", la figura bíblica que del mismo modo que ha sentado las bases de la estructura humana afectiva occidental, lo ha hecho también para organizar la convivencia social y política bajo la figura moderna de la nación. En este sentido, el templo sirve para ilustrar la progresión del ideario y el espíritu modernos en la sociedad industrial, es decir, capitalista. Así, a pesar de funcionar a contracorriente del apresurado desarrollo urbanístico, dicha disposición antipragmática no ha impedido que al correr de los años se haya convertido en mercancía turística de alto valor económico y simbólico, atracción que proviene, precisamente, de su grandioso carácter inconcluso. De algún modo inefable, el Templo de la Sagrada Familia es simultáneamente fósil arquitectónico moderno, estado agónico de dicho espíritu que insiste en su trascendencia, así como ejemplo de la tenacidad de una promesa de perfeccionamiento aún por cumplirse.

A pesar de su dedicación y sus indudables virtudes humanas, Uxbal está lejos de poder construir el modelo bíblico de familia o, siquiera, el modelo propuesto por el moderno Estado nación. Su principal fuente de ingresos proviene de facilitar la venta de mercancías fabricadas por inmigrantes chinos ilegales que viven en un régimen de esclavitud clandestina. Su rol es negociar entre las mafias internacionales y un grupo de policías corruptos, quienes a cambio de dinero permiten que inmigrantes africanos, también ilegales, realicen la venta de dichos productos en las calles barcelonesas. Ellos no son jóvenes ni niños de la calle, a diferencia de los personajes de Buñuel, pero sí ejercen todo su comercio en ella y están en similares condiciones de indefensión. Chinos y africanos llegan a participar del aparato productivo desde la periferia social, como mano de obra barata, o cuasi gratuita, sirviendo así a los propósitos económicos de la gran urbe globalizada y otorgando también una modesta supervivencia a aquellos sujetos que sí son ciudadanos, como Uxbal. Estas estructuras corruptas y corruptoras construyen una sinrazón que parece dislocar el mismo sitio ético y afectivo en que viven los protagonistas, gestando vidas emocionalmente atrofiadas y desequilibradas cuya manifestación más simbólica se encuentra en la depresión bipolar que afecta a Marambra (Maricel Álvarez) —la esposa de Uxbal— lo cual le impide, al igual que a la madre de Pedro en *Los olvidados*, ejercer de madre. No es el haber sido violada a los catorce años, ni el vivir en una pobreza extrema lo que inhabilita a Marambra a asumir su rol, sino el vivir en una sociedad en que las reglas de intercambio personal parecen estar única y exclusivamente ordenadas en torno a transacciones económicas, muchas de las cuales son, además, ilícitas e inhumanas.

La atención que el filme pone en los inmigrantes ilegales que pululan por la metrópolis europea es el aspecto que mejor sirve para retratar "la ciudad negocio con una sociedad humana dentro", como declaraba Delgado en páginas previas. Del mismo modo, al igual que el México de Buñuel no era la excepción sino un ejemplo paradigmático de la metrópolis de la medianía del siglo xx, la Barcelona de González Iñárritu constituye un sitio iconográfico de la urbe postmoderna en la era del neoliberalismo global. Precisamente es esta nueva constelación global lo que ha cambiado en los últimos sesenta años que van de *Los olvidados* a *Biutiful*. Si bien el pensamiento y el arte postmodernos han tenido éxito en despejar el colapso de los grandes relatos fundantes y con ello el estado agónico de nuestras estructuras de entendimiento e interacción —evidentes sobre todo a partir de las atrocidades de Auschwitz,

Hiroshima y Nagasaki, como acotamos al iniciar esta reflexión—, la profundización y total expansión del capitalismo, esto es, la versión económico-organizativa del orden moderno (que conocemos hoy como neoliberalismo), permite ver al desnudo las carencias y los principios perversos que ordenan su lógica.

Después de haber pasado por un campo de concentración y encontrar refugio en Francia y posteriormente en Estados Unidos, en 1943 Hannah Arendt publicó el artículo "We Refugees," en el cual, en palabras de Agamben, Arendt se sirve de la condición de refugiado para explicar la nueva condición ontológica que se inaugura con los conflictos mundiales de mediados del siglo XX:

> Arendt revoca la condición de refugiados y personas sin patria (...) con el fin de proponer esta condición como el paradigma de una nueva conciencia histórica. El refugiado que ha perdido todos los derechos, pero que deja de querer ser asimilado a toda costa a una nueva identidad nacional con el fin de contemplar su condición lúcidamente, recibe, a cambio de cierta impopularidad, una ventaja inestimable: "Para él la historia ya no es un libro cerrado, y la política deja de ser el privilegio de los gentiles". (Agamben "We Refugees")

Esta condición de refugiado (político) es la que tuvo Buñuel en México al huir del franquismo, y es la misma que experimentó el padre de Uxbal durante la dictadura. Es también la misma que tuvieron miles de españoles que quedaron esparcidos por el mundo —y especialmente en Latinoamérica— y que es luego reiterada cuando desde América Latina acuden a España los exiliados políticos escapados de las dictaduras del Cono Sur. En todos estos casos, los refugiados políticos coinciden con el estado descrito por Arendt, el que a pesar de su precariedad, les permite participar de esta nueva conciencia histórica. Algo distinta es la condición de González Iñárritu en este segundo milenio, quien al no poder vivir en México y desarrollar su trabajo en condiciones óptimas debido a la violencia que agobia al país, se refugia en Estados Unidos. Él no ha sido expelido de México, pero las condiciones político-económicas lo obligan a ello, y el país anfitrión lo acepta por el estatus que ostenta. Muy distinta es, por supuesto, la condición de los inmigrantes ilegales asiáticos y africanos retratados en *Biutiful*, quienes no llegan siquiera a tener el estatus de refugiados.

Sin embargo, el aporte más importante de Arendt en este sentido, que Agamben recupera y elabora en el marco de su análisis en torno al estado cívico-filosófico de las sociedades actuales, es que la autora establece que a partir de la *Déclaration des droits de l'homme et du citoyen* en 1789 —que ha servido de base en todas las naciones modernas occidentales— las convenciones filosóficas y cívicas hacen que el derecho del hombre dependa de su condición de ciudadano, es decir, tal derecho solo puede existir formando parte de un Estado nación establecido. Agamben al respecto explica:

> Que no hay espacio autónomo dentro del orden político del Estado-nación para algo como el hombre puro en sí mismo es evidente por lo menos en el hecho de que, incluso en el mejor de los casos, la condición de refugiado se considerará siempre una condición temporal que debe conducir a la naturalización o la repatriación. Un estado permanente del hombre en sí mismo es inconcebible para el derecho del Estado-nación. (Agamben, "We Refugees")

Es precisamente en dicho limbo en el que habitan los inmigrantes ilegales de *Biutiful*, los que al no ser refugiados políticos ni inmigrantes aceptados por la nación anfitriona, sufren un no estatus, una ilegalidad similar a la de algunos productos proscritos, que los lleva a existir en la clandestinidad, como las drogas y las armas. Así, a pesar de la reafirmación de los derechos del hombre que tuvo lugar en 1948 mediante la Declaración Universal de los Derechos Humanos antes citada, el estatus de los migrantes que ha producido el mercado libre y la globalización pone al descubierto esta aberración respecto a los derechos humanos. Ahora el estado moderno neoliberal ya no lidia tanto con refugiados políticos en el sentido clásico del término, sino sobre todo con los emigrados económicos de la sobrepoblada Asia, o las antiguas colonias europeas de África y América Latina. En un contexto mundial regido por la lógica monetaria, estos migrantes no llegan a ser refugiados, sino sujetos indeseados, dispensables, dejando en evidencia la profunda crisis que experimentan nuestras bases filosóficas humanistas. En el filme esta situación queda del todo expuesta en la muerte masiva de los inmigrantes chinos, que viven en condiciones de hacinamiento clandestino y mueren tras inhalar gas de una cocina en mal estado. O la deportación que sufre el vendedor senegalés, Ekweme (Cheikh Ndiaye), cuando es atrapado vendiendo productos ilegales en la calle. En medio de todo ello está Uxbal, arrastrando su propia condición y sobrellevando lo mejor que puede su agónica humanidad. Ante este panorama llega a sentirse culpable por la catástrofe ocasionada, al haber sido él quien comprara la cocina por ser "la más barata"; y así también llega a darle refugio a la familia del joven deportado africano que, frente a su inminente deceso, conformará con la suya una nueva estructura familiar. Si bien la muerte de Uxbal es una muerte ya anunciada, la de los trabajadores ilegales chinos es la muerte simbólica y real que la sociedad neoliberal ha propiciado, y frente a la cual no hay derecho que los ampare.

Lo paradójico y trágico de esta situación es que en el año 2010 España ya había comenzado a sufrir los primeros signos de lo que será su colapso financiero a causa de las políticas especulativas impulsadas por el neoliberalismo. Tal crisis financiera fue precedida y, hasta cierto punto, anunciada, por la crisis argentina del año 2001, logrando ahora tocar a las economías capitalistas más establecidas, incluida la norteamericana. Con la excusa de tener que implementar políticas de austeridad financiera, lo anterior está conduciendo al total desmantelamiento del Estado benefactor que fue reimpulsado en las postrimerías de la Segunda Guerra Mundial, aumentando de paso los índices de pobreza local, y obligando a enormes olas migratorias, nuevos refugiados españoles que circulan por el mundo, y que no son simplemente víctimas de sistemas gubernamentales autoritarios, sino de draconianas políticas socioeconómicas. En directa relación con lo anterior, Agamben aclara: "La separación entre el humanitarismo y la política que estamos viviendo hoy en día es la fase extrema de la separación de los derechos del hombre de los derechos de los ciudadanos" (*Homo Sacer* 133). Sin embargo, habría que agregar que, así como ha quedado al desnudo el divorcio entre los derechos del hombre y los del ciudadano, en la sociedad neoliberal el ciudadano también está desprotegido, abandonado a su suerte; por ello es relevante acotar el carácter agónico de nuestros sistemas sociales de convivencia. En tal sentido, la incomunicación entre las manos y el cerebro que *Metrópolis* denunciaba no ha sido sino profundizada en nuestra era de neoliberalismo global.

Si González Iñárritu encara la pobreza material y humana de sus personajes de un modo tierno y descarnado, Buñuel lo hace más bien con un cierto encono, quizás porque dicha precariedad de algún modo amenaza la propia integridad, el propio sitio ético que ocupa el artista. Esto hace que en vez de humanizar la pobreza, de enfrentarla como una condición de victimización, la exhiba a través de personajes que se ven como seres humanos defectuosos, anómalos, desviados de las promesas de humanidad ofrecidas por el gran proyecto de la modernidad. En *Biutiful* este aspecto no es lo que define a los personajes en su totalidad, pues abunda más bien la fragilidad, la situación límite, haciéndose visible solo en unos pocos personajes: Tito (Eduard Fernández), el hermano de Uxbal; el policía corrupto Zanc (Rubén Ochandiano); o el comerciante chino Liwei (Jin Luo), que para deshacerse de la evidencia tira los cuerpos al océano (que es la única vez en que el mar aparece en el film). Por el contrario, la denuncia descorazonada en Buñuel lo conduce a deshumanizar al mismo sujeto con el que se quiere solidarizar; no así en González Iñárritu, quien adopta más bien una distancia que le permite verlos en sus múltiples facetas, más allá de la evaluación ideológica, para en cambio mostrarlos en la *vita nuda*, como acota Agamben. Esta vuelta de mirada que enfrenta a dos metrópolis tan distintas, aunque conectadas, permite pasar revista a las promesas de una modernidad frente a la cual en *Los olvidados* Buñuel reacciona con indolente impaciencia, en tanto que en *Biutiful* González Iñárritu ensaya más bien la posibilidad de una redención, no en el más allá religioso ni en las cimas del idealismo moderno incumplido o desviado, sino en la agónica aceptación y reconciliación con la propia decadencia y finitud, para lo cual el encuentro póstumo con el padre, en sus diversos niveles históricos y simbólicos, con el ideario político, social y ético que este representa, sirve de broche final que cierra este círculo imperfecto.

Obras citadas

AGAMBEN, Giorgio. *Homo Sacer. Sovereign Power and Bare Life.* 1995. Daniel HELLER-ROAZEN (trad.). Stanford: Stanford UP, 1998.

— "We Refugees". *Symposium* 49.2 (1995): 114-19.

ARENDT, Hannah. "We Refugees". En Marc ROBINSON (ed.), *Altogether Elsewhere. Writers on Exile.* Boston/London: Faber and Faber, 1994.

CABRERA INFANTE, Guillermo. "El cronista del cine". *El cultural* (7 Marzo 2012).

DELEYTO, Celestino y María del Mar AZCONA. *Contemporary Film Directors: Alejandro González Iñárritu.* Urbana: U of Illinois P, 2010.

EVANS, Peter William. *The Films of Luis Buñuel: Subjectivity and Desire.* Oxford: Clarendon Press, 1995.

FRASER, Benjamin. "A Biutiful City: Alejandro González Iñárritu Filmic Critique of the "Barcelona Model"". *Studies in Hispanic Cinemas* 9.1 (2012): 19-34.

FUENTES, Víctor. *Los mundos de Buñuel.* Madrid: Ediciones AKAL, 2000.

GONZÁLEZ DUEÑAS, Daniel. "Buñuel en México: la mirada imparcial". *Guaraguao* 4.10 (2000): 191-202.

JONES, Julie. "Reseña de *Buñuel and Mexico: The Crisis of National Cinema*, de Ernesto R. ACEVEDO-MUÑOZ". *Journal of Film and Video* 58.4 (2006): 49-51.

MARTÍNEZ ASSAD, Carlos. "La Ciudad de México en el cine". *Chasqui* 33.2 (2004): 27-40.

MENDELSON, Jordana. "Contested Territory: The Politics of Geography in Luis Buñuel's *Las Hurdes: Tierra sin pan*". *Locus amoenus* 2 (1996): 229-42.

MILLÁN, Francisco Javier. "Las huellas de Buñuel. La influencia de su obra cinematográfica en el cine latinoamericano". *Teruel* 88-89.2 (2000-2002): 223-36.

ORELLANA GUTIÉRREZ DE TERÁN, Juan. "Las mixtificaciones narrativas en el cine de Alejandro González Iñárritu". *Revista Comunicación* 10.1 (2012): 1157-71.

Radish, Christina. "Director Alejandro González Iñárritu Interview". Collider.com (26 diciembre 2010).

Secher, Benjamin. "Interview with Alejandro González Iñárritu." Telegraph.co.uk (29 enero 2011).

Tuñón, Julia. "El espacio del desamparo. La Ciudad de México en el cine institucional de la edad de oro y en *Los olvidados* de Buñuel". *Iberoamericana* 3.11 (septiembre 2003): 129-144.

5

Redefinir la imagen de España

Tapas, dietas y chefs: la Marca España en el nuevo cine gastronómico español

Alfredo Martínez-Expósito

La aparición en España, a partir de 2005, de varias películas de tema gastronómico parece coincidir en el tiempo con una revalorización general de la cocina española a nivel internacional que se ha traducido en la proliferación de restaurantes y eventos gastronómicos así como en una mayor visibilidad de la cocina española en todos los ámbitos. La repercusión mediática de la nueva cocina española representada por chefs internacionales como Ferrán Adrià o la declaración de la dieta mediterránea como patrimonio intangible de la humanidad por parte de la UNESCO en 2010 (a petición de Grecia, Italia, España y Marruecos) son buenos ejemplos de la excelente imagen internacional que la cocina española alcanzó en la pasada década[1].

1 Véase http://www.unesco.org/culture/ich/index.php?lg=en&pg=00011&RL=00394

El estreno de largometrajes de ficción que elevan la gastronomía a tema central, como *Tapas* (José Corbacho y Juan Cruz, 2005), *Fuera de carta* (Nacho G. Velilla, 2008), *Dieta mediterránea* (Joaquín Oristrell, 2009), *Sukalde Kontuak / Secretos de cocina* (Aizpea Goenaga, 2009) y *18 comidas* (Jorge Coira, 2010), no es un hecho aislado: en el terreno audiovisual: paralelamente surgen documentales como *El Bulli: Historia de un sueño* (David Pujol, 2010)[2], y películas de género mixto, como *El pollo, el pez y el cangrejo real* (José Luis López-Linares, 2008). En televisión, se prolonga el éxito de programas de divulgación gastronómica, concursos de temática culinaria y programas de cocina práctica, como los del chef vasco Karlos Arguiñano: *El menú de Karlos Arguiñano* (TVE 1994-1995) y *La cocina de Karlos Arguiñano* (TVE 1995-1997)[3]. Las series de ficción también han ido incorporando el mundo de la cocina con una gran variedad de formatos, incluyendo con frecuencia escenas que tienen lugar en bares y restaurantes. La popularidad del universo culinario se extiende asimismo a la literatura, a los estudios universitarios, donde proliferan las titulaciones en tecnología y control de alimentos, y a todos los ámbitos de la cultura popular.

Todas estas películas de tema gastronómico son muy diferentes en su aproximación al mundo de la gastronomía, pero parecen compartir una preocupación similar por ofrecer una imagen renovada del país. En todas ellas aparece un personaje relativamente nuevo en el cine español: el chef de alta cocina. Se trata de una figura claramente inspirada en el grupo de chefs que alcanzó fama mediática en la primera década del siglo, gracias al reconocimiento internacional de Juan Mari Arzak, Martín Berasategui, Juan Roca, Pedro Subijana, Santi Santamaría, Carme Ruscalleda y, sobre todo, Ferrán Adrià. Aunque ya en 1997 Karlos Arguiñano había hecho un cameo gastronómico en *Airbag* (Juanma Bajo Ulloa), capitalizando la popularidad de sus programas culinarios en televisión, el éxito de la figura del chef tuvo lugar entre 2003 y 2005 a raíz de la popularización de Ferrán Adrià y su vinculación al proyecto "Marca España".

---

2 Y más recientemente *El Bulli: Cooking in Progress* (Gereon Wetzel, 2011), de producción alemana.

3 Y posteriormente *Karlos Arguiñano en tu cocina*, Tele 5 (2004-2008).

El proceso de vinculación de la alta cocina a la Marca España fue más rápido (aunque quizá más superficial) que los relativos al mundo de la ópera y del deporte, ambos claramente presentes ya en las campañas de promoción de la imagen de España desde las Olimpiadas de Barcelona en 1992, cuando Montserrat Caballé, Plácido Domingo y José Carreras transformaron una celebración deportiva en un acontecimiento musical. El espaldarazo definitivo a la alta cocina española lo dio el artículo que Arthur Lubow publicó en *The New York Times Magazine* en 2003, al comparar la creatividad de la alta cocina francesa con la española, declarando que esta última había alcanzado la supremacía mundial gracias, sobre todo, a Adrià y su restaurante El Bulli. Lubow extendía la comparación entre Francia y España a un nivel más general y llegaba a afirmar:

> España en ascenso, Francia inmóvil. Esta insidiosa comparación entre una Francia engreída y paralizada y una España atrevida e innovadora se hacía más obvia cuanto más pensaba en ello. Como Trotter dijo, parecía un cambio de zeitgeist, y no precisamente limitado a la cocina. La personalidad cultural más relevante de nuestro tiempo en España es el efervescente director Pedro Almodóvar, que encuentra lo humano en los grupos más despreciados y optimismo en los momentos más desesperados. ¿Su equivalente francés? El misántropo novelista Michel Houellebecq, cuyos ojos no ven más que angustia, fealdad y vergüenza[4].

La comparación entre Francia y España que se propone en este artículo debe enmarcarse en la brecha abierta entre los principales países europeos por su posición sobre la invasión de Irak y la posterior distinción del Secretario de Defensa norteamericano, Donald Rumsfeld: entre una vieja Europa (la Alemania de Schroeder y la Francia de Chirac) y una nueva Europa en la que se incluía la España de Aznar. Pero incluso a pesar de que el subtexto del artículo de Lubow deba mucho a la francofobia dominante en Estados Unidos en esos momentos, el caso es que pocos meses después *Le Monde* ratificó la supremacía gastronómica de Adrià y *Time* lo incluyó entre las cien personalidades más influyentes del mundo[5].

---

4 Todas las traducciones al castellano son mías.

5 Véase http://www.elbulli.com/historia/index.php?lang=es&seccion=6#

Teniendo en cuenta este contexto cultural, en este trabajo analizaremos la representación de la gastronomía en el cine español contemporáneo y, en particular, su contribución a la renovación de la imagen de España.

Breve historia de la Marca España

El tema de la imagen de España, que tiene una larga historia de varios siglos, ha experimentado en la primera década del siglo XXI una modificación sustancial por la influencia de un concepto relativamente nuevo, procedente del mundo empresarial: el concepto de Marca España (Chislett 205-09; Guillén 169-97).

La idea de la Marca España se deriva del concepto de "marca país", acuñado en 1996 por Simon Anholt, un consultor de marcas británico que desde entonces ha desarrollado la mayor parte de su aparato teórico así como un doble instrumento, el *Anholt Nation Brands Index*™ y el *Anholt City Brand Index*™, que desde 2005 asegura la explotación comercial del mismo y que es responsable, en gran medida, de la favorable acogida que gobiernos y agencias públicas han dispensado a la idea de "marca país" en todo el mundo[6]. A pesar de las muchas versiones y aplicaciones del concepto, se puede definir la "marca país" como un compendio de discursos y prácticas cuyo objetivo es reinventar el país en términos de marca y mercado[7]. En España, la primera operación de reinvención del país en semejantes términos tuvo lugar en 1999 con la creación del Foro de Marcas Renombradas Españolas, asociación surgida de la colaboración entre un grupo de empresas con marcas españolas y el gobierno central (Ministerio de Industria, Turismo y Comercio, Ministerio de Asuntos Exteriores y Cooperación, Instituto Español

6 Ya en 2004 Anholt había fundado la revista académica *Place Branding and Public Diplomacy*, de la que aún es editor.

7 Nadia Kaneva propone la siguiente definición: "De manera provisional propongo definir la marca nación como un conjunto de discursos y prácticas cuyo objetivo consiste en reconstruir la idea de nación según los paradigmas de márketing y marca" ("Nation Branding" 118).

de Comercio Exterior y la Oficina Española de Patentes y Marcas)[8]. Entre los objetivos del Foro estaba el "ser el impulsor, junto con las administraciones públicas, de la Marca España a todos los niveles como una marca que aporte valor a las empresas e instituciones españolas en el extranjero"[9].

El propio Foro ha fomentado una versión popular de sus actividades gracias al programa de Embajadores Honorarios de la Marca España, que ha obtenido una notable repercusión mediática. Estos Embajadores, en las categorías de Relaciones Institucionales, Gestión Empresarial, Acción Social, Comunicación, Cultura, Deportes, y Ciencia e Innovación, son "personas o instituciones que han contribuido, a lo largo de su trayectoria profesional, al fortalecimiento de la imagen de España en el exterior"[10]. Ha habido hasta la fecha cuatro promociones de Embajadores (2005, 2007, 2009 y 2011), con nombres como el Instituto Cervantes, Rafael Nadal, la Selección Española de Fútbol, Emilio Botín, Plácido Domingo, Pau Gasol, Pedro Almodóvar, el Real Madrid, Juan Antonio Samaranch, Amancio Ortega, José Carreras, Ferrán Adrià, o Severiano Ballesteros. La inclusión de famosos del ámbito cultural y deportivo, junto a banqueros y empresarios, ha ido otorgando carta de naturaleza a la idea de que la cultura y los mercados van de la mano en la tarea de redefinir el país en términos de marca competitiva en un mundo globalizado.

En 2001, el Foro de Marcas Renombradas Españolas, el ICEX (Ministerio de Economía), el Ministerio de Asuntos Exteriores, DIRCOM (la Asociación de Directivos de Comunicación) y el Real Instituto Elcano formalizaron el Proyecto Marca España, un grupo de trabajo creado con la finalidad de "avanzar de forma coordinada

8 La idea de que el capitalismo fuerza las estructuras de la nación se puede rastrear hasta el pensamiento liberal del XIX. En España, el uso del término "marca" referido a la nación aparece por primera vez en los años 70 en *España, marca registrada*, una colección de artículos de sesgo sociológico de Amando de Miguel donde se repasan cuestiones relativas al "carácter nacional" que preludian lo que tres décadas más tarde se conocerá como "marca nación".

9 Véase http://www.marcasrenombradas.com/info/foro/

10 Véase http://www.marcasrenombradas.com/info/EHME/

en la construcción de una imagen de España que responda a la nueva realidad económica, social y cultural del país" (Noya). El proceso de institucionalización de la idea de "marca nación" se completado, por el momento, con la creación del Alto Comisionado del Gobierno para la Marca España en junio de 2012[11].

El Real Instituto Elcano, laboratorio de ideas creado en 2001, ha contado desde sus comienzos con un programa de investigación sobre Imagen Exterior de España y Opinión Pública, coordinado por Javier Noya. Además del Instituto Elcano de Estudios Estratégicos, los más importantes "gabinetes estratégicos" del país (el Centro de Estudios y Documentación Internacionales de Barcelona, la Fundación para las Relaciones Internacionales y el Diálogo Exterior, la Fundación para el Análisis y los Estudios Sociales y, desde 2008, la Fundación Ideas para el Progreso) cuentan con programas y publicaciones sobre las cuestiones de marca e imagen de España, que constituyen dos conceptos diferenciados. La importancia de la idea de España como marca se refleja en las continuas menciones que los diferentes gobiernos del Estado han venido haciendo a la Marca España, no solo en contextos relacionados con la actividad económica o diplomática, sino también en cuestiones de carácter cultural.

En España, la creciente popularización de la Marca España a nivel coloquial se ha traducido en una serie de usos no técnicos del término que, por lo general, se hacen equivaler a la imagen que el país ofrece de sí mismo a los extranjeros, aunque con un énfasis en la capacidad que esa imagen tiene para potenciar el comercio, el turismo y las inversiones. Los usos coloquiales de la Marca España han cristalizado en productos de la cultura popular, sobre todo en cine y televisión. Por su parte, el cine español de la última década ha venido explorando con cierta consistencia los temas popularmente asociados a la Marca España, como el turismo, el deporte, la gastronomía y las nuevas estructuras sociosexuales.

Frente al concepto técnico de "marca país", que enfatiza el carácter gradual de la construcción de la marca mediante la gestión política y económica y el uso del marketing, la versión popular,

11 http://marcaespana.es/

fuertemente condicionada por la idea de la imagen de España y por el protagonismo de las personalidades mediáticas ejemplificadas en los Embajadores Honorarios, tiende a una visión netamente esencialista, en la que los rasgos definitorios de España, o de la Marca España, vienen dados por una personalidad nacional que en lo sustancial permanece inmutable. De ahí que mientras que los técnicos de la Marca España se esfuerzan en desarrollar los seis lados del hexágono de Anholt (turismo, exportaciones, gobierno, inversiones e inmigración, cultura y patrimonio, y sociedad), las versiones más populares se limitan a los aspectos culturales, fácilmente transformables en relatos sobre costumbres y modos de ser, historias sobre España y los españoles de consumo fácil y rápido (sobre todo de cara al mercado turístico, consumidor de este tipo de relatos estereotipados).

Entre las razones que pueden explicar el relativo éxito de la versión popular de la Marca España habría que mencionar el hecho de que la marca se ha convertido en un objeto cultural de valor icónico para los propios españoles. Expresiones como "hacer país", "dar buena imagen", "vender imagen" o "cuidar la reputación" han entrado en el lenguaje coloquial. Esto se puede explicar por el hecho de que cualquier marca se puede convertir en un icono social, incluso en un fetiche, gracias a su capacidad de conferir un sentido de identidad a los consumidores (Arvidson 1-16). Pero también, como sostiene Douglas Holt, por el hecho de que algunas marcas consiguen resolver una contradicción fundamental entre las expectativas que la sociedad impone a la gente y la realidad de sus propias vidas (8). Según su teoría del *cultural branding*, las marcas de verdadero éxito (que él denomina "marcas icónicas") no se limitan a conferir identidad a los consumidores (lo cual es en realidad el principio básico de la teoría general de marcas), sino que se comportan de un modo diferente a las demás, haciéndose eco de las ansiedades colectivas y pareciendo proponer soluciones a las mismas. Estas marcas consiguen este efecto, según Holt, mediante la representación de ciertos mitos identitarios en escenarios de ficción alejados de la vida cotidiana de los consumidores. Los mitos así construidos contribuyen a aliviar la ansiedad que a cada consumidor le produce la existencia de problemas colectivos, sociales o nacionales:

> Los mitos identitarios son ficciones que sirven para recomponer desgarrones potencialmente peligrosos en el tejido de la nación. La gente experimenta estos desgarrones en su vida cotidiana como ansiedades personales. Los mitos suavizan esas tensiones y ayudan a la gente a crear un sentido en su vida y a fortalecer su sentido de identidad. (8)

Pero estos mitos identitarios residen en la marca que los pone en escena: el consumidor experimenta el mito a través del consumo del producto. Son mitos situados en mundos de ficción, que Holt denomina "*populist worlds*" (1-10).

Los axiomas de la marca cultural, que Holt ejemplifica con marcas comerciales, son aplicables también a otros tipos de marcas, incluida la "marca país". De hecho, la "marca país" es especialmente susceptible de una lectura en términos de marca cultural, debido precisamente a la fuerte impronta populista que caracteriza cualquier discurso, mítico o no, sobre la nación. El primer axioma de Holt, que hace referencia a la capacidad de la marca icónica para reconocer una ansiedad social y aliviarla a nivel individual, puede observarse muy claramente en varias marcas-lugar españolas: por ejemplo, la Marca Barcelona, que en 2012 fue formalizada y apropiada por el Ayuntamiento de esa ciudad, consigue aunar en un solo relato coherente los mitos de la catalanidad cosmopolita y europeísta, conjurando así los temores que suscitan las versiones más reductivas y aislacionistas del catalanismo. El discurso identitario mítico que conlleva la Marca Barcelona proporciona a sus usuarios una confortable solución provisional a la ansiedad del separatismo catalán.

La popularización de los discursos empresariales e institucionales relativos a la Marca España parecería sugerir que la Marca ha venido a calmar ciertas ansiedades colectivas de la sociedad española. De manera provisional podemos apuntar tres muy obvias. La primera y fundamental sería la autoimagen negativa que muchos españoles tienen de su propio país. Se trata de una imagen heredada de un complejo de inferioridad, con respecto a los vecinos europeos, que fue muy visible durante el tardofranquismo y la Transición y que estaba alimentado por los estereotipos de españolidad que han circulado en Europa desde la Ilustración. Una segunda ansiedad estaría relacionada con la aprensión que la idea de nación española genera a una mayoría de la sociedad española, que no olvida los excesos del nacionalismo franquista. La tercera ansiedad es la generada por el temor a la balcanización de España a manos de unos gobiernos autonómicos escasamente interesados en colaborar entre sí. La promesa de la Marca España de vender una imagen competitiva, moderna y eficaz del país habría venido a calmar las ansiedades producidas por el complejo de inferioridad, por la impronta franquista de la idea de nación española y por el vértigo del separatismo, entre otras. De manera quizá sorprendente para los propios promotores de la Marca España, amplios sectores de la sociedad han aceptado la idea de que una buena imagen contribuye no solo a vender mejor sus productos en el extranjero, sino también a mejorar los niveles de autoestima de los propios españoles. En este sentido la Marca España podría considerarse una de las marcas icónicas de las que habla Holt.

Uno de los principales pilares sobre los que se ha venido construyendo la versión popular de la Marca España es el cine comercial. Holt recuerda que las marcas icónicas escenifican mitos identitarios situados en escenarios de ficción, y esto es precisamente lo que el cine construye para la Marca España. La capacidad del cine para acuñar imágenes del país y para proyectarlas en todo el mundo ha sido subrayada tanto por la propia industria cinematográfica como por los agentes de la Marca España. En 2007 el propio Foro de Marcas Renombradas nombró Embajador Honorario de la Marca España a Pedro Almodóvar, "[p]or ser considerado a juicio del Jurado como uno de los máximos exponentes de la cultura española en un medio de tan amplia difusión mundial como es el cine, y por su consolidada trayectoria como cineasta innovador y de vanguardia"[12].

La noción de "marca país", que está logrando reescribir la nación en términos de mercado, es parte del entramado lógico del capitalismo avanzado y, por lo tanto, no puede ni debe pasar inadvertida a la crítica cultural (Kaneva "Meet"; Volcic y Andrejevic *passim*). Algunas de las líneas fundamentales de una crítica del concepto de "marca país" deberían ser las siguientes.

12 Véase http://www.leadingbrandsofspain.com.

En primer lugar, la noción de "marca país" es, tanto por su origen como por sus usos, un instrumento ligado a la superestructura económica y, por lo tanto, a los poderes hegemónicos que alimentan el capitalismo en el estado avanzado que hoy conocemos. La reescritura del país en términos de mercado equivale a supeditar la vida entera de la nación a un mero valor comercial. Si bien la capitalización de la sociedad puede tener efectos positivos en su autoestima y en la formulación de sus aspiraciones, lo cierto es que la lógica del mercado es intrínsecamente antidemocrática. Como proyecto ideológico, la "marca país" parece inventar un "nacionalismo comercial" (Volcic y Andrejevic 598-99) que quiere explicar la nación no solo al resto del mundo, sino también al mercado interno.

En segundo lugar, la "marca país" es refractaria a los principios de pluralidad y diversidad. Lejos de luchar contra los estereotipos, la marca parece reforzarlos (Widler 148). Limita la diversidad de posibles discursos identitarios, favoreciendo una simplificación a menudo encaminada a satisfacer la mirada de un observador externo reducido a la categoría de mero turista.

En tercer lugar, la conexión entre la "marca país" y lo que algunos autores denominan "fundamentalismo de los mercados" de raigambre neoliberal solo puede interpretarse dentro del discurso de la globalización: "Así como la globalización explica el nuevo orden cosmológico y hace del mundo una marca, la marca nación mitologiza cada una de las partes del nuevo orden" (Jansen 122).

Por último, como instrumento al servicio del poder, la noción de "marca país" puede en casos extremos llegar a convertirse en instrumento de propaganda (Kaneva 126). Los beneficios inherentes al uso de la "marca país" no se limitan únicamente a ganancias económicas: existen beneficios culturales y simbólicos cuya distribución no parece estar clara para la mayoría de los agentes implicados en su gestión.

Gastronomía y Marca España

Entre los temas favoritos de la Marca España está el mundo de la gastronomía. Existen abundantes razones para ello: España es el primer exportador de aceite de oliva y una potencia internacional en producción vinícola y en una amplia gama de productos alimenticios; posee una extraordinaria riqueza gastronómica ligada a las cocinas regionales y a los productos locales; ha conseguido capitalizar la buena imagen de la denominada "dieta mediterránea"; y ha creado una alta cocina con personalidades y restaurantes de renombre internacional. En 2008 aparecían registradas cincuenta y dos marcas relacionadas con la alimentación en el Foro de Marcas Renombradas, de un total de ciento sesenta[13]. No sería arriesgado sostener que la capitalización de la gastronomía por parte de la Marca España es el intento más serio de utilización de la cultura culinaria al servicio de la imagen de España desde la formación de una cocina nacional a finales del siglo XIX, como ha analizado Lara Anderson[14].

El tema gastronómico ha logrado un papel central dentro de la estrategia de comunicación de la Marca España con la exaltación de Ferrán Adrià como el chef más creativo del mundo según *The New York Times Magazine, Time* y *Le Monde* y su restaurante El Bulli como mejor restaurante del mundo según la revista británica *Restaurant Magazine* en 2002 y cuatro años seguidos entre 2006-2009 (un récord nunca igualado). El Foro de Marcas Renombradas Españolas inmediatamente trató de rentabilizar el reconocimiento internacional de Ferrán Adrià y, con él, de la nueva alta cocina española, nombrándole en 2005 Embajador Honorario de la Marca España en la categoría de Cultura, "por ser el principal exponente de la cocina

13 Véase http://www.marcasrenombradas.com/miembros/

14 Anderson señala en su estudio de los principales textos de cocina española del siglo XIX: "Los cuatro textos gastronómicos aquí analizados fueron publicados en tiempos de intensa actividad en la construcción nacional de España [...] En ese contexto no debería sorprender que tales textos contribuyeran, en grados diferentes, a la construcción de una cocina nacional española. [...] Los autores gastronómicos analizados intentaron crear una cocina española que no fuera completamente dependiente de las normas y cánones franceses" (123).

española y haber sido calificado como uno de los maestros de la cocina internacional por medios como *The New York Times*, *Le Monde* y la revista *Time*, se ha convertido en la referencia principal para la gastronomía mundial"[15]. Por esta razón, Adrià llegó a convertirse en la cara pública de la gastronomía española y, por extensión, de la cultura española y de la Marca España a través de campañas de promoción turística. Más recientemente, y tras la sonada renuncia del F. C. Barcelona a participar en la promoción de la Marca España, Adrià ha accedido a participar en la campaña *Necesito España / I Need Spain* (2010)[16].

La figura de Ferrán Adrià parece significar dos cosas diferentes para la Marca España: por una parte, la seriedad de la gastronomía española; por otra, la enorme importancia de Barcelona (y, por ende, Cataluña) en la proyección internacional de la imagen de España. Ambas juegan un papel central en el reposicionamiento de España como destino turístico de élite. La gastronomía molecular de Adrià aporta un elemento de seriedad a la Marca España que contrasta con la imagen frívola (fiesta y siesta) comúnmente asociada a España durante décadas por el turismo internacional, una imagen desenfadada que, si bien anima al turismo de masas, contribuye poco a la reputación del país en terrenos donde se valoran las ideas de calidad, precisión y efectividad, como por ejemplo la exportación de productos tecnológicos y científicos. De hecho, la Marca España está tratando de enfriar esa imagen "caliente" y frívola, en la creencia de que los elementos calientes contribuyen a generar una percepción de los productos españoles como "baratos", "auténticos" y "folclóricos", lo cual se aleja mucho de las ideas de "sofisticación" y "calidad" que se persiguen. Esto explicaría la razón por la que ciertos productos españoles (aceite de oliva, vino) sean muy apreciados mientras que otros (ciencia y tecnología) apenas tengan visibilidad como productos españoles. La gastronomía ofrece un terreno idó-

15 Véase http://www.leadingbrandsofspain.com.

16 *Necesito España* está dirigida al turismo que retorna, es decir, a aquellos turistas que ya han visitado España con anterioridad. La campaña utiliza una combinación de experiencias cotidianas (playa, comida, diversión con familia y amigos) y de calidad (deportes exclusivos, arte de vanguardia, alta cocina).

neo para ilustrar la tensión entre una imagen caliente y otra fría. La cocina tradicional, basada en recetarios regionales y elemento central de la imagen de España durante largo tiempo, enfatizaba la calidad de los ingredientes por encima de las técnicas culinarias y primaba la satisfacción emocional sobre la apreciación intelectual. Frente a esa cocina dominada por paellas, sangrías y restaurantes de playa, la alta cocina, representada por la gastronomía molecular de Adrià, pone el acento en las técnicas, la experimentación, la innovación, en la procedencia cosmopolita y global de los ingredientes. Esta nueva cocina es cara y exclusiva, y se presenta como un arte dirigido al exquisito paladar de clientes exigentes.

Para los españoles, la figura de Ferrán Adrià posee aún otra connotación: su reconocimiento internacional, importante y decisivo para un país que estuvo condenado durante décadas al ostracismo y a la autarquía. La internacionalización es un tema central de la Marca España, que al fin y al cabo está fuertemente condicionada por el turismo internacional, y está precisamente al servicio de promocionar una imagen positiva del país en el resto del mundo.

El verdadero significado de la transformación de la gastronomía española a manos de Ferrán Adrià se entiende mejor, quizá, desde una perspectiva internacional. Lisa Abend, corresponsal de *Time* en Madrid, vivió la segunda mitad de 2009 en El Bulli, experiencia de la que surgió *The Sorcerer's Apprentices,* una crónica de esos "aprendices" (en realidad famosos chefs procedentes de todas partes del mundo) que trabajan como interinos en El Bulli para aprender las geniales técnicas de Adrià de manos del maestro:

> Y sin embargo no hace tanto que una estancia de aprendizaje en España sonaba casi como una excomunión. "Sería como decir que te ibas a Turquía", dice el chef Dan Barker del restaurante neoyorquino Blue Hill. "Interesante como experiencia etnográfica pero indicativa en el fondo de que no te tomas la cocina en serio". Todavía a la altura de los años 80 la cocina española carecía de reputación; cuando gente como Gerry Dawes y Janet Mendel empezaron a escribir sobre ella tuvieron que convencer a los escépticos de que la cocina española era más que paella y gazpacho. Que España sea hoy el país más admirado y excitante para un estudiante de cocina serio es el resultado de la labor

de docenas de chefs innovadores y de cientos de productores excepcionales. Pero en su origen el fenómeno se debe casi exclusivamente a Ferrán Adrià. (12)

Cine gastronómico

Dada la centralidad de la gastronomía para la Marca España (tanto a nivel empresarial como en la imagen popular de la Marca), cabría esperar la existencia de un elevado número de películas de tema gastronómico. Y si bien es cierto que la comida y sus rituales aparecen en diversos grados de tematización en todo el cine español contemporáneo, un auténtico cine gastronómico en la línea de clásicos como *La grande bouffe* (Marco Ferreri, guion de Ferreri y Rafael Azcona, 1973), *Babettes gaestebud / El festín de Babette* (Gabriel Axel, 1987) o *Como agua para chocolate* (Alfonso Arau, 1992) no se ha abierto camino en el cine español. El tema gastronómico suele aparecer no como tema central, sino como consecuencia o epifenómeno de la cultura local o nacional. En el conocido caso de *Jamón, jamón* (Bigas Luna, 1992), el diálogo entre alimentos típicamente españoles (el jamón, la tortilla de patata) y productos extranjeros se pone al servicio de una acerada crítica de los estereotipos asociados a la "españolidad": el tema, pues, no es tanto la gastronomía española como el proceso de reconstrucción de la imagen de España que, en aquellos momentos (1992), estaba en pleno desarrollo a nivel nacional e internacional[17]. Lo mismo ocurre con otras famosas escenas culinarias, como la preparación del gazpacho en *Mujeres al borde de un ataque de nervios* (Pedro Almodóvar, 1988) o la preparación de las tortillas en *Airbag*: en ambos casos se utiliza un plato típico como vehículo de una intoxicación, recordando así *Las truchas* (1978), la

17 En películas de ambientación regional o local observamos un uso similar de la comida; quizá la más notable, por su explícita conciencia ecológica, es *Cenizas del cielo* (José Antonio Quirós, 2008), película que critica abiertamente las agresiones que sufre el campo asturiano por la contaminación industrial, utilizando para ello los productos hortícolas como ejemplo de degeneración de la alimentación.

célebre sátira de José Luis García Sánchez. Efectos parecidos aparecen en películas de época escritas por el guionista Rafael Azcona, como *La niña de tus ojos* (Fernando Trueba, 1998), donde los hábitos alimenticios de los españoles de los años 30 se contraponen bruscamente a los de los alemanes; *La corte de Faraón* (José Luis García Sánchez, 1985), donde una paella sirve para establecer una división entre los que son aceptados y los que son rechazados en la España de los años 40; y *¡Ay, Carmela!* (Carlos Saura, 1990), donde la comida y sus rituales funcionan como reguladores de la vida en plena Guerra Civil[18]. El referente remoto de este tratamiento parece ser el banquete de los mendigos en *Viridiana* (Luis Buñuel, 1961). En todos estos casos, el tema gastronómico sirve o de mera ilustración para otros temas o al servicio de otros contenidos; es, por lo tanto, un vehículo, a menudo una metáfora, que apunta hacia una crítica de costumbres, de estructuras sociales o de estereotipos y clichés.

El paralelismo sugerido por Lubow en *The New York Times Magazine* entre Adrià y Almodóvar no es casual, más allá del hecho de que poco después ambos fueran nombrados Embajadores Honorarios de la Marca España. Como pilares fundamentales de la Marca España y, sobre todo, de la versión más popular de la misma, la gastronomía y el cine desempeñan un papel complementario en la proyección de la imagen del país. Pero el cine español, como señalamos más arriba, todavía no ha encontrado un adecuado cauce de

---

18 La comida es sin duda uno de los hilos conductores de toda la producción guionística de Rafael Azcona, con títulos como *Plácido* (Luis García Berlanga, 1961), *Ana y los lobos* (Carlos Saura, 1973), *La grande bouffe*, *La vaquilla* (García Berlanga, 1985), *Moros y cristianos* (García Berlanga, 1987), *Y'a bon les blancs* (Marco Ferreri, 1988), *¡Ay, Carmela!*, *La niña de tus ojos*. Jean-Pierre Castellani ha afirmado al respecto: "Una rápida ojeada a la lista de los guiones firmados por Azcona, desde sus principios, como un examen de sus declaraciones en diversas entrevistas, atestiguan la importancia de la comida en las historias que cuenta, hasta considerarla quizás no como un medio común de reunir personajes sino más bien como una verdadera obsesión personal" (358). Testimonio del interés de Azcona por el mundo de la gastronomía es el libro de entrevistas publicado por Manuel Vicent: *Memorias de sobremesa: Conversaciones de Ángel S. Harguindey con Rafael Azcona y Manuel Vicent* (1998).

expresión de la cultura gastronómica. En relación a la imagen de España, el mayor reto del cine español contemporáneo desde Almodóvar ha sido la proyección de una imagen renovada de España acorde con los profundos cambios sociales, económicos y políticos ocurridos desde la reinstauración de la democracia. El surgimiento de una alta cocina española de prestigio internacional debería haber sido capitalizado por el cine como temática privilegiada de una imagen renovada del país. Pero, al igual que ha ocurrido con otros temas como el deporte de élite o la música clásica, los intentos del cine por vehiculizar la imagen de España a través de la gastronomía han sido escasos.

En las películas más recientes (*Tapas, Fuera de carta, 18 comidas, Secretos de cocina, Dieta mediterránea*) se perciben brotes de renovación del tratamiento de la gastronomía. Llaman la atención el diálogo intercultural y la presencia de la inmigración en *Tapas*; el protagonismo de personajes homosexuales en *Secretos de cocina, Fuera de carta* y *18 comidas*; y la sexualización de la comida en *Dieta mediterránea.* Son películas donde el tema gastronómico parece adquirir un protagonismo sustantivo que no está al servicio, en principio, de otros temas. Pensemos que a veces la cocina y la gastronomía han servido para ilustrar otros intereses temáticos, muy a menudo relacionados con la crítica social (clases altas y bajas, acceso a los alimentos) o con el amor y el sexo (placeres físicos, comidas compartidas por los amantes). La novedad (¿aparente?) en estas películas que ahora comentamos reside en hacer de la cultura culinaria un tema en sí mismo. En *Tapas,* por ejemplo, se entrelazan varias historias que gravitan en torno a un bar de barrio donde un nuevo cocinero, chef de prestigio en otro país, consigue relanzar el negocio gracias a sus extraordinarias dotes para la cocina. La figura del chef articula el tema gastronómico más claramente en *Fuera de carta* (un chef obsesionado con obtener una estrella Michelin redescubre a su hijo y termina cambiando sus prioridades vitales), *Secretos de cocina* (sobre una escuela de chefs donde un grupo de aspirantes comparte experiencias) y *Dieta mediterránea* (sobre la chef más famosa del mundo y sus aventuras sentimentales). La súbita aparición en el cine español de varias películas con chefs como personajes principales debe ponerse en relación con la fortuna mediática de los chefs catalanes y vascos a los que antes hemos hecho referencia y el eco que esta figura parece haber encontrado en una formulación generalmente aceptada de la imagen de España (o al menos de la Marca España).

El chef es sinónimo de alta cocina, cocina de calidad o cocina de autor, paradigma que se contrapone por una parte a la cocina tradicional o popular (donde no existen chefs sino cocineros y cocineras que se transmiten las recetas por vía familiar a través de generaciones, ya que se prima la repetición de los platos y sabores conocidos sobre la innovación y la experimentación); se contrapone también a la comida rápida o comida basura (donde tampoco existen chefs, sino operarios que manejan máquinas para procesar alimentos precocinados); y se contrapone, por último, a las cocinas tradicionales de los grupos inmigrantes, cocinas étnicas que pueden encontrarse en zonas de asentamiento de los inmigrantes (donde no existen chefs propiamente dichos). El chef viene así a personificar una nueva cultura gastronómica que eleva la cocina tradicional a la categoría de alta cultura, con los valores asociados de prestigio, calidad y valor comercial. Esta revalorización forma parte de una elevación general de la cultura tradicional a la categoría de alta cultura y, por extensión, a la elevación de España, como país tradicional, a la categoría de país de prestigio, país de gran calidad y valor comercial. En este sentido, existe una plena sintonía entre la aparición del personaje del chef y la aparición, en la cultura española, de otros personajes caracterizados por los rasgos de prestigio, calidad y valor comercial; por ejemplo, el deportista de élite, el cantante de fama mundial, el juez estrella, el cineasta oscarizado, el empresario que triunfa en los cinco continentes, el novelista que obtiene el Nobel, entre otros.

Las narrativas basadas en la figura del chef combinan varios rasgos centrales de la Marca España: la calidad de los alimentos españoles; la creatividad, a menudo calificada de apasionada, del español; la reformulación de la cultura tradicional en términos de arte, y de arte experimental o de vanguardia; y la capacidad de promoción y venta del producto local con capacidad de penetrar en mercados internacionales. En las películas más claramente basadas en este tipo de narrativa —*Fuera de carta* y *Dieta mediterránea*— el chef está clara y explícitamente basado en las historias reales proporcionadas por los chefs estrella a los que antes hemos hecho referencia, y muy concretamente en la de Ferrán Adrià, admirado y enigmático chef que combina en el imaginario popular la creatividad del artista, la autenticidad de quien conoce los productos de su tierra, la imprevisibilidad del experimentador y la visión del negocio. La actividad de Adrià ha sido con frecuencia comparada con la de Picasso o la de Almodóvar: genios impetuosos e imprevisibles que surgen de la nada y conquistan el mundo con sus creaciones.

Dieta mediterránea (guion de Yolanda García Serrano y Joaquín Oristrell, 2009) es una comedia que combina esta "narrativa del chef" (en tanto que impetuoso artista-emprendedor de fama internacional) con un triángulo amoroso que causa cierto escándalo familiar y social. El chef es una mujer, Sofía (Olivia Molina), y el triángulo lo configuran sus dos amantes: su marido Toni (Paco León) y su amigo Frank (Alfonso Bassave), quienes una vez atrapados en el triángulo terminan por cerrar su vértice homosexual. La historia del ascenso profesional de Sofía, desde sus humildes orígenes como hija de los dueños de un bar de playa en la costa mediterránea hasta convertirse en la mejor chef del mundo, se combina con su historia sentimental como motor del triángulo sexual y sentimental. En ambas esferas Sofía se muestra apasionada y creativa: como chef, inventa platos que los expertos califican de "milagro" y que logran conmover a los comensales; como amante, se inventa una relación a tres que parece satisfacer profundamente a sus amantes y que escandaliza a los demás. El efecto de eco entre ambas líneas narrativas es evidente: la experimentación que busca caminos novedosos, la asunción de riesgos enormes, la capacidad para sorprender a los destinatarios de sus invenciones y el liderazgo impetuoso quedan patentes tanto en su cocina como en su vida amorosa.

Producida por la catalana Messidor Films, la película explota elementos de la Marca España, pero lo hace sin recurrir a significantes de españolidad en momento alguno. Tampoco aparecen, curiosamente, significantes asociados a la catalanidad. Desde el título, que alude a una dieta mediterránea de inspiración internacional (con el doble sentido de la dieta amorosa de la protagonista) hasta los escenarios de la película, rodada en la provincia de Barcelona pero sin alusión explícita alguna a los pueblos donde transcurre la acción, la película parece querer evitar en la medida de lo posible cualquier adscripción nacional, favoreciendo un espacio más cultural que político, asociado a una playa mediterránea donde siempre parece ser verano. Sin duda, la buscada ocultación de la nacionalidad —española o catalana— ha de ponerse en relación, de nuevo, con la figura de Ferrán Adrià y quizá con la de otros chefs, principalmente catalanes y vascos, que se han convertido en exponentes de la Marca España, pese a representar desde la gastronomía culturas donde lo español está en entredicho.

La sexualidad es, junto con la nacionalidad, un elemento clave en *Dieta mediterránea*. El triángulo amoroso se presenta como práctica social transgresora, pero no es la única transgresión sexual: el padre de Sofía es bisexual, pero se sugiere que puede ser un homosexual reprimido y casado quizá para mantener las apariencias. La propia Sofía es presentada como transgresora al pretender entrar como mujer en un mundo, el de la alta cocina, dominado por hombres. A pesar de su liberalidad sexual en su propia vida, Sofía parece escandalizarse cuando descubre la sexualidad, hasta entonces oculta, de su padre. La relación homosexual que acaba por germinar entre su propio marido y su amante, sin embargo, no parece escandalizarla en absoluto. En varias escenas se sugiere abiertamente que Sofía está consiguiendo hacer que el triángulo tenga éxito como estructura familiar estable: los tres llegan a vivir en la misma casa, con los hijos del matrimonio de Sofía y Toni (llegando a sugerir que Frank es en realidad el padre de uno de ellos). Tras un período de crisis en que el triángulo se descompone, el clímax de la película llega con la recomposición del mismo, precisamente el día en que Sofía es homenajeada por sus compañeros de profesión como mejor chef del mundo. Las dos líneas narrativas —la amorosa y la gastronómica— confluyen en un final optimista en el que, por fin, se resuelve la doble metáfora entre comida y sexo: las experiencias sentimentales de la vida se describen como "sabores" y, a la vez, las vivencias profesionales de Sofía como chef se describen como "pasiones". En perfecta consonancia con los presupuestos de la Marca España, la dieta mediterránea de esta película viene a ser una transgresora pero aceptable combinación de sabor y pasión. La validación internacional de la propuesta —otro elemento clave de la Marca España— no está ausente de la película: en lo amoroso, el triángulo entra en crisis (y es finalmente validado) por la aparición de una amante japonesa (sofisticación exótica) de Frank; en lo gastronómico, Sofía recibe su confirmación como "milagro culinario" de manos de un prestigioso chef francés (de igual manera que, según el artículo de *The New York Times Magazine*, la cocina española arrebató a la francesa la preeminencia mundial).

La comedia *Fuera de carta* combina la narrativa del chef con uno de los argumentos más inmediatamente asociables a la imagen de la España contemporánea, la del futbolista de éxito. La yuxtaposición de gastronomía y deporte, dos de los pilares de la versión popular de la Marca España, proporciona inmediatamente una serie de escenarios (los mundos populistas de Holt) donde representar las historias arquetípicas de excelencia y éxito internacional que la Marca España promociona. El restaurante vanguardista sirve de escenario a la narrativa gastronómica, mientras que la deportiva va del campo de fútbol al plató de televisión. Los protagonistas son, respectivamente, Maxi (Javier Cámara), dueño y chef del restaurante Xantarella, que ansía conseguir su primera estrella Michelin, y Horacio (Benjamín Vicuña), exfutbolista argentino dedicado ahora a entrenar equipos infantiles y a participar en programas de fútbol en televisión. Por si quedara alguna duda sobre la intención de la película de desarrollar las temáticas de la Marca España, ambos personajes son homosexuales y entablan una relación cuyo principal escollo es el diferente grado de apertura sociosexual: Maxi, dueño de un restaurante de moda en el madrileño barrio gay de Chueca, es abiertamente homosexual, mientras que Horacio, estrella futbolística y mediática, vive una doble vida. Precisamente una de las resoluciones argumentales de la película consiste en la espectacular "salida del armario" de Horacio, quien en medio de una gran tensión termina por confesar su homosexualidad en directo en el programa futbolístico de televisión.

No obstante el intento de comparación entre los mundos de la cocina y del deporte, utilizando la homosexualidad como punto de comparación, la película termina por convertirse en un comentario sobre el precio del éxito profesional y en un alegato a favor de la realización personal en el ámbito privado familiar. En efecto, la vida laboral de Maxi en su restaurante se presenta marcada por un ritmo acelerado de trabajo y por un clima no exento de tensiones personales, que se agudiza cuando aparece el inspector de la *Guía Michelin*. Su vida personal también es fuente de problemas: no por su homosexualidad, que se presenta como plenamente asumida y satisfactoria, sino por el hecho de que su exmujer acaba de fallecer, dejando a su cargo dos hijos con los que no le une ningún lazo emocional. Son los hijos los que funcionarán como catalizador del cambio que experimenta el personaje de Maxi quien, tras la doble peripecia de la "salida del armario" de Horacio y del clima de tensión en el restaurante, decide poner punto final a su vida como chef de éxito y deshacerse del restaurante en Chueca. En la escena final se nos presenta como resolución argumental la sustitución del restaurante de Chueca por un anónimo mesón del extrarradio, donde el menú de vanguardia ha dejado paso a una cocina casera y donde Maxi trabaja como simple empleado de cocina sin más preocupación que salir a su hora para dedicar la tarde a su familia: Horacio y sus hijos.

En un contexto argumental claramente identificado con los valores de la Marca España (excelencia, arrojo empresarial, innovación y creatividad) y con sus líneas temáticas (la alta cocina, el deporte de élite, la reivindicación de la homosexualidad), no deja de resultar sorprendente que, en su conclusión, la película plantee un regreso a la comodidad de la vida familiar. La contraposición de una vida laboral estresante y una vida familiar gratificante se ejemplifica magníficamente mediante la comparación de dos tipos de comida: la del restaurante vanguardista y la del mesón del extrarradio o, en términos culinarios, los ingredientes criogenizados frente a las lentejas y las albóndigas. En contra de una narrativa del éxito laboral y empresarial en línea con una versión mercantilista de la Marca España, la película parece proponer, en su escena final, la preferencia por un éxito privado en el ámbito familiar, más en línea con una versión humanista ligada a la imagen de España como "país donde se vive bien" y donde los valores de la realización personal, la familia y la autenticidad de la vida privada predominan sobre los valores de excelencia empresarial.

Si es cierto que las marcas icónicas lo son porque de algún modo resuelven nuestras ansiedades colectivas, la Marca España, a la que *Fuera de carta* dota de escenarios y personajes, parece querer resolver no solo el dilema entre trabajo y familia, sino también el dilema entre una vida unidimensional (el éxito laboral del que, en el fondo, depende todo el sistema de producción capitalista) y una vida auténtica, en la que caben todas las dimensiones y en la que caben también todas los estilos de vida y todas las opciones sexuales. En cierto modo, *Fuera de carta* constituye una llamada de atención sobre el hecho de que, en sus modos de vida y en sus valores, la sociedad española es mucho más rica y compleja de lo que la Marca España deja entrever.

Rodada en Galicia, financiada en parte por la Xunta de Galicia y Televisión de Galicia, y con un reparto mayoritariamente gallego, *18 comidas* parecería ser en principio la perfecta candidata a convertirse en una película póster de la gastronomía gallega, como *La rosa de piedra* (Manuel Palacios, 1999) lo fue de la moda. Pero tanto la técnica de rodaje, basada en la improvisación y la cámara libre, como el énfasis de la trama argumental en el efecto de lo cotidiano alejan la película de una fácil filiación propagandística y la colocan más bien en la órbita de un cine de arte, en el que las historias de los personajes priman sobre la intención de generar una factura "de marca". Lo realmente sorprendente de *18 comidas* es que, precisamente por aparentar una cierta despreocupación sobre la poética del lugar (Santiago de Compostela, Galicia) en beneficio de las historias humanas entrelazadas que componen la trama, termina por resultar fuertemente realzada la imagen de Galicia como sociedad vibrante y múltiple. Este efecto se consigue mediante una poética de lo cotidiano y mediante el sutil manejo de la iconografía gallega.

Lo cotidiano figura en la película como una mezcla de rutinaria repetición de los rituales de la vida y conversaciones en las que las vidas de los personajes experimentan súbitos cambios de rumbo. La función de las comidas en la película no es tanto la de mostrar un catálogo de la rica gastronomía gallega (la iconografía gallega solo aparece en sordina), como la de servir de marco ritual a las interacciones sociales de los personajes. En palabras de su director, *18 comidas* es una película "hecha de historias, de retazos de vida, en un único día de ficción y siempre alrededor de las comidas. Porque la comida es sabrosa, sensual, imprescindible para la vida y, sobre todo, porque es la excusa más común para que los seres humanos se reúnan y se relacionen"[19].

La iconografía gallega aparece de manera no enfática: planos de transición y de situación en los que aparecen encuadres no habituales de la catedral de Santiago (evitando en todo caso el clásico y estereotipado encuadre frontal de la fachada principal), calles con pilares de piedra con ausencia de lluvia (otro estereotipo), escenas habladas en gallego, música de gaita, comidas con marisco y vino de la tierra. La aparición de todos estos elementos como fondo de la acción, sin subrayados ni en la puesta en escena ni en el desarrollo argumental, contribuye a generar una sensación de naturalidad (y de cotidianidad) que encaja perfectamente con la poética de la autenticidad que esta película parece querer transmitir.

Las películas que venimos comentando parecen compartir una estrategia comunicativa común respecto a los discursos y valores promovidos por la Marca España, tales como la renovación del país, la recuperación vanguardista de tradiciones locales, una ética del pluralismo y la diversidad, o la vindicación de sexualidades no normativas. Que estos valores y discursos estén de algún modo patrocinados por agencias asociadas a la Marca España o se traten simplemente de reflejos del ambiente cultural impregnado por la popularización de la misma es un extremo que merecería ser investigado en mayor profundidad. De lo que no parece caber duda es de que el cine español está contribuyendo de manera activa a afianzar la estrategia comunicativa de la Marca España mediante la incorporación de temas y personajes que, como los estudiados en estas páginas, se presentan ante una audiencia global (que incluye a la propia audiencia española) como cifra o imagen del país. La preocupación por construir los escenarios de ficción requeridos por la estrategia de marca hace que estas películas apenas se preocupen por mostrar el envés de la trama; así, las prevenciones críticas sobre los usos de la Marca España al servicio del poder y sus posibles abusos como instrumento no democrático y potencialmente propagandístico apenas aparecen en las películas comentadas. La conceptualización crítica

19 Veánse las "Notas del Director" en la página oficial de la película.

de la contribución del cine (y la cultura popular en general) a la Marca España, así como las consecuencias que dicha contribución habrá de reportar tanto al cine español como a la propia Marca España, son un trabajo de reflexión aún por hacer y al que este trabajo pretende aportar un planteamiento inicial[20].

Obras citadas

18 comidas. Dir. Jorge COIRA (2010).

ABEND, Lisa. *The Sorcerer's Apprentices: A Season at el Bulli. Behind the Scenes at the World's Most Famous Restaurant*. New York: Simon and Schuster, 2011.

ANDERSON, Lara. "Cooking up the Nation in Fin-de-Siècle Spanish Cookery Books and Culinary Treatises". *Romance Studies* 27.2 (2009): 121-32.

ANHOLT, Simon. *Competitive Identity: The New Brand Management for Nations, Cities and Regions*. New York: Palgrave, 2007.

— *Places: Identity, Image and Reputation*. New York: Palgrave, 2009.

ARVIDSON, Adam. *Brands: Meaning and Value in Media Culture*. New York: Routledge, 2006.

CASTELLANI, Jean-Pierre. "Comer en la Guerra Civil: representación y papel de la comida en *¡Ay, Carmela!*, de Carlos Saura". *Revista de Filología Románica*, Anejo V (2007): 357-67.

CHISLETT, William. *Spain: Going Places. Economic, Political and Social Progress 1975-2008*. Madrid: Telefónica, 2008.

Dieta mediterránea. Dir. Joaquín ORISTRELL (2009).

Fuera de carta. Dir. Nacho G. VELILLA (2008).

GUILLÉN, Mauro. *The Rise of Spanish Multinationals: European Business in the Global Economy*. Cambridge: Cambridge UP, 2005.

HOLT, Douglas. *How Brands Become Icons: The Principles of Cultural Branding*. Boston: Harvard Business School Press, 2004.

20 Agradezco a Lisa Abend, Lara Anderson, Silvia Bermúdez, José Luis Fernández Castillo y Jo Labanyi sus valiosos comentarios sobre este trabajo.

Jansen, S. C. "Designer Nations: Neo-liberal Nation Branding. Brand Estonia". *Social Identities* 14.1 (2008): 121–42.

Kaneva, Nadia. "Meet the 'New' Europeans: EU Accession and the Branding of Bulgaria". *Advertising & Society Review* 4.8 (2007). http://muse.jhu.edu/journals/advertising_and_society_review/v008/8.4kaneva

— "Nation Branding: Toward an Agenda for Critical Research". *International Journal of Communication* 5 (2011): 117–41.

Lubow, Arthur. "A Laboratory of Taste". *The New York Times Magazine* (10 agosto 2003). http://www.nytimes.com/2003/08/10/magazine/a-laboratory-of-taste.html?pagewanted=all&src=pm

Miguel, Amando de. *España, marca registrada*. Barcelona: Kairós, 1972.

Noya, Javier. "La nueva etapa de la marca España". Instituto Elcano ARI Nº 153/2003 (29 diciembre 2003). http://129.35.96.158/wps/portal/rielcano/contenido?WCM_GLOBAL_CONTEXT=/elcano/elcano_es/zonas_es/imagen+de+espana/ari+153-2003

Noya, Javier y Fernando Prado. "¿Cuánto ha empeorado la imagen de España?" Instituto Elcano (29 noviembre de 2011). http://129.35.96.158/wps/portal/rielcano/contenido?WCM_GLOBAL_CONTEXT=/elcano/elcano_es/zonas_es/imagen+de+espana/ari158-2011

Sukalde Kontuak / Secretos de cocina. Dir. Aizpea Goenaga (2009).

Tapas. Dir. José Corbacho y Juan Cruz (2005).

Vicent, Manuel. *Memorias de sobremesa: Conversaciones de Ángel S. Harguindey con Rafael Azcona y Manuel Vicent*. Madrid: El País-Aguilar, 1998.

Volcic, Zala y Mark Andrejevic. "Nation Branding in the Era of Commercial Nationalism". *International Journal of Communication* 5 (2011): 598-618.

Widler, J. "Nation branding: With pride against prejudice". *Place Branding and Public Diplomacy* 3.2 (2007): 144–50.

Géneros de corta y pega: Entre lo nacional y lo global en *Balada triste de trompeta* de Álex de la Iglesia

Katarzyna Paszkiewicz

El cine de Álex de la Iglesia es, según Núria Triana-Toribio, "una pesadilla" para las definiciones tradicionales de cine nacional (2). La autora del libro *Spanish National Cinema* (2003) señala, citando a Stephen Crofts, que la noción de "cine nacional" ha sido utilizada frecuentemente para referirse a las películas cuyas narrativas y estilo visual son distintos u opuestos a la producción dominante de Hollywood, y que han sido caracterizados en los discursos críticos como pertenecientes al "cine de autor":

> Antes de los años 1980, los trabajos críticos sobre cine solían adoptar las nociones convencionales del cine nacional. La idea del cine nacional ha propiciado desde hace tiempo la promoción de los cines no-hollywoodenses. Junto con el nombre del director-*auteur*, esta noción ha servido como medio a través del cual se han etiquetado, distribuido y criticado las películas no-hollywoodenses, habitualmente películas

"de autor". Como estrategia de marketing, estas etiquetas nacionales han prometido distintas variedades de "otredad" —de lo que es culturalmente diferente tanto de Hollywood como de las películas de otros países importantes—. (Croft, cit. en Triana-Toribio 2)[1]

Al combinar géneros hollywoodenses con referentes de la cultura española, De la Iglesia trasciende la oposición entre lo local y lo global implícita en este modelo de cine nacional y —tal como demuestran Peter Buse, Triana-Toribio y Andy Willis en el artículo "The Spanish 'Popular Auteur': Álex de la Iglesia as Polemical Tool"— pone en duda ciertas nociones del "cine de autor", usualmente asociado con directores como Carlos Saura, Víctor Erice o Julio Medem:

> De la Iglesia, al igual que muchos de sus contemporáneos, dirige películas que resisten las categorizaciones "nacionales" de los estudios del cine europeo, ya que están al mismo tiempo repletas de referencias autóctonas españolas *y* miran deliberadamente hacia el exterior, recurriendo a fuentes estilísticas no-españolas (y no-europeas). Cuando estos puntos de referencia extra-hispánicos reconfortan por su cosmopolitismo, como es el caso en *Los amantes del círculo polar* (1997) de Julio Medem, la desestabilización de las fronteras nacionales provoca muy poco desasosiego. En cambio, cuando las referencias a la cultura española y estadounidense son deliberadamente populares y vulgares ['*low-brow*], como lo son en *La comunidad* (2000) de Alex de la Iglesia, entonces la policía de fronteras empieza a manifestar sus ansiedades. (147)

Tomando en cuenta la insistente recurrencia a Hollywood y a los géneros "bajos" y no-realistas, más que inscribirse en el "cine de autor" al estilo de Medem, Álex de la Iglesia estaría más cerca del cine "neo-vulgar" de los años 90 acuñado por Núria Triana-Toribio (151-54), que se caracteriza por un trato paródico de géneros hollywoodenses, con un énfasis especial en el *gore*, lo grotesco y la violencia gráfica. La estética del exceso y la ausencia de los límites genéricos convencionales en éxitos de taquilla como *Acción mutante* (Álex de la Iglesia, 1993), *Airbag* (Juanma Bajo Ulloa, 1997), *Torrente: El brazo*

1 Todas las traducciones al castellano son mías.

tonto de la ley (Santiago Segura, 1998) o *Torrente 2: Misión en Marbella* (Santiago Segura, 2001) han causado el rechazo de algunos críticos en España por considerar estas películas incoherentes y "de mal gusto" [2]. Estas reacciones forman parte de un paradigma basado en la supuesta dicotomía entre "cine de autor" y "cine popular", que se ve cuestionado por los recientes trabajos sobre el cine español desde el campo de los estudios culturales (Buse, Triana-Toribio y Willis, *The Cinema*; Lázaro-Reboll y Willis; Herrera y Martínez-Carazo) que reivindican los géneros populares. El presente ensayo pretende ser una contribución a dichos estudios, intentando desmantelar el citado paradigma y, al mismo tiempo, problematizar las nociones tradicionales sobre el cine nacional. Más que los discursos críticos que circulan sobre Álex de la Iglesia y su propia construcción como *auteur*, me interesan los usos estratégicos de géneros hollywoodenses en la (re)configuración del imaginario popular que crean un espacio de resistencia frente a las prácticas culturales dominantes en el cine español contemporáneo.

Tal y como señala Andrew Willis, la irónica hibridación de diferentes tradiciones genéricas en las películas de Álex de la Iglesia se ha explicado con frecuencia como el resultado de la desenfrenada cinefilia del director, que recurre a las películas y personajes favoritos de su infancia (240). Sin embargo, sería pertinente preguntarse si este rasgo de sus películas surge únicamente de su pasión por el cine, o de una estrategia de distanciamiento del cine de "buen gusto". La orquestación de estilos y géneros a la cual recurre De la Iglesia, haciendo un uso irónico y sofisticado de la estética de "corta y pega", además de ofrecer al público un juego de reconocimiento, evidencia una distancia autorreflexiva respecto a las retóricas nacionalistas, que pone de manifiesto el carácter fragmentario y heterogéneo de las identidades nacionales y de género.

Me centraré en el espacio disponible en algunas escenas de su película *Balada triste de trompeta* (2010), que narra la historia ambientada en el franquismo de un triángulo amoroso entre un payaso

2 Triana-Toribio afirma que estas películas rechazaban de manera muy consciente el modelo de las "buenas películas" promovido por la ley Miró y por esto fueron descalificadas por algunos críticos (151).

triste, Javier (Carlos Areces), una trapecista del circo, Natalia (Carolina Bang) y su novio, el payaso tonto, Sergio (Antonio de la Torre). El objetivo de este análisis no es estudiar de qué manera la película representa el pasado español, teniendo en cuenta que el propio De la Iglesia cuestiona —a través del distanciamiento y de una irónica mezcla de géneros— la idea de la transparencia del medio fílmico. Se trata más bien de analizar el significado y la función de los intertextos hollywoodenses y de sus recontextualizaciones dentro de la película citada.

En los títulos de crédito de *Balada triste* aparecen los nombres de las distintas instituciones que financiaron la película: Generalitat Valenciana, Televisión Española, Ministerio de Cultura, acompañados por el sonido de carcajadas. Este recurso está justificado por la narración, ya que —como veremos enseguida— las risas pertenecen a un grupo de niños que están viendo la actuación de dos payasos en el circo durante la Guerra Civil. Pero la utilización de la risa en el inicio de la película tiene un significado adicional: nos informa sobre la posición desde la cual el director va a hablar del doloroso pasado franquista, anticipando la subversión de los discursos oficiales institucionales sobre la historia de España y del cine español que la representa.

A pesar de inscribirse en la tradición fílmica del cine "neovulgar" o, como lo formula Andrew Willis, del cine de irónica hibridación de los años 90 (239), *Balada triste* ocupa un lugar especial en la filmografía de Álex de la Iglesia, ya que rompe con dos de las tres premisas básicas que caracterizaban al cine de aquella generación: evitar la Guerra Civil y la postguerra; no adaptar una novela de prestigio; y, por último, no recrear traumas infantiles (Crespo 61). En cuanto a la Guerra Civil, si bien aparece únicamente en el prólogo del filme y se utiliza para mostrar un episodio traumático de la infancia del protagonista (el payaso triste Javier), su sombra está presente durante toda la película. De la Iglesia rompe también con la premisa de no recrear traumas infantiles. En un blog dedicado al rodaje de la película el director explica sus motivos para hacerla:

> Hago esta película para exorcizar un dolor en el alma que no se me va con nada, como las manchas de aceite. Yo lavo mi ropa con las

> películas. Me siento ridículo, horrorosamente mutilado por un pasado maravilloso y triste, ahogado por una nostalgia de algo que no ocurrió, una pesadilla informe que me impide ser feliz. Quiero aniquilar la rabia y el dolor con un chiste grotesco que haga reír y llorar a la vez. Quiero quemar con ácido las heridas que me escuecen por la noche, cuando la angustia es insoportable y los demonios que viven a mi lado, susurrándome al oído, se vuelven dolorosamente reales. (2009)

A pesar de invocar los "traumas infantiles", *Balada triste* no sigue el camino de las películas de tradición realista que retratan el pasado franquista. El hecho de referirse a "una nostalgia de algo que no ocurrió" demuestra su conciencia del carácter construido de la historia y de la artificialidad de su visión fílmica del pasado. Lo vemos claramente en la secuencia que sigue a los créditos, situada en Madrid en 1937 durante la Guerra Civil, en la que un grupo de militares interrumpe el espectáculo de dos payasos, para reclutarlos a la fuerza. Desprovistas de profundidad de campo, las imágenes del circo recuerdan las viñetas de un cómic atrapando a los personajes en su bidimensionalidad y evocan las películas de superhéroes (Fot. 1). La composición de los encuadres, junto con una iluminación tenebrosa en claroscuro resalta el estatus onírico de las imágenes. El aspecto onírico de la película, muy consciente por parte del director, es explicado de esta manera en su blog:

> Recuerdo aquello como un sueño o una pesadilla ininteligible. El franquismo en su declive es como la prehistoria de mi vida. Allí se ocultan animales salvajes, muertos de hambre y pena, asesinos, y mis hermanos, mi madre, y sobre todo, mi padre. [...] El Lute, la muerte de Carrero Blanco, los payasos de la tele, forman un todo indivisible en mi cabeza. No sé quién era payaso y quién niño en aquella extraña alucinación. El terrorismo, la infancia y la televisión son conceptos que se mezclan, se yuxtaponen en mi cabeza, formando una especie de enigma, de jeroglífico que necesito descifrar. (2009)

Esta puesta en escena no concuerda con las reglas del realismo fílmico, que constituye el modo de representación más común en el cine español sobre el pasado franquista[3]. Al mismo tiempo, la utilización de la luz alude a las convenciones del *film noir*, un género al cual De la Iglesia recurre durante toda la película. Las siluetas en la oscuridad de los dos payasos recuerdan imágenes de la película *The Big Combo* (Joseph H. Lewis, 1955; Fot. 2), un clásico del cine negro. Es significativa la alusión a este género, en el que las fronteras entre "buenos" y "malos" se difuminan y donde el héroe atormentado por su pasado oscuro se convierte en un antihéroe, ya que anticipa la inestabilidad de las identidades nacionales y del género de los protagonistas.

La recurrente metáfora de la historia como un circo se subraya en la escena comentada por medio de las tomas del público que, incluso después de la irrupción del ejército en medio del espectáculo, sigue en posición espectatorial, mirando a los personajes disfrazados interpretar sus papeles (Fot. 3). La escena comentada guarda indudables ecos del comienzo de *¡Ay, Carmela!* (1990) de Carlos Saura, también marcada por la interrupción del espectáculo por los sucesos de la guerra. Al poner de relieve la mirada infantil del público, De la Iglesia parece canibalizar el "cine de autor" de los años setenta sobre el trauma infantil, como el de Saura o Erice, al mismo tiempo incorporando referencias provenientes de la cultura popular estadounidense. Los payasos, al igual que las máscaras y los maniquís, elementos recurrentes en la puesta en escena de otras películas de Álex de la Iglesia, están marcados por la teatralidad y la artificialidad, lo que muestra una ruptura con la tradición realista[4]. Esta idea de espectáculo se ve reforzada en la secuencia siguiente, donde se nos presenta al payaso tonto (Santiago Segura) combatiendo a machetazos contra los soldados del bando nacional, sin desprenderse de su disfraz femenino que representa grotescamente la República (Fot. 4). La secuencia de esta lucha carnavalesca, con la sangre saliendo a borbotones de los brazos mutilados, podría considerarse

3 Cuando hablo del realismo fílmico, me refiero al modo de significación realista tal y como lo describen Nicholas Abercrombie, Scott Lash y Brian Longhurst en su artículo "Popular Representation: Recasting Realism" (1992).

4 Sobre el uso de las máscaras y los maniquís en el cine de Álex de la Iglesia, véase Peter Buse et al. *The Cinema* (19).

una suma de alusiones a las películas bélicas hollywoodenses, como por ejemplo *Saving Private Ryan* (1997) de Steven Spielberg, y a los filmes clase B. Esta estrategia evoca las producciones de Quentin Tarantino o Robert Rodríguez: basta con recordar las escenas de lucha en *Kill Bill: Vol. 1* (2003), *Kill Bill: Vol. 2* (2004) o en *Machete* (2010). La escena de la lucha en *Balada triste* cuestiona el uso del realismo fílmico en los relatos sobre la guerra, sumergiéndose en las "nuevas vulgaridades" del cine español a las que se refiere Triana-Toribio (151-54). Caracterizadas por el exceso y el artificio, las imágenes de *Balada triste* cuestionan la idea de que el cine nacional histórico es —o debería ser— una representación "transparente" de los hechos. En palabras de Giulia Colaizzi:

> En la magnificación del artificio, en la duplicación y en el exceso, se crea un efecto de eco que distorsiona y desfigura lo que supuestamente debería ser sólo repetido, re-presentado: la imagen se revela no simplemente como copia o reflejo, sino como construcción, como artefacto. (125)

El encuentro —o incluso el choque— de distintos referentes en la escena de lucha mencionada anteriormente desnaturaliza el sentido de las imágenes. La impropiedad de la vestimenta del payaso en un campo de batalla ilustra la idea de la historiadora de cine Pam Cook de que el cine histórico no representa el pasado, sino que constituye un intento de negociar el pasado con el presente (Cook, cit. en Labanyi 21). Jo Labanyi, en su análisis del vestuario en el cine ambientado en la época franquista, recurre a la afirmación de Cook de que "la teatralidad auto-reflexiva del vestuario en el cine histórico se traduce con frecuencia en una visión subversiva de la historia como mascarada" (25). La subversión de la historia en el cine de Álex de la Iglesia es autoconsciente: resulta significativo que el payaso no se quite el disfraz en medio de la batalla y, además, que se trate de un disfraz femenino. Mezcla de niña gigante y miliciana republicana, su imagen remite a la del personaje de Carmen Maura en *¡Ay, Carmela!* Aquí, sin embargo, la alegoría de la República, es caracterizada en forma grotesca: su vestimenta presenta un exceso de significado, y ejemplifica la manera en que *Balada triste* pone en duda los discursos convencionales sobre las identidades nacionales y genéricas, como por ejemplo la masculinidad militar.

Otro ejemplo de la orquestación de estilos provenientes de distintos contextos culturales e históricos es la segunda parte de los créditos, que sigue a la escena del circo. La secuencia empieza con un mosaico de fotos, en las cuales Franco, Hitler, curas, miembros de ETA, una estatua de la Virgen llorando y un cuadro de Cristo coexisten con una serie de íconos de películas de terror (Lon Chaney, Frankenstein, el hombre lobo, Ming the Merciless) y de la cultura popular española, especialmente estrellas de televisión de la época franquista (como Lola Flores o Tip y Coll). El ritmo del montaje se va acelerando hasta volverse frenético, bajo los sonidos militares del tambor y los quejidos de una saeta. Así, por la vía de la exageración, de la deformidad y de la repetición, De la Iglesia recontextualiza el legado iconográfico español heredado de la época franquista, reciclando paródicamente dicho repertorio y dándole un nuevo sentido. La incorporación de múltiples estilos visuales extraídos de distintos géneros como el cine de terror, el cine bélico, el *film noir*, el melodrama y las películas de superhéroes, sin dejar de lado las referencias al legado español como la comedia esperpéntica, la televisión y los tebeos, permite crear una distancia autoconsciente con las retóricas nacionales, además de apuntar al carácter construido de las identidades españolas.

Las referencias visuales a los géneros hollywoodenses son extraídas de su marco original e intercaladas en un nuevo contexto, ofreciendo así otro ejemplo de la estrategia de "corta y pega". El argumento de *Balada triste* hace una clara alusión a la película de terror estadounidense *Freaks* (Tod Browning, 1932), que cuenta la historia de la venganza de un enano de circo contra la trapecista, Cleopatra, que finge amor para quedarse con su dinero y escapar con su amante, Hércules, el forzudo de circo. Además de contar la historia de este triángulo amoroso, Browning se centra en otras figuras del circo: seres extraños, deformes, personas con diversas amputaciones. También el universo fílmico de Álex de la Iglesia está plagado de monstruos, seres miserables y rastreros, que se encuentran fuera del margen de lo normal y de lo socialmente aceptado. La influencia del filme de Browning puede apreciarse en otras películas de Álex de la Iglesia, empezando por su primer largometraje *Acción mutante* (1993), que trata de un grupo terrorista compuesto por minusválidos —entre ellos unos hermanos siameses y un enano jorobado— que pretenden vengarse de los ricos y los guapos. En general, la presencia de toda clase de *frikis* se podría considerar un rasgo característico de su estilo: la pareja grotesca del sacerdote Ángel Berriatúa y el obeso aficionado al *death metal*, José María, en búsqueda del Anticristo en *El día de la bestia* (1995); Charly, un chico "raro" vestido con el traje de Darth Vader en *La comunidad* (2000); un grupo de especialistas de cine envejecidos, disfrazados de vaqueros en *800 balas* (2002); Lourdes, la poco atractiva novia psicópata en *Crimen Ferpecto* (2004), son solo algunos ejemplos de los "bichos raros" que habitan la filmografía del director español. Recurriendo a las películas de terror o de ciencia ficción, al *film noir* o al western, y reciclando referencias hollywoodenses junto con elementos fuertemente locales, De la Iglesia pone en cuestión la noción de "normalidad" en sus personajes, al mismo tiempo que los rescata de los márgenes y los sitúa en el centro de atención.

Así, la utilización de la trama de *Freaks* en *Balada Triste* no es un mero guiño al público cinéfilo. Según afirma Angela Smith, en la primera parte de la película de Browning se produce la "domesticación" de los *freaks* mientras los humanos, Cleopatra y Hércules, son representados como malvados:

> Si las narrativas del cine de terror clásico típicamente dramatizan las amenazas del monstruo al matrimonio "sano" y la reproducción, *Freaks* retrata los monstruos como exponentes de dichas prácticas normativas. Como han destacado varios y varias comentaristas, las escenas de los "freaks" haciendo la colada y charlando con sus vecinos los "normalizan" y deconstruyen su representación eugenésica como monstruos. (88)

Del mismo modo, Álex de la Iglesia extrae de sus monstruos un tono de humanidad. Sus héroes anacrónicos, grotescos y nada heroicos, no pueden adaptarse a la modernidad ni a los cánones de belleza impuestos por la lógica del capitalismo. Esta afirmación de la otredad se produce también a través de la reescritura de las narrativas clásicas hollywoodenses, ya que el director rompe con sus esquemas, glorificando al personaje secundario. En *Balada triste,* por ejemplo, los personajes secundarios —el hombre bala, el domador de elefantes o una pareja de adiestradores de perros— ocupan un lugar importante en la historia y son presentados como mejores moralmente que los protagonistas. No es casual que en las escenas en las cuales participan dichos personajes, De la Iglesia recurra sobre todo a las tradiciones españolas —al costumbrismo y al humor negro de las comedias de Luis García Berlanga— mientras sus protagonistas siguen más bien la pauta hollywoodense. De esta manera sus secundarios resultan más "cercanos" y humanos.

Por otra parte, la propia figura del payaso, un tema recurrente tanto en la obra del director español como en las películas de terror en general, puede ser interpretada como una imagen de la otredad. El payaso aparece como un ser caricaturesco cuyos rasgos exagerados parecieran ser una burla a los patrones de la masculinidad hegemónica. Una de las características de Javier, el protagonista de *Balada triste,* es su incapacidad para relacionarse sexualmente con Natalia, quien en más de una ocasión se mofa de su inocencia, tratándolo como un niño. Sin el disfraz, su masculinidad es representada como algo feo, "cutre", provinciano (Fot. 5). Para convertirse en payaso, Javier se maquilla meticulosamente delante del espejo (Fot. 6), exponiendo su cuerpo como una construcción social que necesita diferentes máscaras para actuar ante el público. Cuando lleva puesto este disfraz, su masculinidad se ve constantemente cuestionada. En una escena humorística, una elefanta llamada Princesa lo tumba con su trompa al suelo, a lo que su domador responde: "Es muy celosa, ¿sabes? No le gusta verme con mujeres. Y así vestido, ha debido pensar que...". Los puntos suspensivos en la locución subrayan la duda en cuanto al género de Javier, que no queda claramente definido. Además de ser ambiguo en cuanto al género, el disfraz de Javier —un collage de elementos nacionales y religiosos que combinan la figura del sacerdote y del torero— es un comentario irónico sobre su identidad española. De la Iglesia lo explica de esta manera:

> [El payaso] esconde algo siniestro, con esa ceja enorme (de listillo odioso), las orejas rojas, la lágrima, el traje de lentejuelas. Se caracteriza por un enigmático abultamiento del pantalón a la altura de las caderas.

> Hay algo afeminado en su aspecto que resulta inquietante. Digámoslo de una vez: existe una conexión primigenia entre el payaso, el cura y el torero. No sólo son sus trajes de luces. Los tres son claramente femeninos, responden a un pasado arcano ininteligible, despiertan sentimientos ocultos, contradictorios. Los tres protagonizan rituales sacrificiales. El torero rememora el sacrificio ritual del toro, símbolo del poder. No olvidemos Cnossos. Los toreros bailan frente al toro. El sacerdote sacrifica simbólicamente a Cristo, ofreciéndolo en cuerpo y sangre a sus fieles, en un auténtico festín caníbal arquetípico, ataviado de túnicas de colores chillones. El payaso, también dentro de un círculo, se inmola haciendo el ridículo, redimiendo sus pecados y el de los espectadores. ("Mi vida")

El payaso podría compararse con la figura del *drag* que, según Colaizzi, también "esconde algo siniestro" y representa "la imagen ambivalente del cuerpo grotesco del carnaval bajtiniano como inscripción y co-presencia de opuestos" (130). En palabras de la teórica, el *drag* "[c]arnavaliza el cuerpo [...], pone en cuestión la coherencia de los códigos indumentarios que nos inducen a pensar que 'parecer' es igual a 'ser', 'ver' igual a 'saber', que 'fuera' del cuerpo (su anatomía) corresponde a rasgos psicológicos esenciales, definitivos y universales" (130). El cuerpo de Javier no solo juega con las categorías de lo masculino y lo femenino, sino que también combina los símbolos nacionales, poniéndolos en una tensión constante.

El cuerpo de Sergio, el payaso tonto de *Balada triste*, también participa en el debate sobre la masculinidad, al ser una variación de la figura del "macho ibérico", tal como había sido encarnado por Javier Bardem en *Jamón, jamón* (1992) de Bigas Luna[5]. Sergio, un hombre dominante, posesivo y extremadamente violento, abusa constantemente de Natalia y se verá enfrentado por Javier, la única persona de su entorno que se atreve a no reírse de sus bromas. La hipermasculinidad de Sergio, maltratador y machista, resulta al final precaria ya que cuando su cara sufre terroríficas deformaciones —al igual que la cara de César en *Abre los ojos* (Alejandro Amenábar,

5 Para un análisis del modelo de macho ibérico en el cine español, véase *Live Flesh* de Santiago Fouz-Hernández y Alfredo Martínez-Expósito.

1997) — pierde a su novia, lo que conlleva también la pérdida simbólica de su virilidad. De esta forma, el personaje de Sergio se inscribe en la historia de los monstruos trágicos que habitan las películas de terror, como Frankenstein o el Hombre Elefante.

Así como Javier y Sergio tienen sus orígenes en el cine de terror, ciencia ficción y —cuando se convierten en payasos vengativos— en las películas de acción, la fuente principal del personaje de Natalia es el *film noir.* Ya en los créditos, la protagonista aparece vestida como una mujer de los años 40 fumando un cigarrillo, lo cual alude a la bien conocida figura de la *femme fatale* (Fot. 7). La relación con el cine negro comprende no solo la imagen, sino también el papel de Natalia dentro de la narrativa: su amor ambiguo hacia Javier, un detective solitario, y hacia su novio Sergio, un gánster maltratador. Sin embargo, justo después de la imagen de Natalia, aparece en los créditos la figura de la Virgen María llorando, lo que parece evocar la utilización simbólica de la mujer en el ideario nacional: la mujer española, cristiana, buena, sacrificada, que morirá como una mártir al final de la película. Esta interpretación se ve reforzada por otras secuencias. Cuando Javier ve a Natalia por primera vez, ella está colgada de una cinta roja y su figura aparece fuertemente iluminada con una luz sobrenatural. Esta luminosidad se repite en la escena del sueño de Javier, dándole a la protagonista el aspecto de una especie de ángel de la guarda (Fot. 8). Estas escenas podrían ejemplificar el rol de la mujer en el nacionalismo, según el planteamiento de Isolina Ballesteros:

> La feminización de los valores eternos y su consiguiente visualización es de central importancia en la construcción de cualquier ideario nacionalista. El paralelismo entre nacionalismo y feminidad se funda en el establecimiento de símbolos estáticos y en la creación de estereotipos inamovibles. (365)

En su análisis de las representaciones de la mujer en el cine español de postguerra, Ballesteros retoma la descripción ofrecida por George Mosse de la mujer como "una figura idealizada, cruce de virgen y madre, ejemplo de belleza y virtud, salvaguarda de la raza, la moral y el orden tradicional, protectora de la continuidad y la inmutabilidad de la nación, trasmisora de la conciencia nacional"

(Mosse, cit. en Ballesteros 365). Si bien el cuerpo de Natalia aparenta estar cosificado y cargado de dichas metáforas nacionales, la protagonista parece trascender la mera representación simbólica de la nación: cambia constantemente de disfraces, entrando en distintos personajes de la historia del cine, como el de vampira, el de Mia Jones-Wallace —interpretada por Uma Thurman en *Pulp Fiction* (Quentin Tarantino, 1994) — o el de la típica *final girl* de las películas *slasher* (Fots. 9-10). De esta manera, participa en varios espacios simbólicos que se entretejen, cuestionando la concepción monolítica de la identidad genérica y nacional. Siguiendo las ideas de Cook, esta exageración en cuanto a sus disfraces e identidades falsas se traduce en una visión de la identidad como algo inestable (cit. en Labanyi 25). Así, la lectura de Natalia como símbolo de la nación y como portadora de "los valores eternos" se ve debilitada por las transformaciones constantes de la protagonista, que evidencian una multiplicidad de identidades femeninas.

El cuestionamiento de la estabilidad de las identidades genéricas y nacionales alcanza su zenit en la escena final de la película, que transcurre en el Valle de los Caídos, el monte sobre el que se alza una enorme cruz cristiana con las esculturas de los cuatro evangelistas. El monumento, construido por orden de Franco para —según el decreto fundacional del 1 de abril de 1940— "perpetuar la memoria de los caídos de nuestra gloriosa Cruzada", es uno de los símbolos más emblemáticos del pasado franquista. En este escenario, cargado de significados nacionales y religiosos, tiene lugar la última lucha entre los dos payasos. En la escena, llena de referencias a películas hollywoodenses, resaltan particularmente dos influencias: la de *Batman* (1989) de Tim Burton y la del *thriller noir*, *North by Northwest* (1959) de Alfred Hitchcock.

Las influencias de Burton se manifiestan sobre todo en la construcción de los personajes y en el desarrollo de la trama en el último tercio de la película. Cuando Natalia rechaza a Javier por su horripilante aspecto, este se convierte en un terrorífico payaso con ametralladoras, en una clara alusión al personaje del Joker representado por Jack Nicholson (Fot. 11). En la escena final del filme de Burton, el Joker —al igual que Javier— rapta a Vicky Vale, la novia de Batman, y la obliga a subir al campanario de la catedral de Gotham City.

En otro momento vemos al Joker bailando con ella como si esta fuera una muñeca, escena también repetida por De la Iglesia en una secuencia anterior (Fots. 12-13). Sin embargo, *Balada triste* rompe con las expectativas del público. A través de un diálogo melodramático entre Natalia y Javier, en el cual los dos se confiesan su amor, se revierten los papeles:

> —Quisiera odiarte, pero no puedo. Ya no quiero hacerlo. Estaba equivocada...Podría vivir contigo...pero así...
> —¿Así cómo? ¿Loco? ¡Tú me has vuelto loco, Natalia!
> —¿Que estás loco por mí? ¿Qué es esto? ¿Una declaración de amor?
> —Sí, sí que lo es. Sí que lo es, porque te quiero, Natalia. Te quiero con locura.

Natalia y Javier se besan con pasión, acompañados por una música melosa, pero esta escena romántica es interrumpida por la repentina aparición de Sergio: "¡Qué bonito! ¿Puedo ser el padrino?". En un instante, Javier deja de ser el villano para convertirse en el héroe e intenta escapar con Natalia del monstruoso Sergio, quien a su vez entra en el papel del Joker. Después de una pelea frenética, los dos protagonistas quedan colgados del borde de la cruz, a punto de caer al precipicio. Las alusiones a la película de Burton son múltiples: una serie de largos y complejos *travellings* alrededor de la cruz, junto con tomas desde lo alto que muestran a un grupo de policías reunidos bajo el monumento mientras la música de Roque Baños recuerda la banda sonora de Danny Elfman; la semejanza del interior del monumento del Valle de los Caídos con el campanario gótico de la catedral; por último, el salto mortal de Natalia, sujeta a la cinta roja, similar a la escena en que Vicky Vale y Batman caen y se salvan gracias a uno de sus dispositivos.

Si bien toda la película podría explicarse en términos de narrativa clásica[6], donde el héroe lucha con un villano para conseguir a la chica, De la Iglesia prefiere no brindarnos un final feliz: Natalia muere al precipitarse al vacío, rompiéndose la columna vertebral.

6 De acuerdo con el paradigma del cine clásico de Hollywood propuesto por David Bordwell, Janet Staiger y Kristin Thompson (24-41).

En una imagen tanto violenta como grotesca —que pudiera hacer referencia irónica al ensayo *España invertebrada* de José Ortega y Gasset, en el cual el filósofo español relata el proceso de descomposición nacional— el cuerpo de Natalia, como un *locus* de los significados nacionales, se parte en dos reflejando palmariamente la tragedia de una España fracturada. Las alusiones al estilo visual de *Batman*, así como a otras películas inspiradas en cómics —por ejemplo *Sin City* (Robert Rodriguez, Quentin Tarantino y Frank Miller, 2005) — demuestran la devoción completa del director por el cine de espectáculo. Por otro lado, la reescritura del legado franquista en clave de película de superhéroes problematiza las definiciones tradicionales del cine nacional como un cine opuesto a las narrativas de Hollywood y, al mismo tiempo, cuestiona la necesidad de soluciones "realistas" en el cine histórico español.

La escena del Valle de los Caídos presenta también claras alusiones a la película *North by Northwest,* conocida en España con el título "Con la muerte en los talones". La alternancia de picados y contrapicados entre Javier, Sergio y Natalia colgados del monumento franquista parece haber sido tomada del final de la película de Hitchcock, que transcurre en el Mount Rushmore, montaña en Dakota del Sur donde se encuentra el Memorial Nacional, el famoso conjunto de esculturas de cuatro presidentes estadounidenses. Al igual que el Valle de los Caídos, el Memorial Nacional de Mount Rushmore fetichiza las metáforas nacionales, al ser una suerte de "ombligo de la nación" que conmemora a los "padres fundacionales" de Estados Unidos. Sin embargo, según el análisis de Barbara Straumann, la representación del Mount Rushmore en la escena de *North by Northwest* revela la precariedad y la putrefacción de la nación como construcción simbólica:

> Nos encontramos aquí ante el material áspero y amorfo del monumento, omnipresente y grotescamente distorsionado al ser visto con excesiva proximidad. Los precipicios fatales revelan literalmente el enorme abismo y vacío de lo Real que sostiene cualquier construcción simbólica. Además, la materia real y el abismo materializan el obsceno terreno o el lado oscuro de la ley simbólica nacional, ya que la escena expone el coste y las consecuencias de la despiadada conspiración de los representantes del gobierno. (210)

De manera similar, *Balada triste* constituye una crítica —e incluso una deconstrucción— de las leyes simbólicas nacionales al revisitar los lugares y los mitos del pasado español. Asimismo, el filme problematiza las nociones de la subjetividad masculina, que se ve desplazada de la ecuación género-nacionalismo, tal y como ocurre con el personaje de Roger en *North by Northwest*, según Steven Cohan. Analizando la construcción de la masculinidad en la película de Hitchcock, Cohan habla de la inestabilidad del género sexual de Roger y —siguiendo las teorías de Joan Riviere y Judith Butler— la teoriza como una "continua y potencialmente discontinua mascarada performativa" (46). Se trata de una identidad entendida como "una producción social, dinámica e inestable, que incluye un continuo despliegue de máscaras, juegos de roles y teatralidad" (50-51). Así, las citas de *North by Northwest*, además de señalar la crisis de las identidades nacionales, tienen un papel importante al desestabilizar las identidades de género. Durante el transcurso de *Balada triste* tanto los dos payasos como Natalia se ponen múltiples máscaras, y así son partícipes de los distintos discursos locales y globales sobre masculinidad, feminidad y nación española.

Centradas rotundamente en el cine narrativo y de espectáculo, las películas de Álex de la Iglesia cuestionan la supuesta oposición entre la "alta cultura" y la "cultura de masas", mezclando sin prejuicio las tradiciones hollywoodenses y las fuertemente locales. Las citas de Hollywood, además de ofrecer al público el placer de reconocer su procedencia, ponen en duda la naturalidad de categorías como género o identidad nacional. Es importante subrayar que la estrategia de "corta y pega" de Álex de la Iglesia no ofrece una simple síntesis de los elementos globales y locales, sino que los pone en un nivel de tensión que resulta casi explosiva. A pesar de las influencias de géneros estadounidenses, sus filmes son difícilmente comercializables fuera del Estado español como "cine nacional" por la gran cantidad de citas a la cultura local que contienen. Tal como lo resume acertadamente Triana-Toribio, el estatus de sus películas es problemático ya que son, al mismo tiempo, demasiado españolas, pero no suficientemente españolas para ser incluidas en el canon del cine nacional.

Esta paradoja entre lo local y lo global, entre lo "demasiado español" y lo "insuficientemente español" se produce mediante una orquestación de varios estilos, que se traduce en el cuestionamiento irónico de las identidades nacionales y de género, poniendo de relieve su carácter fragmentario y heterogéneo. La estética de la deformidad, la repetición y la exageración junto con la incorporación de múltiples referencias visuales a la cultura popular hollywoodense, extraídas de distintos géneros como el cine de terror, el cine bélico, el *film noir*, el melodrama o las películas de superhéroes, permiten recontextualizar la iconografía española y construir una suerte de "identidades de corta y pega". Definido por la recurrencia a los géneros populares no-realistas y los evidentes homenajes a Hollywood, el difícilmente clasificable estilo de Álex de la Iglesia, así como el carácter abiertamente comercial de sus filmes, causan paradójicamente más incomodidad en España que en el extranjero, y convierten a de la Iglesia en un hijo ilegítimo del cine nacional español.

Obras citadas

800 balas. Dir. Álex De La Iglesia (2002).

Abercrombie, Nicholas, Scott Lash y Brian Longhurst. "Popular Representation: Recasting Realism". En Scott Lash y Jonathan Friedman (eds.), *Modernity and Identity*. Oxford: Basil Blackwell, 1992. 115–40.

Acción mutante. Dir. Álex De La Iglesia (1993).

¡Ay, Carmela! Dir. Carlos Saura (1990).

Balada triste de trompeta. Dir. Álex De La Iglesia (2010).

Ballesteros, Isolina. "Mujer y nación en el cine español de posguerra: los años 40". En Javier Herrera y Cristina Martínez-Carazo (eds.), *Hispanismo y cine*. Madrid/Frankfurt: Iberoamericana/Vervuert, 2007. 365-92.

Batman. Dir. Tim Burton (1989).

Bordwell, David, Janet Staiger y Kristin Thompson. *The Classical Hollywood Cinema: Film Style and Mode of Production to 1960*. New York: Columbia UP, 1985.

Buse, Peter, Núria Triana-Toribio y Andy Willis. *The Cinema of Álex de la Iglesia*. Manchester: Manchester UP, 2007.

— "The Spanish 'Popular Auteur'". Álex de la Iglesia as Polemical Tool". *New Cinemas. Journal of Contemporary Film* 2.3 (2004): 139-48.

Cohan, Steven. "The Spy in the Gray Flanned Suit. Gender Performance and the Representation of Masculinity in *North by Northwest*". En Andrew Perchuk y Helaine Posner (eds.), *The Masculine Masquerade: Masculinity and Representation*. Cambridge: MIT Press, 1995. 43-62.

Colaizzi, Giulia. *La pasión del significante. Teoría de género y cultura visual*. Madrid: Biblioteca Nueva, 2007.

Crespo, Borja. "Álex de la Iglesia: Portrait of a famous monster". En Carlos Aguilar (ed.), *Cine fantástico y de terror español 1984-2004*. San Sebastián: Semana de Cine Fantástico de San Sebastián, 2005. 57-71.

Crimen Ferpecto. Dir. Álex de la Iglesia (2004).

de la iglesia, Álex. "Mi vida como payaso". Blog de la película *Balada triste de trompeta,* 18 de diciembre de 2010. Disponible en baladatristedetrompeta.blogspot.com.es/2010/12/mi-vida-como-payaso.html

— "Notas del director". Blog de la película *Balada triste de trompeta,* 14 de diciembre de 2009. Disponible en baladatristedetrompeta.blogspot.com.es/2009/12/algunos-apuntes-que-escribi.html

El día de la bestia. Dir. Álex De La Iglesia (1995).

Fouz-Hernández, Santiago y Alfredo Martínez-Expósito. *Live Flesh. The Male Body in Contemporary Spanish Cinema*. London: I.B. Tauris, 2007.

Freaks. Dir. Tod Browning (1932).

Herrera, Javier y Cristina Martínez-Carazo. *Hispanismo y cine*. Madrid/Frankfurt: Iberoamericana/Vervuert, 2007.

La comunidad. Dir. Álex De La Iglesia (2000).

Labanyi, Jo. "Negociando la modernidad a través del pasado: El cine de época del primer franquismo". En Javier Herrera y Cristina Martínez-Carazo (eds.), *Hispanismo y cine*. Madrid/Frankfurt: Iberoamericana/Vervuert, 2007. 21-44.

Lázaro-Reboll, Antonio y Andrew Willis. *Spanish Popular Cinema*. Manchester: Manchester UP, 2004.

Smith, Angela. *Hideous Progeny. Disability, Eugenics, and Classic Horror Cinema*. New York: Columbia UP, 2011.

Straumann, Barbara. "Rewriting American Foundational Myths in Alfred Hitchcock's *North by Northwest*". *SPELL. Swiss Papers in English Language and Literature* 14 (2002): 201-14.

The Big Combo. Dir. Joseph H. Lewis (1955).

Triana-Toribio, Núria. *Spanish National Cinema*. London: Routledge, 2003.

Willis, Andrew. "From the Margins to the Mainstream: Trends in Recent Spanish Horror Cinema". En Antonio Lázaro-Reboll y Andrew Willis (eds.), *Spanish Popular Cinema*. Manchester: Manchester UP, 2004. 237-49.

Fot. 1

Fot. 2

Fot. 3

Fot. 4

Fot. 5

Fot. 6

Fot. 7

Fot. 8

Fot. 9

Fot. 10

Fot. 11

Fot. 12

Fot. 13

Espectros de España: desmontaje y reciclaje de imágenes en la literatura *mutante* de Manuel Vilas

José Luis Fernández Castillo

Introducción: la narrativa *mutante*

Si en nuestra época postmoderna hay un elemento de la modernidad que no ha cesado de tener vigencia es la incansable búsqueda en pos de la novedad artística. A pesar de vivir en tiempos en los que las nociones clásicas de historicidad lineal y progreso han sufrido un severo cuestionamiento, sobrevive aún, si bien de manera caricatural a veces, el afán de enfatizar aquellos elementos que ligan la obra de arte con el momento histórico, buscando así convertirla en imagen encarnada de su *Zeitgeist*. Esta retórica de lo novedoso caracteriza, aligerada con cierto tono irónico, el proyecto literario de la antología titulada *Mutantes. Narrativa española de última generación* (2007), concebida, según sus editores, Juan Francisco Ferré y Julio Ortega, para "mostrar a un público reticente o desinformado los modelos de escritura narrativa española más innovadores, o avanzados, o excitantes, del presente" (10).

La inclusión en dicha antología de fragmentos escogidos de la obra de Manuel Vilas (Barbastro, 1962) sitúa por tanto su producción literaria en la vanguardia de la ruptura y el experimentalismo formales. El término "última generación", que suscita resonancias del lenguaje promocional de la tecnología (ordenador o electrodoméstico "de última generación"), alude oblicuamente a una suerte de "salto tecnológico" que habría tenido lugar en parte de la más reciente producción literaria española y que partiría de una serie de transformaciones cruciales en la relación entre el escritor y la realidad de su tiempo[1].

El propio Juan Francisco Ferré señala en su trabajo introductorio para la mencionada antología, "De las mutaciones como horizonte de lo nuevo", que los escritores "mutantes" son aquellos "educados en la escuela de la imagen y los medios", la "globalización" y el "recalentamiento informativo", que producen una literatura "contaminada por todas las formas culturales, altas o bajas, neutrales o comprometidas,

1 Son muchas las obras que se han dedicado en los últimos años a estudiar este "salto tecnológico" que el mundo de las nuevas tecnologías habría producido en la literatura actual. Destacan por su sutileza analítica los libros de Eloy Fernández Porta (2007) y Vicente Luis Mora (2006 y 2012). No siempre se acierta a señalar dichas transformaciones con el suficiente rigor, acaso por la dificultad inherente de dar cuenta de cambios que entrañan complejas dimensiones culturales sin la suficiente distancia temporal para un análisis más asentado de estos fenómenos. Es el caso del artículo de Irene Z. Alameda, "La era Gates y la reinvención del lenguaje", en el que se incurre en afirmaciones apresuradas, a nuestro modo de ver. Afirma Alameda que ha acaecido en los últimos años un tránsito del "paradigma analógico" al "digital" en las formas de recepción cultural de lo literario: "El receptor de un texto ya no lee desde un pensamiento en blanco poblado de credulidad e interés, sino que lee escaneando información, consciente de que un gran porcentaje de la misma es redundante para él" (17). Podríamos preguntarnos en qué momento de la literatura occidental, caracterizada durante siglos por un paradigma imitativo basado en la excelencia de arquetipos retóricos, existieron receptores con un supuesto "pensamiento en blanco" y si gran parte de dicha *imitatio* no convocaba, desde su propia razón de ser, materiales "redundantes" desde el punto de vista de la teoría de la información.

corruptas o vírgenes, que circulan en el hipermercado del capitalismo tardío y la sociedad de consumo" (11). La inquietud por lo novedoso se llevaría a cabo por medio de "la codificación verbal de nuevas experiencias, sensaciones, ideas o vivencias" (13).

Además de "narrativa mutante", las denominaciones "afterpop" y "generación Nocilla" han sido distintos marbetes periodístico-promocionales utilizados para referirse a obras que testimonian este conjunto de cambios formales y temáticos acaecidos en la literatura de autores españoles insertos en un amplio marco generacional que va de los años 60 en adelante[2]. Ciertamente, la producción narrativa de Vilas puede encuadrarse sin discusión en la "narrativa mutante", ya que comparte varios de sus rasgos previamente señalados (juego con la imagen inserta en el texto, continua mezcla de referencias culturales "altas" y "bajas") y otros que podríamos añadir desde el análisis comparativo con otras obras caracterizadas bajo la misma etiqueta: fragmentación del discurso novelístico y labilidad estructural, parodia y humor, hibridación caótica de géneros[3].

---

2 Lo "afterpop" o "mutante" no se corresponde estrictamente con el muy discutible —y ciertamente en crisis— criterio generacional. ¿No pertenecería la novelística de un Ray Loriga a un paradigma narrativo caracterizado por una presencia temática de las nuevas tecnologías y la cultura pop? Si se ha querido insertar a Loriga, nacido en 1967, en una supuesta "Generación X", es preciso recordar que Manuel Vilas y Juan Francisco Ferré nacen en 1962, aunque comienzan a publicar a finales del siglo pasado y principios del xxi. A este respecto, merece recordarse el primer capítulo del libro *Afterpop* de Fernández Porta (2007) que se dedica a desmontar, en una muy aguda comparación entre Javier Marías y Ray Loriga, los "trampantojos" a que dan lugar los prejuicios establecidos por el estatus social y generacional de los escritores (7-22). La inclusión de las nuevas tecnologías o de la cultura de masas sería, por ello, un fenómeno claramente intergeneracional, aunque obras como *La fiesta del asno* (2005) de Juan Francisco Ferré, *Nocilla experience* (2008) de Agustín Fernández Mallo o *El dorado* (2008) de Robert Juan-Cantavella, por citar nombres concretos, comparten un mismo afán por situar en el centro de su poética estos elementos renovadores.

3 ¿Resiste a un análisis sólido el sentido de innovación y novedad que la poética "mutante" le otorga a los elementos formales citados? No es este artículo el lugar para dirimir esta cuestión. Señalaremos tan solo que el concepto de innovación literaria encierra a nuestro parecer una cierta debilidad constitutiva por cuanto que hace voluntariosa abstracción de aquellos aspectos que inevitablemente

Al hilo de esta retórica de la novedad cabe plantearse en qué medida un estado de cosas determinado por la hipercomunicación globalizada ha transformado los vínculos entre los autores y sus respectivas tradiciones nacionales. A este respecto, y regresando al prólogo de la antología *Mutantes*, Ferré pone de manifiesto cómo estos nuevos modelos narrativos surgen "dentro de un sistema de importación sutil de componentes y materias primas procedentes de otras culturas o tradiciones" (10). Dicha adopción de influjos foráneos constituye, bien entendido, una constante necesaria en la dinámica histórica del proceso literario: no en vano las culturas nacionales no son realidades sustanciales, sino entes permeables que se modifican inevitablemente por contacto mutuo. Lo que representa acaso un *novum* propio de estos principios del siglo XXI sea el radical aumento del ámbito de influencia y de exposición a otras culturas y tradiciones facilitado por las nuevas tecnologías de la información, en especial internet. Ferré da cuenta de cómo estas exploraciones estéticas surgen "de un estado de cosas plurinacional, multinacional o plenamente internacionalizado" (10), e incluso llega a afirmar:

> [S]i no fuera por el idioma utilizado en ellos, muchos de estos textos podrían homologarse con otros publicados en otras tradiciones, en otras lenguas, en otras culturas. Es más, muchos de sus autores preferirían haber nacido dentro de esasotras tradiciones, lenguas, o culturas, aunque lo más probable es que no podrían serlo que son, sea esto lo que sea, sin haber nacido donde nacieron. (11)

---

comparte con las tradiciones precedentes que pertenecen a su entorno cultural. En el caso de las obras de Vilas, y de otras caracterizadas como "mutantes" por su hibridación genérica, fragmentarismo y mezcla de registros culturales, cabría señalar, un tanto provocadoramente, su parecido razonable con modelos literarios ciertamente afines pese a su lejanía cronológica, como la sátira menipea. No en vano, una lectura de los rasgos de este subgénero tan importante para la historia de la génesis novelesca, señalados por Mikhail Bakhtine (160-66) (comicidad, pluriestilismo y pluritonalidad, flexibilidad estructural, libertad excepcional de invención filosófica y temática, mezcla de lo histórico y de lo actual, de la cultura alta y de lo popular…) da qué pensar al respecto. Un inteligente cuestionamiento del componente "novedoso" de la poética "mutante", concretamente en las novelas de Fernández Mallo, se encuentra en el artículo de Patricio Pron, "La vieja aspiración a la novedad" (48).

De las observaciones de Ferré no solo se desprende que las nuevas tecnologías de la información han dado lugar a un debilitamiento en el vínculo entre literatura y tradición nacional, sino que asimismo existe en ese grupo de escritores una cierta desafección, aunque sea contradictoria ("no podrían ser lo que son [...] sin haber nacido donde nacieron"), hacia su condición de escritores "españoles".

Ello nos lleva a pensar que, si escritura e internet no pueden ya disociarse en un contexto ampliamente modificado por el panorama de las nuevas tecnologías, la ubicación cultural del escritor se ha hecho más compleja y difícil de cerner. Como afirma el narrador de *Nocilla Dream* de Agustín Fernández Mallo, otro hito de la nueva narrativa "mutante", "los internautas no tienen patria" (159). La apertura formal y experimental que busca la narrativa "mutante" o "afterpop" pasaría por una relación más laxa y ligera con el pasado literario nacional. Arrancaría, además, de una crítica a los lugares comunes que caracterizan dicha tradición, tal como plantea Ferré en el citado prólogo: "La narrativa española pervive enclaustrada en un bucle o en un círculo vicioso, que explota con preferencia episodios traumáticos de la historia como la Guerra Civil o el franquismo" (15).

La internacionalización asociada a internet como instrumento de acceso a fuentes culturales diversas suscita, bien es cierto, una "desterritorialización" liberadora de la influencia de las genealogías literarias, así como una consiguiente hibridación entre espacios virtuales y físicos. Sin embargo, como ha señalado Jesse Barker en sus trabajos sobre esta nueva narrativa hispánica, el componente "virtual" no anula ni mucho menos el "local", sino que simplemente lo resitúa en el ámbito de un mundo interconectado, donde las referencias históricas o culturales a lo "nacional" aún tienen relevante cabida (246).

En el caso de la obra de Manuel Vilas esto resulta especialmente cierto, pues quizás sea el escritor que, dentro de la literatura "mutante" o "afterpop", más obsesionado se muestra con España como tema literario y, en especial, como base para el despliegue de una narrativa paródica, satírica y lúdica que juega a subvertir las identidades personales y sociales con el fin de recomponerlas creativa y críticamente. Si las principales ficciones de Ferré, Fernández Mallo o Ray Loriga ostentan un inmediato aire internacional y tienen lugar en ciudades y espacios de Estados Unidos, Canadá o Japón, la obra de Vilas contempla todo lo extranjero desde el prisma paródico de una explícita condición hispánica [4].

A pesar de las múltiples referencias foráneas que pueblan la literatura de Vilas, como veremos, sus libros no solo no pueden "escapar", por así decir, a su gravitación cultural hispánica, sino que alcanzan su condición más definitoria en la tensión esquizoide e irresoluble entre lo internacional y lo local, entre la referencia a una cultura globalizada (de raigambre casi siempre estadounidense) y la presencia de España como motivo de reflexión sociohistórica.

Trataremos, por tanto, de iluminar en lo que sigue la imagen de España que domina en su obra, cómo se redefine en ella el vínculo entre innovación y tradición nacional, y en qué medida se reflejan en sus páginas los cambios sociales y económicos que han tenido lugar en los últimos veinte años de la historia del país.

España: la huida imposible

Señalábamos antes cierta desafección entre este grupo de escritores "mutantes" y su adscripción nacional, tanto más paradójica cuanto que su ingreso en la actividad literaria ha tenido lugar en el momento histórico en que España ha dejado claramente atrás su tan célebre "retraso histórico" para dar paso, desde la Transición democrática, a una imagen de "normalidad" política y económica en el ámbito nacional e internacional (Dardé Morales 8)[5].

---

4 Por ejemplo, *Providence* (2009) de Ferré sitúa gran parte de su acción en Estados Unidos, como sucede asimismo en *Nocilla Dream* (2006) de Fernández Mallo y *El hombre que inventó Manhattan* (2004) de Loriga. *Tokio ya no nos quiere* (1999), de este último escritor, narra una distopía que tiene lugar en la capital nipona además de una variedad de espacios globalizados, incluido Estados Unidos.

5 El tema del "retraso español" se ha prestado a múltiples interpretaciones, en función de los criterios utilizados para determinar, por comparación, un supuesto retraso filosófico, económico, social, etc. Un cuestionamiento muy interesante y polémico de este tema, abarcando distintos ámbitos, puede encontrarse en el artículo "España" de Gustavo Bueno (33-34).

Para escritores de promociones precedentes que se iniciaron en la literatura en los años del tardofranquismo, como Javier Marías, la ruptura con España como lugar de ambientación de sus ficciones novelísticas constituía una suerte de liberación del lastre de un pasado histórico y un presente político sombríos y problemáticos[6].

La concepción de España que se perfila en los libros de autores influidos por el "afterpop" o lo "mutante", sin embargo, no ha dejado de mostrar un fuerte rechazo de fondo hacia aspectos de lo español aún asociables con un cierto retraso sociológico en comparación con la realidad cultural norteamericana. Es el caso de *Héroes* (1993), primer éxito novelístico de Loriga, nacido en 1967, cuyo sujeto narrativo, obsesionado por las estrellas del rock anglosajón, refiere la necesidad de "escapar de España", una nación "maldita", "asesina de poetas y animales" (113).

Estas ansias de huida del país afloran asimismo en un poema de Manuel Vilas, "Alguien habla de su tierra" (*Resurrección*, 2005) que, como sugiere su resonancia cernudiana, trata del vínculo del autor con su país de origen, España, y más en concreto con la región de la que es oriundo, Aragón:

> El Papa Juan Pablo II, que besó el suelo de Zaragoza. El incendio del Hotel Corona. La UCD. Las voces roncas, y los bigotes y la gravedad de los aragoneses utópicos. El Seat 124 o el Renault 12. El alcalde Sáinz de Varanda. El Rey esquiando en Candanchú. Plácido Domingo, que cantó una jota en Zaragoza. Los de Huesca, que no sabían dónde estaba Teruel. Las misas de hora y media por la muerte de Franco. El Ducados en la boca. Las pólizas de veinte duros. El divorcio. Los bares

6 Merece la pena a este respecto reproducir lo que escribió Marías en un prólogo escrito en 1987 para la reedición de su primera novela *Los dominios del lobo* (1971), ambientada a la sazón en Estados Unidos: "Hoy casi nadie se escandaliza porque la acción de una novela española transcurra en Alemania, el Tíbet o el sur de Francia, pero en 1971, año de la aparición de *Los dominios del lobo* fue bien acogida por algunos críticos y escritores [...]; pero otros me reprocharon que no me ocupara de la cruda realidad española y que no me basara en mi mundo y en mis experiencias personales, sino en un mundo ficticio y ajeno al nuestro. La verdad es que a mis diecisiete o dieciocho años casi no tenía más experiencias que las adquiridas en la butaca de un cine o leyendo en un sillón" (14).

> de los reclutas de Zaragoza donde vendían bocadillos con nombres bélicos. Luis Buñuel, que se murió muy lejos. Alberti recitando su "Marinero en tierra" de noche y de día por media España. Los pantalones de pata de elefante. El Marxismo y la felicidad que daba a cualquier hora. Las gafas de pasta. Lo bien que se aprendía la gente los libros ilegibles. La fe general en todo. El retraso general en todo. Los ujieres con americana de almirante. La Plaza de España. El Tubo. El Plata. La libertad, desconocida. El agrarismo, las moscas, el ternasco, el sexo. Los pueblos o la nada. Los tontos. Los listos. Los cojos. Los ciegos. Las putas. Las carreteras estrechas, los baches. Los Espumosos, que cambiaron de sitio. Los calamares del Bar Victoria de Barbastro, que gracias a Dios siguen siendo los mismos. Y los aragoneses pintados con los brazos en jarras. Y los brazos en jarras como una forma de pensamiento. Y las campanas, y los muertos, y ningún sitio adonde huir. (*Amor. Poesía reunida* 122).

Esta enumeración caótica de eventos, objetos, lugares y tipos humanos reconstruye la memoria personal de un escritor nacido en la España de 1962, entre la nostalgia y el resentimiento por un origen, lastrado con una historia de atraso y dictadura, que se torna condición insoslayable no solo de su herencia cultural sino también de su propia obra literaria.

Recordemos el texto de Cernuda al que oblicuamente alude el título del poema de Vilas, "Un español habla de su tierra" del libro *Las nubes* (1940), una ensoñación de la España que Cernuda ha perdido al salir al exilio en plena Guerra Civil y una declaración de la imposibilidad del regreso, que no implica ni mucho menos una desvinculación: "Pensar tu nombre ahora envenena mis sueños" (311), escribe el autor de *La realidad y el deseo*. Pero si hay en el poema de Cernuda imágenes amables de la tierra y la historia españolas —"la vida con la historia / tan dulces al recuerdo" (311)—, el *collage* intrahistórico de Vilas —en el que conviven el servicio militar con los bares provincianos, las alusiones a modas e ideologías vagamente contraculturales con el regionalismo identitario— compone una estampa opresiva que invita y aboca a la huida. También en la literatura de Vilas, como en la de Cernuda, y sin la necesidad de una reciente Guerra Civil, el nombre de España "envenena" la obra de su autor, hasta el extremo de que una de sus novelas más destacadas recibe precisamente ese nombre, "España", y las referencias a la cultura, a la historia, al presente y al futuro de España se constituyen en presencias vertebrales tanto de su obra poética como de su narrativa.

En el caso de Vilas, la huida de lo español se torna imposible. Como recuerda en la novela *España* (2008) la transfiguración literaria de Sergio Gaspar, editor en la vida real de los primeros libros de Vilas: "Nadie escapa a su país" (168). La gravitación del origen regional y nacional determina el realismo expresionista y grotesquizante de Vilas desde sus primeras obras narrativas importantes: *Zeta* (2002) y *Magia* (2004), ambas dedicadas a una ciudad de provincias que es y no es Zaragoza o "Cetísima", como la llama también el escritor. "Si me voy de casa búscame en los polígonos industriales de las afueras. En las naves donde se amontona la fruta que se venderá mañana, las vacas partidas en dos, los corderos desangrados, los peces helados, [...] búscame en los hospitales, en los cementerios, en los trenes, en los pisos baratos" (31) escribe en una sección de su novela *Zeta*. Aun cuando hay también en su obra poética y narrativa una exploración de los "no-lugares" de la sociedad globalizada contemporánea, como el establecimiento de comida rápida, la habitación de hotel o el aeropuerto, en su obra predominan los espacios determinados por una herencia sociopolítica muy determinada: la de una clase trabajadora que sobrevive con poco y no ha logrado acceder a los frágiles beneficios del desarrollo económico.

En la España que Vilas dibuja en su obra se combina el fantasma del retraso español con la euforia pasajera y ostentosa de la burbuja económica y el turismo de playa: "¿Qué hacen esos miles de bloques de apartamentos emergidos casi dentro de la arena de la playa, quemando nuestros ojos? [...] Cuando llega la noche el Mediterráneo parece un club deportivo y un McDonald´s" (116), señala la voz narrativa de *Zeta* en el capítulo "Mediterráneo". La España de Vilas es un país obsesionado con el medro económico, donde todo se supedita al poder del dinero: "El dinero es la vida. En eso se ha resuelto la democracia española: el dinero es la vida. Si no tienes dinero, pégate un tiro. Si tienes poco dinero, haz el favor de callarte" (*Zeta* 59).

La imposibilidad de la huida se concibe asimismo como la persistencia de lo que podríamos llamar un punto de vista explícitamente hispánico desde el que recibir y, en cierto modo, asimilar las referencias foráneas. Tomemos como ejemplo las continuas alusiones a la (contra) cultura norteamericana (pop, rock, cine...) que han sido para las últimas promociones de autores seña común de una identidad que reclamaba, como forma de rebeldía contra el peso excesivo de la tradición nacional, otros referentes ajenos a los patrios. Si el narrador de *Héroes* de Loriga —por volver al ejemplo emblemático de una obra que hace un uso generoso de la cultura pop— conversa en sueños con Bob Dylan, David Bowie o Lou Reed, sin hacer apenas alusiones que puedan radicar esa voz narrativa en el ámbito hispánico del que al cabo inevitablemente surge, la obra de Manuel Vilas, igualmente rica en referencias a la cultura popular norteamericana, somete a estas, en la mayoría de los casos, a un proceso de "hispanización": las inserta, de forma humorística y a veces grotesca, en el presente o el pasado reciente de la realidad española. Los "héroes" de Loriga surgen como figuras emblemáticas de una rebeldía contracultural que ratifica al narrador en su rechazo a lo autóctono: la cultura rock se presenta como un ámbito de escapismo liberador, individualista y casi metafísico (la "estrella" como un ser mítico y por encima de la realidad). En los libros de Vilas, los "héroes" en la forma de cantantes de Rock ostentan igualmente el mismo poder mítico, comparados en *Aire Nuestro* a "los santos del cristianismo" (113). Sin embargo, la realidad hispánica no desaparece ante ellos, sino que los envuelve y los hace así más reales o accesibles, dentro de una cierta voluntad paródica que se regodea en el contraste entre lo local y lo sacralizado por la celebridad internacional. De este modo, en el capítulo de *España* "La muerte de Patty Smith", encontramos a la célebre rockera norteamericana en 2016 "obsesionada con Santa Teresa de Jesús" (151) y solicitada por el cantautor Víctor Manuel para colaborar en un concierto de carácter "eurocomunista" (152), mientras viaja por España a la busca de un sitio en el que morir.

Uno de los capítulos más emblemáticos de *Aire nuestro* explora la ficticia peregrinación del músico Johnny Cash —una de las debilidades de Vilas— y su esposa June Carter por la España de 1977 con el objeto de someterse a una cura de adelgazamiento. Naturalmente, el viaje se convierte en excusa para los excesos hedonistas de Cash, entregado a su papel de rico turista en un país en pleno desarrollo económico. Las conversaciones entre Cash y su guía autóctono, Manuel Mariscal, van puntuando un relato que tiene como apoteosis el concierto que Cash ofrece, como muestra de devoción sincera, en la catedral de Santiago de Compostela ante el propio arzobispo de la ciudad, que asiste arrobado por la energía y el talento del norteamericano. La sustancia mítica representada por Cash queda "seducida", por así decir, por un entorno histórico y cultural típicamente español (pernoctación en paradores nacionales, degustación de especialidades culinarias tradicionales como el "salmorejo" o las "sopas de ajo"), dando lugar a un juego mitómano en el que, sin embargo, la España del inmediato postfranquismo no deja de estar muy presente en múltiples detalles (la diferencia de valor entre el dólar y la peseta, por ejemplo, como testimonio de un relativo "atraso económico"). La literatura de Vilas se escribe, pues, desde una explícita y, a veces, resignada radicación hispánica, puesto que incluso la mitomanía de lo foráneo tiene, en muchas ocasiones, a España como ámbito de aparición.

El problema de España

¿Podríamos afirmar todavía en nuestro presente que "Escribir en España es llorar"? Aquel aserto amargo que Larra realizara en su artículo "La nochebuena de 1836", y que Cernuda reformuló en el poema que dedicó al escritor romántico, parece rondar asimismo la narrativa de Vilas[7]. Y ello no solo porque un personaje de *Los inmortales* (2011), el hispanista soviético Corman Martínez, reflexiona sobre dicho texto de Larra, definiéndolo como "el texto fundacional de los estados hispánicos fracasados" (112), sino porque en la narrativa de Vilas la propia labor literaria aparece asimismo condicionada negativamente por el entorno español.

En uno de los capítulos de *España* titulado "Ya nadie ama a Jesucristo: Historia de la narrativa española contemporánea" se relata la

7 Nos referimos al poema "A Larra con unas violetas", en el cual puede leerse: "Escribir en España no es llorar, es morir / porque muere la inspiración envuelta en humo / cuando no va su llama libre en pos del aire" (267).

vida de un escritor de talento arruinado por la voluntariosa enemistad de un crítico. El narrador —el propio crítico— no solo insiste en el tópico de la envidia hispánica —"para que el talento ajeno no nos haga daño se tiene que vivir en un país distinto al nuestro" (74)—, sino que también reflexiona sobre el desacomodo entre la innegable valía del escritor al que quiere destruir y el contexto sociocultural de una España que resulta ser el obstáculo mayor para el reconocimiento de su obra:

> Se comportaba esa literatura como si el Escritor hubiera nacido en Estados Unidos, o en Inglaterra, o en Francia. Su literatura pertenecía a las sociedades en combustión, en ebullición, no a sociedades conspirativas, grises, acabadas, llenas de instituciones, pero no de vida, llenas de oficialidad, pero no de inteligencia crítica. Por eso no le hicieron caso. Estaba en el país equivocado. (*España* 78)

La crítica a la realidad española contemporánea se hace en extremo dura y lapidaria en muchos pasajes de la obra de Vilas. La comparación con lo extranjero sirve para airear un cierto complejo de inferioridad aún no superado, que insiste en la imagen de una España retrasada y "diferente" en relación con sus vecinos europeos. Sea en las crudas descripciones de las afueras de Zaragoza (por ejemplo, en la apertura de su novela *Zeta*), sea en la versión hiperrealista del turismo de playa y sexo que abre su última novela, *Los inmortales*, las ficciones de Vilas exploran la identidad nacional como estigma de un fracaso social —"El Gran Fracaso General como una locomotora histórica", al que se refiere también en *Los inmortales* (111)—, lo cual contrasta sin duda con la imagen institucional que el estado democrático español se ha esforzado en ofrecer internacionalmente en los últimos veinte años. La actual globalización económica ha obligado a los distintos países a configurar su imagen en el extranjero como una marca comercial, con la intención de servir de este modo a sus intereses económicos. En el contexto de lo que Pierre Bourdieu ha llamado "lucha de representaciones" (182), los estados pugnan por impulsar su imagen exterior mediante la potenciación de la imagen del país como marca. Es lo que, en un curioso híbrido entre el omnipresente lenguaje del *marketing* y la estrategia política, ha sido definido por Peter van Ham como "*brand state*":

la construcción de la "marca país" a la manera de un producto para el consumo internacional con el fin de potenciar el turismo o los intereses comerciales (2). Los estudios imagológicos que buscan impulsar la imagen de un país, aclara a este respecto el actual coordinador de la "Marca España" para el Ministerio de Asuntos Exteriores, Emilio Lamo de Espinosa, no se basan para ello en la "realidad" del mismo, sino en su "imagen" exterior (4).

En este sentido, es curioso constatar cómo la representación de la sociedad española que ofrece la obra de Vilas se caracteriza por potenciar un crudo realismo social combinado con una reproducción irónica de los discursos de la normalización hispánica que han predominado en el país desde la Transición a la democracia. Su obra toma al pie de la letra la concepción de España como "marca país" y la convierte en "España S. L." (*España* 203). Las consecuciones económicas de España en los años de la democracia le sirven al autor de punto de partida para una ironía y una exageración carnavalesca que neutralizan, al enfatizarlo en exceso, todo posible discurso triunfalista.

Así, en una nota a pie de página de la novela *España*, se nos dice que con la modernización económica del país "desaparece lo mejor de la literatura española, porque esta era una queja, una gran queja metafísica. La queja ya no tiene sentido" (119). El problema del retraso español, con sus resonancias noventayochistas y regeneracionistas, llega a su fin en la equiparación económica y política de España con Europa. Vilas cita a dos autores que hicieron de dicha "queja" de lo español un rasgo señalado de su obra, Valle-Inclán y Cernuda:

> Valle-Inclán creyó que España era el infierno cómico que Dante no supo escribir. Ya no hay razones para el infierno. La socialdemocracia hispánica, que durará décadas, es el matarife de todas nuestras celebridades literarias. Ni las quejas de Luis Cernuda, que eran de carácter interno o taciturno, tienen sentido. (119)

De forma análoga, en *Los inmortales* el escritor ficcional Manuel Vilas — transfiguración literaria del autor— describe desde el año 2040 el sorprendente avance económico español acaecido a partir del año 2014, cuando la economía del país "despegó y se colocó en los primeros puestos mundiales debido al descubrimiento inesperado o milagroso de enormes pozos petrolíferos en la provincia de Soria" (31). España desplaza entonces a Francia en el G-5 y el ministro de Economía francés se suicida como resultado.

Esta paródica abolición del "problema de España" por la vía del despegue económico no es sino una de las formas que la obra de Vilas practica para socavar una retórica política que tiende a la falsificación interesada de la realidad. Frente a la constitución de una imagen oficial "normalizada" y "europea" de España, la literatura de Vilas combina la irónica exhibición de triunfalismo económico con la memoria de un pasado de desigualdad y explotación que continúa teniendo, pese a las apariencias, influjo en el presente del país. Ello constituiría otro rasgo singular de la obra de Vilas en comparación con la de otros escritores de la nueva literatura "mutante" o "afterpop": el autor de *Aire nuestro* explicita claramente la pertenencia de clase social de sus voces narrativas o poéticas[8].

Si, en el dominio del capitalismo tardío, el concepto de clase se ha convertido en lo que el sociólogo alemán Ulrich Beck define como "categoría zombi" (cit. en Rutherford 202) —una noción que está a la vez viva y muerta, en mitad de un proceso continuo de redefinición—, Vilas se esfuerza por reconstruir el imaginario de la clase media-baja española de la que procede. El juego autobiográfico con la figura del padre del propio Vilas, un humilde viajante de comercio, que aparece —foto incluida— en varias de sus obras, indica la voluntad de tener presente una identidad social que persigue al sujeto narrativo con la amenaza de la explotación laboral y la precariedad económica. Tal como le dice el fantasma de su padre desde

8 Recordemos que sobre los escritores de la entonces naciente "Generación X" señalaba Manuel Vázquez Montalbán la carencia de una conciencia política bien articulada. Escritores, para el autor de *Crónica sentimental de España*, que "ni siquiera han heredado la identidad social de sus padres: bípedos reproductores consumistas en la era del pleno empleo" (378). Bien es cierto que, si las formas de articulación de lo político de los narradores nacidos desde los 60 se han vuelto más difíciles de caracterizar, no por ello han abandonado la tentativa de crítica y cuestionamiento superviviente de la crisis de las ideologías emancipadoras. La literatura de Vilas lo muestra, a nuestro parecer.

el purgatorio en un momento de la novela *Aire nuestro*, la literatura se convierte para Vilas en "una alegoría social sobre la emancipación de las clases medias-bajas españolas" (251) y en el deber consiguiente de recordar el pasado de explotación de su familia:

> Sigue escribiendo. Recuérdales de dónde vienes: de los ahorcados, de los ejecutados, del campesinado español, del proletariado irredento, de la pobreza insuperable. Recuérdales que vienes del analfabetismo, del hambre y de la enfermedad. Recuérdales que sólo te separa una generación de mí. (254)

Más allá de la descripción de los márgenes más incómodos de la España del capitalismo tardío, le interesa a Vilas recuperar el testimonio de un pasado que no por reciente deja de ser susceptible de preterición u olvido. La España de la modernidad económica y la equiparación material con Europa recibe, como veremos más adelante, la visita de fantasmas —fantasmas del padre, de revolucionarios, de poetas— empeñados en contaminar el presente con la sustancia deletérea o subversiva del pasado.

Espectros in fabula

La inquietud por explorar la herencia histórica de España pervive en la literatura de Vilas solapada en la subversión carnavalesca de sus tramas delirantes. No se trata solo de alusiones sombrías a la explotación de las clases populares durante el franquismo, sino también de la supervivencia espectral de discursos ideológicos del pasado que regresan o se resisten a desaparecer, emboscados en la aparente bonanza de "fin de la historia" propia de las democracias capitalistas del presente.

Sin duda, la sensibilidad histórica de Vilas responde en gran medida a una concepción postmoderna. Nos referimos —por concretar el sentido de esta lábil etiqueta conceptual— a una noción de la historia como "colección de imágenes" (18), en palabras del Fredric Jameson de *Postmodernism* (1991), con la cual, señala Jameson, resulta especialmente difícil reconstruir representaciones coherentes de nuestra experiencia (21).

Dicho comentario de Jameson encerraba en su momento una crítica a cierta irresponsabilidad postmoderna en el ámbito de una literatura ya desprovista de proyectos emancipadores colectivos. Sin embargo, la obra de Vilas recurre, especialmente en sus dos últimas novelas, *Aire nuestro* y *Los inmortales*, a la carnavalización de la historia desde postulados claramente postmodernos. Despliega así una plétora delirante de ficción, una colección heteróclita y variopinta de imágenes históricas. Sin embargo, dicha plétora tiene como fin paradójico, a nuestro modo de ver, el contrarrestar el poder de la ficción misma y, de ese modo, hacer aflorar por exceso el componente alienador que solapa.

La inventiva irreverente de Vilas se pone así al servicio de argumentos caricaturescos que tienen como uno de sus denominadores comunes el juego ficcional con la historia como base identitaria, y su reescritura carnavalizante. En este sentido, el autor de *Aire nuestro* es plenamente consciente de vivir en una sociedad cuyo sistema económico está basado en gran medida en la industria del entretenimiento, un sistema caracterizado por lo que Vicente Verdú ha denominado el "capitalismo de ficción": una realidad mediática, espectacular, formateada y "libre del pringue histórico" (228).

De ahí que en *Aire nuestro* se adopte el paradigma televisivo como estructura del relato y se haga corresponder cada una de las partes del libro con un canal de "la mejor cadena de la nueva televisión española independiente", llamada precisamente "Aire nuestro", una cadena que se declara "revisionista" (9) de la historia y que "libera del tiempo" (11) desde una descarada superación de los estados ideológicos como "fin de la historia". La retórica periodística de la autenticidad y la verdad se pone en solfa en esta cadena que declara toda la realidad "televisable" y que afirma que "nadie creyó en la resurrección de Cristo por el simple hecho de que no fue televisada" (13). De esta forma podemos contemplar la vida de Lorca o de Walt Whitman en el purgatorio o descubrir la reencarnación actual de Cernuda en un periodista *freelance* y enterarnos de que fue envenenado por una conjura encabezada por Dámaso Alonso y Vicente Aleixandre, entre otras "resurrecciones creativas" del pasado.

Las entidades televisivas que aparecen en la novela *Aire nuestro* tienen en común con los personajes que desfilan por *Los inmortales* la condición de ser reviviscencias fantasmales de la historia convocadas a un salvaje "corta y pega" postmoderno que las hace actuar, emparejadas cervantinamente, en contextos temporales y culturales ajenos a su verdadero origen histórico. Así nos encontramos al propio Miguel de Cervantes, cuya inmortalidad le ha llevado a conocer la España de nuestros días, a viajar a Tenerife y a engolfarse en la oferta turística de la isla junto con su biógrafo; o a Neruda y a Dante juntos de viaje por Irlanda; o a Juan Pablo II y la Madre Teresa de compras en El Corte Inglés.

En su enjuiciamiento de la historia de España, Vilas cuestiona sobre todo la raíz misma del concepto de identidad: tanto la identidad personal, como la que proporciona la pertenencia a un país. Se trata, pues, de preguntarse qué significa escribir desde una "identidad nacional", pero también quién es esa voz narrativa que se fragmenta y se transfigura en decenas de personajes sin encontrar nunca su sentido definitivo y total; y en qué medida el hecho literario, más allá de la lengua determinada en el que se emprende, no es sino un sistemático e inacabable cuestionamiento de las identidades que lo constituyen.

Esta inquisición, no ya sociopolítica sino metafísica en un espacio postmetafísico, es el hilo conductor de la narrativa y la poesía de Vilas. El obsesivo sondeo de la identidad española es uno de los niveles en esa tarea más general de desmontaje identitario, de desvelamiento progresivo de la alienación social e individual que representa para Vilas un fin irrenunciable de la literatura. Las identidades nacionales le interesan al autor de *Aire nuestro* en la medida en que pueden convertirse en fuente de alienación, en realidades ideológicas, en el sentido que el filósofo francés Paul Ricœur ha señalado para este término, es decir, en tanto "creencias colectivas ajenas a todo pensamiento crítico", transformadas en "distorsión, simulación y mentira" (387).

La identidad colectiva se caracteriza como una ficción que fagocita lo real, una máquina simbólica, una "entidad innombrable", como se la llama en *España*, que pone a los escritores a trabajar a su servicio (209). En la novela *Aire nuestro* se aludirá a *Matrix*, una estructura omniabarcadora que convierte "la vida humana en ficción social" (226), o a la entidad alienígena llamada "Hércules", un "virus inteligente, dinámico y sensible" que es a la vez "un estado político, una idea cultural, un edificio, un millón de carreteras, hoteles en las playas, un Mercedes 600" (219). Así, segundos antes de morir en un accidente de tráfico, un personaje de *España* se da cuenta "de la enorme mentira que soportan los seres humanos al vivir en sociedad" (146).

Se trata de ficciones y mentiras sociales que aludirían a unos referentes simbólico-identitarios que no pueden ya ser concebidos desde ningún esencialismo. Si las tradiciones nacionales son en parte, por decirlo con Hobsbawm, el producto de una invención más o menos hábil (13), el espacio social, económico e histórico es caracterizado en la literatura de Vilas como una serie de ficciones que pueden y deben ser carnavalizadas para mostrar de esa forma su carácter artificial y construido.

En este sentido, destaca la interpretación que en las novelas de Vilas se hace de la institución de la monarquía española. En *Los inmortales*, el propio Juan Carlos I aparece en el año 2012 comentando con Vilas la lectura de *Aire nuestro* y confesándole que su función es "dar cobertura histórica a las ficciones del capital" (27). Es la última aparición de una serie larga de referencias al pasado, presente y futuro de la familia real española que pueden encontrarse espigadas en toda su obra narrativa. En *Aire nuestro*, por ejemplo, la televisión nos permite contemplar a Juan Carlos I en el año 2022 confesándole en su lecho de muerte a su hijo Felipe, que las realidades simbólicas en la que creyó ("España", "la copa del rey") se desmoronan, que "todo ha sido una alienación sin gravedad" (145).

Algo similar sucede en el relato que el propio Cervantes nos hace de la muerte de Felipe II en *Los inmortales*, en el que la desaparición de la persona que encarnaba el poder pone en crisis la existencia de las "formas de sustancia" a él vinculadas, propias de la sociedad en el siglo XVII: "El Ejército, el Oro, la Monarquía, Dios, el Estado, Cristo Resucitado, la Tortura, la Sangre, el Matrimonio" (76).

Cada época, parece indicarnos Vilas, trae sus entidades simbólicas proyectadas como ficciones sociales alienadoras que redefinen y reescriben la historia a partir de sí mismas. Cada producto de consumo —y también el pasado se ha convertido en un producto de consumo— lleva aparejado una aureola de emociones ficticias, construidas, mendaces. La lucha contra esa particular "matrix" de ficciones se lleva a cabo mediante su despiadada satirización, dando cuenta asimismo del caos político-identitario que caracteriza a la izquierda posterior a la caída del muro de Berlín: abundan las etiquetas ideológicas contradictorias en sí mismas, a manera de iconos pop despojados de contenido —por ejemplo ese poeta que se define en *Aire nuestro* como "católico, socialdemócrata, postmoderno y comunista" (180).

Aunque el apogeo tecnológico de lo virtual y sus efectos negativos sobre la capacidad de rememoración han sido puestos de manifiesto por teóricos de lo postmoderno como Jean Baudrillard (13), las nuevas tecnologías le sirven al Vilas de *Aire Nuestro* para recuperar los rasgos de una espectralidad ideológica e histórica. Si el continuo bombardeo mediático y el exceso de información crean una tendencia a la amnesia, lo televisual en *Aire nuestro* funciona en Vilas como un medio que permite no obstante la "resurrección" de personajes y contenidos históricos cuestionadores del orden imperante: una cohorte de verdaderos espectros de Marx, en el sentido literal y derridiano del término, que pueblan los dos últimos libros de Vilas. En el capítulo "Stalin reloaded" de *Aire nuestro*, un "virus rojo" de fabricación soviética suscita en la España actual la adhesión y el amor a Stalin (96), y en *Los inmortales*, es el propio Stalin el que se le aparece en Málaga al personaje Corman Martínez y le encomienda alocadas misiones postcomunistas. O es el propio Che Guevara, convertido en un fantasma invisible quien se divierte en el palacio de El Pardo entorpeciendo los cuidados a un Franco agonizante. El marxismo regresa, pues, literalmente "espectralizado" en la literatura de Vilas.

Para Derrida, la característica esencial de lo que denomina "espectros de Marx" es la *hantise*, término de problemática traducción al castellano (¿amenaza?, ¿obsesión?): "La hegemonía siempre organiza la represión y por lo tanto la confirmación de una amenaza. La amenaza pertenece a la estructura de toda hegemonía" (69). De esta forma la sociedad del capitalismo pletórico no puede evitar en su seno hegemónico la idea amenazante y obsesiva de su propia destrucción. Esta *hantise* aparece ciertamente personificada en los revolucionarios y terroristas espectrales de Vilas. Sus personajes sufren una suerte de "nostalgia de la revolución". Unas ansias de cambio social que, en el contexto de las democracias capitalistas, han desembocado históricamente en el turismo de masas (25), como señala el narrador de *Zeta.* Su autor juega así a la posibilidad de activar de forma lúdica las antiguas amenazas a un capitalismo que se ha quedado sin rivales.

No obstante la carencia de proyectos alternativos que trata de conjurarse, aflora en la narrativa de Vilas la presencia invocada de antepasados que exigen su redención histórica. Tras la figura de la monarquía como símbolo de poder, la voz narrativa de *Zeta* distingue "un desfile de familias destruidas por el hambre, la guerra, la política, la religión, el infortunio" (132). "El pasado —declara en un momento de *Los inmortales*, el revolucionario Robespierre en conversación con Cervantes— somos legiones de muertos. Millones de muertos" (70). Cada ficción simbólica acarrea así un pasado de explotación que se resiste a desaparecer por completo, evocando oblicuamente esa tesis de la filosofía de la historia de Walter Benjamin que afirma que "tampoco los muertos estarán seguros ante el enemigo cuando este venza. Y este enemigo no ha cesado de vencer" (431).

Para Verdú, el sistema económico de nuestros días está basado en la negación de la muerte (245) y el continuo reciclaje y "resurrección" de contenidos, productos y sucesos (77). De forma afín a lo observado por Verdú, el juego salvaje al que se entregan las dos últimas novelas de Vilas se basa en el regreso delirante de contenidos históricos fantasmales que subvierten el concepto tradicional del relato literario como revisión crítica de la historia. Signada por una inevitable ambigüedad semántica, la crítica aquí se produce mediante la adopción radical de la propia ligereza histórica del capitalismo contemporáneo y su tendencia a convertir el pasado en un bien de consumo, mero espectáculo al servicio de unos intereses propagandísticos determinados.

La obra de Vilas, junto a otros novelistas de la actualidad literaria española como Juan Francisco Ferré en *La fiesta del asno* (2005) o Robert-Juan Cantavella en *El dorado* (2008), ha elegido un camino formal, entre la sátira menipea y las nuevas tecnologías, para someter a desmontaje las imágenes identitarias de lo hispánico con el afán de descubrir su componente de mentira e ideología. Se mantiene así fiel al principio básico de su poética, que enuncia en el prólogo a su poesía reunida: "Un deseo de desenmascaramiento de la realidad social, política, cultural, económica, sentimental de estos primeros años del siglo XXI" (*Amor. Poesía reunida* 8).

Si los recursos literarios que maneja Vilas son los característicos de una época postmoderna en la que los grandes discursos emancipadores se han modificado sustancialmente, no por ello se muestra menos fiel a una consigna propia de toda gran literatura, señalada por José Ángel Valente: la actividad poética como revelación de lo encubierto (57). Una revelación que hace del humor una forma a veces amarga, siempre inteligente, de la lucidez.

Obras citadas

Alameda, Irene Zoe. "La era de Gates y la reinvención del lenguaje". *Cuadernos Hispanoamericanos* 688 (2007): 11-28.

Bakhtine, Mikhail. *La poétique de Dostoievski.* Isabelle Kolitcheff (trad.). Paris: Seuil, 1963.

Barker, Jesse. "The Nocilla Effect. What is New in the New Wave of Spanish Narrative". *Journal of Spanish Cultural Studies* 12 (2011): 237-48.

Baudrillard, Jean. *L'illusion de la fin ou la grève des événements.* Paris: Galilée, 1992.

Benjamin, Walter. *Œuvres III.* Maurice de Gandillac (trad.). Paris: Gallimard, 2000.

Bourdieu, Pierre. *Langage et pouvoir symbolique.* Paris: Seuil, 2001.

Bueno, Gustavo. "España". *El Basilisco* 24 (1998): 27-50.

Cernuda, Luis. *Poesía completa. Obra Completa.* Vol. 1. Madrid: Siruela, 1993.

Dardé Morales, Carlos. *La idea de España en la historiografía del siglo XX.* Santander: Universidad de Cantabria, 1999.

Derrida, Jacques. *Spectres de Marx.* Paris: Galilée, 1993.

Fernández Mallo, Agustín. *Nocilla Dream.* Barcelona: Candaya, 2006.

— *Nocilla Experience.* Madrid: Alfaguara, 2008.

Fernández Porta, Eloy. *Afterpop. La literatura de la implosión mediática*. Córdoba: Berenice, 2007.

Ferré, Juan Francisco. *La fiesta del asno*. Barcelona: DVD, 2005.

— "La literatura del post. Instrucciones para leer literatura española de última generación". En Juan Francisco Ferré y Julio Ortega (eds.), *Mutantes. Narrativa española de última generación*. Córdoba: Berenice, 2007. 7-21.

— *Providence*. Barcelona: Anagrama, 2009.

Hobsbawm, Eric. "Introduction: Inventing traditions". En Eric Hobsbawm y Terence Ranger (eds.), *The Invention of Tradition*. Cambridge: Cambridge UP, 1983. 1-14.

Jameson, Fredric. *Postmodernism or the Cultural Logic of Late Capitalism*. Durham: Duke UP, 1991.

Juan-Cantavella, Robert. *El dorado*. Barcelona: Mondadori, 2008.

Lamo de Espinosa, Emilio. "La normalización de España. España, Europa y la modernidad". *Claves de Razón Práctica* 111 (2001): 4-16.

Loriga, Ray. *El hombre que inventó Manhattan*. Madrid: El Aleph Editores, 2004.

— *Héroes*. Barcelona: Plaza & Janés, 1993.

— *Tokio ya no nos quiere*. Barcelona: Alfaguara, 1999.

Marías, Javier. "Prólogo" (1987). *Los dominios del lobo*. Madrid: Alfaguara, (1971)1999. 9-16.

Mora, Vicente Luis. *El lectoespectador*. Barcelona: Seix Barral, 2012.

— *Pangea: Internet, blogs y comunicación en un mundo nuevo*. Sevilla: Fundación José Manuel Lara, 2006.

Ortega, Julio. "De las mutaciones y el horizonte de lo nuevo". En Juan Francisco Ferré y Julio Ortega (eds.), *Mutantes. Narrativa española de última generación*. Córdoba: Berenice, 2007. 23-33.

Pron, Patricio. "La vieja aspiración a la novedad". *Revista de Libros* 160 (2010): 48.

Ricœur, Paul. *Du texte à l'action. Essais d'herméneutique, II*. Paris: Seuil, 1986.

Rutherford, Jonathan. "Zombie Categories. Interview with Ulrich Beck." En Ulrich Beck y Elisabeth Beck-Gernsheim (eds.), *Individualization*. London: Patrick Camiller, 2001. 202-13.

Valente, José Ángel. "Literatura e ideología. Un ejemplo de Bertolt Brecht". *Ensayos. Obras Completas.* Vol 2. Barcelona: Galaxia Gutenberg/Círculo de lectores, 2008. 53-68.

Van Ham, Peter. "The Rise of the Brand State: the Postmodern Politics of Image and Reputation". *Foreign Affairs* 80.5 (2001): 2-6.

Vázquez Montalbán, Manuel. "La generación XYZ". *Un polaco en la corte del Rey Juan Carlos*. Barcelona: Planeta, 1996.

Verdú, Vicente. *El estilo del mundo. La vida en el capitalismo de ficción*. Barcelona: Anagrama, 2003.

Vilas, Manuel. *Aire nuestro*. Madrid: Alfaguara, 2009.

— *Amor. Poesía reunida, 1988-2010*. Madrid: Visor, 2010.

— *España*. Barcelona: DVD, 2008.

— *Los inmortales*. Madrid: Alfaguara, 2011.

— *Magia*. Barcelona: DVD, 2004.

— *Zeta*. Barcelona: DVD, 2002.

Sobre los autores

José Luis Abellán es catedrático emérito de la Universidad Complutense de Madrid, especializado en Historia de las Ideas en España y en América Latina. Está en posesión del Premio Nacional de Literatura, de la Ecomienda de Alfonso X el Sabio y de la Medalla de Plata de le UNESCO. Entre sus últimos trabajos destaca su labor como Presidente del Ateneo de Madrid (2001-2009). Ha publicado numerosos libros sobre filosofía y exilio, entre los que se encuentra la monumental *Historia crítica del pensamiento español* (1979); *Filosofía española en América, 1936-1966* (1967); *La idea de América. Origen y evolución* (1972); *José Gaos ¿Cómo se adapta un filósofo a la cultura mexicana?* (1993); *Ideas para el siglo XXI* (1994); *El exilio filosófico en América. Los transterrados del 39* (1998); *El 98: Cien años después* (2000); *Ortega y Gasset y los orígenes de la transición democrática* (2000); *El exilio como constante y como categoría* (2001); *Los secretos de Cervantes y el exilio de Don Quijote* (2006). Su libro más reciente es *El mundo visto desde las antípodas* (2013), resultado de sus estancias de investigación en Nueva Zelanda.

Silvia Bermúdez es catedrática en el Departamento de Español y Portugués de la Universidad de California-Santa Bárbara, especialista en Estudios Culturales ibéricos y latinoamericanos. Es autora de los libros *Las dinámicas del deseo: subjetividad y lenguaje en la poesía española contemporánea* (1997), *La esfinge de la escritura: la poesía ética de Blanca Varela* (2005), y coeditora de *Stateless Nations to Postnational Spain/De naciones sin estado a la España Postnacional* (2002). Entre sus publicaciones más recientes destacan: "Memory and Archive: La Movida, Alaska, and Processes of Cultural Archeology." *Toward a Cultural Archive of la Movida: Back to the Future.* Eds. William Nicholson y Rosi Song (2014); y "Non-Discursive Impulses and the Social Function of Poetry: Diversification Strategies in Antón Lopo and María do Cebreiro Rábade Villar." *Non-Lyric Discourses in Contemporary Poetry*. Eds. Burghard Baltrusch e Isaac Lourido (2012). Su proyecto de investigación actual lleva por título *Rocking the Boat: The Rhythms of Immigration in Spanish Pop Music, 1984-2004.*

José Colmeiro es doctor en Literaturas Hispánicas por la Universidad de California, Berkeley. En la actualidad dirige la Cátedra *Príncipe de Asturias* de Estudios Hispánicos en la Universidad de Auckland, Nueva Zelanda. Anteriormente ha sido profesor en Dartmouth College y Michigan State University. Ha publicado 10 libros y numerosos ensayos sobre estudios culturales hispánicos, cine, música y literatura popular. Sus libros más recientes son *El ruido y la furia: Conversaciones con Manuel Vázquez Montalbán, desde el planeta de los simios* (2013); *Galeg@s sen fronteiras: Conversas sobre a cultura galega no Século XXI* (2013); y *Crónica general del desencanto: Vázquez Montalbán - Historia y ficción* (2014).

Antonio Elorza es profesor emérito de Ciencia Política en la Universidad Complutense de Madrid. Discípulo de los historiadores José Antonio Maravall y Luis Díez del Corral, entre sus libros figuran: *La ideología liberal en la Ilustración española* (1970), *La razón y la sombra. Una lectura política de Ortega y Gasset* (premio Anagrama, 1984), *Queridos camaradas. La Internacional comunista en España 1919-1939)* (1999), *Tras las huellas de Sabino Arana* (2005), *Los dos mensajes del Islam* (2008), *Luz de tinieblas* (2011*), Urgoiti: una utopía reformadora* (2012), *Anarquismo y utopía* (2013). Ha sido profesor visitante en las Universidades de París-IV Sorbona, París X-Nanterre, Turín y CIDE (México) y es colaborador habitual de *El País*.

José Luis Fernández Castillo es doctor en literatura hispánica por la Universidad Autónoma de Madrid (2008). Ha sido lector de español en la Universidad Paris III- Sorbonne Nouvelle (París) y Bard College (Nueva York) antes de radicarse en Australia, donde es profesor en la *School of Languages and Comparative Cultural Studies* de la Universidad de Queensland (Brisbane). Su libro *El ídolo y el vacío. Octavio Paz y las transformaciones de lo divino* ha sido publicado recientemente por la editorial Biblos (Buenos Aires). Además, ha publicado estudios sobre poesía contemporánea española e hispanoamericana y literatura comparada en revistas universitarias de varios países. Entre sus últimos artículos destacan, "Insensata Materia: cuerpo y finitud en la poesía de Olvido García Valdés" (*Journal of Iberian and Latin American Research*) y "Surrealism and Nature in the Poetry of Enrique Molina" (*Hipertexto*).

Roberto González-Casanovas es doctor por la Universidad de Harvard. En la actualidad ejerce como docente en el área de culturas y literaturas europeas y latinoamericanas en la Universidad de Auckland. Ha editado el volumen *Reconfiguring Brazil: Interdisciplinary Essays* (2012) y coeditado *Encrucijadas históricas de la España contemporánea: textos y contextos que marcan época* (2011). Ha publicado asimismo numerosos libros y artículos sobre la Iberia medieval y la Latinoamérica colonial con un énfasis interdisciplinario: *Autodescubrimiento y autodominio de Colón a Calderón* (2000); *La novela ejemplar de Ramón Llull: interpretaciones literarias de la misión* (1998); *Imperial Histories from Alfonso X to Inca Garcilaso: Revisionist Myths of Reconquest and Conquest* (1997); *The Apostolic Hero and Community in Ramon Llull's Blanquerna* (1995). Su investigación actual trata de la recepción postcolonial de las utopías y distopías misioneras en encuentros transculturales durante la expansión ibérica en las Américas.

Carla Grosman es licenciada en Cine y Televisión de la Universidad Nacional de Córdoba, Argentina (2000), y recibió su Magister (2006) y Doctorado en estudios hispánicos (2013) de la Universidad de Auckland. Se especializa en las intervenciones que, desde el lenguaje audiovisual, se hacen de la realidad sociocultural latinoamericana. El foco de su tesis doctoral fue la producción-recepción del cine latinoamericano de/en la era neoliberal y sus relaciones performativas en los procesos de construcción de la ciudadanía cultural: *La alegoría del viajero inmóvil. Crisis y recuperación de la utopía en el cine latinoamericano de la era neoliberal* (2012). Su publicación más reciente es "Zombis Utópicos", *Cinémas d'Amérique Latine* 21, 2013.

JO LABANYI es catedrática de Español en New York University y directora del King Juan Carlos I of Spain Center. Sus investigaciones se centran en la cultura española moderna, incluyendo literatura, cine, cultural visual, cultura popular, estudios de género, memoria histórica y la historia de las emociones. Sus libros más recientes son *Spanish Literature: A Very Short Introduction* (2010) y *Género y modernización en la novela realista española* (2011). Ha sido también editora de *Constructing Identity in Contemporary Spain: Theoretical Debates and Cultural Practice* (2002) así como coeditora de *Europe and Love in Cinema* (2012), *Companion to Spanish Cinema* (2012) y *Spanish Cultural Studies: An Introduction* (1995). En 2005 fue elegida miembro de la British Academy.

KATHRYN LEHMAN se doctoró en la Universidad de Pittsburgh. En la actualidad es profesora de estudios latinoamericanos en la Universidad de Auckland. Cofundadora del New Zealand Centre for Latin American Studies, es autora de artículos en *Revista de Estudios Hispánicos, Revista Iberoamericana,* y *Alba de América* entre otras revistas y ha producido el documental *People's Media Venezuela/Venezuela. Medios Participativos* (2012). Sus últimas publicaciones son "The Right to Information: Indigenous Media and the Bolivarian Revolution" en *Democracy, Revolution and Geopolitics in Latin America. Venezuela and the International Politics of Discontent* (2014), y ha coeditado un número especial de *Journal of Indigenous Policy* (Australia) sobre la comunicación para la transformación en Abya Yala, Aotearoa y Australia.

ALFREDO MARTÍNEZ-EXPÓSITO es catedrático de Estudios Hispánicos en la Universidad de Melbourne (Australia) y miembro de la Academia Australiana de Humanidades. Ha publicado sobre representaciones e identidades *queer* en el cine y la literatura de España y América Latina, destacándose sus libros *Los escribas furiosos: configuraciones homoeróticas en la narrativa española actual* (1998), *Gay and Lesbian Writing in the Hispanic World* (2000), *Escrituras torcidas: ensayos de crítica "queer"* (2004), y *Live Flesh: The Male Body in Contemporary Spanish Cinema* (2007), del cual es coautor. Más recientemente ha trabajado sobre representaciones de la nación y más concretamente sobre los discursos culturales asociados a la marca España en el cine contemporáneo.

José María Naharro-Calderón es profesor de la Universidad de Maryland, donde imparte Literatura, Cultura y Cine españoles y Estudios del Exilio. También ha enseñado en las Universidades de Nevada-Reno, Johns Hopkins, Alcalá y Juan Carlos I. Pionero en los estudios de los exilios españoles de 1939, entre sus publicaciones destacan: *Entre el exilio y el interior: el "entresiglo" y Juan Ramón Jiménez* (1994), la edición de *El Exilio de las Españas de 1939 en las Américas: ¿Adónde fue la canción?* (1991) y *Los exilios de las Españas de 1939* (1999). Ha sido además editor de numerosas obras de la literatura del exilio y comisario de la exposición itinerante *Hacia el exilio* (2007) patrocinada por la Cátedra del Exilio de la que fue coordinador. Desde 2002, dirige en Llanes los cursos de verano, *Diásporas y Fronteras*. Su último libro, *Entre alambradas y exilios: Sangrías españolas y terapias de Vichy*, está en vías de publicación.

Katarzyna Paszkiewicz es investigadora postdoctoral en el Centre Dona i Literatura (Universitat de Barcelona). Su investigación se centra en los estudios fílmicos, los estudios culturales y los estudios de género. En particular, se ha especializado en los géneros cinematográficos en el cine realizado por mujeres, tal como demuestra su tesis doctoral *Gender y genre en las cineastas estadounidenses a principios del siglo xxi* (2014). Entre sus líneas de investigación también destacan el estudio de los afectos y emociones, así como el cine y la novela negra española. Cuenta con publicaciones en diferentes revistas como *Lectora: revista de dones i textualitat*, *Letras Femeninas*, *Prosopopeya: Revista de crítica contemporánea*; y volúmenes colectivos como *Doing Women's Film History, Rewriting Cinema Then & Now*, editado por Christine Gledhill y Julia Knight. Actualmente es miembro del Consejo de Redacción de la *Revista de Teoría de la Literatura y Literatura Comparada, 452f.*

WALESCKA PINO-OJEDA se doctoró en Teoría Crítica y Literatura Latinoamericana en la Universidad de Washington, Seattle. Desde entonces reside en Nueva Zelanda en donde dirige el New Zealand Centre for Latin American Studies en la Universidad de Auckland. Ha publicado sobre literatura femenina y gay, fotografía, cine y música chilena. Sus libros, *Sobre castas y puentes: conversaciones con Elena Poniatowska, Rosario Ferré y Diamela Eltit* (2000) y *Noche y Niebla: Neoliberalismo, Memoria y Trauma en el Chile Post-autoritario* (2011) fueron publicados en Chile por Editorial Cuarto Propio. Actualmente trabaja en un volumen que explora el rol que en Chile han tenido el arte y el activismo cívico y cultural en la superación del trauma histórico y consecuente redemocratización del país.

ANA I. PLANET CONTRERAS es profesora titular en el Departamento de Estudios Árabes e Islámicos y Estudios Orientales de la Universidad Autónoma de Madrid. Es doctora en Filosofía, especialidad Estudios árabes e islámicos. Ha sido Consejera en la Dirección General de Asuntos Religiosos del Ministerio de Justicia y profesora en la Universidad de Alicante. En la actualidad es Directora del Taller de Estudios Internacionales Mediterráneos de la UAM y editora de la *Revista de Estudios Internacionales Mediterráneos*. Entre sus publicaciones más recientes destacan: "Islam in Spain", *Handbook on European Islam*, Ed. Jocelyne Cesari (2014); "Diversidad religiosa y migración en la España de hoy. Análisis de actitudes y del marco legal" *La hora de la integración. Anuario de Inmigración en España*. Dir. Eliseo Aja, Joaquín Arango y Josep Oliver Alonso (2011); y "Pluralismo religioso e inmigración: ¿una propuesta de construcción ciudadana" *Repensar la pluralidad. Red iberoamericana de justicia constitucional. Atlas plural*. Ed. Andrée Viana Garcés (2009).

Ekaterina Volkova realiza en la actualidad el doctorado en la Universidad de Auckland en el campo de los estudios culturales gallegos sobre las relaciones entre identidad nacional y artes visuales. Recientemente obtuvo el grado de Máster en Español, con una tesina sobre el realismo mágico en la cultura, el cine y la literatura gallega, y con anterioridad el BA Honours en Español también en la Universidad de Auckland. Antes de mudarse a Nueva Zelanda, recibió su titulación en ingeniería de la Universidad Nacional de Ciencia y Tecnología de Moscú. Su publicación más reciente es "When Literature Meets Linguistics: the Study of the Loanwords in the Spanish 'Generation X' Novels." *The European Connection* 16 (2012).